Misjudged Case,
How did It Happen?

错案
是如何发生的
——转型期中国式错案的程序逻辑

胡 铭 张 健
冯 姣 项雪平 ◎著

ZHEJIANG UNIVERSITY PRESS
浙江大学出版社

图书在版编目（CIP）数据

错案是如何发生的：转型期中国式错案的程序逻辑
／胡铭等著. —杭州：浙江大学出版社，2013.12(2014.10 重印)
ISBN 978-7-308-12463-8

Ⅰ. ①错… Ⅱ. ①胡… Ⅲ. ①刑事犯罪－案例－分析
－中国 Ⅳ. ①D924.305

中国版本图书馆 CIP 数据核字（2013）第 260563 号

错案是如何发生的——转型期中国式错案的程序逻辑

胡　铭　张　健　冯　姣　项雪平　著

责任编辑	葛　娟
封面设计	续设计
出版发行	浙江大学出版社
	（杭州市天目山路 148 号　邮政编码 310007）
	（网址：http://www.zjupress.com）
排　　版	杭州中大图文设计有限公司
印　　刷	富阳市育才印刷有限公司
开　　本	710mm×1000mm　1/16
印　　张	16.5
字　　数	335 千
版 印 次	2013 年 12 月第 1 版　2014 年 10 月第 2 次印刷
书　　号	ISBN 978-7-308-12463-8
定　　价	48.00 元

目　录

第一章　概论：刑事错案的多重面孔

第一节　思考的原点

几乎人人都希望公正、高效的刑事司法，希望案件事实清楚、证据确实充分，希望有罪的人被绳之以法、无辜的人得到保护。但是，刑事司法中的错误却总是如影随形，一次又一次让我们震惊，一次又一次让我们心痛，一次又一次让我们尝试改变。但是，我们更多地仍然是作为旁观者的角度来指手画脚，我们所做的反思和努力显然仍是远远不够的。"请不要以为一位行为端正的好父亲、好丈夫、好公民，就一辈子不会与当地的法官打交道。实际上，即使是最诚实、最受尊重的人，也有可能成为司法部门的受害者。"①也许，需要我们真正置身事中，或者至少以置身事中之心去看待错案，才能拨开迷雾。

近期曝光的张氏叔侄错案，再次让法律人痛心、惭愧。2013 年 3 月 26 日，浙江省高级人民法院依法对张辉、张高平强奸再审案公开宣判，认定原判定罪、适用法律错误，宣告张辉、张高平无罪，而张氏叔侄已经蒙冤服刑十载。② 3 月 28 日，浙江省公安厅针对张辉、张高平冤案作出表态，向当事人及家属致歉，并表示要调查公安在案件中的相关执法问题。浙江省公安厅表示：这起错案的发生，公安机关的侦查工作作为刑事诉讼活动中的一个环节，是有责任的，我们深感痛心，对当事人及家属深表歉意。浙江省公安厅要求杭州市公安局配合有关

---

① ［法］勒内·弗洛里奥：《错案》，赵淑美、张洪竹译，法律出版社 2013 年版，第 1 页。

② 2003 年 5 月 18 日晚，安徽人张辉和叔叔张高平驾车送货去上海，17 岁的王某搭乘张辉、张高平驾驶的货车去往杭州。"二张"将王某搭载到杭州后与其分手，随后"二张"前往上海。2003 年 5 月 19 日，杭州市公安局西湖区分局接报，当日上午 10 时许在杭州市西湖区留下镇留泗路东穆坞村路段水沟内发现一具女尸。经公安机关侦查，认定是当晚开车载货、受托搭载被害人的张辉、张高平任叔俩所为。2004 年 4 月 21 日，杭州市中级人民法院以强奸罪分别判处张辉死刑、张高平无期徒刑。2004 年 10 月 19 日，浙江省高级人民法院二审分别改判张辉死刑、缓期二年执行，张高平有期徒刑十五年。

部门,认真做好相关执法问题的调查,做到有错必纠,有责必查,绝不掩盖、绝不袒护。3月28日晚,浙江省公安厅官方微博@浙江公安也发布了上述内容。同时,浙江省人民检察院官方微博@浙江检察也发微博:在该案的再审过程中,浙江省人民检察院立足检察职能,本着有错必纠、实事求是的原则,积极推动法院再审立案,配合法院庭审,终使这起错案得以纠正。①

我们为地方公安司法机关能够勇敢地认错而感到些许欣慰,毕竟,迟来的正义仍然是在一定程度上给了被冤枉者正义,迟来的正义总是要优于非正义。然而,在反思、自查、道歉之声的背后,透过该案纷繁复杂的表现,张氏叔侄案展现在我们面前的却是似曾相识的一面:又是刑讯逼供、非法取证惹的祸;又是将口供视为证据之王,唯口供定案;又是忽略无罪证据,持有罪推定的思维;又是无视DNA鉴定意见,侦查手段的落后;又是命案必破、考核的压力……

刑事错案的屡屡曝光是我们必须面对的残酷现实。从佘祥林案到赵作海案,一个又一个被害人竟然"复活归来";从杜培武案到李久明案,警察竟然也被屈打成招;从藤兴善案到邱兴华案,究竟还有多少疑问尚未解答……在本书中,我们将这些具有中国转型期刑事错案的典型特点的案件称为"中国式"错案。并以中国式错案作为最基本的分析标本,试图重新审视错案是如何发生的?

显然,我们对于中国式错案的研究还是很不够的。几乎在每个典型错案发生后,都会有这样那样的反思,而归纳总结出来的经验教训却并没有成为防止类似问题发生的灵丹妙药,如赵作海案就几乎是一个翻版的佘祥林案。于是,我们显然需要重新思考和审视中国式错案中的一系列问题。

我们对于什么是错案并没有清晰、肯定的认识,导致了了对于错案的界限模糊、界定不科学。我们常常会听到有人喊冤,对于冤假错案的评论也比比皆是,但是,由于对错案的界定不清,使得申诉上访、再审纠错、错案责任追究、错案国家赔偿等问题很容易陷入误区,甚至造成刑事司法与社会秩序的混乱。

我们必须反思错案与非法取证的关系。可以看到,几乎所有的所谓冤假错案都会和刑讯逼供联系在一起,喊冤的被追诉人几乎无一例外地会声称自己被刑讯。显然,仅仅看到刑讯逼供是不够的。我们需要思考,错案和非法取证之间是否存在某种逻辑上的必然联系,还是说这只是个别现象,或者说两者之间的关系更为复杂?

导致错案的原因究竟是什么,到底是原因错综复杂还是共性突出?各个冤案的具体表现千奇百怪,但是,我们所揭示出的导致错案的原因却总是有着这样那样相似的地方。其中,最值得我们关注的又是什么?

---

① 参见刘长、贺涛、张宝丹:《浙江叔侄强奸冤案:警方串通牢头狱霸逼供》,《南方周末》2013年3月30日;《浙江省公安厅负责人就张高平叔侄案答问记者》,《浙江日报》2013年4月15日。

　　如何实现错案的昭雪? 很多刑事错案的纠正具有偶然性,比如真凶的自我交代或者死者"复活",又比如领导人的个人影响力等。如何使得刑事错案的纠正从偶然走向必然,是我们作为法律人所无法忽略的问题。

　　也许上述问题并没有完美的标准答案,但是通过思考这些问题,我们却可以慢慢地揭开转型期中国式错案的面纱,一睹刑事错案的多重面孔,并助益于中国式错案的防治。

第二节　四种不同语境下的刑事错案

一、错案概念之不科学性

　　错案,在《汉语大词典》中解释为"错误处理的案件",[①]即裁判实体结果之瑕疵,这也是人们对错案最为通俗的理解。但是,这里的"错误"、"瑕疵"是否包括程序错误? 能否涵摄裁判人员的主观状态? 答案常常是否定的。虽然,我们能够在立法、执法的过程中将错案概念作扩大解释,但法律并非法学家之法律,当一个概念不能涵摄其应有之义,我们应当思考的是:是否有必要采用更为准确的法律概念?

　　笔者认为,错案概念不科学的原因有二:首先,在我国的历史文化中,错案概念天然地具有一种政治意味,单指无辜之人被错误定罪的冤案,我们习惯性地将之搭配为"冤假错案"。但事实上,错案的含义并非如此单薄,我们至少可以将错案区分为两种情况:一是有罪者被错误开释,俗称"错放"(wrongful acquittal);第二种是无辜者被错误定罪,俗称"错判"(wrongful conviction)。[②] 前者难以避免,后者却是绝对的要求。其次,错案不等于违法裁判,错案概念难以涵摄裁判人员的主观状态,在问责机制中难以回答裁判人员之行为是否具有可责性的基本问题。正如张卫平教授所言:"在法律上,对于一个案件裁判的否定性评价比较准确的概念应当是'违法裁判',即裁判违反了实体法和程序法。而'错案'却相当含混,错误的裁判既包括了违法裁判的情形,也包括了虽然裁判没有违法,但裁判结论与案件事实不符的情形,甚至也包括了下级法院与上级法院在法律适用和实事认定方面的不一致。"[③]可见,错案概念本身并非一个科

---

① 《汉语大辞典》编委会:《汉语大辞典》(第十一册下),汉语大辞典出版社 2001 年版,第 1312 页。
② 刘品新:《刑事错案的原因与对策》,中国法制出版社 2009 年版,第 396 页。
③ 张卫平:《琐话司法》,清华大学出版社 2005 年版,第 212 页。

学的法律概念。鉴于错案概念本身的政治性与模糊性,我们认为,可以变"错案"概念为"错判"概念,以"判"代"案",以动词代名词。如此,我们的目光能够更多地聚焦于法官裁判行为本身,而非判决的实体内容,即把对刑事案件实体结果的关怀转移到刑事诉讼过程中的错误,把对判决结果的关注转移到对法官裁判中不当行为的监控上。

在本书的研究中,之所以仍然采用错案一词,是因为我们已经习惯于使用错案这一约定俗成的概念。为避免因概念造成不必要的歧义,本书中仍然沿用错案这一概念。

二、四种不同语境下的刑事错案

错案又常被称为冤案、冤假错案、司法错误等。关于什么是刑事错案,界定往往比较模糊,在不同的语境下对于该词汇的使用随意性较大。可以说错案并非一个严格的法律概念,而是一个带有政治色彩、行政色彩和市民色彩的概念。从法律和司法解释来看,对于错案较清晰的界定是《人民检察院错案责任追究条例》第 2 条所指出的:"错案是指检察官在行使职权、办理案件中故意或者重大过失造成认定事实或者适用法律确有错误的案件,或者在办理案件中违反法定诉讼程序而造成处理错误的案件。"但是,这一单一的界定显然是不够的,或者说我们也很难用这么一个概念来套用司法实践中的各种情况。而实际上,我们从以下四个不同语境来审视,刑事错案的内涵与标准皆有所不同。[①]

1. 错案纠正语境中的刑事错案

错案纠正语境中的刑事错案,即对裁判已经生效的案件,在什么情况下应该视原判有错误而启动再审程序并予以改判。根据我国《刑事诉讼法》第 242 条,关于错案再审提起之规定采取的是一种客观标准,即生效裁判在认定事实或适用法律上只要与案件客观事实不相符合,就视为是"错案"且必须再审。[②]这实际上是传统的"有错必纠"标准。这是实事求是原则在刑事审判中最直接的体现,反映了我们对于实体真实的倚重,对于纠错的严肃态度。但是,从当今世界刑事再审程序的通行规定和人权保障的世界潮流来看,这一传统做法却在受到日益增多的批判。对于刑事错案的再审纠错中,引入一事不再理原则和既判

---

① 相关研究参见陈学权:《刑事错案的三重标准》,《法学杂志》2005 年第 4 期。

② 根据我国刑事诉讼法第 242 条规定,当事人及其法定代理人、近亲属的申诉符合下列情形之一的,人民法院应当重新审判:(1)有新的证据证明原判决、裁定认定的事实确有错误,可能影响定罪量刑的;(2)据以定罪量刑的证据不确实、不充分、依法应当予以排除,或者证明案件事实的主要证据之间存在矛盾的;(3)原判决、裁定适用法律确有错误的;(4)违反法律规定的诉讼程序,可能影响公正审判的;(5)审判人员在审理该案件的时候,有贪污受贿,徇私舞弊,枉法裁判行为的。

力理论的精神,适当限制再审的启动是国际刑事司法准则的要求。《最高人民法院关于规范人民法院再审立案的若干意见》第10条体现了这一精神,即对于申诉人申请再审的期限限定为刑罚执行完毕后两年内,但对于可能对原审被告人宣告无罪的可不受这一期限限制。

2. 错案国家赔偿视野下的刑事错案

错案国家赔偿视野下的刑事错案,即国家赔偿机关对什么样的案件认定为错案而对当事人作出赔偿决定。如何真正实现公正、合理的刑事错案赔偿是一大难题。有人将我国的国家赔偿法戏称为"国家不赔偿法",原因就在于国家赔偿太难。为了缓解这一问题,必须合理定位错案赔偿中的标准问题。从人权保障和诉讼证明的阶段性角度出发,进一步明确错案赔偿的标准,适度扩大错案赔偿的范围将是趋势。错案国家赔偿之错案标准,应当分两大层面:一方面应采取一种诉讼结果标准,即只要在后阶段不批捕、不起诉或作出无罪判决,对被错误羁押人就应该赔偿;另一方面,应采取程序正义的标准,即使有证据证明行为人实施了犯罪行为,但是如果公安司法机关工作人员对行为人采取的强制措施或对财产采取的查封、扣押等违反了程序法的规定,也应该对受害人进行国家赔偿。

3. 错案责任追究视野下的刑事错案

错案责任追究视野下的刑事错案,即公安司法机关对其办案人员办理的案件在什么情况下应认定为错案而追究直接责任人员的刑事、民事、行政等责任。目前,司法实践中往往片面地以案件的实体结果为根据进行错案追究。这种做法是重实体轻程序的传统观念的延续,是一种试图通过事后的实体性制裁来遏止错案的思路。导致的结果却常常事与愿违,即增加了纠错的难度,助长了以成败论英雄的办案倾向。从司法职业的性质和诉讼活动的规律来看,错案责任追究之错案标准只能采取一种违法性标准,即只要办案人员没有违反法律规定,即使造成事实认定错误,都不应对其进行错案追究,除非存在徇私舞弊、枉法裁判行为。也正是在这一意义上,《检察人员执法过错责任追究条例》将错案修正为了"执法过错"。根据该条例第2条的规定,执法过错,是指检察人员在执法办案活动中故意违反法律和有关规定,或者工作严重不负责任,导致案件实体错误、程序违法以及其他严重后果或者恶劣影响的行为。

4. 民众申诉上访视野下的刑事错案

民众申诉上访视野下的刑事错案,即作为普通民众,其认为自己被冤枉而要求纠正错案、还以清白的情况下的所谓错案。严格来说,这并非法律意义上的错案,但是,由于民众的申诉上访与司法纠错息息相关,而民众对于错案的认识是几千年中国传统法文化的一种延续和发展。这种对错案的认识有着深厚的社会基础,是社会一般公正观的体现。对此,如果我们没有清醒的认识,或者仅简单地进行所谓的依法办案,则无法有效地解决社会冲突,甚至可能严重影响到裁判的公信力和社会稳定。如广东莫兆军案便是典型的例子。[①] 民众的错案标准更多的是一种讨说法的朴素感情在支配,如何通过程序公开、民众参与、当事人参与及其人权保障等,使得民众的错案标准与刑事再审纠错的错案标准相统一并非易事。

三、区分三种不同的纬度:错案、赔偿与责任

全面了解错案制度是我们理清错案概念的基础。我国当前的"错案"概念主要建立在三种司法制度之上:错案纠正、国家赔偿与错案追究。

分析错案三制度的关键在于理清错案、赔偿与责任的关系。无疑,三者之间有着紧密的联系,但并非彼此勾连的充要关系。笔者认为,三种制度设立之宗旨不同:错案纠正与国家赔偿的根本目的在于保护冤案受害者的利益,因此,应以最广泛的错案含义为核心,任何与客观实际不符的判决结果均应得到纠正,任何蒙冤受害者的利益均应获得补偿。特别是国家赔偿法于 2010 年修订后,违法要件向结果要件的转变直接切断了国家赔偿与错案追究之间的不当联系。毕竟,违法要件的要求给国家赔偿设置了障碍,而从性质上来看,国家赔偿法是救济法而不是监督法,涉及的主要是受害人的权利是否受到侵害的问题。与此不同,错案追究制设立的初衷是为司法行为设置合理边界,防止司法恣意,而非惩罚司法工作人员。因此,错案追究之错案,范围应小于错案纠正与国家赔偿,应限于不当行使司法权或失职行为。

第三节　刑事错案的比较法视野：多元切入点

一、美国式错案与纠错

(一)美国式错案

错案在美国既是一个具有极高社会关注度的问题,也是刑事司法领域的一

---

① 2004 年,广东省四会市张氏夫妇因举证不能,在一起民事欠款纠纷案中败诉,被判还款 1 万元人民币。这对老夫妇对判决难以接受,在法院门口喝农药自杀。不久,审判这起案件的法官莫兆军被捕,涉嫌玩忽职守罪。"莫兆军案"在法学界乃至全国引起了震动。

个突出问题。2004 年 4 月,美国密歇根大学法学院刑事诉讼法学和死刑研究专家 Samuel R. Gross 教授及该校四个博士生共同研究并发表了《美国自 1989 年至 2003 年间的错案报告》。这是美国自 1989 年应用 DNA 证据发现第一例错案以来最详尽的一份错案报告。该报告中披露了众多令人震惊的错案,这些错案都是由司法程序正式宣布被指控的被告人从来就没有实施过被指控犯罪行为的案件。美国官方并没有公布专门的错案统计数字,该项目组主要依靠从各种媒体报道中收集相关资料并做统计。他们共收集了自 1989 年到 2003 年 15 年间的 328 例错案,男性 316 名,女性 12 名。其中 145 人依靠 DNA 洗清了冤案,183 人依靠其他证据得以雪冤,平均下来,他们因错判无辜地在监狱呆了 10 年以上,有 4 人发现是错案时已经病死在监狱里了。[①]该研究收集的案例显示,错案被发现的比例逐年递增,从 20 世纪 90 年代初平均每年 12 件到 2000 年后平均每年 43 件。4 个发现错案最多的州分别是:伊利诺伊州 54 人,纽约州 35 人,德克萨斯州 28 人,加利福尼亚州 22 人。该报告最后针对美国式错案得出了三个基本结论:(1)97% 的错案主要集中于谋杀和强奸两类恶性案件,其中谋杀案 199 例,占 61%,已有 73 个无辜被告人被判处死刑;强奸案 120 例,占 37%。(2)对强奸案来说,90% 的错案是由于目击证人的错误指认造成的。(3)对谋杀案来说,错案主要是由于虚假自白和伪证造成的。[②]

美国对于刑事错案的研究起步较早。早期关于刑事错案的代表性著作是耶鲁大学法学院 Edwin Borchard 教授 1932 年出版的《对无辜者的误判》(*Convicting the Innocent*)。[③]2004 年,美国国会通过了《无辜者保护法》,[④]强调通过犯罪现场搜集的生物材料和 DNA 检测机制复核刑事案件,以更好地纠正刑事错案。其中,DNA 技术的发展为刑事错案的研究与纠正提供了重要支持。对于故意杀人、强奸、抢劫等容易遗留 DNA 信息的重罪案件来说,这无疑是一个很好的方法。然而由于在不少案件中犯罪者没有留下足够的 DNA 等生物检材,该方法的局限性也明显存在。

就美国刑事错案的研究而言,一方面集中体现在一些法律学者、媒体对于部分典型刑事错案的记述和刻画。对于这些情节离奇的错案的报道以及这些

[①]　为了更好地总结出错案产生的原因,报告的统计数据中没有包含两宗大规模错案中涉及的 135 名被错误指控的被告人,即 1999—2000 年在洛杉矶 RAMPART 地区和 2003 年在德克萨斯州 TULIA 地区发生的错案丑闻。

[②]　参见甄贞等编译:《法律能还你清白吗? ——美国刑事司法实证研究》,法律出版社 2006 年版,第 2—3 页。

[③]　Richard A. Leo, *Rethinking the Study of Miscarriages of Justice: Developing a Criminology of Wrongful Conviction*, 21 Journal of Contemporary Criminal Justice 201, 203 (2005).

[④]　Pub. L. No. 108-405, 118 Stat. 2260 (codified as amended at 18 U. S. C. §3600 (2006).

错案中当事人历尽险阻而得以冤案昭雪的历程描述,往往能够引起社会的共鸣和各界对于错案追究制度的思考。①同时,也有很多学者是从法律制度的角度分析错案的根源与治理的办法,②以及部分学者运用比较研究的方法,借鉴其他国家的成熟做法,做了一些引入"他山之石"的努力。③

另一方面,有不少心理学家加入了研究刑事错案的队伍,其分析侧重于从认知心理学与社会心理学的角度剖析刑事错案形成的根源。这些研究从人类认识规律的角度切入,对于改良法律规则和司法技术以降低错案率发挥了一定程度的作用。④以及,还有一定数量的经济学家从法经济学的角度分析刑事错案。他们讨论的焦点集中在审判正确性的价值(错案的影响和纠正成本的权衡)与效用,⑤刑事错案率的控制与刑法的震慑功能之间的相关关系等方面。⑥

现在,越来越多的美国犯罪学家和社会学家开始关注和挖掘刑事错案背后的深层原因,诸如文化层面和制度层面的问题。⑦具体而言,这些学者关注的是什么制度上和文化上的原因造成了刑事错案的发生;在制度上如何提出更优的错案预防对策才能最大限度地减少刑事错案以保障司法正义。

(二)导致美国式冤假错案的八大司法迷信

美国俄亥俄州前检察总长佩特罗先生通过对美国式错案的研究,将导致错案的原因归纳为八个方面的司法迷信,并指出了他所认为的真实情况。这可以为我们审视美国式错案的特点提供很好的面向。具体如下:

司法迷信之一:监狱里的每个囚犯都会声称自己无罪。真实情况:研究和

---

① Edwin Borchard, *Convicting the Innocent: Sixty Five Actual Errors of Criminal Justice*, (1932); Scott Christianson, *Innocent: Inside Wrongful Conviction Cases*(2004).

② *See, e.g.*, George C. Thomas III, *The Supreme Court on Trial: How the American Justice Systme Sacrifices Innocent Defendants*(2008).

③ *See, e.g.*, Barry C. Scheck & Peter J. Neufeld, *Toward the Formation of "Innocence Commission" in America*, 86 JUDICATURE 98 (2002).

④ Brian L. Cutler & Steven D. Penrod, *Mistaken Identification: The Eyewitness, Psychology and the Law*(1995); Stephen J. Ceci, *Jeopardy in the Courtroom: A Scientific Analysis of Children's Testimony* (1999).

⑤ Louis Kaplow, *The Value of Accuracy in Adjudication: An Economic Analysis*, 23 Journal of Legal Studies 307 (1994)

⑥ Henrik Lando, *Does Wrongful Conviction Lower Deterrence?*, 35 J. Legal Stud. 327, 328 (2006); Katherine J. Strandburg, *Deterrence and the Conviction of the Innocent*, 35 CONN. L. REV. 1321 (2003).

⑦ Richard A. Leo & Jon B. Gould, *Studying Wrongful Convictions: Learning From Social Science*, 7 OHIO ST. J. CRIM. L. 7 (2009); Samuel R. Gross et al., *Exonerations in the United States 1989 Through 2003*, 95 J. CRIM. L. & CRIMINOLOGY 523 (2005).

经验表明大多数狱中的囚犯都不会声称自己是无辜的,同时被冤枉的无辜者中有相当大的一部分之前没有任何犯罪记录。

司法迷信之二:美国的司法体制很少冤枉好人。真实情况:狱中的无辜者比大多数美国人预想的要多得多,美国完全有能力做得更好。

司法迷信之三:有罪的人才会认罪。真实情况:众所周知的讯问技巧可以导致虚假供述。采用米兰达规则、执行合法的讯问程序和对讯问进行录音录像有助于提高供述的真实性,减少审判及上诉过程中的翻供现象。

司法迷信之四:发生冤案是由于合理的人为过失。真实情况:雪冤已经表明警察和检察官的不法行为已经远远超出了"人为错误"的范畴。美国是所谓的民主国家,更是必须要不余遗力地保障刑事诉讼中的公正标准,不能有任何松懈,因为公平竞争的环境是发现真相的最佳途径。

司法迷信之五:目击证人是最好的证据。真实情况:目击证人错误的证言是导致刑事冤案最常见的原因。DNA技术和关于人类记忆与目击证人证言的心理学研究成果应当启发和激励执法部门采取那些在目击证人证据收集过程中减少暗示的建议和改革措施,法院应当更加严格地对待那些采用了暗示性程序的案件。

司法迷信之六:错误的有罪判决会在上诉程序中得到纠正。真实情况:推翻判决的机会是有限的。陪审团需要理解他们所作出的判决具有十分的权威和终局性;当我们第一次作出判决正确无误的时候,整个司法制度才是成功的。

司法迷信之七:质疑一个有罪判决将会伤害受害者。真实情况:在符合条件的已决案件中,否决DNA检测并不会令受害者倍感欣慰,这只会增加受害者的数量。

司法迷信之八:如果司法体制存在问题,体制内的职业人士将会改善它们。真实情况:普普通通的美国人应该是处于改变体制的最佳位置。普通的美国人选举法官和检察官,设置例外和优先次序,最终决定着服务于他们的司法体制。①

二、英国式错案与纠错

英国近年来发生的一系列错案,直接影响到了英国的纠错体系。比较有名的错案包括吉尔弗德四人案(Guildford Four)、伯明翰六人案(Birmingham Six)、马奎尔等七人案(Maguire Seven)、朱迪斯·华德案(Judith Ward)、托特汉姆三人案(Tottenham Three)、施德方·克斯科案(Stefan Kiszko)等。这些案件中,又以伯明翰六人案最为著名,该案直接导致了著名的伦西曼委员会(皇

---

① 参见[美]吉姆·佩特罗,南希·佩特罗:《冤案何以发生:导致冤假错案的八大司法迷信》,苑宁宁等译,北京大学出版社2012年版,第209—290页。

家刑事司法委员会)的迅速成立,并改变了英国的纠错体制。

1991年的伯明翰六人案严重打击了英国刑事司法制度的信心。在该案中,帕特里克·希尔、格里·亨特、理查德·麦克肯尼、比尔·鲍尔、庄尼·沃克和修耶·卡拉格汉等人,在1974年因与其他三人一起在两个伯明翰酒店制造爆炸而被判刑。该爆炸致使21人死亡、189人受伤,该案件被认定为一起恐怖袭击,并被认为是爱尔兰共和军在英国制造的恐怖案件中伤亡最多的一起。控方提供的有罪证据主要包括:(1)口供,但被告人声称是被强迫认罪的;(2)法庭鉴定,但被告人宣称鉴定报告在本质上是不可靠的,因为鉴定报告是由警方聘用的法庭科学家苏克斯博士疏忽大意而作出的;(3)旁证,包括和著名的爱尔兰共和党人有牵连,被告人的行为和举止等。被告人被定罪后不服判决而上诉,1976年该上诉被驳回,1988年再次向上诉法院提起。在1991年,关于警方伪造被告人尤其是麦克肯尼的口供,鉴定报告具有不可靠之处等许多证据被公布,最终六被告被无罪释放。伯明翰六人案让英国举国震惊,该案的一个直接结果是迅速成立了伦西曼委员会,并促成了英国议会通过了《1995年刑事上诉法》。①

为了有效纠正错案,英国依据《1995年刑事上诉法》于1995年成立了"刑事案件审查委员会",专门负责对涉嫌存在错判或审判不公问题的刑事案件进行调查,从而结束了由内政大臣审查并提起错案再审的历史。② 刑事案件审查委员会在纠正错案方面,与以前的内政部的许多职能具有相似之处,如其没有权力决定案件本身的结果,但如果符合特定的标准,就可以提交到上诉法院。然而,无论是从理论上还是实践中,刑事案件审查委员会被认为比内政部纠错有很大进步。该委员会不仅是一个独立于行政部门和司法部门的独立主体,而且拥有丰富的资源、人力以及专家。其被英国人认可的态度,与原先对政府部门全面重新调查案件不信任的态度形成了鲜明的对照。在纠错的实践中,仅在2005年4月1日至2006年3月31日间,该委员会就审查了1012起案件,并将其中的46起案件提交上诉法院复审,其中,32起案件(约占70%)的定罪量刑被撤销或改判。英国的刑事案件审查委员会制度也因此被他国建立和完善刑事错案纠正制度所纷纷效仿和借鉴。③如美国北卡罗莱纳州最高法院于2002年

① 参见[英]麦高伟、杰弗里·威尔逊主编:《英国刑事司法程序》,姚永吉等译,法律出版社2003年版,第460页。

② 在伦西曼报告之前,在英国,若某一上诉人坚持认为自己是被错判的,但根据《1968年刑事上诉法》第1条的规定,其上诉又不能获得成功的话,那么其唯一可以采取的救济管道是向内政部提出申请。根据《1968年刑事上诉法》第17条,内政大臣有权将案件提交给曾对申请人作出有罪判决的上诉法院,以期对判决或量刑,作出新的决定。但这种审查机制在英国司法实践中效果很不好,被认为是一种不定期、不充分的审查制度。

③ 参见刘宪权:《英国错案如何"化腐朽为神奇"》,《法制日报》2013年5月21日。

成立了错案调查委员会,2003年康涅狄格州通过立法程序也成立了类似机构。

通过对一系列错案的实证分析,英国学者将导致错案的原因归纳为:(1)最明显的危险是伪造证据。(2)警察和普通证人在试图证实一个犯罪者时,都是不可靠的,尤其是在瞬间或紧张情况下的目击。(3)专家证人的证言价值在许多情况下也被高估了,因为后来表明所使用的鉴定标准,本质上是不可靠的,或实施标准的科学家表明也是不称职的,或者两者皆有。(4)与不可靠的口供相关的其他常见因素是:警察压力,生理或心理不稳定,或所有这些的综合作用。(5)进一步的问题可能是警方或控方不向辩方披露相关证据。(6)审判的实施可能产生不公正。例如,法官有时会倾向于支持控方证据,而不是作为一名公正的裁判。(7)以偏见的态度对待被告人陈述。如故意给被告人贴上"恐怖分子"的标签。(8)还有一些与上诉和上诉后程序有关的问题。如共同的困难包括缺少律师的帮助,不能获得有限的法律援助资金。[①]

三、法国式错案与纠错

错案在法国同样是司法部门和公众十分关心的问题。法国的错案问题受到的责备较多,"而且这些指责不仅仅与一次性的案件有关,而且涉及法国制度所具有的地方性特色的错误,如警察暴行、对辩护权不够尊重,以及审前羁押期限的过分延长。"[②]比较有名的错案包括:里昂信使案、拉隆希尔中尉案、尊贵的夫人泰蕾兹诈骗案、德莱福斯案、多米尼西案等,曾引发法国人不断地反思如何避免审判错误。

其中,德莱福斯案是最有影响力的错案之一。在该案中,德莱福斯被以涉嫌叛国罪而定罪。当时,检察机关的唯一证据就是德莱福斯的笔迹和被透露的军事文件上的笔迹"有些相似"。第一位笔迹鉴定专家戈贝尔并不认为两者能达到同一的标准,即戈贝尔认为,被控告的证据很可能来自嫌疑人以外的另一个人。于是,他们又找了第二位鉴定人贝尔蒂荣先生。这位鉴定人是一位有名的"排犹者"(被告人德莱福斯是犹太人)。他指出,清单上的字体与被告人的字体有相似之处,同时也有不同之处。他作出了令人惊奇的推理:"那相似之处证明这清单无疑是出自德莱福斯之手,而不同处则证明德莱福斯是故意改变字

---

① 参见[英]麦高伟、杰弗里·威尔逊主编:《英国刑事司法程序》,姚永吉等译,法律出版社2003年版,第462—463页。

② [英]杰奎林·霍奇森:《法国刑事司法——侦查与起诉的比较研究》,中国政法大学出版社2012年版,第48页。

体来转移人们的注意目标。"①这份鉴定意见便成了定罪的主要证据。在审判开始前,军方的高级领导人不停地向当时的媒体透露各种不实之词,以通过有影响力的报纸来败坏德莱福斯的名声,对德莱福斯不利相关报道铺天盖地。② 在这样一份鉴定报告和军方、媒体的压力之下,德莱福斯最终在没有其他证据的情况下被定罪并判决终身流放魔鬼岛。以左拉为代表的一批进步作家、记者要求撤销对德莱福斯的错误判决,以维护法律和人权的尊严,结果自身亦受到追诉。③后来,在截获的一份泄露军事机密给德国人的文件中,发现字迹与当年用来给德莱福斯定罪的那一份极为相似,也就是说发现了真正的罪犯。军事法庭只好于 1899 年 8 月,重新开庭审理此案,但结果只是撤销了原判,并将德莱福斯送交另一军事法庭。由于大量办过该案的高官担心推翻原判会使其自身成为受审对象,于是千方百计地阻挠纠错。甚至是法国最高法院合议庭在复查时撤销原判,但仍没有决定释放德莱福斯。在此后漫长的 7 年中,法国政府几经更迭。在各界人士的支持和努力下,1906 年,德莱福斯终于被正式宣布无罪释放。

　　法国式错案究竟是哪些原因造成的呢?弗洛里奥的研究将其归纳为以下诸多方面:(1)有些案件,有着确凿的证据,但依这些证据作出的推理判断是错误的,如此一来,案件就弄错了。例如有些案件,究竟是正当防卫、故意杀人还是过失杀人容易形成误判。(2)死因判断错误也是常见致错原因。法庭会给一个无辜者判刑,致错原因之一是死因判断错误。正常死亡中会有暴死的情况,遇到暴死时,人们容易疑窦丛生,以为有罪案发生,而且罪犯还逍遥法外,按这个思路追踪下去,有的无辜者因此背上倒霉的黑锅。(3)法庭被被告人欺骗。罪犯为了逃避公正的制裁,常常想方设法把法庭引入歧途,法官们对这一点都是有所警惕的。罪犯为了达到自己的目的,他们在法庭辩论时会毫不犹豫地提供一些伪造的证据材料,法官们对这一点也是十分清楚的。也会发生这样一种事情,即无辜的人向法庭"承认"了他并没有犯过的罪行。因此,对嫌疑人的供词不加怀疑,照单全收,就常常容易酿成裁判的错误。(4)司法实践中,法庭很可能被彻头彻尾伪造的书证引入歧途。例如,伪造者模仿了别人的笔迹和签名,甄别不清就可能导致误判。(5)如果不加警惕,诬告会发生误导司法的作用。例如,一个未成年的男孩或女孩,常常说自己是那些要受到法律制裁的伤风败俗的罪行的受害者。(6)假的证言和错误的证言可能会欺骗法官,使之作出错误裁判。在法国,假证是大多数裁判错误的起因。(7)辨认错误是造成错

---

　　① 参见[法]勒内·弗洛里奥:《错案》,赵淑美、张洪竹译,法律出版社 2013 年版,第 164 页。

　　② Steven Lubet, Why the Dreyfus Affair Does and Doesn't Matter, 13 Green Bag 2d 329, 329 (2010).

　　③ Peter Zablotsky, Considering the libel Trial of mile Zola in Light of Contemporary Defamation Doctrine, 29 Touro L. Rev. 59 (2012).

案的另一重要原因。辨认错误发生的原因之一是"图像的重叠",还有一种受公民责任感支配下的错误指认。(8)司法鉴定在案件性质的判断方面往往发挥着关键作用,正确的鉴定有助于促使案件真相大白,甚至鉴定本身就可以使案件真相大白,同样,错误的鉴定将带来严重后果。(9)前科资料、被告人的不良品格证据容易造成法庭对被告人的偏见,从而造成误判。(10)错案也可能源于法官的疏忽。法官并非上帝,当然无法期望其全知全能。各种外界干扰因素会造成法官误判,造成这种误判的是各种客观原因。法官主观方面的原因也会造成误判,对于这种误判情形,法官自身难辞其咎。[①]

四、"无辜者项目"如何面对冤狱

冤狱问题在世界各国都是一个难题,既然无法完全避免,那么我们只能是以更加理性的态度来对待错案。源于美国的无辜者项目(Innocence Project),在如何面对冤狱方面,做出了值得为我们关注的积极尝试。

从 20 世纪 90 年代初开始,美国出现了纠正刑事错案的无辜者项目。[②]该项目最初源于一项美国司法部、参议院和卡多佐法学院合作的研究。基于对冤狱的认识,1992 年,美国纽约市的叶史瓦大学卡多佐法学院成立了旨在平反冤狱案件的无辜者项目,之后在美国各州、澳大利亚、加拿大、英国、爱尔兰、纽西兰等地成立了相应组织,并得到了各国政府的支持。这些组织已经联合成立了一个冤狱防治网络(the Innocence Network),彼此间相互合作,分享资讯和专业知识。

在美国,无辜者项目以 DNA 鉴定技术为主要方法。自从 1986 年,DNA 技术首次被运用于犯罪侦查中,该技术在刑事司法领域的运用已经日趋成熟。无辜者项目受理的个案中,经过 DNA 鉴定后,约有 43% 的被告人被证实是无罪的,而在这些改判无罪的案件中,有超过 40% 的案件借助于 DNA 鉴定结果找到了真正的犯罪人。也就是说,无辜者项目运用 DNA 技术不仅挽救了被错判的无辜者,而且帮助辨认出了逍遥法外的罪犯。利用 DNA 技术,该项目已经在美国成功地帮助 269 人平反冤狱,其中有 17 人原本被判处死刑,这些无辜的人在被宣判无罪释放前,平均已经在监狱待了 13 年。

詹姆斯·伍德沃案是该项目中成功纠错的一例。[③]1980 年圣诞节伍德沃同

---

① 参见[法]勒内·弗洛里奥:《错案》,赵淑美、张洪竹译,法律出版社 2013 年版,第 2—4 页。

② Keith A. Findley, *The Pedagogy of Innocence: Reflections on the Role of Innocence Projects in Clinical Legal Education*, 13 CLINICAL L. REV. 231 (2006).

③ *See, e. g., Symposium: Wrongful Convictions: Causes and Cures ABA Policies Concerning Wrongful Convictions*, 37 SW. L. REV. 789 (2008).

相识 7 个月的女友琼斯约会,之后琼斯遭遇强奸和谋杀,并被抛尸沉河。几天后尸体被发现,伍德沃因关键证人——琼斯继父的指控旋即被捕。他大呼冤枉,并拿出了有力的不在场证据,证明他当晚同琼斯分别后又赶到 30 英里外同另一女子欢度春宵。另有一名目击证人也告诉警察,他当晚看到琼斯同 3 名可疑的男子聚在一起。但是,关键证人在警察局成功地辨认出了伍德沃,而且外围调查发现他在 10 多岁时就曾盗窃,这样的前科"污点"显然对被告人大为不利,无罪证据被警察所忽略。最终,伍德沃被送上法庭,陪审团认定罪名成立并判处终身监禁。入狱之后的伍德沃仍然拒绝认罪,因故一直得不到假释。直到"无辜者项目"的介入,事情才呈现转机。该项目在达拉斯郡始于 2001 年,总共遴选了 40 多起申诉的案件进行复查,伍德沃案便属于其中之一。复核的结果表明,本案中留存的 DNA 证据根本不是被告人的,原控方的关键证人亦最终承认指证有误。由此可见,伍德沃根本不可能强奸琼斯,也不可能实施谋杀。这样才出现了伍德沃沉冤 27 载最终昭雪的一幕。有意思的是,该案还在 2010 年10 月被搬上了美国银屏,即根据该案改编的电影《证明有罪》(Conviction)公映,引起了美国民众对错案问题的再次关注。

就具体的程序而言,该项目要求所有初次请求协助的个案,必须准备一份案例事实摘要和控诉被告的证据清单,并将上述材料寄到纽约市第五大道的冤狱防治中心。该项目原则上只接受判决后提出上诉的案件,这些案件必须能以 DNA鉴定作为证据以证明清白。如果个案中的生物证据(鉴定检材)已经遗失或遭到破坏,或者根本就是没有可供鉴定材料的案件,将会请申请人向冤狱防治网络的其他成员寻求帮助,该网络中的有些组织提供 DNA 以外的法律与调查协助。

该项目还通过研究分析造成错案的原因,并推动相应的刑事司法改革。错案涉及的原因通常很多,这其中特别需要引起我们注意的是,该项目的研究指出:75％的冤狱涉及目击者的误认;50％的冤狱关涉未经验证或者不当的鉴定(法庭科学);25％的冤狱归因于虚假的自白或供述;还有 15％的冤狱与不可靠的检举揭发者有关。此外,还涉及许多无法量化的因素,包括检警的失职、无效的律师辩护和种族歧视等。

这些错案表明冤狱并非单独和罕见的个案,而是有着诸多共性,并且显示出美国的刑事司法体系绝非完美的制度而是存在这样那样的缺陷。美国学者的研究中指出,全美大约有 2.3％～5％的犯人实际上是清白的,即使是只有1％,那也意味着有至少超过两万名被冤枉者正在监狱服刑。这些研究证明司法有误判的风险,并且成为推动刑事司法改革的动力。如无辜者计划考虑到误判风险的确实存在,支持暂时中止死刑,同时找出造成冤狱的原因与补救的方法,这与美国律师学会的观点也是一致的。这种研究和纠正冤狱的实践,对美国部分州的死刑政策带来了直接的影响。例如,美国伊利诺伊州鉴于 DNA 鉴定发现的错误死刑案件,于 2003 年对该州的死刑制度作出了调整,宣布暂时停止执行死刑。又如,无辜者项目对于立法完善起到了直接的促进作用。自 2004 年以来,该项目已经促成通过或修改将近 70 项冤狱防治的相关法律。即使金融危机以来,美国联邦和州政府都预算吃紧,但无论是民主党还是共和党,都对无辜者项目在经费和政策上给予支持,这也使得该项目对公共政策和司法改革产生影响。

第四节　从八起典型案例来看中国式错案

上述西方国家的错案及其纠错过程,让我们隐约看到了中国的某些问题。毕竟,中西方错案中的共性问题恐怕远比各国的差异要多,要重要。就如帕克在研究刑事诉讼模式时所评价的,即使在美国,"在大多数案件中,刑事诉讼程序的实际运作,或许更接近于犯罪控制模式的规定……现实的刑事诉讼程序远远地倾向于行政性与管理性,而非对抗性与司法性。"① 再让我们将视野转回到我国现实中的刑事错案,从实证的角度来审视近年来发生的典型错案。在此,选取了八起影响较大、广受关注的刑事错案,试图一窥中国式错案的特点。②

一、错案所呈现出的基本特征

表 1　八起典型错案的基本情况

案件	职业	律师情况	被害人(关系)	涉嫌罪名	所判刑罚	案发地	案发时间	纠错时间	纠错的原因
佘祥林案	农民	委托	张在玉(妻)	故意杀人	死刑改判15 年有期	湖北	1994 年1 月	2005 年4 月	被害人归来
杜培武案	警察	委托	王晓湘(妻)王俊波	故意杀人	死刑改判死缓	云南	1998 年4 月	2000 年7 月	杨天勇等真凶承认
滕兴善案	农民	委托	石小荣(传系情人)	故意杀人	死刑(已执行)	湖南	1987 年4 月	2005 年11 月	被害人归来
李久明案	警察	委托	郭忠孝夫妇(情人近亲属)	故意杀人	死缓	河北	2002 年7 月	2004 年11 月	真凶蔡明新承认
李化伟案	工人	委托	邢伟(妻)	故意杀人	死缓	辽宁	1986 年10 月	2002 年6 月	真凶江海承认

---

① [美]哈伯特 L. 帕克:《刑事裁判的界限》,梁根林等译,法律出版社 2008 年版,第 234 页。
② 相关研究参见陈永生:《我国刑事误判问题透视》,《中国法学》2007 年第 3 期。

续表

案件	职业	律师情况	被害人（关系）	涉嫌罪名	所判刑罚	案发地	案发时间	纠错时间	纠错的原因
岳兔元案	农民	委托	岳宝子（同村村民）	故意杀人	诈骗罪起诉，后撤回	山西	2004年2月	2005年6月	被害人归来
赵作海案	农民	指定	赵振晌（邻居）	故意杀人	死缓	河南	1999年5月	2010年5月	被害人归来
张氏叔侄案	卡车司机	委托	王冬（同乡）	故意杀人	死刑改判死缓	浙江	2003年5月	2013年3月	申诉，DNA鉴定发现真凶

表1直观地给我们展示了八起典型的刑事错案的基本情况，其展现出中国式错案的如下特点：

1.上述错案都是重罪案件，全部涉嫌故意杀人罪。对于这些重罪案件，原本是应该更为慎重，特别是涉及死刑的案件，应当比普通刑事案件采行更为严格的证明标准和司法程序。[①]然而，由于存在限期破案、"命案必破"等压力，反而更加容易出现刑讯逼供等现象。

2.被告人多数是底层的农民或工人。基本属于社会弱势群体，在面对强大的国家机器时更加显得弱小、无力。其中有两人的身份比较特殊，职业是警察，但作为执法人员其在案件中并没有受到特别的优待，反而是"相煎何太急"。

3.除岳兔元外都判处了重刑，普遍适用疑罪从轻。其中，只有滕兴善案执行了死刑，其他案件都采用了疑罪从轻的办法，判处了死缓等相对较轻的刑罚，为最终的纠错留下了余地。如张辉张高平案中，一审判处了死刑，而二审做了留有余地的死缓判决。这反映出疑罪从无的理念在司法实践中贯彻是何等艰难，而疑罪从轻虽然受到这样那样的批判，[②]却在客观上避免了更大的错误。这里的背后实际上不仅是理念之争，而且是相关制度的匹配和具体规则的实施问题。

4.律师参与的作用有限。七起案件委托了律师，赵作海案则是指定辩护，但律师并没有发挥很大的作用。这主要体现在律师的辩护意见，普遍不被法官所采信。这也反映出了当前我国刑事辩护的困境。

5.纠正错案的周期较长。多数案件经历了十年左右的时间才由于这样那样的原因而被纠正。如张辉张高平案中，张高平在狱中反复申诉，甚至拒绝接

---

① 2010年7月1日开始实施的《关于办理死刑案件审查判断证据若干问题的规定》对死刑案件的证明标准规定了：(1)定罪量刑的事实都有证据证明；(2)每一个定案的证据均已经法定程序查证属实；(3)证据与证据之间、证据与案件事实之间不存在矛盾或者矛盾得以合理排除；(4)共同犯罪案件中，被告人的地位、作用均已查清；(5)根据证据认定案件事实的过程符合逻辑和经验规则，由证据得出的结论为唯一结论。

② 刘宪权：《"疑罪从轻"是产生冤案的祸根》，《法学》2010年第6期。

受减刑的"优待",坚持称自己无罪。驻监的检察官也发现了疑点而帮助他申诉。[①] 就在这样的情况下,仍然历时十年才沉冤得雪。随着时间的推移,纠错的难度往往不断加大,如参与张辉张高平案的浙江公检法系统公职人员中,不少已获晋升或调职,相关证据材料则容易消失、淹没,查明真相和追责难度自然都会增大。

6.地域、经济因素与错案并没有表现出明显的关联性。也就是说,冤案发生地分布较广,多数发生在内地,但也有发生在经济发达的沿海地区,如张辉张高平冤案。仅仅从办案人员的素质、学历,当地的经济发展水平等方面,简单地看错案发生的概率,很难得到实证材料支持。

7.纠错具有偶然性。四起案件被纠错的原因是所谓被杀死的被害人归来,四起案件则是真凶被发现或者自己主动交代了罪行。虽然某些个案中还涉及检察监督、DNA鉴定和被告人的反复申诉等因素,但被害人归来和真凶发现这样的偶然因素显然更为重要。也就是说,多数案件的纠错中,被我们所反复强调的检察监督、申诉上访或者法院内部审查,并未发挥至关重要的作用或者根本没有发挥作用。

二、导致错案的主要原因

表2　八起典型错案的主要原因

被错判人	是否存在刑讯	辩护律师意见	无罪证据被忽视	有罪证据不充分	口供情况	鉴定方面的问题	其他原因
佘祥林	10天11夜刑讯	未被采信	四人的无罪证言,指认尸体的有两家	主要依靠口供	作案经过、动机、工具的交代前后矛盾	未作DNA鉴定,以辨认结论定案	民愤、三长会、警察造假、阻止证人作证
杜培武	31昼夜的刑讯	未被采信	没有作案动机、时间	关键性证据凶器(枪支)没有找到	前后反复,多次翻供	警犬辨认、测谎被错误使用	民愤、三长会、警察造假

[①] 2007年7月,张飚检察官在石河子监狱巡查时,得知服刑人员张高平坚称自己和侄子张辉没有犯强奸罪,不断地向司法机关申诉。张飚随即找其谈话,调阅了相关档案材料,发现该案的关键证据证明力不足,案情细节存在疑点。之后,张飚先后发函调取了被害人DNA检验情况说明、证人身份证明等大量证据,并向相关司法机关转交了申诉材料和谈话笔录。该案纠错后,张飚、魏刚、高晨3名检察官荣记个人二等功。

续表

被错判人	是否存在刑讯	辩护律师意见	无罪证据被忽视	有罪证据不充分	口供情况	鉴定方面的问题	其他原因
滕兴善	声称被刑讯,具体不详	未被采信	不可能到达犯罪地点,百人签名请愿	指控不合情理,证据之间矛盾	口供与其他证据相矛盾	未作DNA鉴定,以石膏像辨认定案	诱导式指认现场
李久明	7天8夜刑讯,电击、灌辣椒水等	未被采信	无作案动机、时间,口供与现场勘查不符	主要依靠侦查阶段唯一一次有罪口供	在审讯人员的诱导下不断修改笔录	检材(头发)来源不明,警犬辨认错误	市、区三长会
李化伟	3天3夜刑讯、诱供	未被采信	没有作案时间,犯罪现场有他人指纹、足迹	主要依靠侦查阶段口供	作有罪供述,翻供	鉴定了留有被害人血迹的衬衣,遗漏嫌疑人指纹鉴定	被害人施压、三长会、阻止证人作证、篡改勘验结论
岳兔元	刑讯,用电警棍电击	未被采信	没有作案动机	主要依靠有罪供述和无名尸体的鉴定	编造作案时间、地点、起因	错误解释DNA结论,尸体与岳母DNA序列同	有前科劣迹
赵作海	被体罚33天,且被手枪恐吓	未被采信	无法确认尸体身份,与被害人身高不符	没有找到凶器、被害人头颅,两次被检察院退案	9次有罪供述,法庭翻供	4次DNA鉴定无法确认尸体身份	限期破案,政法委协调
张高平、张辉	7天7夜刑讯	未被采信	DNA鉴定结果不符合	主要靠口供定罪、采用狱侦	逼迫抄写有罪供述	忽视DNA鉴定的结果	破案压力、诱导式指认现场、滥用狱侦

表2列举了上述八起典型的中国式错案的原因,同样呈现出诸多共性:

1.刑讯逼供与中国式错案如影随形。所有案件中都或多或少地存在刑讯逼供,即使是作为警察的杜培武和李久明也未能幸免。被告人对于刑讯逼供的控诉没有得到法庭的重视,如杜培武曾在法庭上出示血衣,仍然没有被认定刑讯逼供,更不要说是非法证据排除了。又如赵作海案中,最终五名办案警察被追诉刑讯逼供罪或玩忽职守罪。

2.律师的无罪辩护都没被采纳,被告人的自我辩解更是被无视。如赵作海案判决书中,律师的辩护意见就记录了八个字"事实不清、证据不足"。在滕兴善案中,律师指出了鉴定、作案时间、作案工具等诸多案件疑点,但都不被重视;村民自发在申诉状上签名,集体为滕兴善喊冤;滕兴善在行刑前仍大声:"我没有杀人!我是冤枉的!"在有如此重重疑点的情况下,滕兴善从被起诉到执行死刑仅仅用了三个月。

3.普遍存在无罪证据被忽略,有罪证据不足。如被告人没有作案时间、尸体无法确认等无罪证据都没有引起司法机关的关注,而凶器没有找到、尸体其他部分未找到等都被无视。甚至赵作海案中,赵作海在被残酷刑讯之下,为认罪曾让妻子寻找别人尸骨冒充所谓被害人赵振裳。这体现出我国对于死刑案件的证明标准表面上很严格,但规定缺乏可操作性,且实际把握上法官的自由裁量权很大。

4.口供被作为定罪的主要证据。上述错案的侦查都是主要围绕口供在做工作,突破口供再顺藤摸瓜找到其他证据,从而形成了"从供到证"这一中国式侦查取证的独特模式。而为了获得口供,刑讯逼供则显然成了"最佳"的选择。这一方面反映出侦查机关对口供的高度依赖,另一方面也暴露出侦查手段的落后与无力。一起案件中的多次口供,司法机关只选取有罪证据和对控诉方有利的口供,而对于当庭翻供、无罪辩解却有意无意地忽略。如杜培武就曾多次当庭翻供和做无罪辩解,却没有被法官所重视,侦查阶段所做的有罪供述的笔录则被作为了定案的主要证据。

5.DNA鉴定方面的问题。上述错案中,有的是应该做DNA鉴定而没有做鉴定或者DNA鉴定不过关,有的则是忽略了对被告人有利的DNA鉴定。特别是在所谓被害人与尸体根本对不上的情况,原本DNA鉴定就可以揭示真相。如佘祥林案中,如果对尸体做DNA鉴定则很可能便能避免错案的发生。在赵作海案中,四次DNA鉴定都不能认定尸体就是所谓被害人的情况下,司法机关竟然还敢定罪。在张辉张高平案侦查过程中,法医所作出的DNA结果已经显示并非犯罪嫌疑人张高平、张辉作案,侦查人员在无法查获其他犯罪嫌疑人的情况下,以牵强的理由否定了鉴定结果,仍然主要依据口供来定案。滕兴善案中,鉴定报告中曾指出,送检的颅骨与所谓被害人石小荣的照片比较,颅骨有些部位与照片不太符合。但该鉴定意见并没有被侦查和审判机关所采纳。

6.重罪案件所谓民愤极大,为了更快破案召开公安局长、检察长、法院院长三长会协调,限期破案的压力等原因造成了警察为了破案不择手段,公检法三机关盲目地配合,甚至是为了结案而故意忽视无罪证据、编造与篡改证据,办成所谓的"特案"。"命案必破"更是成为侦查人员头上的一道紧箍咒,为了破案甚至可以向警察同事大打出手,如杜培武案即是一例。在上述错案中,我们都可以看到所谓破案后,公检法急不可待地立功受奖,在一个侧面说明了重大案件侦破与公安司法工作人员自身切身利益的息息相关。甚至,公安司法工作人员成为最终纠错的主要阻力。

第二章　刑事错案成因的法社会学分析

　　从佘祥林案、杜培武案到近期发生的杭州"张氏叔侄冤案"、上海"两梅冤案",每一起刑事错案的发现和纠正,都让人震惊、扼腕叹息。刑事错判案件屡屡发生的现实说明,加强对刑事错案的研究,进而探寻错案背后的逻辑,分析错案形成的机理,用以反思和指导日后的刑事司法工作显得日益迫切。的确,刑事错案是刑事司法活动的副产品,刑事错案不可能完全避免,但是通过对近年来发生的刑事错案的成因进行梳理,进而使我们得出比较有效的预防方法,可以在一定程度上减少错案的发生。

第一节　不科学的绩效考核评价体系

　　司法制度是当前我国各项体制改革中最为紧迫的重大项目。司法改革的工作千头万绪,但牵一发而动全身的一点就是改革现行的绩效考核体系。从这一角度出发,我们发现现有的考核机制构成了错案发生的重要诱因。比如在实践中,刑事案件破案率的高低,往往成为了考评各级领导以及主管部门政绩优劣的关键。对于某些社会影响比较大的恶性案件,上级领导往往会提出"命案必破"、"限期破案"的要求。目前司法机关实践中暴露出的一些问题大多与当前的考核制度有关。

　　米尔伊安·R.达玛什卡教授在其著作《司法和国家权力的多种面孔》一书中把国家从政府职能划分的角度分为两大类,即能动型国家和回应型国家。能动型国家"信奉或致力于实践一种设计美好生活图景的全面理论",并且以这一美好的图景作为基础来设计一个面面俱到的改善该国公民物质和精神境况的计划。能动型国家焕发出乐观主义的精神,并且认为政府具有智识上的能力来辨认出哪些目标和理想值得国民追求,并确立准确导向于这些目标之实现的政策。它将职能的触角伸展到了社会生活的各个领域。另外一种国家就是回应型国家。这种政府任务只是在为其追求自我选定的目标的公民提供一个支持性框架上,表面上国家是自身利益的保护人,但其职能实际上却是代理性的,只是通过其行动来保护那些理应由个人或公民群体来主张的利益。也就是说,这样的政府是消极的、被动的,这样"简约主义"的政府从事两项工作:维护秩序和为解决公民无法自行解决的纠纷提供一个平台。①

　　与两种国家模型相对应的,司法程序又可以分为科层式理想型与协作式理想型。其中科层式理想型的组织"是一个被组织到一种等级结构中的职业官员群体,他们按照某种技术标准做出决策",其主要的特征表现为官员的职业化,严格的等级秩序和决策的技术性。这与韦伯意义上的科层官僚制模型极为相似。对于官僚制特征的一般的概括,可以认为官僚制理想模型包含了非人性化、形式主义、规则限制,永续性和高度的纪律化等特征。达玛什卡认为,科层式和协作式的权力组织与大陆法系和英美法系的司法组织模式一一对应。但是,科层式理想型的极端模式却可以在社会主义国家找到对应的影子。"毛泽东时期的管理型社会主义的中国,以科层式组织结构起来的官僚系统在这个国家有着根深蒂固的传统,在这里我们也可以发现悠久历史的雏形,为西方的集权式政府所难以匹敌。"②

　　在法治发达的西方国家,行政部门的官僚制表现得比较完善。然而,在发展中国家,行政官员对于规则的遵守以及规则体系本身的缺陷大都体现出官僚制模式发展的不成熟。在法治国家尤其是英美法系国家,鉴于国家已经认识到司法权运行的特点,这些国家的司法体系管理人员开始有意地排斥官僚制。③然而,在中国,存在着行政系统官僚制不足,司法系统官僚制严重的现象,司法体制呈现出浓厚的行政化色彩。比如说,法官管理的行政化就是典型的例证。

　　科层式的官员们被组织到不同的梯队中,权力来自最上方,沿着权力的等级序列缓缓向下流动。严格的等级制度要求下级的官员必须接受上级官员的审查和监督。官僚制科层式的结构以及各个官员级别之间的不平等,对于司法体制内部的人员晋升产生了激励作用,对于每一个寻求"理性人"的司法官员来说,晋升是实现权力最大化和利益最大化的有效途径。一个组织如果采用了官

---

① ［美］米尔伊安·R. 达玛什卡:《司法和国家权力的多种面孔——比较视野下的法律程序》,郑戈译,中国政法大学出版社 2004 年版,第 119—121 页。

② ［美］米尔伊安·R. 达玛什卡:《司法和国家权力的多种面孔——比较视野下的法律程序》,郑戈译,中国政法大学出版社 2004 年版,第 295 页。

③ 在英美这种非官僚司法体制中,晋升对法官的意义有限,因为英美法系法官在薪水、特权上差别都不大。20 世纪 90 年代,联邦地区法官晋升上诉法院的概率只有 6%。参见［美］波斯纳:《法官如何思考》,苏力译,北京大学出版社 2009 年版,第 141—142 页,第 125—126 页。

僚科层式的管理体制,必然就对法官产生激励作用。"每一个权力的攀登者都在寻求权力,收入以及声誉的最大化。"①作为对司法人员队伍管理的体系,其所依据的评选标准则是他们工作成绩、平时工作表现、结案数、结案率、错判率、发回重审率、调解率等等(即数与量)。官僚制管理模式意味着上级以各种胡萝卜和大棒政策去控制下级。所有这些,突出表现在下级司法官员对于上级官员的服从,也使得国家对司法官员队伍的管理和对刑事司法的干预成为了可能。

目前,公安机关、检察机关、法院系统均有自身的绩效考核评价体系。绩效考核评价的后果成为了评价某一司法机关或者其内部工作人员的工作质量高低的重要参考,并直接影响到了该机关与司法人员日后的奖惩与晋升。长期以来,我国的刑事司法机关针对刑事案件的办案质量以及工作效率制定了一套比较完整的考核评价体系。② 这套体系在激励和促进刑事司法人员努力提高办案质量、提高办案效率方面确实发挥了重要的作用,一定程度上减少了刑事错案的发生率。但与此同时我们不得不看到,我国刑事司法机关评价体系浓厚的科层官僚式特征严重违反了刑事司法活动自身的逻辑,成为了刑事错案发生的一个重要诱因。

从目前已经发生的刑事错案看来,多数的刑事错案发生的最常见原因是办案人员违反了既定的司法程序,比如说采取非法手段收集与调查证据等。但其背后则与侦查机关将"破案率"作为考核办案人员工作的重要指标,鼓励司法人员"创先争优",甚至将案件的侦破情况与承办案件人员个人的切身利益挂钩有关。这一考核评价体系使得侦查人员在工作实践中基于其"利益最大化"的个人考虑而不惜违反法定程序,对犯罪嫌疑人实施刑讯逼供等手段以达其目的。刑事司法实践中不合理的考核评价评价体系成为了刑事错案发生的重要原因,在一定程度上也构成了发现和防范刑事错案的阻碍因素。③

一、绩效考核的指标之一——"量"

目前的司法实践中或多或少地存在着"以办案数量论英雄"的考核评价模式,这一模式导致司法人员片面追求办案数量,不注重案件的质量和裁判效果,严重影响了刑事司法机关的公正形象。盲目要求"争做第一","争创一流"等目标,片面地强调"量"的重要性,往往会导致认识上的偏差,对犯罪数量的控制,

---

① [美]安东尼·唐斯:《官僚制内幕》,郭小聪等译,中国人民大学出版社 2006 年版,第 61—62 页。
② 艾佳慧:《中国法院绩效考评制度研究——"同构性"和"双轨制"的逻辑及其问题》,《法制与社会发展》2008 年第 5 期。
③ 黄欣:《中国法院绩效考核制度及其对刑事诉讼之影响》,上海交通大学 2010 年硕士论文,第 14 页。

对"结案数量"的考核,片面强调打击的重要性损害了程序的正当性,损害了公平正义的实现,更有可能放纵警察的违法行为。我们认为这可能与当前我国的刑事政策有关。① 对于某些严重的、社会影响力大的恶性刑事案件,司法机关强调从严从重处理,办案人员追求迅速结案、迅速逮捕、迅速起诉,所有这些必然导致办案人员忽视程序和证据的合法性问题。在案件的侦查阶段,侦查人员使用刑讯逼供等非法手段收集证据。在司法审判过程中,法官则忽视非法证据排除规则,忽视被告人提出的抗辩事由,对被告人提出的有利证据不够重视甚至置之不理。庭审中,未经控辩双方进行有效的质证,匆忙之中对被告人进行判决。②

现有的绩效考核体系片面强调"量"的重要性,导致司法实践中往往出现"运动式"执法,导致司法机关尤其是基层的刑事司法机关疲于应付。由于基层司法机关司法资源不足,经费和人员配备不够,但出于对绩效考核,打击犯罪"量"的考虑,基层司法机关工作往往捉襟见肘。考虑到自身的情况,考虑打击犯罪和案件处理的成本问题,基层司法机关的办案质量可想而知。在"破案有功、不破案受罚"的情势导引下,部分刑警急功近利,丧失了对侦查工作的耐心,采取了所谓的"快速、有效"的手段——刑讯逼供,以缓解压力。而历史已经昭示,刑讯逼供常常会走向真相的反面,酿成无法挽回的悲剧。最终导致检察机关对于一些不需采取逮捕措施的案件作出批准逮捕的决定,以配合公安机关完成其工作的指标。同时,对于一些在庭审中出现证据瑕疵的案件,法官也会迫于压力做出妥协,对被告人做出"疑罪从轻"处理。

实践中"案件审结数"、"超期审案数"是考核刑事司法机关工作质量的重要指标。这促使法官在尽可能短的时间内审结更多的刑事案件。这的确也大大减少了司法实践中出现的案件审理拖延等情况,进而促使法官提高办案效率,及时地"运送正义"。但片面强调法官的审判效率和结案率,毋庸置疑会带来案件审判质量的降低,更有可能促使法官不再遵守甚至故意违反既定的司法程序。试想一下,如果在之前佘祥林等冤假错案的诉讼中,真正落实证人出庭作证、真正实现控辩双方的交叉询问、充分保证辩护律师权利、落实对非法证据排除等规则,这些错案就不一定会发生。总之,单纯依赖数据式的绩效考核体系难以真实考核司法机关及其工作人员的业绩,却导致了刑事错案的发生。

---

① 胡铭:《刑事政策视野下的刑讯问题》,《环球法律评论》2007 年第 2 期。
② 黄维智:《业务考评制度与刑事法治》,《社会科学研究》2006 年第 2 期。

二、绩效考核的指标之二——"率"

目前的司法体制中的绩效考核体系对"率"的强调导致公、检、法机关内部出现了不正常的协调与配合,异化了本应该正常运作的司法程序与司法结构。分权思想的启蒙最早可以追溯到古希腊的亚里士多德时期。此后,孟德斯鸠吸收洛克的分权理论,创立了立法、行政、司法三权分立制衡的学说。具体到刑事法治,国家设立公、检、法机关的目的在于形成国家公权力的相互制衡。控审分离;控辩双方相互对抗;法官居中裁判,不偏不倚;形成以审判为中心的刑事司法模式是刑事诉讼正常运作基本前提。然而,公、检、法的考核评价制度使本应控辩审三方三角式基本构架的诉讼关系完全蜕变成了"流水线"的作业模式。[①]进而导致司法人员对程序正义的轻视和无知,对公民权利的漠视和鄙夷,以自身的利益取代了程序的正义,不惜使用酷刑,不惜放纵国家公权力以达到其目的。以检察机关为例,检察机关的绩效考核不但考核对不起诉率的控制,还要考核无罪判决率。为了控制和降低无罪判决率,对于没有把握的刑事案件,检察机关一般做不起诉处理,即使已经起诉至法院的案件,在法官作无罪判决前,为自身利益计检察官必做庭外协调。实践中,法院也往往会同意检察机关对案件提出撤诉的请求,或者法官主动劝说检察机关主动撤诉以完成考核的目标。可以说,三机关"协调办案"成为了刑事司法机关追求考核绩效的利器。考核评价制度对"率"的考核违背了基本程序原则,忽视了刑事司法运作的基本逻辑。

司法官员在从事刑事司法工作的时候,案发事实往往已成为过去。他只能通过其自身的主观性来对案件作出判断,其所认定的事实能否接近于事实的原貌成为了案件质量的关键,而证据则是司法官员与案件事实的唯一连接点,也是司法人员查明和处理案件的关键。在诉讼进行的过程中,不同诉讼阶段往往适用不同的证明标准。然而,事先设定不同诉讼阶段的处理比例,并片面地强调各诉讼阶段的比率,比如说批捕率、起诉率、有罪判决率等,必然导致工作人员违反诉讼程序。可以说,现有体制考核评价体系对"率"的强调架空了程序自身的作用和价值,导致司法工作人员变相地剥夺嫌疑人、被告人基本的诉讼权利,最终,案件的公正性就难以保证。

由于考核评价体系对刑事诉讼各个阶段均有较高的比例要求,这就使公、检、法三机关为达到考核要求而强调协调的"流水线"式办案。刑事案件的犯罪嫌疑人、被告人的主体地位往往难以得到保障,诉讼程序的公正性基本消失。

---

① 陈瑞华:《刑事程序失灵问题的初步研究》,《中国法学》2007 年第 6 期。

对于错案,刑事诉讼法规定了撤案、不起诉和上诉制度以使其起到"过滤"和"救济"的作用,然而,为达到考核的目的,公、检、法加官自然无视这些特定程序的自身价值,恣意践踏程序。在案件进行的任何阶段,案件都有可能非正常地"回流",刑事诉讼程序的"过滤"作用完全被架空。

再比如实践中,很多上级法院将改判率作为对下级法院进行考核评价的一项重要指标,这对提高审判质量无疑起到积极推动作用,但也往往使得上下级法院对此容易产生误区。下级法院为减少或者避免案件被改判,对一些疑难复杂案件的处理往往模棱两可、难以裁断,即使能形成统一的认识,拿得准判处意见,也会顾忌上级法院的改判,而不敢果断裁判,继而滋生许多不必要的请示案件。这使两审终审制度"虚置",成为实质的"一审终审制",这实际上剥夺了当事人的基本的上诉权。这也造成了案件审理的期限被人为地无限拉长。同样,对于改判问题,二审法院的法官也是讳莫如深,顾虑重重,甚至为了顾及下级法院的面子,对应该改判案件不敢、"不忍"改判。而一旦案件被二审改判,则往往被认为是对下级法院"默契"和"面子"打破,尤其是当案件的改判影响到下级法院的业绩时,二审法官就更是顾虑重重。这样,势必给二审法官改判案件带来重重压力,致使二审改判案件工作强度的增大,难以发挥其审判的独立性。[①]

三、绩效考核的指标之三——错案追究制

错案追究制的目的在于监督法官、确保法官办案质量的制度。1992 年错案追究制度开始提出。[②] 制度设计者的初衷是为了杜绝审判人员在司法裁判中徇私枉法,进而使案件得到公正审理,但良好的初衷难以保证制度的有效运行。相反,在实践过程中错案追究制的弊端不断出现。

各地法院往往将错案责任与本院法官的工资、职务、升迁等利益直接挂钩,所以一审法官面临着巨大的压力。错案追究制破坏了司法的独立性。实践中,一些法官要避免自己的案件被宣告为"错案",就不得不在案件没有进入上级法院审判程序之前展开"公关"工作,力求自己的裁判被维持而不得不迁就于上级法官的指示甚至暗示。而当事人因为渴望胜诉而不得不求助于上级法院,下级法院的法官则为着避免或减少错案而向上级法院施加压力,上级法院经常要顾

---

① 冯磊:《中国的法院最大化什么？——以 S 市中级人民法院的工作考核制度为视角》,张卫平、齐树洁主编:《司法改革论评(第十一辑)》,厦门大学出版社 2010 年版,第 92 页。

② 孙笑侠等:《法律人之治——法律职业的中国思考》,中国政法大学出版社 2005 年版,第 221 页。

及下级法院绩效考核,在最小范围内修改原审的量刑判决。① 这样,立法中明确规定的二审终审制被架空,成为实质上的一审终审制,导致当事人通过上诉途径寻求司法救济的努力被虚置。实践出现的反面情况也证明了这一情况,一起案件被发现错判以后,办案的司法人员面临严厉的责任追究问题。就高院来说,如果高院法官把一起刑事案件发回重审,那么不仅要扣原审法官还要扣二审法官的分。这样的一种捆绑,就逼迫二审法官维持原判,不仅损害了司法的独立性,也削弱了法官的独立性和积极性,最终使犯罪嫌疑人、被告人的权利受损,导致更多冤假错案的产生。

四、绩效考核评价制度对刑事诉讼带来的影响

理想中,独立、超然和理性是专业法官的职业本色,也是专业法官权威之基础。②法官是国家法律的执行者,是国家法律的化身,是一个社会正义的守护神和社会良知的维护者和守望者。但是目前司法体制实施的考核评价体系使得司法人员处于"双重结构化"的两难境地。③ 一方面,他们应该按照法定的规则维护刑事诉讼的程序正当性;另一方面,司法工作人员还要完成这一体系制定的各项考核任务。"每个对中国目前司法改革曾深思远虑过的人都会懂得,改革的一个根本因素是必须加强司法独立。这是理所当然的。"④然而,当下考核评价体系中的各项指标因为与政治、经济等因素相挂钩,直接影响到了司法人员对法律程序的遵守,进而动摇了法律的权威性。

目前的绩效考核体系也使得刑事司法机关的自我纠错能力几乎丧失殆尽。破案率、批捕率、起诉率、有罪率、发回重审率、上诉率绩效考核指标构成了对每一个刑事办案人员进行考核重要的因素,考核关系到自身的经济利益和个人政治前途关系。所以,即使一起案件如果发现确有错误,但是从侦查到起诉,从案件的一审到二审乃至再审,所有接触过案件的人员都会力求保证这个案件不被推翻,一旦案件的既有判决被推翻,原先的办案人员考核必定受影响。"一荣俱荣,一损俱损"使参与办案的所有人员都会因考核机制被捆绑到案件中成为案件利益攸关方。如果期待让司法机关自身去推翻这个案件,实际上已经成为不可能的事。

---

① 林喜芬:《论中国法官责任机制之语境悖论与变迁展望——基于司法错误防控的角度》,《内蒙古社会科学》2011 年第 4 期。

② 孙笑侠:《程序的法理》,商务印书馆 2005 年版,第 153 页。

③ "双重结构化"来自于强世功、赵晓力的文章《双重结构化下的法律解释》,具体可以参见强世功、赵晓力:《双重结构化下的法律解释》,梁治平编:《法律解释问题》,法律出版社 1998 年版。

④ [美]葛维宝:《法院的独立与责任》,葛明珍译,《环球法律评论》2002 年第 1 期。

所以,我们可以从媒体报道的有关优秀警察、优秀检察官、优秀法官等报道事迹中看到,媒体似乎都力求塑造一种颠扑不破的迷信和神话,即司法工作人员都是在努力追求办案百分之百的正确率。对于优秀的检察官,报道中必然会有的一条报道就是其从事公诉多少年,共起诉多少案件并无一例差错。对优秀的法官来说更是如此,如办理多少案件,这些案件"无一错判、无一超审限、无一发回重审","辨法析理,胜败皆服"。在这样的绩效考核体系之下,司法机关本身的纠错能力耗尽,导致错案接连发生。聂树斌案就说明了这一问题。

根据达玛什卡对司法类型学的研究,在大多数社会主义国家中,司法组织中所呈现出来的严格等级的特征远较传统的大陆法系国家来得更为明显。科层制理想型的分析框架有助于揭示社会主义法律程序的某些特征。在科层制(hierarchy)法院系统中,司法官员与国家其他官员管理并没有多大的区别。也正是这样,我们就能够理解为什么科层制的法院在对法官评估时能够制作出客观的评价标准。"既要马儿跑,又要马儿不吃草"毕竟不现实,国家通过萝卜(奖励)和大棒(惩罚)一系列措施实现了对法官的有效管理。[①] 考核评价就是这种"官僚化管理"模式的充分体现。刑事司法制度管理制度行政化,权力过分集中于首长。加上由于我国封建社会行政兼理司法的传统,现行法院的管理体制中人事任免、经费开支均掌握在地方党政机关手中,所以地方法院不能不受制于地方政府。有的法院为了维护当地政府的政治形象,法官审判工作实践往往充当了政治稳定的工具。"搞定就是稳定,摆平就是水平,没事就是本事。"刑事司法机关为化解政治压力,为追求表面的社会和谐而不惜牺牲司法公正正义,常常因考虑地方利益,而实行地方保护主义从而引起司法不公。

在法治社会,一个不证自明的真理就是每一个公民都应该严格遵守法律的规定,并不能遭受由此带来的利益损失。但考核评价体系的实际运行却违背了绩效考核的初衷。公安人员、检察人员和审判人员有时会因为严格遵守法律规则和程序的规定而利益受损。从理性人的假设出发,如果司法官员不能从遵守规则和程序中得到收益相反遭受损失的话,那么,他们就会对现有的规则和程序进行规避,导致既定的规则和程序失灵。[②]

[①] 具体内容可以参见《中华人民共和国法官法》第 4 章"法官的条件",第 7 章"法官的等级",第 8 章"考核",第 10 章"奖励",第 11 章"惩戒"以及第 13 章"辞职辞退"。

[②] 黄欣:《中国法院绩效考核制度及其对刑事诉讼之影响》,上海交通大学 2010 年硕士论文,第 14 页。

第二节　司法机关工作人员的工作理念

接二连三发生的错案给我们带来的启示是,要杜绝和防止刑事错案的发生,必须提高现有公、检、法队伍的职业道德水平,完善其工作理念。办案人员观念的转变和基本素质的提高是防止冤假错案的前提。从 20 世纪 90 年代中期开始,法学界明确系统地提出了法官的专业化和职业化问题。1999 年 10 月,最高人民法院发布的《人民法院五年改革的纲要》将"法官的整体素质"列为人民法院改革的第二大问题。尤其是国家在 2002 年以来,中国法院系统实行了凡进必考的制度,新修改的《法官法》已将法官任职的学历条件由专科提高为本科以上,这些都促使司法系统对法官法学专业知识和法律职业技能的重视。然而,与对司法官员技能重视不同的是,国家一定程度上忽视了法官的职业道德建设。司法人员职业道德建设是法官职业化的核心,他们的权威又主要来自于内在的职业道德及外化的职业形象。刑事错案出现的原因也在于当前司法机关工作人员的司法理念出现了问题。

一、人权观念薄弱与刑讯逼供

禁止刑讯逼供以保障人权是民主法治社会的价值所在,也是现代法治国家保护人权,提高人权保障水平的责任。证据收集的规范化以及对刑讯逼供的禁止性规定,不仅是司法领域内部的变革,更是一个国家对其国民的人权承诺。但在司法实践中,获取有罪供述以破案一直是侦查案件之捷径,片面依赖口供,甚至采用非法手段获取口供,恰恰走向了错案的歧途。"在每一起刑事错案背后,基本上都有刑讯逼供的黑影。可以说,尽管刑讯逼供并非百分之百地导致错判,但几乎百分之百的错案都是由刑讯逼供所致。"①

2013 年颁布实施的新刑事诉讼法明确将保障人权条款写入其中,并且规定了非法证据排除的具体标准:采用刑讯逼供等非法方法收集的犯罪嫌疑人、被告人供述和采用暴力、威胁等非法方法收集的证人证言、被害人陈述,应当予以排除。我们认为无论是通过刑讯逼供的途径,还是通过威胁、引诱、欺骗等其他途径获取的证据都违反了刑事诉讼的法定程序。刑讯逼供带来的后果往往使一些人被屈打成招,冤案由此形成。比如之前的如佘祥林、赵作海案等大都存

---

① 　陈兴良:《错案何以形成》,《公安学刊:浙江公安高等专科学校学报》,2005 年第 5 期。

在公安司法机关明目张胆地进行刑讯逼供的情形。尽管随着法治文明的不断推进，人权意识的普遍增强，但在最近杭州发生的"张氏叔侄冤案"中刑讯也是仍然存在。对此，张高平曾回忆说："在杭州西湖刑警大队我苦头吃尽：他们让我站了7天7夜，让我蹲马步，不让我吃饭，我实在受不了赖在地上，他们就抓我的头发，我还是起不来，他们就提着我的手铐不停抖，我被抖到骨头都酥了才勉强站起；用拖把棍按我的脚，按到我骨头受不了不停地叫，我一叫，他们就笑，像看猴子一样；又把我按到地上，脚朝天，把我嘴巴封住，矿泉水灌到鼻子里去；打巴掌，跪皮鞋底那些都是小事……现在手臂上还有被他们用烟头烫的疤。更可恶的是牢头狱霸。在浙江省公安厅看守所，我一进去牢头就打我，嫌我破坏了他吃饭的心情，还给我立规矩，说'老大'上厕所，我要面壁跪下，每天早上还让我朝东南方向拜菩萨。牢头还说，'你态度好点，我写好你抄'。他写好之后，我拒绝抄，他就打我到半死，还说晚上打完50只蚊子才能睡觉，哪里去找50只蚊子?!"[1]

口供被认作是"证据之王"，依靠口供获得的信息便捷而丰富，有助于司法机关及时破案。实践中，的确有的犯罪嫌疑人当其自身面临危险时往往招供，但更多的是很多犯罪嫌疑人被屈打成招。尽管在很多情况下刑讯逼供并不一定必然造成错案，但错案的发生过程中却与刑讯逼供如影相随，背后则是办案人员对犯罪人人权的践踏或漠视。现在看来，杭州"张氏叔侄冤案"从头到尾都存在着有法不依、执法不严的现象。突出表现为案件的侦查阶段司法人员滥用职权用刑讯逼供的方式获取证据，办案人员在办案过程中使用刑讯逼供，司法工作人员对犯罪嫌疑人、被告人进行讯问时采用肉刑、变相肉刑或精神折磨等方法逼取口供的行为。

二、程序意识薄弱

"正义不仅应得到实现，而且要以人们看得见的方式加以实现。"虽然程序正义并不等于真理本身，然而严格地按照程序却可以抑制人治的因素，"避免人自作主张时显露出来咄咄逼人的锋芒，消除阻碍发现真理的障碍，提高决策的正确性。"[2] 2013 年 5 月 6 日，最高人民法院常务副院长沈德咏在《人民法院报》撰文称，在目前有罪推定思想尚未完全根除、无罪推定思想尚未真正树立的情况下，冤假错案发生的概率甚至可以说还比较大。对此，法院人员必须保持清

---

① 《叔侄奸杀冤案浙江彻查"女神探"聂海芬——张高平对话央视：遭杭州警方逼供7天7夜，实在受不了就说杀人了》，《河南商报》2013 年 4 月 9 日。
② 季卫东：《正义思考的轨迹》，法律出版社 2008 年版，第 58 页。

醒的认识,要像防范洪水猛兽一样来防范冤假错案,宁可错放,也不可错判。①目前,司法人员仍不同程度地存在着"重打击、轻保护"、"重实体、轻程序"等与现代刑事司法理念背道而驰的观念,一味强调打击犯罪而忽视人权保护,刑讯逼供、诱供、骗供等现象普遍存在。诸如孙万刚涉嫌故意杀人案,佘祥林涉嫌故意杀人案等冤假错案都是办案人员程序意识不足引发的刑讯逼供。一些地方的司法机关在办理比较重大的刑事案件时,担心"疑罪从无"会放纵罪犯,法官往往不敢坚持疑罪从无原则,即使案件存在着证据瑕疵等问题,最后的结果往往是"疑罪从轻"或发回重审。比如法官对于死刑但证据存疑的案件,一般会以"死刑缓刑"结案,所有这些都背离了制度设计的初衷。

传统中国的法律一直以程序法与实体法不分为其特征。道德、天理、人情等法律渊源的多样性决定了传统中国法"重实体、轻程序"的特征。清末以还,西法输入,程序法与实体法开始分离。然而司法实务界至今仍旧存在重实体、轻程序的司法理念。佘祥林案件发生以后,学者们曾经对该案的程序错误提出反思。如果有严格的侦查控制程序,就不会发生错案。在侦查讯问开始时,佘祥林的律师就能和佘祥林见面并监督讯问,那么刑讯逼供就可能被避免;如果犯罪嫌疑人有保持沉默的权利就不会发生佘案。嫌疑人面对讯问可以不回答,是国际司法准则的最低要求。在佘祥林案件中,重要的定罪依据是佘祥林的口供。刑诉法规定"犯罪嫌疑人有义务如实回答警方的问题"。规定这个"义务"的同时,也隐含了这样的内容:"如果你不配合,可能就会遭到惩罚。"如果司法程序中有排除非法取证的环节就不会发生冤案,这起案件案侦查阶段存在刑讯逼供的非法手段,但刑诉法没有关于排除非法获取的证据之规定;如果公、检、法三机关进行有效的互相制约,就不会发生错案;如果实行无罪推定原则,就不会发生佘案。在法院未定罪以前,公民是无罪的,其权利应受到一个无罪的普通公民所应享有的保护;如果司法真正独立,就不会发生这起错案。如果有科学的上诉复审机制,就不会发生佘案。当荆州中院判决后,湖北高院只是简单的发回重审,把问题又推给荆州法院。而荆州中院又把案件发回京山法院。京山法院是案件最初的审理者,京山法院最终判决佘祥林有期徒刑15年,使案件的二审只能到荆州中院,而到不了湖北高院,那么,同一个地方法院就很难改变原有的判决。纠错程序也"错"了。②

总之,司法工作人员充分尊重人权和司法程序是避免刑事错案的前提。所以,避免错案的发生需要司法机关工作人员恪守法律程序,抱着严谨求实的工

① 沈德咏:《我们应当如何防范冤假错案》,《人民法院报》2013年5月6日。

② 周宜军:《上海"佘祥林冤案的制度反思理论研讨会"实录》,载游伟主编:《华东刑事司法评论(第八卷)》,法律出版社2006年版,第270页。

作态度和锲而不舍的办案精神,而实现这一理想目标,更需要的是办案人员高度的良知、勇气、耐心和智慧。

第三节　不合理的刑事诉讼结构

刑事错案能够产生很大程度是目前刑事诉讼机制造成的。这一机制突出的问题在于控诉双方实力的严重不对等。只有控辩双方平衡,才能保证案件事实的全部真相被揭露,才能减少冤假错案。控辩平衡是现代刑事诉讼的基本原则,也构成了衡量一国法治建设重要指标。在刑事诉讼实际运行过程中,控辩双方的资源分配不对等,国家公权力对公民私权压迫性地追诉责任,被指控者权益保障不足,犯罪嫌疑人辩护权被弱化为刑事错案的发生埋下了伏笔。具体的表现比如控方权力的异化,辩护律师的阅卷难、会见难、调查取证难的问题仍旧没有解决,刑事司法审判流于形式化,被告方的辩护意见不被采纳等。

一、控方权力异化

尽管可能因为文化或者历史传统的原因,我们对法治的内涵和外延产生不同版本的解读,法治的构成和形式也就有了多种备选方案。然而,法治和司法制度的基本原理和原则是具有普适性的。即使是最低版本的法治其基本要义也包含了"权力制约"和"司法独立",如果司法沦为了政治的工具,沦为维护和获取部门私利的工具,这些都是对法治最大的嘲讽。[①]

政法委的协调办案。西南政法大学陈永生教授对近年来发生的 20 起刑事错案进行分析以后认为中国的刑事错案"从佘祥林案到赵作海案,造成冤案的背后都有政法委的影子,在协调办案的潜规则下,政法委对于冤案的产生起到了重要作用,甚至可以说是一锤定音。"[②]"一抓进去就打,一样的命案必破的口号,一样的政法委协调,一样的公检法三家'兄弟单位'联合办案,一样的屈打成招,一样的疑罪从有,后来,一样的被害人'复活'……"[③]尽管现有的刑事诉讼程序试图避免和禁止刑讯逼供的存在,例如在佘祥林案件中,面对公安局提交的

---

①　张卫平:《坚守的意义》,《清华法学》2011 年第 1 期。

②　陈永生:《我国刑事误判问题透视——以 20 起震惊全国的刑事冤案为样本的分析》,《中国法学》2007 年第 3 期。

③　中国法学网:《刘仁文:错案该如何平反》,http://www.iolaw.org.cn/showNews.asp? id=34256,最后访问时间:2013 年 5 月 12 日。

存在明显疑点的证据材料,检察院多次退回补充侦查,法院也曾发回重审,但最终法院作出了有罪判决。其中关键的转折点在于政法委牵头举办的"三长会议"(公安局长、检察长和法院院长)。当时被害人家属召集了200多人多次上访,造成了很大的社会压力。出于维稳考虑,政法委出面调停,法院从轻判决,以15年有期徒刑结案。最近得到纠正的李怀亮案,也出现了类似问题。出于社会维稳的考虑,据报道,司法机关与死者家属签订了"死刑保证书","约定"如果判处李怀亮死刑或者死缓,死者家属将停止上访。此外,政法委出于完成"任务"的考虑而出面调停。2002年,最高司法机关发起清理超期羁押案件的运动,在这个背景下,因证据不足而被长期羁押的赵作海被迅速提起公诉,最终造成冤案。事后调查发现,办案公安机关以清理积案的缘由将赵作海提交商丘市政法委讨论,商丘市政法委召集公检法三家召开专题研究会,对案件进行协调,要求商丘市检察院20日之内必须诉到法院。

实践中,政法委对于案件的进行和审理的协调带有"领导拍板"的性质。然而,"糟糕的是政法委书记往往不懂法,不是法学院毕业的,也没有经过司法考试,甚至连起码的司法实际工作经验也没有。他们从同级的教育局长、下级的党委书记、上级的团委书记等任上调任的都有,这样的人拍板,案件质量令人担忧。"①正像当年协调处理赵作海案的政法委书记王师灿在接受采访时表示的"我平时都不问案件,我不是学法律的,我学煤矿和矿山机电"。这样一来,政法委的专业能力和他的高于法院审判的地位形成了鲜明的对比,成为了错案造就的最重要环节。

法院审判案件,是公诉人和辩护人站在平等地位上的展开交锋。这种体制保证了裁判的公正性,也辩出了事实的真相。而政法委的协调会则是公安、检察和法院的内部讨论,离开了保护辩护人的律师参与,公安机关就可以肆无忌惮的明知错案也强词夺理。在个别地方,政法委成了高于法院的法院,往往一言九鼎,所以,政法委协调案件的"潜规则"是政策治国的产物,与依法治国、依法执政的理念相冲突,也是对加强和改进党对政法工作领导的误读。在现实中,政法委协调案件的潜规则与冤案产生有重大关联,其僭越了刑事法治中的罪刑法定原则、无罪推定原则,废除这一潜规则刻不容缓。②

检察机关监督不到位。我国法律规定检察机关是监督机关。检察机关的监督职能应该贯穿于刑事诉讼的整个过程。检察机关作为法律的守护神,有责任、有义务严格按照法律规定履行自身职责,充分发挥法律监督职能,保障公民

---

① 参见人民网:《赵作海案:学机电的政法委书记能一推了之?》,http://www.people.com.cn/GB/32306/33232/11607257.html,最后访问时间:2013年5月12日。

② 严励:《地方政法委"冤案协调会"的潜规则应该予以废除》,《法学》2010年第6期。

的生命财产安全。令行禁止，方可百战不殆。有令不行后患无穷。杭州"张氏叔侄案"等错案能够发生原因恰恰就在于侦查权缺乏必要的监督和制约。张氏叔侄十年中从未停止过向有关部门反映自己的冤屈，可每次都是石沉大海，检察机关的监督职能沦为摆设。监督机制的设置本身是防止权力滥用，纠正违法办案的有效途径，但在如此的监管条件下怎能保证执法的公平公正？

在张氏叔侄冤一案中，DNA鉴定报告是一份重要的证据。并且，辩护律师也提出了以下质疑：两名嫌疑人为什么在行车的4个小时内没有行凶，却偏要到了杭州，在杭州城内行凶？犯罪为什么要在借手机给被害人与家人通话后进行？律师还发现，对于作案过程的表述，张辉、张高平也存在明显的矛盾。在他们的供述中，作案前后的行车路径不一，作案现场的车辆行驶停放情况不明。比如张辉说，到达现场是先将卡车掉头，然后实施了强奸行为；张高平却说，是在作案后将车继续往前开。但是，这些疑问并未引起检察机关的重视，在随后的法院审理中，检察官坚持指控张辉、张高平就是强奸杀人的凶手。[①] 如果检察院在批捕时或在诉讼中能够认真履行职责，认真听取、分析当事人的申辩意见，认真对待和复合每一个证据、每一个疑点，错案就有可能得到及时纠正，冤案就能止于检察院。但因为检察机关的失职，他们疏于对案件的监督，把关不严，将疑点重重的冤案提起公诉，酿就了错案。

二、被告方权利弱化

毋庸置疑，辩护权是被指控者最为重要的防御权。任何人一旦受到刑事指控就意味着他成为了犯罪嫌疑人，也同时意味着他享有了为自己辩护的权利。辩护权的有效行使，对于促使侦查人员依法行使侦查权，促使公诉人员正确审查判断刑事案件的证据，监督侦查行为是否合法，具有重要意义。认真听取犯罪嫌疑人或者辩护人提出无罪或者罪轻的证据或意见有利于公诉机关发现案件的瑕疵和矛盾，促使检察机关能够更加全面、深入、细致而有针对性地对案件做出审查判断。但是，从我国制度的实际运行来看，犯罪嫌疑人的辩护权严重虚化，使犯罪嫌疑人在面对错误的刑事指控时没有足够的防御力量。

犯罪嫌疑人辩护权的虚化本质上是指犯罪嫌疑人的辩护权名不副实或者说近乎形同虚设。长期以来，我国立法对于犯罪嫌疑人的辩护权的规定不仅单薄，而且在实践中也缺乏保障和救济措施。首先，立法对犯罪嫌疑人的辩护权缺乏具体和完善的规定，对于犯罪嫌疑人的辩护权仅有抽象的规定而缺乏具体

---

① 董碧水：《冤案是这样酿成的》，《中国青年报》2013年4月3日。

细致的操作和救济措施。其次,立法已经明确规定的对犯罪嫌疑人的辩护权,在司法实践中被变相剥夺和限制,司法机关工作人员甚至对犯罪嫌疑人的辩护行为和辩护意见置之不理。依旧以张氏叔侄一案为例,在本案的再审中,张辉、张高平及其律师人均提出他们在被刑拘后,长时间被非法另行关押;一二审判决中认定他们犯罪事实的有罪供述,包括指认现场的笔录,是被刑讯逼供后作出的;一审开庭,公诉人在举证时,也没有出示对被告人有利的DNA鉴定报告。辩护律师在庭上据理力争,对张辉、张高平坚持作了无罪变化,但是辩护律师的意见未被采纳。

理论上,犯罪嫌疑人是诉讼主体,但在司法实践中却成为了诉讼客体。他们被要求供述犯罪事实,有义务配合侦查人员、检察人员查明与其有关的案件事实;律师的作用受到挤压。从立案到审判的流程诸多环节,大都是侦查机关、检察机关单方面采取行动和决策。他们主导了刑事诉讼进程,却缺少与之相对抗的有效辩护机制与救济渠道。犯罪嫌疑人的辩护权虚化,使犯罪嫌疑人处于无力防御的状态,这虽然确保了侦查、起诉的高效率,但却增加了错案的风险。具体展开如下:

反对强迫自证其罪原则是现代刑事司法的基本准则。被视为刑事公正审判"最低限度的保证"。反对强迫自证其罪原则赋予了犯罪嫌疑人、被告人拒绝陈述的权利。国家公权力机关不能强制公民个人协助国家追诉其本人的犯罪行为,这是刑事被告人在受到指控时所应享有的最低限度保障。被告人不受强迫自证其罪原则的意义就在于它承认了犯罪嫌疑人、被告人有自主说话的权利,这来自于对人权最基本的尊重。与此同时,它也为防止犯罪嫌疑人、被告人在受到不人道手段的威胁下提供了充分保障。新《刑事诉讼法》修改之前,《刑事诉讼法》第93条的规定,犯罪嫌疑人对侦查人员的提问,应当如实回答。新修正的《中华人民共和国刑事诉讼法》2013年正式发布。该法第55条明确规定,人民检察院接到报案、控告、举报或者发现侦查人员以非法方法收集证据的,应当进行调查核实。对于确有以非法方法收集证据情形的,应当提出纠正意见;构成犯罪的,依法追究刑事责任。但同时,该法第181条也保留了犯罪嫌疑人对侦查人员的提问有如实回答义务。因此在我国,犯罪嫌疑人有如实陈述的义务,没有保持沉默或拒绝陈述的权利。从司法实践来看,"坦白从宽、抗拒从严"的刑事政策一直存在,犯罪嫌疑人、被告人因为拒绝陈述而会被认作认罪态度不好而受到从重处罚;所以,犯罪嫌疑人、被告人为了避免从重处罚,不得不负担起自证其罪的"义务"和"责任"。

律师作用难以得到充分发挥。要保障犯罪嫌疑人、被告人接受公正审判的权利,进而防止和避免错案的发生,仅仅依靠国家公权力机关的自身约束是远远不够的,必须赋予被告人及其辩护人更多的权利,使被告人的辩护权真正得以实现。为了保障控辩双方诉讼地位和话语权的平衡与对等,确保法官公正居中裁判,现行刑事诉讼法设计了律师辩护制度。这一制度设计目的在于与控诉方形成一种诉讼对抗关系,以立法的形式安排刑事辩护这样一种对抗力量,从而形成诉辩对抗、法官居中裁判的诉讼格局。但从现实执行情况来看,这种制度并没发挥应有的作用。

从聂树斌案、杜培武案以及佘祥林案到最近出现的多起重大冤假错案,律师的辩护得不到应有的重视,律师辩护的作用不能得到充分发挥。在我国刑事案件辩护的过程中,存在着一些律师权利受到限制的现象,极大地削弱了律师辩护的作用,使得本应在防止冤假错案发生方面发挥重要作用的律师辩护制度不能发挥其应有的功能。比如审判中,"你辩你的,我判我的。"盘点这几起重大冤假错案,我们发现律师辩护中最大的问题不是律师能否提出正确的辩护意见,而是律师提出的辩护意见能否得到法官采纳。如佘祥林案、杜培武案就是典型,两个案件中律师的辩护意见都一针见血指出了问题所在,事后也证明这些意见都符合客观事实,但这些意见却没有被采纳。再比如,对司法实践中公然侵犯律师辩护权的违法行为缺乏有效的救济途径。律师会见难、阅卷难、调查取证难的"三难"现象依旧存在。会见权、调查取证权、代为申诉控告权等都是律师履行辩护职责最基本的权利,但就是这些最基本的权利,在我国目前的刑事司法实践中却成了奢侈品,律师辩护失去了其本身存在的价值和意义。

正如最高人民法院副院长沈德咏提出的,要高度重视、充分发挥辩护律师在防范冤假错案上的重要作用,充分认识到律师是法律职业共同体的重要一员,充分尊重和保护律师依法履职的权利,充分相信绝大多数律师是具备良好职业素养的,是理性、客观、公正、中肯的,是人民法院可以依靠而且应当依靠的重要力量。[①] 所以,律师在刑事案件中的辩护是刑事辩护制度的重要组成部分,辩护律师在刑事案件中的有效参与,有助于保障法官判决的公正性和可靠性,提高案件的审判质量,避免冤假错案发生具有重要的意义。

第四节　刑事审判权运作的失范

审判权作为国家权力的重要组成部分,是民众权利救济的最后一根稻草,是维系社会公平正义的最后一道防线。审判权运作失范,不仅会削弱司法的权

---

① 沈德咏:《我们应当如何防范冤假错案》,《人民法院报》2013 年 5 月 6 日。

威、裁判的公信力,还会降低民众对司法工作的满意度,损害社会公众的法律安全感。针对我国审判权运作失范现象层出不穷的现状,规范权力行使已经成为一个十分紧迫的课题。只有从法官的角度规范化运作审判权,才能防范刑事审判权运作的异化进而避免冤假错案。

一、审判权失范的两个特征

"每个有权力的人都趋于滥用权力,而且还趋于把权力用至极限,这是一条万古不易的经验。"[①]作为一种独立的权力形态,刑事审判权也存在滥用的风险和可能。所谓刑事审判权滥用即是刑事法官在行使裁判权的过程中,为了谋取私利或达到其他非法目的,公然违反法律规定,无视法官的职业道德,刻意制造不公正裁判结果的刑事审判权运作异化状态。长期以来,刑事审判权的滥用多被狭隘的界定为"权力与权力的对抗",即审判权对公诉权的入侵。因此,"对刑事审判权滥用的规制多集中在法院是否有权变更起诉罪名方面,而对刑事审判权滥用的构成及相应预防尚缺少系统研究,这在一定程度上导致刑事审判权滥用在司法实践中有蔓延的趋势"[②]。在刑事审判活动中,故意违背客观事实、规避法律适用,作出有罪判无罪、无罪判有罪,重罪轻量刑、轻罪重量刑以及违法减刑、假释等枉法裁判的行为并不罕见。[③]

审判权失范的显性特征。刑事审判权滥用不仅仅是在案件数量上引人注目,在具体的行为方式上亦呈现出多样性的特点,既有扭曲案件事实的行为,也有违反法定程序的表现。实体事实方面,有法官故意篡改、伪造、偷换、隐匿、毁弃证据或者其他诉讼材料并作出不公正裁判;也有法官在向合议庭、审判委员会陈述案件时,故意隐瞒主要证据、重要情节或者提供虚假情况等情形,以阻塞合议庭、审判委员会成员防范疏忽、纠正错误的通道。在诉讼程序方面,有法官对依照法律规定应当依职权调取的证据而不予收集的情形;也有法官无视被告人申请关键证人出庭作证、该公开不公开、该提供翻译不提供翻译等情况;在开庭审理中,还有法官故意剥夺被告人辩护权的表现,上海"两梅冤案"中,二审提前休庭,辩护人大部分的辩护意见都未能在法庭上发表就是很好的例证。刑事审判权的滥用既有刑事法官为一己之私的行为,如与律师狼狈为奸,违规为案

---

① [法]孟德斯鸠:《论法的精神》,张雁深译,商务印书馆1961年版,第154页。

② 简乐伟:《刑事审判权滥用规制初探》,《中国刑事法杂志》,2012年第1期。

③ 这种客观现象可以从近年来最高人民检察院工作报告中关于对有罪判无罪、量刑畸轻畸重、违反程序法影响裁判公正、违规减刑、假释等案件作出抗诉的案件数据统计中得出结论。无论是对"确有错误"案件作出抗诉的数量,还是刑事审判违法行为得以纠正的数量,都呈逐年上升趋势。

件当事人推荐辩护人或者代理人,或者为律师介绍案件,以从中获利;接受案件
当事人、辩护人、代理人、请托人的请客、送礼甚至是索贿等,这些行为无不构成
刑事审判权滥用的充分条件。同时,也有法官无视被告人主体地位的表现。在
法庭上,法官以"与案件事实认定、法律适用无关"阻止被告人陈述、辩解的情形
时有发生;上海"两梅冤案"中,公诉人以证人"身体不好、不能多讲话"为由阻挠
辩护人的提问,而法官对公诉人的不当行为不予制止,充分证明了法官权力行
使的不当。① 这也是造成案件事实无法查清,最终酿成冤案的重要原因。

　　刑事审判权滥用乱象环生,然而裁判者真正因为"徇私枉法、徇情枉法,对
明知是无罪的人而使他受追诉、对明知是有罪的人而故意包庇不使他受追诉,
或者在刑事审判活动中故意违背事实和法律作枉法裁判"而受到《刑法》第 399
条追责的情况并不多见。在贝卡里亚看来,刑罚的威慑力、最强有力的约束力
"不在于刑罚的严酷性,而在于刑罚的必定性"②,这种必定性对于法官的治理同
样重要。刑事审判权滥用的防范及规制有赖于刑事法官的谨守职责、铁面无
私、严肃认真,除了通过"刑罚"使其不敢肆意滥权而触碰高压线之外,更要从
"内向"治理刑事法官,着力于消除因为法官"早餐的好坏"、对某类犯罪的喜恶
而影响到案件事实认定的现象。

　　权力架空是刑事审判权失范之隐性特征。真正的权力主体不能自主行使
权力之"鸠占鹊巢"现象是我国刑事审判权运作失范的另一重要表现。但由于
其较深的隐蔽性,很少有人将其与刑事审判权滥用等量齐观。刑事审判权专属
于刑事法官,未经人民法院依法判决,对任何人都不得确定有罪。然而,在我国
这样一个"法律的治理化"③相当严重的国度里,刑事审判权被架空的现象已司
空见惯。法庭审理不独立已被长期诟病。

　　中国特色的协调办案模式,"先定后审"的办案机制,使得刑事法官已经沦
落为故事的编造者、规则的操控者,而非事实的推演人、规则的适用人。协调办
案即公安司法机关在办理一些特殊案件时,不是依据法律规定公事公办,而是
通过联席会议的形式,私下协商案件的解决途径。"协调办案模式将所有的案
件疑难问题以及公、检、法之间权力的运作冲突以一种非制度化的形式消化于

---

① 参见《退休检察官 7 年追"真凶","铁案"疑藏"沪版佘祥林"》,《南方周末》2013 年 4 月 4 日。
② ［意］切萨雷·贝卡里亚:《论犯罪与刑罚》,黄风译,北京大学出版社 2008 年版,第 62 页。
③ "法律的治理化"主要表现为:(1)法律是贯彻政治意图的工具;(2)法律的目的不仅仅是审判,更
重要的是治理社会、改造社会;(3)审判机关功能的治理化与司法机关的一体化;(4)"司法的政党化"和
"法律的惩罚化"。参见强世功:《调解、法制与现代性:中国调解制度研究》,载强世功主编:《权力的组织
网络与法律的治理化——马锡五审判方式与中国法律的新传统》,中国法制出版社 2001 年版,第 249—
257 页。

法定的诉讼活动之外",整个刑事诉讼过程俨然一场行政性治罪活动。[①] 协调办案模式下实行的"先定后审"办案机制与一些后现代法学家归纳的后现代法院的审判模式极为相似,法官审判案件的"法律推理活动从形式主义导向朝着目的性或政策导向全方位推进"[②]。法官不再依据法律规则推导案件结论,而是为了追求所要达到的目的或政策利益而操纵法律规则。法律规则的权威被削弱,针对具体案件的法律适用实为刑事法官选择他认为最有效地实现"定案"目的的手段。灵活性是政策的最大特点,判决结果随着"政策的摇摆"而捉摸不定,社会公正变得毫无客观标准可言。受协调办案模式的影响,刑事法官将失去纠正检察机关错误起诉的可能,冤假错案在这种模式下悄然形成。赵作海案、赵艳锦案、李怀亮案、张高平叔侄案的正义迟来无一不是"协调办案"的结果。

审判委员会讨论案件是我国司法实践的另一特色,"审者不判,判者不审"的司法模式构成了对"亲历裁判"的终极逆反。"裁判者亲历"是让被告人产生受到公平对待感觉、增强裁判认可度、提升案件服判率的重要保障。一般人会相信法官在听取全部证据和辩论之后作出的裁判是公正的,而对审判委员会的"暗地操作"产生强烈的质疑。审判委员会制度对于防范司法腐败,避免法官利用自己的权力谋取个人利益,防止法官将超越社会的个人标准(哪怕非常崇高,也很正当)强加给社会,而引发司法不公正的猜忌有一定的功效;根据"总结审判经验、研究疑难案件"的设立初衷,审判委员会讨论案件,借助集体智慧解决事实争议和法律适用问题,对于弥补法官个人知识、经验、能力欠缺具有一定作用;该制度运行也为法官提供了一项推脱人情的自我保护措施。因此,其具有本土语境的合理性。但是,在该制度背景下,法官经常甘于受到审判委员会的不恰当的干预、限制和影响,而将审判权转让,以规避错案的风险、责任。审判委员会对争议事实的决断权,不仅是限制而且是从根本上排除了法官对案件事实的评价的权力,不管法官认为审判委员会的判断正确与否都必须遵照执行。审判委员会办案,"判而不审",必然造成审理与裁判的分离,破坏了司法过程的完整性;刑事庭审流于形式,难以体现控辩对抗对查明案件事实的作用;案件承办人汇报案件的主观性,也增大了司法决策的随意性。审判委员会参与的具体案件,往往更多的牵涉行政权力、地方领导、社会舆论等的干预,司法公正面临更大的风险与挑战,解除审判委员会的干预,更有利于司法公正的坚守。法院的领导亦可以"我实在是心有余而力不足,具体案件处理我实在做不了主,我没有权力干涉法官办案"抵御外来压力。[③] 法官根据自己对案件事实的评价和法

---

① 周长军:《公诉权滥用论》,《法学家》,2011 年第 3 期。

② 左卫民等:《后现代之法院形态:考察与反思》,《四川大学学报》(哲学社会科学版)2002 年第 3 期。

③ 贺卫方:《司法的理念与制度》,中国政法大学出版社 1998 年版,第 149 页。

律的理解对案件作出公正裁决,更有利于增强法官的公正意识、责任意识以及个人业务能力的提升。"当事人知道某个法官具有决断权,固然可能引发对该法官施加影响的动力,但是,另一方面,决策主体的显而易见,又可能引发法官的公正追求——决策人摆在明面上,监督就会变得切实有力(因为他无可推诿),对自己人格负责的心理就会变得很强烈(因为这是我个人或我们三人一手办理的案子)。"①因此,审判委员会越界行使实质审判权须当慎之又慎。

随着网络媒体的急速发展,"舆论审判"之于我国刑事司法实践已不再是乌托邦式的遐想,而是正在发生。只要控制了舆论,无理也变得有理,不管正与歪。诚然有被告人因舆论而受益(如广州许霆案),但诸如河南张金柱案、辽宁刘涌案、陕西药家鑫案等"媒体坑人"、"媒体杀人"的案件更是不胜枚举,有的甚至直接成为了冤假错案的元凶(如上海"两梅冤案"②)。媒体的不恰当全程跟踪之于司法公正、审判独立之损伤,无关于案件最终结果对被告人的利害。"在法院审判完全依附于外部压力的情况下,几乎所有为保证司法公正而设计的原则、制度都会名存实亡。"③社会舆论借助于网络媒体源源不断供给的"军火",不断向司法腐败、司法公正现象"开炮",确实具有极大威力。但是,"近年来,新闻部门的腐败并不比其他部门少,有偿新闻、虚假报道早已不是新闻。因此,没有理由可以假定舆论界就一定更公正、更可以信赖。"④恰当司法程序应当充分吸纳有利于司法公正的因素通过恰当的、合理的途径进入到司法程序中,并在司法裁判形成过程中给以应有的考虑、分析和判定,而对于容易对司法裁判产生误导的"不相关因素",则应该建立相应的隔离机制,防止其对司法结论的形成产生不应有的潜在影响或隐性干预,更要防止"网络语言暴力"绑架了法官的独立审判权,还为避免媒体赋予办案单位太多的美誉为日后办案纠错追责的设置障碍。

这样一来,一种未审先判的压力自然对本应该独立运作的刑事司法程序带来了巨大的压力。这些压力可以从四个方面进行阐述:首先,办案机关如侦查机关、检察机关在案件立案之前发表与案情相关的一些事实,而媒体也迅速报道了这些对案件事实的具体看法,但伴随着案件侦查工作的不断深入,案情可能与原先设想的已经发生了很大差异;其次,有些不负责任的媒体为了吸引读者的眼球和扩大自身的影响力,往往对案件的事实作出许多脱离实际夸张性的

①　贺卫方:《司法的理念与制度》,中国政法大学出版社1998年版,第142页。

②　该案中,被害人顾某并未提出对小叔子梅吉杨的指控,检察院内部讨论时也一度分歧,经过多次退查、补充,政法委协调后,考虑到《案件聚焦》倾向明显的全程跟踪,梅吉杨原封不动成为了从犯。参见《退休检察官7年追"真凶","铁案"疑藏"沪版佘祥林"》,《南方周末》2013年4月4日。

③　陈瑞华:《看得见的正义》,中国法制出版社2000年版,第58—59页。

④　苏力:《法治及基本土资源》,中国政法大学出版社1996年版,第152页。

描述；第三，因为媒体对法律素养的缺乏，而他们先入为主的思维模式已经对案件的事实进行了主观性的判断，尽管可能事实上案件并不构成犯罪，或者说此罪而非彼罪。媒体的报道给司法机关无形中带来巨大的影响力，导致司法机关为了顺应"民意"而对案件的当事人批准逮捕、提起公诉或做出判决有罪。这里举一个典型的例子，比如药家鑫案件，当现在我们回过头回忆案件的整个发生过程，就会发现一些没有责任感的媒体在整个案件的报道中添盐加醋的行径，在他们笔下不是对生命的珍重，不是对法律的敬畏，不是对事实的尊重，不是对公众的责任，而是个人的喜好，或者是为了迎合一些新闻爆料，勾起公众的注意力。生命通过司法做出的公正结果不是他们考虑的问题。一场参与导演的"以命抵命"大戏，是他们的兴趣所在。还有张显这个人，他为他的当事人赢得了胜利，但他在整个案件的过程中的某些行径，可谓失掉了一个法律人的基本职业道德。最后，媒体对于尚未审结的案件作不当评论，造成审判机关屈从于并没有全面了解案情的媒体压力，并最后造成刑事错案。被害人与普通民众对于刑事司法机关、具体办案人员所履行的执法行为的期待与要求，都构成了对司法机关执法行为、具体办案人员的外在压力。而当这些外部压力与严格依法办事的法治理念形成剧烈的冲突并难以解决时，司法机关的具体职务行为就会可能形成刑事错案，或者造成已经发生的错案继续放任与发展

埃尔曼曾在其《比较法律文化》一书中提到："如果司法过程不以某种方式避开社会中的行政机构或者其他当权者的摆布，一切现代的法律制度都不能实现它的法定职能，也无法促成所希望的必要的安全与稳定。"[①]防止刑事审判权架空，已不是形式上的、意识形态的说教，其对于规范刑事审判权的运行犹如"疾在腠里，不治恐将深"。

二、刑事审判权运作的三个途径

权力实现必然借助一定的平台，案件事实认定、法律适用解释、程序运作选择是法官实然享有刑事审判权三个基本途径。

事实认定。我国刑事诉讼法明文规定法官行使审判权"必须以事实为根据，以法律为准绳"，刑事法官在承办案件过程中具有"发现"、"披露"、"探知"客观事实的义务。然而法官的最终裁判无不是根据无限接近于客观真实的法律事实作出，法律事实的确定就意味着法官对法庭上呈现的证据进行的甄别、筛选，意味着法官经验法则、自由心证的应用。法官动用自由裁量权对案件事实

---

① ［美］埃尔曼：《比较法律文化》，高鸿钧、贺卫方译，三联书店出版社 1990 年版，第 134 页。

进行认知和认定的结果并非总是与客观事实本身相一致,"对于已发生的案件的推理过程与撰写历史并无二致。历史永远是历史,谁也无法历史重现。历史学家笔下的历史不过是其根据某些或许关键或许不关键的线索重构的故事。新的线索、新的痕迹一旦被挖掘,人们又改写历史。法律判决也是这样的一种人为艺术。"①法官审理案件与历史编撰不同的是法官编写"故事"过程的时限性,这在一定程度上加剧了法官的主观擅断。

最大限度地避免司法审判机关在裁判过程中出现事实认定错误,实际上就是在为案件的公正准确处理把好最后一道关。同时,裁判事实认定错误导致冤假错案发生的概率也就会大大降低。因此,做好刑事案件裁判阶段事实认定的防范工作,具有较大的现实意义。刑事案件裁判事实认定错误引发的冤假错案成了媒体和大众热议的话题之一。事实认定错误所引发的刑事错案在我国大量存在,比如佘祥林案、杜培武案等,尽管与我国每年审结的案件数相比,这些错案可能只是一部分,但是事实认定错误不仅对犯罪嫌疑人的权利构成了极大的侵害,而且破坏了国家是司法权威,导致大量越级上访、私力救济现象的出现,如果不加以完善,会妨碍我国法治社会的建设。

法律解释。传统大陆法系的法律理念认为,刑事法官不是立法者,不应该享有刑事法律解释的权力。服从是法治的最基本原则,没有对法律的遵守,就不会有良好的法律秩序。法律一旦确定,法官的唯一使命就是判定被告人的行为是否符合刑事法典业已厘定的规则。"法律的精神可能会取决于一个法官的逻辑推理是否良好,对法律的领会如何;取决于他感情的冲动;取决于被告人的软弱程度;取决于法官与被侵害者间的关系;取决于一切足以使事物的面目在人们波动的心中改变的、细微的因素。"②因此,由法官探寻法律的精神、对法律规则进行解释具有高度风险。然而,基于成文法天生的滞后性、模糊性、不周延性,法官对法律规则进行适用解释已是不争的事实。"凡法律均须解释,盖法律用语多取诸日常生活,须加阐明;不确定之法律概念,须加具体化;法规之冲突,更须加以调和。因此,法律之解释乃成为法律适用之基本问题。法律必须经由解释,始能使用"③,如果没有法官来解说和界定法律规则的真正含义和实际操作,法律就是一纸空文。法律适用中,法官的目光也总是在事实与法律规范之间来回穿梭。

法官的法律解释权已不是应然状态的理论纷争,法官已然驾驭着刑事审判权驰骋于法律条款解释的国度。刑事裁判的形成大致要经历案件事实认定、法

① 陈端洪:《法律程序价值观》,《中外法学》1997年第6期。
② [意]切萨雷·贝卡里亚:《论犯罪与刑罚》,黄风译,北京大学出版社2008年版,第13页。
③ 梁慧星:《民法解释学》,中国政法大学出版社1995年版,第228页。

律规则寻找、规则与事实匹配三个阶段，法官"找法"即是法律解释的过程，其结果有三：一是有现成的法律规范可适用；二是没有可适用的法律规范，即法律存在漏洞需要补充；三是虽有规定，但却十分抽象、含混，须加以具体化。① 显然，"找法"过程中出现第二、三种情况时，就产生了法官的解释空间。即使"找法"的结果是第一种，亦不能排除法官解释的可能。我国《刑法》第 163 条第 1 款规定："公司、企业或者其他单位的工作人员利用职务上的便利，索取他人财物或者非法收受他人财物，为他人谋取利益，数额较大的，处五年以下有期徒刑或者拘役；数额巨大的，处五年以上有期徒刑，可以并处没收财产。"对于该条文规定，"非法收受他人财物"需要"为他人谋取利益"才能构成犯罪不存疑议，但是在"索取他人财物"的语境下，"为他人谋取利益"是否是构成犯罪的要件则存在不同理解。毕竟"索取他人财物"与"非法收受他人财物"在本罪中社会危害程度的区别并不像国家工作人员索贿、受贿之间的区别那么明显；只言片语的提示也许对获取财物并无实质的影响，亦无威慑力可言。总之，刑事审判权之行使亦是法官"通过对法律条文、立法文献及其附随情况进行解释，探究和阐明的法律规范之法律意旨"②的过程。

程序选择。刑事法官的程序选择是指法官在承办刑事案件过程中就案件适用何种程序进行斟酌、决定的活动。尽管国家法律制定了大量的程序规则来约束公安司法人员的诉讼行为，但仍不能排除上述法律人员享有程序裁量的空间。警察在案件侦查中可以决定对犯罪嫌疑人采取何种强制措施，检察官在审查起诉时可以作出是否对犯罪嫌疑人起诉的决定，同样法官在审理案件中也有程序选择的权力：一审法官可以决定是否适用简易程序、是否公开审理、是否延期审理案件、是否受理附带民事诉讼、是否允许证人出庭作证、对于取保候审的被告人可以决定是否逮捕；二审法院对上、抗诉案件进行审理后，认为一审法院认定事实不清、法律适用错误的案件可以决定对案件发回重审或者就地改判。不同的程序适用必然带来不同的法律后果。同样是适用简易程序，独任审理的案件对被告人判处的刑罚必然在有期徒刑三年以下，且必须将被告人"能自愿认罪"作为酌定从轻情节在量刑上予以充分体现，但如果组成合议庭审理则可能面临三年以上有期徒刑的处罚，而且被告人辩护权的行使还会造成"自愿认罪"的含混不清。

如果说刑事法官的上述程序选择在法律上尚有明文规定，尚属合法、有效，那么"刑事隐性程序"的运行就完全属于法外行权，带有极强的行政色彩。"刑

---

① 周长军：《刑事裁量权论——在划一性与个别化之间》，中国人民公安大学出版社 2005 年版，第 156 页。

② 梁慧星：《民法解释学》，中国政法大学出版社 1995 年版，第 201—202 页。

事隐性程序是相对于国家公开颁布的刑事诉讼程序而言,是指公安、司法机关在办理刑事案件时所遵循,但并不向外界公布的非法定程序和规则"①,其显著的特点就是非法定性、内部行政性、隐蔽性,往往表现为行为方式程序而非正式文本程序。曾轰动一时的佘祥林冤案就是隐性诉讼程序运行的代表:1994 年 10 月,原湖北省荆州地区中院以"佘祥林犯故意杀人罪",作出"判处死刑,剥夺政治权利终身"的一审判决;佘不服提出上诉后,湖北省高院因该案至少存在"五大疑问"而以"事实不清、证据不足"为由于 1995 年 1 月将该案发回重审;其后,该案以"外界不可知"的原因审级管辖变为了京山县基层法院,该院于 1998 年 6 月以佘祥林犯故意杀人罪判处"有期徒刑 15 年,剥夺政治权利 5 年";1998 年 9 月荆门市中院驳回佘祥林不服一审结果的上诉,维持了京山县法院的一审判决。② 显然,"行政区划变更"并不能完整诠释该案审理中级别管辖变更的真实原因,它仅仅是为内部审批、请示、协调作了掩护;级别管辖的下放,不仅延长了诉讼审限、降低了司法效率、增加了被告人的诉累,而且冻结了预防错案发生的机制;隐性程序的选择也再次证明我国刑事司法行政治罪、法律治理化的严峻形势。"实践自有其内在的运作逻辑,不一定完全从属于发条的规制"③,虽然佘祥林冤案已是过去式,然而请示、汇报、审批等隐性程序的选择之于我国司法实践依然是正在发生,而且已经成为众多刑事法官所习惯的一种普遍性、经常性办案规则。"一切肮脏的事情都是在'暗箱作业'中完成的,追求正义的法律程序必然是公开的、透明的。"④规制刑事审判权的滥用、让正义以看得见的方式实现,刑事法官须主动规避隐性程序。

第五节　紧缺的司法资源

另外,错案的发生也与当前比较稀缺的司法资源有关。与"命案必破"的高压态势相对应的是中国当下比较紧缺的司法资源。转型社会中人财物的巨大

---

①　杨文革:《刑事隐性程序剖析》,载陈兴良主编:《刑事法判解》(第 3 卷),法律出版社 2001 年版,第 70 页。

②　此案的审理经过由笔者根据网络报道整理,湖北省高院的"五大疑问"为:(1)被告人的交代前后矛盾,时供时翻,间接证据无法形成证据链条,不足以定案;(2)被告人供述杀妻的方式多达四五种,仅择一种认定没有依据;(3)仅凭被告人的口供认定作案凶器是石头,证据不足;(4)被害人张在玉换下的衣物去向不明,不排除外出的可能;(5)定罪量刑的重要依据,经向该案侦查员了解与事实不符。

③　周长军:《刑事裁量权论——在划一性与个别化之间》,中国人民公安大学出版社 2005 年版,第 67 页。

④　王利明:《司法改革研究》,法律出版社 2001 年版,第 52 页。

流动使得刑事犯罪的形态日趋复杂。团伙作案、涉黑犯罪、流动作案等恶性犯罪现象急剧出现,所有这些为案件侦破带来了很大的难度。如果仅仅片面地强调公安机关的主观能动性,就很可能导致一个悖论:维护社会公正的意愿恰恰破坏了司法的公正性。面对着中国司法资源不足、公、检、法队伍职业化程度不高、办案经费相对缺乏、侦破技术落后的现状,一味地强调"命案必破"导致警方突破法律的限制,以错误的程序办案,甚至把错案人为地办成"铁案"。

司法工作人员待遇问题。目前司法机关工作人员待遇并不高,尤其是中西部地区,司法机关人才流失严重,有的一线法官因为经济原因辞职做律师或者从事其他职业。"案多人少"的现状至今没有得到解决。人都有趋利的本性,一些司法工作者在面对金钱和利益考验的时候,感觉内心不平衡,抵挡不住外界的诱惑,守不住内心的一片净土,违法办理金钱案、人情案,在这种情况下,往往导致刑事错案迟早都会发生。[1] 尤其是一些经济欠发达和偏远的基层,由于不能给高素质、高能力的人才提供较好的待遇水平,人才流失严重,新生力量又不能得到及时补充,以致办案力量薄弱,办案人员的整体素质不高,碰到疑难复杂的案件,有时无所适从,几经当事人贿赂,一个环节的失误就会导致刑事错案的发生。

尽管随着经济发展和科技水平的提高,我国的司法实务部门已经配备了比较齐全的侦查技术设备。但不得不看到的是,在国家中西部地区,有些地方司法机关的经费依然紧张,尤其是基层地区的公安司法机关的办案经费有很大的缺口。经费的紧张,使得一些地区的司法机关对于进购现代先进的检验仪器无能为力,在有些地方,一张桌子、一张纸、一支笔就构成全部办案工具。[2] 落后的办案技术装备,在科学技术不断发展、犯罪手段不断智能化的今天,导致对于一些案件的证据不能及时发现、保存和科学鉴别,这往往可能导致错案的产生。在佘祥林杀妻一案中,有学者指责警方没有进行 DNA 检查,对尸体辨认的结果采信太轻率。之后,警方自己也认为这是一大疏忽。但是他们却忽略了一个重要的事实,十多年前,做一次 DNA 鉴定的费用是二万元,占据了中部不发达县的公安局一年经费的一大部分。要京山警方去做 DNA 鉴定几乎不符合实际。[3] 一种权利是否能够得到保障,并不仅仅取决于法律是否规定、制度是否健全以及公民是否具有足够的权利意识,也不仅仅取决于法学家是否具有"为权利而呼唤"、"为权利而论证"、"为权利而斗争"的恒心和勇气,而更加取决于国

---

① 余攀峰:《我国刑事错案的预防对策研究》,河南大学 2011 年硕士论文,第 11 页。

② 李巍:《我国刑事错案的原因分析及错案预防机制探讨》,中国政法大学 2011 年硕士论文,第 18 页。

③ 陈柏峰:《社会热点评论中的教条主义与泛道德化——从佘祥林冤案切入》,《开放时代》2006 年第 2 期。

家和社会是否具有支撑这种权利的充足资源。① 所以说,司法资源的紧缺也一定程度上导致了错案的发生。

第六节 法社会学视野下的刑事错案的防范对策

从上面的论述我们也可以看到,刑事错案的发生是多方面共同起作用的结果。所以预防错案发生的对策必须依靠诸多方面综合构成的体系,应该考虑引发错案的各种因素和业已形成的比较成熟的纠错程序,创造能够防范错案的各种条件、环境和措施,才能做到标本兼治。一方面,凭借严格的刑事司法运作程序、证据规则以及行之有效的外部监督机制对刑事诉讼运作失范现象进行规制。另外一方面,司法机关内部的规范自我行权意识、自我克制以及提升自我行权素养才是刑事审判权规范化运行的坚实根基。

首先,完善诉讼构造。近几年陆续曝光的杜培武案、李久明案、佘祥林案充分说明了现行刑事诉讼制度中的诉讼结构失衡,导致侦查阶段成为刑事诉讼的主导。虽然刑事诉讼法规定了公、检、法三机关分工负责、互相配合、互相制约。但司法实践中却是配合有余而制约不足。检察机关对于侦查机关移送审查起诉的案件,一般不会做不起诉的处理;法官对于检察机关的公诉,一般也不可能作无罪认定。这种线性诉讼流程由于后程序对前程序中制约的不足而使错案发生成为了可能。理想的刑事诉讼是以裁判为中心的审判中心主义而非以侦查为中心的侦查中心主义,这才是现代法治国家公认的基本刑事司法准则。侦查中心主义的弊病,往往容易将侦查引向"口供主义",导致刑讯逼供。毕竟人不是神,滥用权力是拥有绝对权力的人的通病。在杜培武案、李久明案中,办案警察对警察同行杜培武、李久明,就是以刑讯逼供的方式,令他们屈服并写下"有罪"的亲笔供述。

杜绝冤案之举措,根本之道在于制度改革,在于改变畸形的"下行线"式诉讼结构。第一步,是要恢复和保障现行法律所确认的"平行线"结构,公、检、法之间既要"分工负责、相互配合",更要"相互制约",检察官对警方的"半成品"进行严格的审查和检验;第二步,是要建立符合诉讼原理和法治理念的"上行线"结构,摒弃侦查中心主义,树立司法权威,建立以审判为中心的诉讼新格局。在"上行线"式的诉讼结构中,将侦查、起诉、审判之间的关系将由"滚石下坡"改变为"推车上坡",警方的侦查结论将在起诉和审判中反复接受来自检察官、法官

① 桑本谦:《理论法学的迷雾——以轰动案例为素材》,法律出版社2008年版,第17页。

及辩方的持续质疑与检验,从而最大限度防止冤假错案发生。确立以裁判为中心的审判中心主义的诉讼结构,实现刑事诉讼理念的优化,以达到打击犯罪和保护人权并举的司法目的。

其次,充分重视和发挥律师的作用。根据刑事诉讼法的规定,辩护律师的基本职责就是根据事实和法律,提出犯罪嫌疑人、被告人无罪、罪轻或者减轻、免除其刑事责任的材料和意见是维护犯罪嫌疑人、被告人的诉讼权利和其他合法权益。这一制度设计的目的与控诉方形成一种诉讼对抗关系,防止对犯罪的指控成为一种潜在的犯罪认定。法治建立在各种力量能够平衡制约的基础上,建立在权利能与权力公平角力的基础上。当律师的权利坍塌时,当事人的权益也就坍塌了,法治失去了平衡,司法活动就会变成权力肆虐的场所,个人权利必受其凌辱,冤假错案就会在所难免。保证律师权利的真实实现是在为每个人争取真实的权利和正义的底线。这些人不仅指平民,也包括富人、官员,还包括司法机关的公务人员。刑事案件关系到公民的生命财产权利,而生命权是每个公民最为宝贵的权利,是一切权利的基础。因此,充分发挥律师辩护的重要作用,对于防止冤假错案发生,强化人民群众对司法公正的信心,对法律的信仰具有十分重要的意义。

第三,严肃规则意识。"法官除了法律,没有别的上司,法官的责任是当法律运用到个别场合时,根据他对法律的诚挚理解来解释法律——独立的法官既不属于我,也不属于政府。"[①]没有法律规则法官无从断案,仅有法律规则社会纠纷亦无法解决。法官对法律的诚挚理解取决于案件事实的认定,对案件事实的甄别就诞生了法官的自由心证。因为"事实裁判者对证据进行自由评判,只有依据其理性与良心达到内心真诚确信的程度,才能对案件事实做出判定"[②];法官对证明案件事实的证据的取舍在很多情况下确实是无法解释的,法官认定被害人的伤口系钝器打击所致,但你不接受随案移送到法院的作案工具棒球棍属于钝器的认定,就会出现法官为解释为什么棒球棍属于钝器而语尽词穷的尴尬,此时"自由心证"就成了法官认定事实的唯一根据。但是,我们也不得不承认法官自由心证的运用与法律规则的遵守实然存在矛盾,法官根据证据材料进行事实认定时,可不受法律规则的约束而为自由判断。判决结论的形成也是通过分辨控辩双方的举证、质证、论证以及特殊情况下法官进行的复杂逻辑推理而做出的"内心"权威认证,其主观性不言自明。正是为了防止法官随心所欲、主观擅断地判定案件事实,法律才制定了严苛的程序,试图通过公正的程序来规制法官的自由裁量行为。要使法律规则被刑事法官严格遵守,最有效的办法

---

① 〔法〕卢梭:《社会契约论》,商务印书馆 1980 年版,第 112 页。
② 周长军:《刑事裁量权规制的实证研究》,中国法制出版社 2011 年版,第 77 页。

就是程序公开,更重要的是法官自由心证的公开,而公开法官心证的办法莫过于"判决书说理"。"正义是从裁判中发声的",它不是镜中花水中月,要想让百姓从每一个案件中感受到正义的存在、法官的刚正不阿,公开法官内心确信形成过程势在必行。判决书说理越充分,是非越明了,诉讼逻辑越清晰,当事人越能息讼服判,司法的权威越能彰显;通过判决书说理的方式公开法官裁判的心路历程是法院裁判正当化的重要依据,是回应社会质疑的强大理论武器,是规范刑事审判权行使、确保法官严守法律规则、防止司法专横、恣意裁判的有效举措。

第四,提升行权素养,认真对待权力。我国民初时期就对司法机关工作人员提出了"有学历或是法律实践经验、有学识、品性清廉"的要求[1],司法官员渊博的学识、良好的行权素养是其有能力驾驭刑事审判权的重要保证。他们具备良好的法律技能,才不至于在证据确凿的情况下,推理出错误的结论;才不至于以错误的根据为基础,得出合乎逻辑的结果。他们具有丰富的实践经验,才不至于被被告人、证人的谎言、被虚假的文件资料所欺骗;才不至于被明显错误的鉴定意见所误导。司法官也只有对法律规则赖以存在的社会环境有全面的了解,才能将"宽严相济"的刑事政策落到实处。刑事审判权的专门化、专业性要求刑事法官知识结构的综合性、多门类以及刑事法官的职业化,此其一。其二,刑事法官需要增强权力意识,认真对待权力。刑事审判权是法律赋予刑事法官的权力,更是刑事法官的法定义务,不得恣意转让。在当前刑事司法官员素质参差不齐的状况下,能力欠佳的刑事法官为了转移风险、推卸错案责任而权力寻租、不当"转让"刑事审判权的情况时有发生,甚至很普遍。刑事法官不敢独立行使职权,犯上了"集体决定"、"上级指令"等综合依赖症,不仅降低了司法效率,也为希望独立行使审判权、追求公正司法的法官设置了障碍。刑事审判权的规范化必然要求刑事法官审判权的实质化,刑事法官必须主动规避隐性程序,案件事实认定不请示、不协调、不沟通,法律适用少汇报、慎汇报。第三,刑事法官必须提升自我抗压能力。"就中国的法官素质来说,传媒对某些案件的监督是有助于司法权更公正地行使的。尤其是涉及某些权力部门或豪强人物的案件,小民百姓的利益受到侵犯,在司法机关那里得不到公正的解决,甚至压根儿告状无门,情急之下,投诉传媒,记者仗义执言,揭诸报端;领导人见报也怒不可遏,奋笔批示。巨大的压力之下,司法机关不得不公正而迅速地加以解决。"[2]然而,这些并不是公正司法的本意。公正的司法,必然要求法官独立而中立,不仅要排除媒体倾向引导的干扰,也要排除人大、政协、党委、地方政府领导

---

[1]　郭志祥:《民初法官素养论略》,《法学研究》2004 年第 3 期。

[2]　曹瑞林:《新闻法制前沿问题探索》,中国检察出版社 2006 年版,第 67 页。

的情绪化批示，更要防止被操纵的舆情绑架法官的自由判断，这对当下的刑事法官来说确实相当难。刑事法官针对外界的压力，要保持客观、冷静的态度，坚持"热案冷处理"、"批示案件慎处理"的原则，避免出现"情绪化"判断、"跟风式"裁定、"批示性"判决。

最后，树立司法独立的理念。"法治原则的理论是法官'依据法律'判决，而不是他们的个人观点或来自政府压力的结果。'依据法律'判决也排除了恣意专断或出于情绪、偏见或同情的判决。然而对于司法制度而言，法制的观念并不必须意味着法官作出的判决不受政治影响，也不意味着判决不具有政治意义或对政治制度发生作用；不意味着法官超脱于价值体系和思想观念；也不意味着其判决是以盲目、机械的方式作出的。法官和公务员不是机器，他们是人，具有人的情感和思想；而他们也有自己的好恶、有政见、有价值观"①，但笔者认为这并不构成"法律治理化"的正当根据。法律治理化的最大弊端在于司法地方化，民事审判地方保护主义盛行；行政审判民告不赢官；刑事审判"先定后审"。法律治理往往以"顾全大局"的"高大形象"面世，公正司法的空间被挤压殆尽。1986年7月10日中共中央《关于全党必须坚决维护社会主义法制的通知》第四点指出："党对司法工作的领导，主要是保证司法机关严格按照宪法和法律，依法独立行使职权。"客观地讲这才是党领导司法工作的大局，才是法治发展的大势所趋。刑事法官应该深刻认识到，当前一些地方领导基于地方利益考虑、要求法院为地方中心工作服务的主流话语与国家的法治大局已然走向背离，不能从根本上保证司法工作的政治正确性。司法与行政的冲突中，行政总是占据上风，并不意味着行政干预司法就理所当然。冤假错案的负面影响再次证明，个案处理结果无关社会大局，通过每个案件彰显的公正司法形象才是"大局意识"的要旨。刑事法官要敢于抵制审判权的行政化倾向，致力于根治行政治罪的毒瘤，守好刑事司法人权保障的最后一道防线。"命案必破"永远只是一个神话，盲目附和公安机关百分之百的刑事破案率不是司法裁判的本职，刑事法官只有规范化行使职权，才能走出"冤假错案帮凶"的误区。

冤假错案的一再重现破坏了司法的公信力。"今天你们是法官、检察官，但你们的子孙不一定是法官、检察官。如果没有法律和制度的保障，你们的子孙很有可能和我一样被冤枉，徘徊在死刑的边缘。"张高平的一席话响彻再审法庭，确保公正司法，避免刑事错案的警钟长鸣。以上我们从四个角度提出了刑事错案发生的原因，并简要提出了防范刑事错案的几个对策。我们认为，只有

① 宋克明：《美英新闻法制与管理》，中国民主法制出版社1998年版，第105页。

不断优化和完善刑事司法机制才能有效避免刑事错案进而提高司法公信力,让社会大众在每一个案件中都感受到公平正义的存在。的确,法治的伟大目标早就超越了一个个刑事错案,而是在全社会实现公平与正义,然而,正是一个个刑事错案对于司法体制改革的推进才使我们感到正义和公平触手可及,让我们看到了法治的进步与前进的希望。

第三章 错案背后:刑事司法的场域分析

第一节 问题的提出

目前,我国学界对刑事错案的研究大体分为两个进路。第一条进路,也是目前学界主要努力的方向,即对当下制度的反思与批评。这一进路掌握的理论资源是西方的权利话语,比如犯罪嫌疑人的沉默权、疑罪从无、非法证据排除、刑讯逼供等等,权利话语自 20 世纪 80 年代在对抗"阶级斗争话语"中开始形成在国内逐渐流行,很快就成为中国法学界的主流话语。这一进路的学者论证思路经常流露出一种类似攀比的心理和道德修辞的手法。① 西方发达国家有哪些权利,我们也应该规定和落实哪些权利。然而,对于轰动性的案件的反思大都是事后诸葛亮式的批评。却陷入了"钱穆制度陷阱":一个制度出了毛病,再制定一个制度来防止它,相沿日久,一天天地繁密化,于是有些变成了病上加病。从佘祥林、杜培武案到现在将近十年过去了,错案依旧存在就说明了这一问题。学界的第二条进路是在对第一条进路批评和回应的基础上展开的。他们的研究立场从"问题中国司法"转化到了"理解中国司法",他们试图回到"问题的基本面",回到事件本身,进而探寻事件中"行动者的逻辑",做出同情的理解。他们使用的工具是司法资源和经济成本,认为一种权利是否能够得到保障,并不仅仅取决于法律是否规定、制度是否健全以及公民是否具有足够的权利意识,也不仅仅取决于法学家是否具有"为权利而呼唤"、"为权利而论证"、"为权利而斗争"的恒心和勇气,而更加取决于国家和社会是否具有支撑这种权利的充足

---

① 正如波斯纳所说的,为什么修辞或文风很重要? 原因是许多法律问题都无法以逻辑的或经验的说明来解决。苏力:《法律书评第二辑》,北京大学出版社 2004 年版,第 8—9 页。

资源。① 所以说,司法资源的紧缺是导致错案发生的主要原因。但问题是,近期发生的刑事错案是在经济发达的浙江、上海等东部发达地区,并且案件中也都做了 DNA 鉴定,之前学者们展开的经济学解释力大大下降,②这说明中国当下的刑事错案的主要成因不是司法资源和经济成本问题。

与西方国家的刑事错案不同,中国当下错案的发生有其固有的特征和原因。③ 对此,本章在前两条道路的基础上开辟第三条道路。我们认为,首先,刑事错案的发生的时间和空间是处于当代中国社会转型的大背景下,脱离了对当前司法环境与具体国情尤其是政法传统的深入理解,反思和解释显得苍白无力。其次,刑事错案的产生是一个动态和系统的过程,但学界的研究大多囿于单维度、静态的理论分析,缺乏多维度的、动态的视角。最后,审判中心主义的庭审环节是刑事司法的核心和关键,严肃的刑事司法审判本可以有效地避免错案发生。但是,刑事错案能够一路过关斩将,跨越重重关卡通过审判程序,这本身说明了现实中的审判环节出现了问题。

第二节　刑事司法的场域

一、司法场域的概念与特征

法律与社会的关系是法理学研究中的一个症结。对这一问题的回答存在着内部视角的形式主义与外部视角的工具主义两种范式。形式主义法理学将

---

① 桑本谦:《理论法学的迷雾——以轰动案例为素材》,法律出版社 2008 年版,第 17 页。

② 对于佘祥林案,有学者曾认为,十多年前做一次 DNA 鉴定的费用是二万元,占据了中部不发达县的公安局一年经费的一大部分。要京山警方去做 DNA 鉴定几乎不符合实际。具体参见陈柏峰:《社会热点评论中的教条主义与泛道德化——从佘祥林冤案切入》,《开放时代》2006 年第 2 期。

③ 法国学者勒内·弗洛里奥在其著作《错案》中提到,导致错案发生的原因有以下几个:刑讯逼供;被告人自身提供不实信息;证人错误指认或提供虚假证词;鉴定人在鉴定中的错误等等。参见[法]弗洛里奥:《错案》,赵淑美、张洪竹译,法律出版社 2013 年版;美国西北大学刑事错案研究中心通过大量的实证调查后认为造成美国错案产生的原因包括错误的辨识;不可靠的告密者;被告人的虚假供述;错误的鉴定结论等等。See Center on Wrongful Convictions, http://www. law. northwestern. edu/legalclinic/wrongfulconvictions/aboutus/index. html,最后访问时间:2013 年 5 月 14 日;陈永生教授对近年来发生的 20 起刑事错案进行分析以后认为中国的刑事错案从佘祥林案到赵作海案,造成冤案的背后都有政法委的影子,在协调办案的潜规则下,政法委对于冤案的产生起到了重要作用,甚至可以说是一锤定音。参见陈永生:《我国刑事误判问题透视——以 20 起震惊全国的刑事冤案为样本的分析》,《中国法学》2007 年第 3 期。

法律看作一个自主、闭合和功能自洽完备的体系。司法裁判的过程就类似一台自动售货机，输入法律事实就能自动输出法律判决。毫无疑问，分析实证主义法学是其典型代表，如凯尔森的纯粹法学和哈特的新分析法学。与此相对立的工具主义即外部视角则把法律看成国家、阶级或集团实行政治统治与社会控制的工具。强调将法视为实现一定社会目的的工具，强调法律的工具价值，认为应该通过法律来进行"治理"。典型的如马克思主义法理学和美国实用主义法学派。比如庞德的"社会工程学说"就是把法律作为工具用以实现社会福利和正义。① 对于以上观点，法国社会学家布迪厄认为，单纯从形式主义与工具主义视角观察法律难免有失偏颇。形式主义忽略了法律所处的社会环境及其外在的社会约束，这往往会陷于法律自治的乌托邦；而工具主义则忽视了法律的相对自主性。布迪厄认为在社会现实中，法律既受制于外在环境的影响，它又有其运作的自身规则和逻辑，于是布迪厄提出"场域"这一概念，以消解形式主义法学和工具主义法学的二元对立。

场域不仅是布迪厄实践社会学中一个至为重要的概念，也是布迪厄从事社会研究的基本分析单位。布迪厄将场域定义为："位置间客观关系的一网络或一个形构，这些位置是经过客观限定的。"②场域的核心内容包括了以下内容：首先，场域是一个系统的、动态的、体现社会力量对比关系的网络结构。其次，场域是个利益和资本竞争博弈的空间，它运作和转变的原动力是场域的结构形式和场域内各个主体之间占有资本的区别。③ 最后，场域内参与博弈的各方依据其所拥有的"资本"展开竞争。在这里，布迪厄将资本的范围扩大到更为广阔的领域，涵盖了政治的、社会的、宗教的、文化的等等权力资源类型，这些权力在一定条件下可以相互转化。正是在这种资本的分配、占有、争夺和流转的过程中，场域的各主体依据场域内的规则运用其拥有的权力资源展开博弈，以实现自身利益的最大化，并为改善自身在场域中的地位而努力。④

在现实社会中存在着诸多不同性质的场域，比如政治场域、艺术场域等。它们都有着独特的运作规律和逻辑。对于司法场域，布迪厄认为，它是一个相对独立的场域，既有自身行动的内在规则和逻辑，又是一个自主性比较低的场域，即其运作仍旧尚未摆脱其他场域的限制与影响。司法场域是由两个要素所

---

① 正如卡多佐认为的，法律的终极原因是社会福利。卡多佐认为在司法的社会学方法下衡平地追求社会福利、注重司法的社会效果，并指出，这是今天和今后变得最重要的司法方法。参见[美]本杰明·卡多佐：《司法的性质》，苏力译，商务印书馆1998年版，第39页。

② [法]皮埃尔·布迪厄，[美]华康德：《实践与反思——反思社会学导引》，李猛、李康译，中央编译出版社1998年版，第19页。

③ 高宣扬：《布迪厄的社会理论》，同济大学出版社2004年版，第136页。

④ 高宣扬：《布迪厄的社会理论》，同济大学出版社2004年版，第87页。

决定的,一方面是外部社会特定的权力关系与斗争,另一方面是司法运作的内在特定的规则,比如既有的立法规则和原则,法官的自治和中立性。所以,从场域的角度出发,我们看到,法律是一定的规则、程序和技术,这为司法场域内各个主体展开博弈和竞争提供了基本的规则与框架。在这里,每个行动者都是追逐利益最大化的理性人,他们在场域内展开竞争与博弈,争夺法律符号资本,如公平、正义、权利等等。首先,司法场域的主体主要包括法官、原告(检察官)、被告、律师等。其中,法官是权威主体,原告(检察官)、被告是基本利益主体,律师、法警等则是辅助主体或参与主体。司法场域中存在多方利益关系,在刑事案件运作的场域中,主要有:法官与原告和被告之间的关系、法官与检察官之间的关系、法官与被告律师之间的关系、法官与法警及旁听者之间的关系、原告和被告及其律师之间的关系、原告和被告及其律师与法警及旁听者之间的关系等等,这些关系错综、交织、糅合成一个复杂的关系网络。其次,司法场域的主要依据是宪法、法律法规。司法场域的价值目标包括正义、秩序、效率等,但正义是其基本价值目标。正义又可分为形式正义和实质正义,两者的统一是其永恒的追求。最后,司法场域的基本规则是法律程序。司法场域的基础是司法权或者司法独立,这也是司法场域有效运行的制度保障。司法场域还包括仪式、场景安排等符号性因素,所有这些因素一起型构了司法场域。

二、理想的刑事司法场域

理想的司法场域建立在现代法治理念基础之上。它的运作逻辑体现出了司法的中立性、终局性、公正性、程序性和专业性。理想的司法场域当然以司法权作为其运作的基础,以法官自治为支撑,以宪法、法律为运作的依据,以定纷止争为目的,以实现公平正义为终极目标。在法官的主导下,司法场域为各方主体博弈竞争提供了一个公平而有序的平台。司法场域中的游戏规则最主要的是既定的立法规则和程序规则。在这里,法官是权威主体,公诉方、被告人是基本主体,被害人、证人、律师等则是参与主体。在理想的刑事司法场域中,法官是正义的化身,法官的判决只服从于法律,法官司法裁判的产生不受任何个人利益和政治观念的影响。场域中的参与主体即公诉方和被告方则以平等的地位,遵循法定的程序,表达其利益主张或请求。证人、被害人等参与者根据各自的角色定位寻求自己的利益。具体来说,理想的司法场域包括了以下三个核心要素,即司法自治、程序法治和控诉平等。[①]

---

① 周叶中、江国华:《法律理性中的司法和法官主导下的法治——余祥林案的检讨与启示》,《法学》2005年第8期。

司法自治。理想的司法场域是独立、自洽的空间,其基本要义是司法自治。毋庸置疑,司法意思自治是现代法治社会的一项基本原则。司法自治之要义在于:即便是在有外力的干涉下,司法者也只对法律负责,并能够坚持自己的判断。司法不仅意味着裁判,而且也意味着它是一个具有独立性和自治性的"法治空间"。理想的司法场域强调司法机关的意思表达必须是法官完全自由自主的结果,而不是外来因素和利益干涉或者压力的产物。司法过程是相对自洽和自足的,法官以服从法律为天职,除了法律之外,如果法官还要服从于其他力量的支配,那么,此时司法裁判就不再是公平公正的结果。总之,法院是法律帝国的首都,法官是法律帝国的王侯。一旦法官失去了对司法的主导地位,也就遑论其对于整个法治的主导地位。

程序法治。程序是刑事司法场域运行的基本规则和逻辑。"程序乃法律之心脏"。程序更是刑事司法的灵魂,法治社会的正义应该并且也只能通过公正的程序实现。理想的司法场域应该以程序正义为其本质特征,程序主导也成为法治的基本品格。尊重和保障严格的司法程序,维护法律程序本身的独立价值,是最大限度避免冤案发生的根本途径,也是中国走向法治国家的必然选择。正如近来最高法副院长沈德咏提到的,"程序公正作为一种看得见的正义,对于人格尊严的保障、诉讼的公开、透明、民主以及裁判的终局性和可接受性等方面,都具有更深层次的意义。而且从根本上讲,程序公正是实体公正的有效保障。完备的程序制度,能在最大程度上为防范冤假错案提供制度保障。"①

控诉平等。理想的司法场域其最基本的诉讼结构是法官中立和双方当事人平等。具体到刑事诉讼中,国家公诉机关作为原告的一方代表国家行使起诉权,被告是犯罪嫌疑人,法官居中裁判。这是一个等腰三角形的结构。法官处于三角形顶端,原告和被告则处于三角形底部的两端,处于对立且平行状态。所谓"两方角逐",就是指原告和被告两方因争端而形成竞争和博弈。在诉讼的这个等腰三角形基本结构中,要想使其保持平衡,法官必须始终独立地保持在顶端,他既不能偏袒原告,更不能偏袒被告,在这个"等腰三角形"中,原告和被告也必须始终保持一种平行状态,否则,"等腰三角形"便失去平衡,对诉讼的结构造成破坏,导致法官的话语权被蚕食和消解,最终导致司法裁判不公。

---

① 沈德咏:《我们应当如何防范冤假错案》,《人民法院报》2013 年 5 月 6 日。

第三节　现实中的刑事司法场域

从理论上看,审判独立是现代法治的基本要素,司法场域中的行动者应当只受法律和程序的约束。但是考察实践,我们就会发现,这种独立在任何国家都并非绝对,都无法摆脱政治、经济和文化等外界因素的限制。一方面,作为一种国家权力,司法受制于其服务的目标,容易受主流意识形态和政治格局的影响。[①] 另外一方面,正如布迪厄认为的:"作为包含各种隐而未发的力量和正在活动的力量的空间,场域同时也是一个争夺的空间,这些争夺旨在继续或变更场域中这些力量的构型。"[②]现实中的司法场域从来都不是理想的和静止不动的空间,因为场域中存在着积极活动的各种力量,各个主体之间运用资本不断展开竞争和博弈而使场域充满了血腥和活力。而决定竞争胜负的逻辑就是资本的逻辑。布迪厄把资本分为三种类型,经济资本、社会资本、文化资本。在刑事司法场域中,每一个行动者也都拥有自己的资本,并运用资本来进行诉讼中的博弈。司法诉讼的过程,也就是一个资源动员与资本转化的过程,就像游戏中的牌,根据不同的要求使用不同的花色。借助布迪厄的上述对于资本的讨论和分析,笔者着重对刑事司法场域中行动者运用的制度资本展开分析。经济学家诺思则将制度分为正式约束(或制度)与非正式约束(或制度)两种类型。他认为:"制度是由非正式约束(道德约束、禁忌、习惯、传统和行为准则)和正式的法规(宪法、法令、产权)组成"。[③] 在这里,我们把制度资本分为了显规则与潜规则两种,也就是说,显性的制度与隐性的制度共同构成了场域中行动者各方的制度资本。制度资本是刑事司法场域中最为重要的一种资本形态。它具有制度化的基本特征。场域中一方拥有制度资本的数量决定了他能否有效调动其他资本与权力,也决定了其调动这些资本与权力的规模,而这些制度资本直接影响到了行动者在场域中采取的行动策略。

一、控辩双方的资本失衡

"社会资本视角下的案件事实与法律适用的话语权,表现为司法场域内行

---

① 彭小龙:《司法场域中的非职业法官——一个初步的比较法社会学分析》,《法制与社会发展》2011 年第 4 期。

② [法]皮埃尔·布迪厄,[美]华康德:《实践与反思——反思社会学导引》,李猛、李康译,中央编译出版社 1998 年版,第 133 页。

③ 参见[美]道格拉斯·诺思:《制度、制度变迁与经济绩效》,杭行译,三联书店 1994 年版,第 3 页。

动者之间彼此关联以及司法场域内行动者与司法场域外行动者彼此关联过程中,通过相互之间交换彼此所持有的不同形态的资本,而形成的就有关案件事实的认定与法律规范的适用方面的主导权或支配权。"①在刑事司法场域,场域内的各个行动者的位置是被预设的,这与他们在该场域中所拥有的资本和权力有关。场域中相关各方利用种种策略来保证或改善他们在场域中的位置,不断在场域中就争夺有力的话语权展开博弈和竞争。刑事司法场域中行动者对场域资本的竞争,是围绕着案件事实与法律适用的话语权的争夺展开的。资本的权重越大,对案件事实的认定与法律规范的适用方面的话语权就越重。②

案件的命运往往取决于案件的社会结构。在理想的司法场域,一个预设的前提就是法律面前人人平等。在此基础上所形成的形式主义法学进而认为,法律在本质上就是规则。但正如布莱克所认为的,案件的最终裁判结果不仅要受到法律条文的影响,更会受到案件本身社会结构的影响。后者对于法官裁判的影响可能更大。他认为一起特定的案件社会结构与特征,当事人双方的身份,双方所拥有的资本和权力,对立双方以及第三方以及其支持者的社会地位等等社会因素构成了案件的社会结构。③ 每一案件的背后都有当事人双方的社会地位和关系即布迪厄意义上的资本,案件复杂的社会结构构成了法官裁判考量的重要因素。甚至我们可以通过分析案件的社会结构,就大致能够预测出这起案件的处理方式与判决结果。④

首先,理想司法场域的刑事诉讼基本结构是原告、被告、法官三者形成的等腰三角形结构,负责侦查的公安机关不参与司法审判,他的职责是负责侦破案件、调查证据,然后将证据交给检察官,由检察官作为公诉方,对被怀疑有犯罪行为的提起诉讼,由法官来做出居中裁判。然而现实中,检察官和法官成了"分工负责、互相配合"的关系,法官的中立地位已经丧失,这样的诉讼结构实际上就成了一个"倒三角",即法官和检察官都位于这个"倒三角"上面的两个平行点上,被告人独自位于三角形底部。这彻底改变了理想中的诉讼的基本结构,使三者之间的关系处于不平衡的状态。在这里,检察院与法院成了一种支持与被支持的关系。这种法定的支持与配合的关系使得法院的审判程序流于形式,使法院的审判职能蜕变为追诉职能。这样,两者之间的配合就更加密切甚至是"一体化"了。

此外,协调办案机制的存在使法院成为了刑事错案的"帮凶",在政法委协

---

① ②　张心向:《论场域资本运作对刑事司法的影响——以布迪厄资本理论为分析视角》,《南开学报》(哲学社会科学版),2009年第2期。

③　[美]唐·布莱克,《社会学视野中的司法》,郭星华译,北京:法律出版社,第2页。

④　[美]唐·布莱克,《社会学视野中的司法》,郭星华译,北京:法律出版社,第5页。

调下,司法机关沦为公安机关的附庸。首先,"三长(公安局长、检察长、法院院长)会议"协调定案。由政法委牵头,召开"三长会议",对本地区影响较大的案件"协调定案"。二是会议纪要制度。某地政法委就某一件或某一类案件对当地公检法部门进行协调之后形成的、对以后处理同类案件具有指导作用的意见。三是监督异化导致的外界干预。目前,地方各级人大、党委、行政机关随时可能干预司法运作,导致司法监督异化。比如实践中出现的个案监督等不正当的干预,出现所谓"批示"定案、"条子"定案、"指示"定案、"招呼"定案、"电话"定案等现象普遍。① 以辽宁李化伟案为例,营口市政法委为此专门召集公检法"三长"会议,会议商定好判决结果。营口市中级法院据此作出一审判决,以"故意杀人罪"判处李化伟死刑,缓期二年执行,剥夺政治权利终身。再比如在佘祥林案件中,面对公安局提交的存在明显瑕疵的证据材料,检察院多次退回补充侦查,法院也曾发回重审,但最终法院作出了有罪判决。其中关键的转折点在于政法委牵头举办的"三长会议"(公安局长、检察长和法院院长)。当时被害人家属召集了200多人多次上访,造成了很大的社会压力。出于维稳考虑,政法委出面调解,法院从轻判决,以15年有期徒刑结案。总之,公检法办案机关对内高度一致,强调配合,没有分权,正像陈瑞华教授所比喻的"流水作业生产线"上的一道工序,法官的裁判是这个"流水作业"式的生产线上的最后一道工序。② 所以由此看出,目前控诉方占据了刑事司法场域存在的显规则以及潜规则等巨大的制度资本,基于权力、政治、文化等资本因素,控诉方在司法场域中处于绝对有利位置,对被告人形成了压倒性优势。

反观刑事案件的被告方,其在刑事司法场域中的弱势地位就明显地显现出来。首先,显性的制度比如我国《刑事诉讼法》中没有明确规定当事人平等的诉讼地位,这使依靠其自身力量与代表国家有着强大的国家力量做后盾的公诉机关的地位严重失衡。即使被告人获得律师的帮助,也往往因为各种潜规则的存在,律师的权利受到限制,难以改变其自身的弱势地位。现在的刑事辩护,大部分为法律援助,律师不尽心十之八九,律师帮钱不帮理,取证不积极,辩护形式化,作用甚微;而对于委托辩护,律师有利可图而尽心的情况下,伪证罪让许多律师不敢奋力一搏。上海"两梅冤案"中,公诉人以证人"身体不好、不能多讲话"为由阻挠辩护人的提问,而法官对公诉人的不当行为不予制止③,充分证明了法官权力行使得不当。这也是造成案件事实无法查清,最终酿成冤案的重要原因。

---

① 王永杰:《程序异化的法社会学考察论纲(上篇)——以刑事冤案和刑事司法程序为视角》,《政治与法律》2007 年第 4 期。

②③ 陈瑞华:《从"流水作业"走向"以司法裁判为中心"》,《法学》1999 年第 12 期。

其次,刑事司法一些普适性的基本原则和制度在我国的《刑事诉讼法》中还没有落实和完善。例如,我国的无罪推定原则同国外比较则有所保留,由此导致对非法证据的采用,被告人辩护权未能充分行使等一系列不利于被告人自身合法权益的现象依然存在。再比如沉默权制度未在我国建立,这样,被告人的权利难以得到切实的保护,所有这些都影响了刑事诉讼中主体地位的均衡,不利于实现刑事诉讼的公正。实践中,公民权利在刑事诉讼中只是权力运行的客体,被告人在刑事诉讼中只被人作为司法的客体,其地位是无法同作为司法权力的行使者的检察官和法官平等的。从《刑事诉讼法》的立法过程可以看出,立法者是从国家机关的角度、从权力行使者的角度来制定规则的。在立法中赋予了国家机关充分的权力,而对被告人以及刑事案件的被害人着墨不多,多是义务性的规定。更重要的是,对国家机关的权力缺乏有效的制约和制裁机制,而对被告人的权利规定较少或者即使有规定也缺乏有效的贯彻和保障。与控诉方相比,被告人制度资本的缺乏以及诉讼角色的弱化决定了他们在司法场域中处于不利位置,双方资本占有量的悬殊使得被告人在控诉方面前的力量极为微弱。这无疑大大消解了被告在司法场域中的话语权。

刑事司法场域中的行动者拥有资本总量的多少往往对案件事实的认定与法律规范的适用产生了直接影响。这些影响或大或小,既有积极的也有消极的。场域中的原被告双方也正是通过这一途径影响法官的事实认定和法律适用进而影响场域运作的结果。场域中行动者一方的制度资本权重越重,资本能量越大,对于案件事实的认定与法律规范的适用构成的话语权就越重。从上面关于制度资本的论述中,我们可以把刑事司法场域中的制度资本对案件事实的认定和法律适用的影响分为了以下两种情形。

首先,刑事司法场域中的各种显规则和潜规则是场域中行动者制度资本的基本形态。布迪厄认为,制度性是指行动者在交往中采取特定的策略来确定或再生产某些社会关系,把偶然的关系(同事关系,上下级关系等)转变为选择性的持久关系,这种关系可以满足行动者主观上的需要(服从,尊敬),又可进一步转化为在体制上得到保证的权利关系。[①] 国家立法显性规则和实践中出现的潜规则固化了制度资本的比例,进而使这种分配比例日趋稳定,并对各个行动者在场域中的地位形成了体制化的影响。场域内部行动者掌握的制度资本总量的多少与其在关系网络中的地位权重一般呈正比关系。控诉方不间断地努力于场域活动并精通于各种制度资本之间的整合与运作,他们获得了压倒性的资本优势,并由此形成"马太效应"。并由此在案件事实的认定与法律规范的适用

---

① 李全生:《布迪厄场域理论简析》,《烟台大学学报》(哲社版)2002 年第 2 期。

方面拥有了更多的话语权或支配权。①

其次,我们看到,外部的资本因素对刑事司法场域的运作也产生了巨大的影响。这里主要指的是各级人大、党委以及行政机关等外来因素对司法场域构成的影响。从刑事司法场域的结构来看,现有的问题不仅是控诉方掌握了巨大的制度资本,更重要的是,来自于外部的非刑事司法场域的其他资本(更多的是政治性因素)入侵刑事司法场域对刑事司法的运作构成了直接的影响。它们通过影响刑事司法场域内各形态资本与各个行动者与场域内资本进行资本置换或交换,形成了新的制度资本。这种外在的资本因素成为了场域内行动者(主要是控诉方)的权力以及开展资本竞争的新武器,进而成为了影响案件裁决结果的非司法性因素。这是一幅令人悲叹的图景,这意味着理想的司法场域已经被外在的政治因素所侵蚀。

二、法官审判权的异化

毋庸置疑,法官在理想的刑事司法场域中,对案件事实的认定与法律规范的适用有着最终话语权。相对于刑事司法场域中的个体,法官在场域中拥有最多的制度资本,这主要是国家通过立法的形式赋予了法官以原始性的制度资本,这种制度资本构成了影响刑事司法活动的核心资本形态,它也是法官在案件事实的认定与法律规范的适用上最终话语权的终极来源。法官自身拥有的各个资本总量的多少会对案件事实的认定与法律规范的适用产生不同的影响。在西方发达国家,国家在法官制度设计上有充分的考量。它们赋予了法官强大的制度资本、文化资本以及经济资本,使法官较之于场域中的其他行动者能形成压倒性的优势,进而保证法官在案件事实的认定与法律规范的适用上的最终话语权,保证法官裁判的独立性、中立性以及案件裁判结果的公正性、可预见性以及确定性。

然而与西方发达国家的法官相比,无论是司法场域中的资本总量还是资本的形态,目前我国法官处于弱势地位。首先,法官的文化资本有所欠缺,表现为法官职业群体的职业技能不够娴熟和专业,职业道德建设有待提高。其次,法官缺乏必备的经济资本,突出表现为法官职业群体的总体上的收入水平较低,法官队伍流失严重。更为重要的是反映到制度资本上,刑事司法场域经常与政治场域、社会场域发生重叠。政治场域与社会场域中的各种外在因素和力量等都对法官的司法裁判构成了直接的影响。刑事司法场域不再是理想中的封闭

---

① 张心向:《论场域资本运作对刑事司法的影响——以布迪厄资本理论为分析视角》,《南开学报》(哲学社会科学版)2009 年第 2 期。

和独立运动的空间,而是多重因素夹杂其中"弱肉强食"的复杂空间。所有这些不仅影响法官独立裁判,而且直接影响到了裁判结果的公正性和可预见性。

在理想的司法场域中,检察官与法官一般就彼此持有的制度资本展开博弈,其实质就是检察官的检察权与法官的审判权之间的博弈与竞争。然而,实践中的司法场域往往是检察官拥有了巨大的制度资本,加上外来政治性、社会性因素的影响,所有这些都对本来处于弱势的法官裁判构成了强有力的挑战。理想的司法场域是一个闭合、自洽近乎乌托邦式的空间。然而,现实中的刑事司法场域则与政治场域、社会场域发生重叠。法官的寻求最优判决结果的策略不再是在现有社会条件与制度环境下合法性与合理性的统一,而是整合了各种因素、包含了功利性的算计、带有机会主义的妥协与折中;司法审判的目标也不再是追求公平与正义,而是服从社会治理和社会稳定大局的要求。法官作出裁决的依据不再仅仅是既有的法律法规,这其中还夹杂了各种力量影响其中的"潜规则",比如政法委的决定;服务大局的考量;法官对于自身升迁和政治前途的考虑;案件裁判之后的社会影响;媒体、法院的形象等等。于是在协调各方面的关系,妥协折中、权衡利弊之后产生了一种留有余地的司法判决——"疑罪从轻"。

理解这一场景,我们需将刑事司法场域放置于社会转型的宏大背景中展开。当今我国处于社会转型的时期,整个社会的社会结构、社会形态、价值观念等都处于转型过程中。改革开放以后,国家的经济建设取得巨大成就,但贫富差距的拉大、政治体制改革缓慢等问题开始成为社会亟待解决的问题。特别是进入新世纪以来,中国社会结构日益多元复杂,利益关系、政治要求日益多元化。面对权力寻租的无助感、社会不公带来的"被掠夺感";"维稳"和"和谐"成为了执政党建设的关键词。自十六届四中全会执政党提出"构建和谐社会"的目标之后,人民群众的利益被提到了一个新的高度。和谐社会的提出意味着我们的社会还不太和谐,虽然改革开放之后中国社会各个阶层得到了帕累托最优的改进,社会各个阶层从中得利大于受损,但是利益的分化,特权阶层的出现使人们有了最为广泛比较和对比。在对比中人们难免不感到愤懑和无奈,社会转型带来激荡的社会变迁让很多人感到彷徨和伤逝。收入差距拉大的被剥夺感,社会竞争中的不公平感,面对权力寻租的无助感使更多人感到自己的弱势地位。群众在正当性的话语策略中意味着弱势群体,他们是社会转型中"被侮辱和被损害的"。群体性事件、医改、住房、教育等等挑战着整个社会稳定的底线。党的十七大报告从政治法制和社会意识形态等等各个方面论述了"以人为本"、和谐社会的历史任务,维护社会公平正义,维护群众利益,建设和谐社会也成为当前中国司法改革的基本任务。

司法是实现社会公平正义的最后一道防线，维护社会的和谐稳定也就是司法机关当下的中心工作。司法机关既要为政治服务，因而承载着维护政权稳定的任务；又要为社会服务，因而承载着维护社会秩序的使命；还要为民众服务，因而承载着"为民泄愤"的使命。一旦司法被赋予比裁判者更多的角色，那么，司法的上司便不再是法律。比如在维护国家稳定之类的政治期望重压之下，"怕漏不怕错"成为了我国刑事司法的习惯性思维。破案率的高低，往往构成了考核各级领导和主管部门政绩优劣的重要标准。尤其是一些重大的恶性杀人案件，"限期破案"、"命案必破"成为常态。命案必破，往往对法官裁判构成了最重要的外在力量。近年来曝光的错案如湖北佘祥林案、河南赵作海案、河北聂树斌案以及最近发生的杭州张高平、张辉案，可以说都是由命案必破引起的刑事错案。一旦有"命案必破"这样的要求，那刑侦人员在真凶难觅的时候只能使出"指名问供"的杀手锏。这就不可避免地造成一些冤假错案。

上个世纪80年代开始的"普法运动"以及社会进步带来了普通民众权利意识的普遍增强，然而，仍显滞后的制度化建设却难以满足公众的法治参与需求，造成了民众意见表达的拥堵。权利意识与政治表达之间的内在紧张有多种原因，比如被压抑的民怨、民愤没有正常表达的管道，民众朴素的实质法治理念与的形式主义的法治理念相抵触、人大选举和表达机制等制度不完善导致社会出现热点问题往往带来群体性宣泄。比如佘祥林案件中，办理佘祥林案的有关警察曾说，"当时上下两头挤，我们实在是没一点办法，就想着能尽快结案。上面一次次发回重审，下面张在玉的家人三天两头到县里闹，又是说我们收受佘祥林家贿赂了，又是说我们徇私枉法了，再加上当时上头要求命案必破，我们的压力可想而知……"类似实例均表明，上级领导、当地政府、被害人及其亲属、社会舆论乃至刑事警察本身等等，皆为不容漠视的压力源。

在维护社会秩序、平息民愤之类的社会期望压力之下，杀一儆百、从严从重从快打击也是我国司法的一贯倾向。社会舆论、群众心理等法文化背景对法官的裁判构成影响。在"稳定压倒一切"、"要有大局观念"讲政治的要求和影响下，作为社会舆论、群众心理的"民愤"往往能够左右法官办案。但是这种"民愤"经常是非理性的，当大量的群众聚集在一起表达意见时，往往就表现出所谓"民愤"，并做出极不理智的行为，迫使司法机关按照他们的错误认识去办案，而且他们的这种行为往往屡试不爽。在佘祥林一案中，"被害人"的家属即对司法机关施加了很大的压力。①

---

① 姚建才：《错案责任追究与司法行为控制》，《国家检察官学院学报》2005年第5期。

从以上我们看到,受"法律治理化"的政法传统影响,①我国的法院始终被定位于社会治理工具,而不是居中裁判的司法权威。法院受制于政府、政法委干预、社会等多重因素影响。法院独立行使审判权并没有很好地实现,保证司法场域独立运行的制度性因素并没有建立起来,场域内部理想的运作程序被外部力量所影响。尽管我国宪法一定程度上承认和保证法官、法院应有的独立性,但实践中,法院不仅不能起到制约警方和检控方权力、保护公民人身权利的作用,反而通常只能与警方、检控方站在相同的立场,更遑论法院居中裁判。正如有学者认为的,中国司法是以侦查为中心的典型模式,是否有罪主要在侦查阶段就有了定论,在此情况之下,法院纠错能力几乎丧失。②

由此可见,冤案产生的原因表面上是民众需求、刑讯逼供、非法证据排除规则不完善、法官妥协等各种因素与力量的耦合,实际在于司法场域依然受政治场域支配,在于我国法院未能实现由传统社会治理工具向现代社会司法控制方式的转变。正如学者认为的,余祥林冤案的产生原因既不是教条主义所宣传的法律程序没有得到遵守,也不是泛道德化话语所指称的一系列机关办案人员缺乏正义感和同情心。冤案的产生,在制度环境上源于当前中国司法的政法传统和治理化特征。③ 在这里,法律只是政法治理的一个工具,是正义理想与社会秩序、社会影响等相互平衡的一个考虑因素而已,甚至是讨价还价的工具。也正因为法律沦为工具,即使在发现错误以后,很多时候也只能顺着治理的逻辑将错就错下去。所以,冤案在一定意义上也是三权没有彻底分立并得到有效保障导致的结果。

在法院作为社会"治理工具"的定位下,法官并不是社会"居中的裁判者",而是代表国家打击犯罪,维护社会稳定的管理者,其践行的是权力角色。行文至此,我们也或许得出一个结论,即法律治理化的政法传统是导致中国

---

① 根据学者的界定,法律治理化的政法传统主要表现在:(1)法律是贯彻政治意图的工具;(2)法律的目的不仅仅是审判,更重要的是治理社会、改造社会;(3)审判机关功能的治理化与司法机关的一体化;(4)"司法的政党化"和"法律的惩罚化"这种政法传统形成于陕甘宁边区政府时期,在 20 世纪 50 年代的"镇反运动"和 80 年代初的"严打"中得到了强化。参见强世功:《权力的组织网络与法律的治理化——马锡五审判方式与中国法律的新传统》,《北大法律评论》2001 年第 2 期,北京大学出版社 2001 年版,第 250页。周长军:《后赵作海时代的冤案防范——基于法社会学的分析》,《法学论坛》2010 年第 4 期。法律治理化现象在中国尤为突出,尽管由于全能主义国家的转型,"市民社会"理论话语试图来消解这一现象并取得了某种程度的胜利,但是都无法对其形成致命性的冲击,法律治理化的现象也许将是中国的必然。参见陈俊敏:《法律治理化与刑事和解制度探析——基于法律社会学的视角》,《郑州大学学报》(哲学社会科学版)2010 年第 3 期。

② 何家弘等:《如何认定案件事实——从余祥林案说开去》,《检察日报》2005 年 4 月 5 日。

③ 谢锐勤:《不可能的任务:冤案的发现与证明——以余祥林案当时语境为中心的分析》,《中山大学法律评论》2011 年第 1 期。

式刑事错案发生的原因,有效避免错案发生的根本措施在于改变法律治理化的传统。但在当前情况下,法律治理化的政法传统能否得以改变呢?答案是否定的。在政法委协调下发生的中国式刑事错案,是中国政法体制的副产品,更是中国政权建设内在矛盾的反映。所以我们有必要将错案置于特定的政治背景下予以分析和解答。可以说,刑事案件发生后对政权建设合法性构成的挑战迫切需要刑事审判加以回应,权威弱化后的治理压力才是错案接连发生的深层动因。法律治理化背后的真正逻辑是对政权合法化建设的回应。

第四节　法律治理化的背后

一、刑事审判的隐形功能

达玛什卡从政府职能上将国家分为两种,即回应型国家和能动型国家。与两种国家模型相对应的,司法程序可以分为纠纷解决型与政策实施型。纠纷解决型司法程序尊重当事人的自治权利,他们地位平等;法官地位中立;程序正当化被强调。与此相反,政策实施型司法程序为贯彻国家政策,官员行使着程序的控制权,并"几乎永远把公民个人视为需要加以引导的学生;为达到案件的可欲结果,程序法像影子一样追随着相关的实体法,不受重视;律师的重要性相当有限,是处于当事人和国家夹缝中生存的可怜虫。"[①]科层式的决断和官僚制的效率为能动型国家的国家政策实施提供了极为高效的工具。一个最为明显的例子司法官员按照不同的级别以及专业分工被细分为不同的阶段步骤,国家政策被按部就班地推行实施着。科层式理想型的极端模式可以在社会主义国家找到对应的影子。达玛什卡还认为,毛泽东时期的管理型社会主义的中国,以科层式组织结构起来的官僚系统在这个国家有着根深蒂固的传统,在这里我们也可以发现悠久历史的雏形,为西方的集权式政府所难以匹敌。

在政策实施型司法程序的制度设计上,由于国家利益被认为是首位的,"个人利益与国家利益不可能被放到同一架天平上去衡量"。因此对于司法来说,司法运作多强调职权主义,法官作为"表达出致力于实施国家政策的司法程序

---

① 〔美〕米尔伊安·R.达玛什卡:《司法和国家权力的多种面孔——比较视野下的法律程序》,郑戈译,中国政法大学出版社 2004 年版,第 227 页。

之审判理念的是一个追求真理的而不是公允的决策者形象"①而积极主动地调查事实证据,当事人的意思自治十分有限,律师在诉讼中的作用也十分有限,"即使在留给他的有限活动范围之内,律师也远不能像在回应型国家的纠纷解决型程序中那样代表他的当事人进行强有力的干预";而且,"重实体轻程序"的司法观念一直都深刻地影响着办案法官及其上级的决策者,即"如果严格遵守规则会妨碍具体案件中的可欲结果之获得的话,对规则的偏离必须得到允许"。② 政策实施型司法程序表现出极强的价值取向性及能动性,司法程序由官方主导,其最终目的在于将国家政策贯彻到法官所审理的案件中。

那么,在这政策实施型的司法程序中,刑事审判满足和回应了能动型国家建设的哪些功能呢? 刑事审判的首要功能在于完成对犯罪人的惩罚和教育,然而,对刑事审判的惩罚和教育功能的分析,只是对表面现象的说明,并没有反映刑事审判在国家和社会治理中的真正作用。与外显的惩罚和教育功能一体存在着的还有其他更重要的功能,只不过它是隐藏在刑事审判惩罚和教育功能的背后,并通过它们来达到目的——刑事审判的目的是实现对犯罪行为进行充分压制,以及对犯罪人的精神和肉体的规训,从而实现国家的有效治理。在这个进程中,惩罚与教育只是一种手段或工具,而刑事审判的功能体现了国家对社会大众(犯罪人只是其中一小部分)的规训和治理。权力并不只存在于战场、政治、皇冠、权杖或红头文件中,它也普遍地存在于人们的日常生活、传统习俗、闲谈碎语、道听途说,乃至众目睽睽之中。权力绝不是一种简单的存在。它是一种综合性力量,一种无处不在的复杂实体。刑事审判和刑事案件的执行更是如此,正如福柯认为的"与其说是为了让囚犯们意识到自己的错误,不如说是为了更好地制造出一种可以被当作囚犯来识别和对待的主体。换句话说,这种规训的主要目的就是要培养出一种能够自觉遵守法规、服从规训、远离犯罪、温文尔雅、健康而又有用的人;使得这些人既可以通过规训而得到回报,成为一个资深的工人、一位优秀的士兵或一位杰出的舞蹈家、吉它手……"③

具体到刑事审判,比如死刑的公告。法院在执行死刑前几日往往要张贴公告。公告中一般都要载明被执行人的基本情况、犯罪事实、审判结果等基本内容。死刑犯的名字下画着红杠,并有法院院长红笔勾决的签名的大字报式的判

---

① [美]米尔伊安·R.达玛什卡:《司法和国家权力的多种面孔——比较视野下的法律程序》,郑戈译,中国政法大学出版社 2004 年版,第 251 页。

② [美]米尔伊安·R.达玛什卡:《司法和国家权力的多种面孔——比较视野下的法律程序》,郑戈译,中国政法大学出版社 2004 年版,第 233—265 页。

③ 张之沧:《福柯的微观权力分析》,《福建论坛》2005 年第 5 期。

决书贴在布告栏内,给人们的视觉和精神带来了强大的冲击力。公告除了具有将这些基本情况向公众宣示的功能外,它更大的作用其实是在不动声色地展示了国家刑罚权的威严。在死刑不能公开执行的情况下,公告带来了公众对执行死刑的想象空间。犯罪事实和死刑判决的赫然对照,更是加深了公众对这种刑罚的权威印象。在这时候,死刑公告的张贴实际成为了一种有效的宣传手段。①再比如公判公审大会等等,所有这些安排体现了游街示众中的国家权力的宣扬,它承载了一定的政治与社会功能。刺耳的警笛、不知疲倦的高音喇叭、人山人海的公捕公判大会、满街的标语、押着罪犯游街的车队……所有这些"运动式司法"早已成为了宣传国家政策的一个个活道具。

　　从以上我们看出,刑事审判在完成惩罚犯罪和教育罪犯的功能之后,其背后的隐形功能可能更为重要,它意味着国家权力有效行使的一种完美展示,成为了国家权力运行的一个仪式,它承载的更多是一种政治意义,是一个政权合法性来源的展示,也是国家秩序正常运作的象征。所以,尽管最高法院、最高检察院、公安部也出台了诸多关于严禁游街示众的各种规定。但是各地的游街示众活动似乎并未因此而停息,并且在某些特殊的地域和时段成为一个频繁出现的现象。这样的结果或许带来的正是对国家秩序的服从与尊敬。在其中,国家权力得到了充分显示的机会,实现了其教育和规训的功能。对此福柯冷静地分析到,"无论是法学理论中提出的改革,还是各种方案中规划的改革,其首要目标就是:使对非法活动的惩罚和镇压变成一种有规则的功能,与社会同步发展;不是要惩罚得更少些,而是要惩罚得更有效些;或许应减轻惩罚的严酷性,但目的却在于使惩罚更具有普遍性和必要性,使惩罚权力更深地嵌入社会本身。"②

二、回应政权的合法性建设

　　所谓政治合法性就是社会公众基于某种价值和规范而对政治系统产生的认同和忠诚。任何类型和层次的政治系统要赢得统治的合法性就应当得到民众的普遍认可与支持,否则合法性危机就不可避免。③韦伯曾经把权威统治的类型划分为三种,即合法型、传统型和超凡魅力型权威。政治现代化是权威走向合理化的过程,包括旧权威的渐趋弱化和新权威的逐渐塑造。改革开放后,尤其是党的十五大召开提出"依法治国,建设社会主义法治国家"以后标志着中

---

① 王东:《刑事执行场中的法院——权力与功能的分析》,四川大学 2006 年硕士论文,第 39 页。
② 米歇尔·福柯:《规训与惩罚》,刘北成、杨远婴译,生活·读书·新知三联书店,第 91 页。
③ 甘剑斌:《政治合法性危机及其解决路径》,《苏州大学学报》(哲学社会科学版)2009 年第 1 期。

国政治的权威从领袖崇拜走向制度崇拜。当下,一方面,中国传统的权威正在被打破和淡化;另一方面,法治权威正在塑造之中但尚未完全确立。在权威重塑的过程中,由于旧权威模式下得以运用的一些资源和方式已经被限制和否定,所以原有的权力效能开始弱化而受到减损,而在新权威模式下需要依赖的条件和手段又没有完全具备。所以,就今天的中国而论,在意识形态合法性和制度的合法性方面面临危机。这也是今日中国的社会不稳定因素的重要来源。执政党的执政基础只能凭借经济成功和社会秩序所赢得的绩效合法性。这也是理解中国刑事错案发生的重要的宏观背景。

　　一个政权的合法性基本来源是它能保证该社会人们最基本的安全和秩序。舆情亢奋,安全、秩序受到挑战,真相已经不再重要,一些错案也许就是为了世间的太平而以一人的清白为代价,从经济学的角度讲也许也是合理的。如果它不能,而社会中其他个人、机构、组织能以更低的价格提供类似的"产品",或以同样的价格提供更好的"产品",那么这些个人、机构、组织就可能部分取代(例如家族、黑社会)甚至全部取代(改朝换代)国家,这就意味着统治者权力的弱化和丧失。因此,无论什么政权都无法回避这个问题:它必须在现有的技术和其他资源条件下尽可能准确地发现罪犯,惩罚罪犯。① 转型中的政治权威需要充分展示自己对社会的控制能力,像杀人等严重暴力犯罪案件历来为各国所高度警惕。因为此类犯罪不仅严重侵害被害人,同时也是对既存社会秩序和政治权威的严峻挑战。个人安全,是公民让渡自己的私人权利进而组建政府的首要考虑。"严打"、"抗拒从严"、"命案必破"等刑事政策对于有效打击犯罪、维护社会秩序有着重要的作用,关乎国家、社会、公民的切身利益,从而得到功利主义价值观的强力支撑。② 如果连社会成员免遭同类侵害的基本安全需求都无法保障,那么政府的合法性和权威性自然饱受批评和质疑。追诉权和刑罚权作为公权力最具强制力的组成部分,历来为执政当局所高度重视,并由国家独占专行。刑事案件的威慑效应与其破案效率成正比。③ 对严重刑事犯罪的有效遏制和及时惩处,既是政权稳定的需要,也是一个政权合法性的需要。这也是为什么长期以来"命案必破"一直是考核公安刑侦部门的重要指标。

　　政权合法性包括两个方面:一是人民的认同,二是在人民认同的基础上所形成的政治组织及统治权力。大多数人的认同是任何合法性政权的必要条件。"法院具有控制社会的功能,其实质在于维护社会秩序的政治权威,通过运用作为社会控制的手段或方法之法律,对每个人所施加的压力迫使他自己行为维护

---

①　苏力:《窦娥的悲剧——传统司法中的证据问题》,《中国社会科学》2005 年第 2 期。

②　胡铭:《刑事政策视野下的刑讯问题》,《环球法律评论》2007 年第 2 期。

③　刘涛:《"政法冤案"的政治背景阐释》,《环球法律评论》2012 年第 3 期。

文明社会并阻止他从事反社会行为"。在政权的合法化建设中,司法领域中面临着来自政治场域的压力,而刑事案件发生后的民意呼声则是中介环节。一方面,随着民众的法律意识的不断增强,对司法机构的关注而产生的要求越来越多,对司法机构能够实现公平和正义的期望就越来越高。另一方面,随着政治体制改革和经济改革的深入,保持社会秩序稳定的压力也越来越大,国家、政府需要司法机构服从于社会治理的核心任务。在这样的压力中,作为本应该以独立的姿态出现的法院,在行使其专有的审判权时也不得不回应来自这两方面的要求。因而,在与维持社会秩序稳定有最密切关联的刑事司法领域内,法院自然偏向了服从于国家政治权力的需要。

在中国,政治的合法性决定了司法的合法性。在政策实施类型的司法中,法官作为"表达出致力于实施国家政策的司法程序之审判理念的是一个追求真理的而不是公允的决策者形象。"审判权的消极中立的属性让位于政治权威。法院刑事审判权最后往往成为政治合法化建设的附属,成为维护审判权权威的工具。在这种情势下,法院的刑事审判权发生了功能的异化。当前学界对法院的功能的基本共识是,法院的所有功能应该在以法院的裁判功能(解决纠纷)为基础上展开。但是,这种法院功能的理想型的划分只是对于现代法院制度的理论判断,却忽略了对仍然处于"传统与现代之间"的当前中国的法院制度的关照。目前中国特有的刑事司法场正是中国政治改革和经济变革过程中体制衍生的结果,有着鲜明的中国式背景和浓厚的中国特色。任何司法制度都是特定社会政治制度之有机组成部分,刑事审判功能的展开与实践不可能不受制于这样的宏观背景。

行文至此,我们对政法传统的法律治理化有了较为深刻的理解,也就解释了"中国特色"的刑事司法场域存在的原因,解释了中国式刑事错案层出不穷的背后原因。尽管随着中国政治体制改革的进行,法院的阶级专政工具性已经淡化,然而,新一轮的政治改革涉及了公检法司等诸多权力机关权力利益的重新分配和重新调整,面对权力的重新调整和忧患得失,各个部门只有不断地强化和论争自己部门在国家政权结构中的位置,积极与党的"中心工作"靠拢是确保新一轮的司法改革中扩权,至少是不被边缘化和蚕食的重要手段。这也就难免导致法院系统在行为模式上缺乏独立品格,过分对政治权力攀龙附凤可能加剧了依附感和边缘化,服务于政权的"中心工作",因此,法院的刑事审判功能的产生和存在因为其"政治正确"而具有了其正当性。

第五节　结　语

打击刑事犯罪与避免冤假错案关系此消彼长。一方面,严重的刑事案件对公众的安全感和社会安定的秩序带来极大的破坏,它们往往也是普通公众最关心的案件。老百姓对司法公信力的最直观感受,就是这些社会影响力较大的标志性案件。如果案件长期得不到解决,尽管为数不多,但其影响力会被无限放大。当前执政党强调打击犯罪,强调命案必破,强调法律治理化的政法传统以及对司法场域强有力的影响是回应社会秩序安定的诉求,也是对公众对整个政权维护社会秩序的能力的回应,进而及时回应了政权合法性的质疑。另一方面,司法政治化是为了保证司法在维稳政治的统领之下服务于国家的中心工作,法律治理化背后的法律工具理论也就成为了迅速扭转某一特定地区社会治安面貌、打击违法犯罪分子的有效手段。然而,法律治理化对司法场域的影响导致刑事司法场域脱离其自身的运作逻辑和规律进而导致冤假错案的大量发生,却大大破坏了司法的公信力,也从根本上动摇了受众对司法的信任和尊重。毕竟司法权作为国家权力的重要组成部分,司法公信力是公共权力合法性的基础,直接关系到了政权的合法性。这两种目标之间的冲突,使得法律治理化处于难以自圆其说的悖论之中。

所以,解决中国式的刑事错案的根本出路在于完善司法场域,摒弃法律治理化的传统,为刑事司法场域的独立运行提供保障。司法场域的独立运行需要硬件和软件各方面配备和完善。而其中的关键是制度性方面的因素,保障犯罪嫌疑人、被告人的权利,改革和完善控辩双方的诉讼结构成为了改变的切入点。本章对中国式刑事错案的司法场域及其逻辑做出了分析,我们只是试图提供理解当下刑事错案运作的一个理论框架,并尝试着对法律治理化背后政权合法化建设对刑事错案产生的影响做出解释。理解刑事审判作为国家治理的一种强力手段,就会明白当前司法改革中背后的政治和制度因素,正如苏力在《窦娥的悲剧》一文中分析的那样,窦娥之冤并不都是官吏的司法道德问题而是其所处的时代和制度使然。[①] 我们都深深地镶嵌在自己所处的世界中。同样,对于中国式的刑事错案,须将其放置于中国社会转型和政法传统的大背景下来理解。法律治理化的政法传统所导致的司法场域中控辩双方的结构失衡与审判权异化是刑事错案产生的直接原因。刑事犯罪对政权合法性造成的挑战以及由此

---

① 苏力:《窦娥的悲剧——传统司法中的证据问题》,《中国社会科学》2005 年第 2 期。

对刑事审判带来的压力是错案产生的根本原因。政权的合法性建设的长期性决定了法律治理化的政法传统将长期存在。更为重要的是,当前中国的刑事司法的办案质量呈现宏观趋好的态势。[①] 解决中国式刑事错案,"时间"是必须考虑的一个重要变量。对于医治中国式的刑事错案来说,正视政权的合法性建设以及由此带来的法律治理化的传统是解决问题的根本。

[①]　林喜芬:《我国刑事司法运行的宏观现状(1995—2005)——基于统计数据的实证分析》,《中国刑事法杂志》2011 年第 2 期。

第四章　证据与刑事错案

第一节　导　言

正义一直以来都被视为是法律的基本美德之一。正如休谟所说,离开了对法律的公平和正义的关注,没有任何一个共同体的人可以生存。[①] 在当今的中国,随着传播介质的不断发展,越来越多的刑事案件开始进入人们的眼帘。然而与此同时,很多刑事错案却一再地挑战着公众的公正底线。刑事错案类型复杂多样,不一而足。

导致刑事错案的因素形形色色,有学者将这些因素归结为以下六种:虚假陈述、采信告密者的陈述、劣质的辩护、不可靠的科学、政府的不当行为和目击者错误的证词。[②] 关于政府的不当行为,比如在杜培武案件、佘祥林案件以及聂树斌案件中,政府的不当行为,即刑讯逼供是导致错案形成的最重要的因素。在美国,检察官的偏见也是造成刑事错案的原因之一。根据鲍尔达斯教授的研究发现,检察官对70％的被告人是黑人、被害人是白人的案件都请求判处死刑;被告人是白人、被害人是白人的案件,请求判处死刑的占32％;被告人是黑人、被害人是黑人的案件,请求判处死刑的占15％;被告人是白人、被害人是黑人的案件,请求判处死刑的占19％。[③] 又比如说关于目击者错误的证词,相关的统计显示,在过去15年,美国发现并纠正的242起错案中,其中75％的案件中都存在着辨认错误。[④] 在美国,辨认错误是导致刑事错案的最为根本的原因。也

---

① J. R. Lucas, Justice, philosophy, vol. 47, no. 181 (Jul., 1972), p. 229-248.

② 参见［美］吉姆·佩特罗、南希·佩特罗:《冤案何以发生:导致冤假错案的八大司法迷信》,苑宁宁等译,北京大学出版社2012年版,第2—3页。

③ 参见［美］安吉娜·J. 戴维斯:《专横的正义:美国检察官的权力》,李昌林、陈川陵译,中国法制出版社2012年版,第85页。

④ 参见王佳:《刑事辨认的原理与规制》,北京大学出版社2011年版,第1页。

有学者坦言,证据问题是导致刑事错案的主要问题。导致刑事错案的原因很多,比如上级机关的干涉、其他行政机关的干涉、及时破案的工作压力等。但这些导致刑事错案的因素往往是通过证据问题表现出来或是转化为证据,包括刑讯逼供等。此外,现有的办案技术不高也是导致刑事错案的原因,但是也会表现为案件中的证据问题。[①] 也因此,在讨论过程中,将刑事错案与证据问题结合起来会是思考刑事错案问题的一个有效的着力点。这也是本章力图解决的问题。

第二节　我国证据与刑事错案关系之探析

"证据,可以说是刑事诉讼法之精髓。"[②]在刑事诉讼领域中,对被告人的定罪量刑,无一不是依赖于证据的适用。但是,与此同时,我们也可以看到,证据问题也是导致刑事错案的罪魁祸首。几乎每个刑事错案都是由多种原因重合作用而造成的。其中,与证据有关的原因包括:虚假证人证言、被害人虚假陈述、同案犯伪证、被告人虚假口供、鉴定结论错误、侦查机关不当行为、审判机关不当行为、忽视无罪证据、鉴定缺陷、法律定性不明等。[③] 有学者通过对致错因素进行归纳,将其归为三类,即证据因素、主体因素和环境因素。证据因素包括虚假证人证言、被害人虚假陈述、被告人虚假口供和鉴定结论错误。从致错因素出现的次数来看,证据方面的致错因素在错案案例中出现的次数最多,是刑事错案最主要的致错因素。[④] 有学者坦言,"研究证据与刑事错案的关系,实质上就是关注证据的具体形式在被使用的过程中是否对发现和认定案件事实产生错误的影响并最终导致错案的发生"。[⑤] 结合目前多数学者所采纳的观点,以及考虑到行文的方便,本节主要从被告人口供、被害人陈述、证人证言以及鉴定意见四个方面来对我国证据与刑事错案的关系做一个实证的分析。同时由于我国刑事诉讼法第48条一共规定了八种证据的种类,因此考虑分析的全面性,本章也会对因为其他证据的原因而导致的刑事错案做一个探析。

---

① 参见何家弘、何然:《刑事错案中的证据问题——实证研究与经济分析》,《政法论坛》2008年第2期。
② 林钰雄:《严格证明与刑事证据》,法律出版社2008年版,第5页。
③ 参见何家弘、何然:《刑事错案中的证据问题——实证研究与经济分析》,《政法论坛》2008年第2期。
④ 参见刘品新主编:《刑事错案的原因与对策》,中国法制出版社2009年版,第224页。
⑤ 张丽云主编:《刑事错案与七种证据》,中国法制出版社2009年版,第24页。

一、被告人供述与刑事错案

在我国的司法实践中,由于被告人的供述而导致刑事错案的例子并不少见,这也是导致我国刑事错案的最为主要的原因。在我国,口供是"证据之王"的观念在很长的时间内都深入人心。笔者查阅了北大法宝当中公布的最高人民法院公报的案例共 136 个(从 1990 年到 2010 年),其中 90 个案件中的法官在最终判定事实的时候采用了犯罪嫌疑人、被告人供述和辩解这一证据形式。美国的实证调查显示,在所有有口供的案件中,87.5％的案件被提起了公诉,而在没有口供的案件中,仅有 74％的案件被提起公诉;在有口供的案件中,78.9％的被告被判处有罪,而在没有口供的案件中仅有 49.3％的被告人被判处有罪。①被告人供述作为一种证据类型,其在刑事案件中的地位,由此可见一斑。

(一)刑讯逼供

在中国的司法语境之下,提到被告人供述,就会很自然而然地想到刑讯逼供,这似乎已经变成了一种思维的惯性。有时候,我们甚至会以为,没有刑讯逼供,就不会有被告人供述类似的极端的想法。但凡事过犹不及,在很多的时候,我们似乎又走到了另外的一个极端。"许多不明真相的人,把警察乃至整个执法机关的所有人员都描绘成一副虐待狂的形象,他们随时准备把一个从没有犯罪的清白无辜的人严刑逼供,屈打成招,作出有罪供述。这是一种严重的偏见。"②

存在未必是合理的,但是存在必然是有原因的。刑讯逼供作为一种屡禁不止的现象,必然有其存在的原因。根据波斯纳的观点,证据搜寻的成本并不仅仅限于时间成本和其他直接成本,它们还包括搜寻过程中激励效应所引致的间接成本。③ 对于侦查主体而言,破案率就是他们追求的目标。获得高的破案率并且由此可能带来的升职加薪都是对侦查人员的激励。其次考虑到时间成本和间接成本的因素,侦查人员使用刑讯逼供手段从而获得犯罪嫌疑人的供述,一方面,可以减少因为搜查、勘验等活动所需要付出的经济成本和时间成本,另一方面,也可以节省他们的精力成本。因此,与取得其他证据所需要的成本而

---

① Paul G. Cassell, Bret S. Hayman, police interrogation in the 1990s: an empirical study of the effects of Miranda, 43 UCLA L. Rev. 839.

② 阿瑟·S. 奥布里、鲁道夫·R. 坎普托:《刑事审讯》,但彦铮、杜军等译,西南师范大学出版社 1998 年版,第 265 页。

③ 〔美〕理查德·A. 波斯纳:《证据法的经济分析》,徐昕、徐昀译,中国法制出版社 2001 年版,第 44 页。

言,对被告人进行刑讯逼供从而获取其犯罪的证据的行为成本最低。其次,司法实践中广泛存在着"口供是证据之王"的观念。侦查人员作为体制内的人员,耳濡目染,对于长期以来的司法观念,早就已经铭记于心。对于体制内的新人员而言,其可能一开始会有一定的抵触心理,但是到最后,仍然是会被同化。至此,一些司法观念才得以在司法体制内经久不衰。"口供是证据之王"这一观念的存在,会在不知不觉中指导侦查人员的行为。定势的思维在某种程度上可以减少思维的成本。最后,从行为的后果来看,侦查人员进行刑讯逼供后其所需要承担的风险并不大。《关于办理刑事案件排除非法证据若干问题的规定》第1条规定采用刑讯逼供等非法手段取得的犯罪嫌疑人、被告人供述和采用暴力、威胁等非法手段取得的证人证言、被害人陈述,属于非法言词证据。第2条规定经依法确认的非法言词证据,应当予以排除,不能作为定案的根据。《刑事诉讼法》第54条规定采用刑讯逼供等非法方法收集的犯罪嫌疑人、被告人供述和采用暴力、威胁等非法方法收集的证人证言、被害人陈述,应当予以排除。也就是说,在我国目前的刑事司法中,非法证据排除规则排除的仍然只是非法的言词证据,对于经由非法言词证据而获得的非法的实物证据,司法体制仍然没有排除。因此,对于侦查人员而言,即使其刑讯逼供的行为被发现,其所获得的非法言词证据被排除,那么由于实物证据得以保留,这个措施仍未从根本上遏制侦查机关进行刑讯逼供的动力。此外,从现实中来看,侦查人员因为进行刑讯逼供而最终被判刑的,仅仅是个案。这也在一定程度上减少了侦查人员在进行刑讯逼供时的顾虑。

其次对犯罪嫌疑人而言。一开始,对于侦查人员的刑讯逼供,其必然是一种抵触的心理。眼前所遭受到的痛楚与因为承认自己并未实施的犯罪所需要付出的代价相比,显然后者需要付出的成本更高。然而,当刑讯逼供继续下去,生理与心理的最基本的需求无法得到满足,"在5月24日前,一直不让睡觉,每天分六班,每班六人不停地逼供。""至23日,褚明剑已连续三天四夜没有睡觉,整天坐在一张没有靠背、布满小颗粒的小凳上,不让站,不让洗脸刷牙。褚明剑说,她神志恍惚,身体极其虚弱,唯一的想法就是尽快出去。""此时,褚明剑已四天五夜没有睡觉,神志不清,连续几天拉肚子,身体极其虚弱,低血糖病也犯了,屁股也溃烂,皮肉和裤子粘到了一起。'一坐就如坐针毡。'褚明剑说。"[①]人是理性的。在这种连最基本的生理需求都不能得到满足的情况之下,犯罪嫌疑人就只能退而求其次,先解决眼前的困境,保住自己的性命,而后再求将真相公之于世。这也就可以解释杜培武在法庭上的行为,"杜培武当庭展示了他身上清晰

---

① 谢海涛:《湖州褚明剑案证据战》,《新世纪》2011年10月24日。

可见的伤情,并强烈要求公诉人出示驻所检察官拍摄的照片,以证明刑讯逼供事实的存在。""见此情景,杜培武转而对审判长说:'我还有他们刑讯逼供的证据!'只见他解开风衣,从裤子里扯出了一套血迹斑斑的衣服,'这是我当时穿在身上被他们打烂的衣服!'"①也就是说,当在法庭上时,考虑到在法庭上侦查人员已经无法对其进行刑讯逼供以及如果此时再承认自己的有罪供述可能会导致对自己极为不利的后果,那么在此种情况下,被告人必然会否认自己所作的供述。人是理性的,在法庭上,通过权衡利弊得失,将自己曾经遭受过刑讯逼供因此不得不作有罪供述的事实公之于众,是当时环境下的最优选择。

(二)虚假供述

在刑事错案与被告人陈述的关系中,除了被告人因为受到刑讯逼供而作出供述导致刑事错案的情况之外,在某些特殊的情况下,犯罪嫌疑人也可能出于一些特殊的原因而作出虚假的陈述。与上文所述的因为刑讯逼供而所作的供述而言,在这种情况之下,被告人掌握更多的主动权。比如说,犯罪嫌疑人可能是为了包庇自己真正犯罪的亲属,也有可能是受到某些人的威胁而不得不替人顶罪,或者只是出于纯粹的经济利益的考虑,为了得到某笔巨额的费用。刑事诉讼法第53条规定:对一切案件的判处都要重证据,重调查研究,不轻信口供。只有被告人供述,没有其他证据的,不能认定被告人有罪和处以刑罚。也就说,单有被告人供述不得定罪,这一规定的设置和出台,在某种程度上,就是为了防止被告人替人顶罪这些情况的频繁出现。

1. 出于友情或亲情的考虑

人是感性的动物,在某些情况之下,出于亲情或者是友情的考虑,所谓的"犯罪嫌疑人"会为了包庇真正的犯罪嫌疑人而选择对侦查机关作出虚假的供述。这种情况在包庇罪中最为常见。比如,在李胜南包庇、张振哲伪证案②中,为掩盖李青春系交通事故肇事人的事实,在公安机关调查时,李胜南于次日凌晨到封丘县交警大队假投案谎称自己是肇事人。张振哲在公安机关调查时提供虚假证言,证明李胜南系车辆驾驶人。两被告人的虚假供述和证言导致公安机关对交通肇事一案错误追究,致使李青春逃避刑事追究。

2. 出于上级的压力

在这种情况之下,"犯罪嫌疑人"往往出于压力而替真正的犯罪嫌疑人定罪。真正的犯罪嫌疑人就是其上司或者是领导。比如在林雪博交通肇事后逃

---

① 郭国松、曾民:《世上还有包青天吗——杜培武的"死囚遗书"催人泪下》,《南方周末》2001年8月24日。

② 本节中的案例无特殊说明时,均来自于北大法宝。

逸并指使陈兴杆顶罪案中,事故发生后,被告人林雪博见两被害人已死亡,便弃车逃离现场,躲到附近一小卖店打电话给其司机被告人陈兴杆,将其驾车撞人的情况告诉陈兴杆并叫陈速从儋州赶来海口。被告人陈兴杆从儋州赶来海口与林雪博见面后,林雪博便带其到事故现场,将事故发生的时间、经过及具体情节告诉陈兴杆,让陈兴杆充当肇事司机,并教陈兴杆向公安机关谎称是被害人郑平均驾驶摩托车突然向左转弯导致事故发生。被告人陈兴杆便按林雪博的授意,到海口市交警支队事故科"投案",自称是肇事司机。

3. 出于经济利益的考虑

在这种情况下,"犯罪嫌疑人"替真正的犯罪嫌疑人顶罪往往是出于经济利益的考虑。比如在俞耀交通肇事案中,被告人俞耀因无证驾驶害怕承担法律责任,要求雷荣庆为其顶罪,并答应支付给雷人民币 20 万元,如雷荣庆判刑坐牢,再支付 10 万元。商议妥当后,雷荣庆叫来其妻徐惠琴,从俞耀处拿到现金 10 万余元和 20 万元的欠条一张,并由徐惠琴带回家中,雷荣庆便前往武义县交警队投案并冒充交通事故的肇事者。

二、被害人陈述与刑事错案

被害人陈述是指因犯罪行为而遭受人身、财产损害的人就其所知的案件事实所作的陈述。被害人作为犯罪行为的受害者,其在很多的时候可能都亲眼目睹了犯罪事实的发生过程。因此,刑事诉讼法将被害人陈述列为法定证据形态的一种,有其合理性在内。但是另一方面,由于被害人有意识或者无意识的错误陈述,也有可能导致刑事错案的发生。一方面,这与被害人的感知、记忆、表述能力等主观因素有关。被害人在遭受犯罪侵害时,往往精神高度紧张、恐惧,容易产生错觉,或者精神受到刺激、记忆混乱等,就会陈述失实。但犯罪使被害人产生一种痛苦、愤恨的消极情绪,这种消极情绪破坏了被害人的心理平衡,使被害人产生了恢复平衡的需要,恢复这种平衡的基本途径之一就是复仇。[①] 在北大法宝案例库中一共收集了刑事案件 243780 个,其中有 156031 个案件有被害人,这其中 16332 个案件中提到了被害人陈述这一证据类型。可见这一证据类型也在司法实践中得到了广泛的适用。

(一)虚假的陈述

基于一定的报复心理,被害人在某些情况下也可能作虚假的陈述,那么这

---

① 房保国:《被害人的刑事程序保护》,法律出版社 2007 年版,第 39—55 页。

也在一定的程度上导致了错案的发生。这主要体现在当被害人明知的情况下而作出的虚假陈述。这种情况下,有些是真正的被害人,有些则并非是被害人,而是通过一定的言语而将自己塑造成为被害人的形象。

1. 伪造相应的情节,诬告陷害

这种情形在诬告陷害罪中最为典型。在北大法宝案例库中检索案由为"诬告陷害"的案例,共找到相关判决文书 114 篇。在这种情况之下,"被害人"为了自己的利益而指控被告人。比如在马剑常诬告陷害案中,马剑常向何润强借款后无力偿还,后故意捏造事实,诬告陷害何润强、何灼潮对其实施敲诈勒索的犯罪行为。

也有可能发生的情况是被害人受到伤害之后,无法找到真正的责任方,因此,其就可能作一些虚假的陈述,以便找到相关的主体进行索赔。比如在被告人张大迷、孙大苗、张彦民犯诬告陷害罪案中,被告人张大迷的丈夫单某骑两轮摩托车在杨集镇花园村北面发生事故,被撞成重伤。在找不到责任方的情况下,张大迷找到被告人孙大苗,让孙大苗找人作证,证明该事故是杨集镇关庙村的张小五(张总结)造成的。夏邑县公安局经过侦查,认为张小五不是该起交通事故肇事者。但张大迷多次往河南省公安厅投诉,导致商丘市公安局督察支队误认为张彦民、程某山等人的证言属实,并建议夏邑县公安局对本起事故的主办人进行处理。

在某些案件中,也可能发生的情况就是"被害人"并非是真正的被害人,但是因为受到一些其他因素的影响,其不得不作为"被害人"从而做出被害人陈述。比如在北京大学学生陈伟被指控强奸前女友缪某一案中,缪一度否认被强奸,结果被北京市海淀警方以涉嫌伪证传唤。最终,缪某更改证词,得以取保候审,法院判决陈伟强奸罪成立,判处有期徒刑 4 年。[①]

2. 替被告人脱罪

在某些情况下,出于经济利益或者其他因素的考虑,被害人也有可能作虚假的陈述,从而使得被告人可以脱罪。这在一定的情况之下,也可能导致错案的发生。比如在一起抢劫案中,被害人收下了犯罪嫌疑人家属的 2000 元好处费,为对方作伪证。称双方是因为车费发生口角,而起了争执,白某并没有抢劫。[②] 在杨化勇妨害作证案中,2007 年 12 月 18 日,被告人杨化勇为了帮助其儿子逃避法律追究,找到该案受害人朱某某,给其 1 万元现金,让朱向司法机关提供了撤诉书并推翻了原来陈述,致使该案不能顺利进行。这些案件后来或多或少地都被侦查机关发现,最后得以纠正。但是,被发现的这些案件,或许仅仅

---

① 黄秀丽:《公权力作伪证:无人追究,无法追究》,《南方周末》2011 年 1 月 27 日。
② 韩涛:《收完好处费被抢"的姐"为嫌犯作伪证》,《辽沈晚报》2009 年 10 月 15 日。

只是冰山一角。

(二)带有感情色彩的影响陈述

被害人由于受到犯罪行为的侵害而遭受到了人身或者财产的损害。被害人的内心有极强的将嫌疑人绳之以法的意愿,因此,被害人的陈述在一定情况下可能与其所目睹的事实有所偏离。被害人的陈述不可能是公正的。[①] 在美国,最高法院早就意识到了在死刑案件中被害人陈述可能会对陪审团造成的不利影响。被害人的情绪渲染破坏了法院裁判过程的理性,而裁判过程的理性在死刑案件中是必需的。在 1987 年的 Booth v. Maryland 案件中,美国最高法院认定在死刑案件审判过程中被害人的陈述违背了第八修正案;1989 年的 South Carolina v. Gathers 案中,法官同样限制了检察官阐述被害人品格(与犯罪发生时无关的品格)的权力。直到两年之后,法院才开始允许类似的被害人的陈述。被害人的陈述会指认犯罪嫌疑人;会表明被害人的经济损失;会展示被害人所受到的伤害的严重程度;同时还会提及因为被告人的行为而对被害人的个人生活品质和家庭关系所造成的影响。[②] 被害人带有感情色彩的影响陈述会提高在死刑案件中被告人被判死刑的可能性。被害人会向陪审团陈述他们的家庭生活以及他们的梦想,陪审团很可能把自己和这些被害人联系在一起,认同他们的价值,认为他们是无辜的被害人,从而在某些案子中对被告人施加更为严重的处罚。[③] 因此,被害人带有感情色彩的影响陈述,在某种程度上,会使得被告人受到比起所犯的罪刑更为严重的处罚。因此,在一定的程度上,也导致了错案的发生。

(三)反应时间的影响

在案件发生时,往往就只是一瞬间。人是需要一定的反应时间的,而当时被害人可能根本就还没来得及反应过来。反应时间反映的是知觉过程所需要的时间,和刺激呈现以前被试的准备状态有关。[④] 反应时间的长短可以反映出人对信息处理、反应的速度和准确程度。反应时间的个体之间的差异较大,对于光刺激用手按电钮作出反应时,反应时间为 169～242ms,标准误差为 10.1～

---

① Kathryn E. Bartolo, Payne v. Tennessee, the future role of victim statements of opinion in capital sentencing proceedings, 77 Iowa L. Rev. 1217.

② Jeremy A. Blumenthal, affective forecasting and capital sentencing: reducing the effect of victim impact statement, 46 Am. Crim. L. Rev. 107.

③ Amy. K. Phillips, Thou shalt not kill nice people, the problem of victim impact statement in capital sentencing, 35 Am. Crim. L. Rev. 93.

④ 陈舒永、杨博民、韩昭:《不同肢体的反应时间和运动时间》,《心理学报》1986 年第 1 期。

36.2ms。一般来说,幼儿反应时间较长,20~30岁反应时间最短,30岁之后,反应时间逐渐减慢。另外,生理与心理状态,如熟练程度、疲劳、清醒程度及饮酒等均可引起反应时间的改变,故研究反应时间时要考虑多种因素的影响。[①] 由于人的生理心理因素的限制,人对刺激的反应速度是有限的。以盗窃罪为例,可能等到被害人反应过来时,犯罪嫌疑人早就已经逃之夭夭。若以抢劫罪为例,那么抢劫罪发生的时间也只是在几秒的时间之内,等到被害人反应过来并考虑采取相应的行动时,也许已经无法看到被告人的正面形象了。那么当被害人向侦查机关作出一些相应的陈述时,也会有不真实的因素在内,这在某种程度上也会导致错案的发生。

(四)被害人的记忆的影响

有学者的研究显示,压力会改变人们对于一个事件的认知。在暴力犯罪中,被害人往往面对的是一把手枪或者是其他的武器。在这过程中,被害人往往把注意力集中在武器上,这样,他往往无法清晰地记得关于犯罪嫌疑人的一些细节特征。被害人认为他们清楚地记得整个案件发生的过程——整个案件就像烙印一样印在他们的脑海中,从表面上来看的确是如此。但是有研究显示其实被害人对事件的陈述与事件的实际发生过程,往往只有很少的相似度。[②]也就是说,被害人的陈述由于受到被害人在特定情况下的记忆的影响,其陈述也往往是不可信的。若赋予被害人陈述这一证据形式过强的证明力,在一定程度上,会导致错案的增多。比如在格林案中,被害人声称自己的视线从未从犯罪嫌疑人的脸上移开过。其将行凶者描述为"男性黑人,25岁左右,大约高五尺七,短发。"之后,探员们向被强奸的被害人展示了一组照片,在看到格林的照片后,她说其中有个人很像行凶者,但只是还不够像。之后,警察出具了更大的照片,包括格林相同照片的放大版。并且告诉被害人嫌疑人的照片可能会有。这时被害人认出了行凶者,并且说"就是这个人"。之后,格林被错误定罪,并为自己根本未曾犯过的强奸罪而在监狱里度过了13年。[③]

(五)案发时环境的影响

在某些时候,由于案发时环境等一系列不确定因素的影响,被害人的陈述

---

① 编辑部:《反应时间》,《应用生理学杂志》1986年第3期。

② Gary L. Wells & Donna M. Murray, What Can Psychology Say about the Neil v. Biggers Criteria for Judging Eyewitness Accuracy?, 68 J. Applied Psychol. 347, 349-51 (1983).

③ 参见[美]吉姆·佩特罗、南希·佩特罗:《冤案何以发生:导致冤假错案的八大司法迷信》,苑宁宁等译,北京大学出版社2012年版,第88—98页。

可能也并非均是真实的陈述。有的时候时间、灯光的影响作用也不可忽视。在钟建华抢劫案中,2003年5月5日凌晨2时许,被告人钟建华伙同钟建军、莫应龙(已判决)手持水果刀在益阳桃花仑外贸路口与中国银行之间地段,强行抢走被害人陈丽粉红色提包一个,包内有现金100余元,摩托罗拉720手机一台。在实施抢劫过程中,被告人钟建华将被害人陈丽摁倒在地,莫应龙等人用刀将被害人陈丽刺伤,得手之后逃跑过程中,钟建军将追赶他的的士司机孟建军刺伤。在这一案件中,由于发生的时间是在凌晨2时,考虑到当时灯光的因素以及如前所述的反应时间的影响,被害人可能根本就无法看清被告人的长相。又比如被告人作案时可能带有作案的工具,如在河南男子因警察藏匿证据被以强奸抢劫罪判死缓一案中,被告人之一质疑"受害人王某竟然能辨认出蒙着脸部的人,难道有特异功能不成?并且,他在前面的笔录中说没有看清被告人,而后面却又说看清了并辨认了出来,这明显是不真实的。"①那么在这种情况之下,被害人可能无法辨认被告人的长相,这在一定的情况下,也会导致错案的发生。

三、证人证言与刑事错案

证人证言是指证人就自己所知道的与案件有关的情况向司法机关所作的陈述。证人证言作为法定证据形式的一种,在我国的司法实践中得到广泛的适用。在笔者查阅的北大法宝中最高人民法院公布的1990年到2010年20年间的136个刑事案例中,其中126个案件中法官在最终断定事实的时候采用了证人证言这一证据形式,这足见证人证言在我国司法实践中的重要作用。也因此,有学者坦言,错误的证人证言是导致错案的一个极为重要的因素。根据美国无辜者计划的资料显示,在最初的130个因为DNA技术而被洗脱嫌疑的人当中,101个人是因为错误的证人证言而入狱。② 此外,1932年曾有一个调查显示,65件无辜者被误判为有罪的案件,有29件归因于证人的指认错误;1988年的调查显示,无罪误判为有罪的案件中,52%归因于证人的指证错误。③

在我国,证人证言可能导致刑事错案的一个很重要的原因就是证人不出庭。对抗制是对可能说谎的证人证言进行排除的一种较好的弥补方式。因为它使得证人接受交叉询问,并且与被告方进行对质。④ 然而在我国,证人不出庭

---

① 戴爽:《河南男子因警察藏匿证据被以强奸抢劫罪判死缓》,《中国青年报》2010年9月9日。

② John P. Zanini, Brownlow Speer, eye-witness identification after commonwealth v. martin: two views, 51-FEB B. B. J. 5.

③ Joshua Dressler, understanding criminal procedure, Matthew Bender, 1997, p483.

④ Kent Roach, wrongful conviction: adversarial and inquisitorial themes, 35 N. C. J. Int'l L. & Com. Reg. 387.

的现象极为普遍。左卫民教授在其进行的一项实证研究中指出：以全部 6810 起刑事案件为基数，证人出庭率仅为 0.38％。[①] 王亚新教授对若干个中级法院民事一审程序运作状况进行了实证调研，发现有证人出庭作证的案件也只是占调查总样本中判决结案的案件数大约 5％左右的比率。[②] 此外，根据王亚新教授的另一则调查显示，南京市中级人民法院刑事案件的证人出庭率也很低，仅占审判案件的 6％左右，比 1997 年曾达到的 10％又有所回落。[③] 根据一些学者对某高级人民法院、河北某中级人民法院和浙江省某基层法院进行的问卷调查显示，民事案件证人出庭作证的比率在 20％左右，刑事案件证人出庭作证率只有 1％左右。[④] 根据 2008 年最高人民法院研究室的一项司法统计表明，2008 年江苏省徐州市中级人民法院刑事案件证人实际到庭率仅为 1.95％。[⑤] 与之相对，易延友教授提出了必要证人出庭率的概念。认为所谓必要证人，就是指当事人对证人证言有疑问、从而需要对其在法庭上进行交叉询问的证人。通过对中国北方的一个基层法院进行调查访问后，认为必要证人出庭率应当在 25％左右。[⑥] 尽管如此，中国的证人出庭率仍然偏低。也就是说，在我国，所谓的证人证言基本上指的就是书面上的证人证言。那么，在这种情况之下，被告人失去了与证人的对质权，也因此在一定的程度上增加了刑事错案的可能性。

此外，关于证人证言所可能导致的刑事错案，主要有以下两种情况：

(一)记忆错误

有心理学家的研究显示，记忆是一个建构的过程而不是一个复制的过程。记忆很多时候会依赖于在脑海中已经形成的观念。观念不是一面反映外部世界的镜子，它有着自己的需要、价值以及判断。记忆所认为的真实其实早就已经不是外部世界的真实了。这也就是为什么人们经常对已经发生的事情视而不见，而对于未发生的事情却又好像亲眼目睹；不记得曾经发生过的事情，而对于未发生过的事情却记得分外清楚。[⑦] 此外，"心理学家说，记忆与想象一起帮

---

① 参见左卫民、马静华：《刑事证人出庭率：一种基于实证研究的理论阐述》，《中国法学》2005 年第 6 期。

② 参见王亚新：《民事诉讼中的证人出庭作证》，《中外法学》2005 年第 2 期。

③ 程德文：《我国刑事证人出庭问题的初步探讨》，《审判研究》第 2 辑，法律出版社 2005 年版，第 23 页。

④ 刘立霞、吴丹红：《证人制度的实证分析》，《证据学论坛》第 7 卷，中国检察出版社 2004 年版，第 426 页。

⑤ 房保国：《刑事证据规则实证研究》，中国人民大学出版社 2010 年版，第 49 页。

⑥ 参见易延友：《证人出庭与刑事被告人对质权的保障》，《中国社会科学》2010 年第 2 期。

⑦ Felice. J. Levine, June Louin Tapp, the psychology of criminal identification: the gap from wade to Kirby, 121 U. Pa. L. Rev. 1079.

助我们回忆,而想象所作的贡献较记忆维多。不但如此,很多回忆的过程中会有自我欺骗的情形出现。人的记忆常会受自己过去经验影响,有时只将自己认为理所当然之事留存在记忆中,而未必将真实发生的事实留在记忆中。"①也就是说,记忆很容易受到自身原有观念的污染,在这种情况之下,一般人甚至都不知道自己脑海中的记忆是正确的抑或是错误的。那么,对于错误的记忆,如果还自以为是正确的记忆,从而对侦查机关作出相应的陈述,那么这在很大的程度上,会导致错案的发生。

此外,记忆还很容易受到其他一些因素的影响。比如很多时候,犯罪活动发生时,证人往往来不及反应。也因此证人对于外部世界发生的事件,只在脑海中留下了一点粗略的印象。因此其作出的证言,往往只是事实的一部分或者说甚至会跟事实产生一定的偏离。对于这一个问题,在日常生活中也极为常见。有一个课堂实验能很好地说明问题。在上刑事诉讼法过程中,一名助教(预先设计好的环节)走入教室找任课老师签字,签完字后离开。前后大约停留了1分多钟。几分钟过后,任课教师问听课的同学关于助教的特征,结果五花八门。人的记忆很不可靠。对于周边发生的事情,更多的时候,我们是漫不经心。更何况,等到案发时,当侦查人员找到案件的相关证人之时,时间往往已经过去了很久。那么此时此刻,记忆又已经模糊和淡化了不少。

美国艾奥瓦州立大学心理学教授加里·韦尔斯从事证人记忆研究30年。他认为,证人证言并非任何时候都可靠。例如,在辨认队列中,真凶不一定就在其中,而证人往往会从中选出长得最像真凶的那一个。"再认记忆其实非常短暂,"他说,"我们在研究中发现,如果某人做脸孔辨认时,时间超过10秒或15秒,就说明他没有利用可靠的再认记忆辨认。事实上,如果汤普森真要辨认出罪犯,那只是一瞬间的事。"他给300人放映了一段影像模糊的罪犯作案录像,然后把他们分成两组。他给第一组人展示了一组照片,让他们从中挑出凶手,然后什么话也没说,询问他们从录像里看到了什么。结果,仅有3‰的人自称记住了罪犯的脸部细节。② 因此,对于证人证言这一证据形式而言,其本身是极为脆弱的。当需要依据证人证言进行判决时,务必要同时考虑其他的证据,只有证据之间已经形成了相应的证据链,才可以用这些证据来认定案件事实。

(二)虚假证人证言

我国刑事诉讼法第59条规定:证人证言必须在法庭上经过公诉人、被害人

① 王兆鹏:《美国刑事诉讼法》,北京大学出版社2005年版,第428—429页。
② 参见新华网:《目击证人,冤假错案的元凶?》,2009年10月31日,http://news.xinhuanet.com/world/2009-10/31/content_12364080_3.htm,最后访问时间:2013年3月18日。

和被告人、辩护人双方质证并且查实以后，才能作为定案的根据。法庭查明证人有意作伪证或者隐匿罪证的时候，应当依法处理。但是在中国的司法实践中，由于证人不出庭接受质证是一个惯例，而实践中仍然发生着不少证人提供虚假证言的情况。也因此，因为虚假证人证言而导致刑事错案的问题，在中国也是屡见不鲜的。在北大法宝司法案例库中搜索以伪证罪判刑的案件，共搜到相关的刑事裁判文书94篇。关于证人作虚假证言的原因，主要可以从以下几个方面进行分析。

1. 仅仅是为了使他人受到刑事追究

在某些情况之下，证人作出虚假的证言，其目的仅仅是为了使得某些人受到刑事追究。这一类的证人往往与当事人（即被陷害方）有着一定的纠纷，因此证人出于报复的心理就选择联合他人作伪证，以使得当事人受到刑事追查。比如在尹子扬犯伪证罪案中，被告人尹子扬为银友兰作虚假证言，证明高宗祥打了银友兰耳光，致使被害人高宗祥被关押一年零九天。在这一案件中，尹子扬作出虚假的证言，仅仅只是为了使得高宗祥受到刑事追究。但是这一类的案件在司法实践中并不多见。

2. 为被告人隐匿罪证

这一类型的虚假证人证言在所有的类型中是最为常见的。证人选择为被告人隐匿罪证，往往是出于亲情抑或是出于友情的考虑。这一类的证人一般都与被告人有着良好的关系。当犯罪行为发生之后，证人所想的就是编造好的理由，以使得被告人可以逃脱法律的制裁。比如在刘邵羊等包庇、伪证案中，被告人刘德先、李飞仙在刑事诉讼中作为证人，对与案件有重要关系的情节故意串通作虚假证明，欲为熊国定隐匿罪证。

3. 出于经济利益的考虑

在这一类型的案件中，往往是证人从被告人或被告人的家属处收取了一定的费用。在经济利益面前，证人选择了隐瞒案件实情，并作出对被告人有利的陈述。比如在袁清良伪证案中，被告人在袁清良家给袁清良人民币100元，要求袁清良隐瞒被告人殴打袁安云的事实。此后，公安机关对袁安云被伤害案立案侦查，被告人袁清良作为该案唯一的目击证人，向司法所、公安机关出具被告人没有殴打袁安云的伪证，帮助被告人逃避法律责任。这一类的证人在对经济利益和作伪证可能导致的后果之间进行权衡之后选择了作伪证。可能因小失大，也可能是尽得渔人之利，赌的就是侦查人员的破案能力。

4. 同一个案件中为了自保而作伪证

在这一类型的案件中，证人往往也参与了犯罪，属于共同被告的一种。但是在犯罪行为发生之后，出于理性自利的考虑，为了寻求自保，其共同涉案人的身份也随之进行了转换,变成了证人。在案件中,证人通过对一些重要情节的隐瞒,从而达到洗脱自己犯罪嫌疑的目的。比如在许清芳伪证案中,许清芳故意隐瞒与案件有重要关系的情节,故意作虚假陈述,将其出资 15 万元和在邱云成处将 15 万元取走的情节故意隐瞒,导致对邱云成的错误逮捕。这个案件就是典型的为了自保而作伪证。

四、鉴定意见与刑事错案

司法鉴定是指在诉讼活动中鉴定人运用科学技术或者专门知识对诉讼涉及的专门性问题进行鉴别和判断并提供鉴定意见的活动。在我国的司法实践中,越来越多的案件开始涉及司法鉴定。根据《中国法治建设年度报告(2011)》的数据,2011 年,全国法院共受理各类案件 12215570 件,在 2011 年全年共办理司法鉴定案件 136.6 万件。① 也就是说,在总体中,有将近 11.2％的案件涉及了司法鉴定。② 而在英国,英国伦西曼皇家委员会的研究报告表明,"在所有存在争议的起诉的案件中几乎 1/3 涉及科学证据",在这些案件中,其中"科学证据在五分之二强的案件中被评价为'非常重要',在另外三分之一的案件中科学证据被认为是'相当重要'"。③

在司法实践过程中,法官往往缺少对相关的专业性问题进行鉴定和判断的能力,也因此对于鉴定意见,法官有一种天然的相信成分在内。"法官和那些总是信赖地采纳鉴定人结论的陪审员一样,认为那纯粹是技术问题,而不去注意检查鉴定人的工作。然而,鉴定错了,裁判就会发生错误,这是肯定无疑的。"④在我国,鉴定意见采纳率过高也早就已经成为一个司法的痼疾,根据广东省司法厅发布的数据来看,广东省全省司法鉴定结论采信率达 99.9％。⑤ 有学者也曾经对法官进行过调查,"在所有被调查的 91 名法官中,有 74 名法官直言案件鉴定结论对其判案影响较大,占法官总数的 81.32％"。⑥

与此同时,司法鉴定人出庭作证在我国仍未形成一种惯例。"在上海市、青岛市和呼和浩特市中级人民法院随机调阅的所有法院案卷中,没有 1 起案件有

---

① 参见中国法学会网站:《中国法治建设年度报告(2011)》,http://www.chinalaw.org.cn/html/xhkw/lawnj/ndbg/1957.html,最后访问时间:2012 年 10 月 13 日。

② 当然,这里只是一个简单的统计,有些案件存在着多头鉴定、重复鉴定的问题。

③ [英]麦高伟等主编:《英国刑事司法程序》,姚永吉等译,法律出版社 2003 年版,第 238 页。

④ [法]勒内·弗洛里奥:《错案》,赵淑美、张洪竹译,法律出版社 2013 年版,第 137 页。

⑤ 广东省司法厅网站:《我省司法鉴定结论采信率接近百分之百》,http://gdsf.gov.cn/info.do?infoId=2535,最后访问时间:2013 年 3 月 11 日。

⑥ 汪建成:《中国刑事司法鉴定制度实证调研报告》,《中外法学》2010 年第 2 期。

鉴定人出庭接受质证的记录"。[①] "据不完全统计,当前鉴定人的平均出庭率仅为5％。"[②] 根据湖南省娄底市两级法院的统计数据显示,鉴定人出庭作证由2001年的5.12％提高至2006年的7.78％,但是尽管绝大多数鉴定人不出庭,但其鉴定结论的采信率非常高,普遍达到了90％以上。[③] 在英美法系国家,鉴定人一般作为专家证人出庭作证。"兰德公司(Rand)一项研究成果表明,加利福尼亚州高等法院在上个世纪80年代末审理的案件中,有专家证人出庭的占86％,平均起来,每个案件中有3.3个专家证人。"[④] 与美国相比,我国的差距仍然很大。正如Virginia G. Maurer所言,联邦证据规则一个隐含的预设就是是否强制鉴定人出庭是有关双方当事人之间公平的问题。[⑤] 在我国,尤其是在鉴定人极少出庭的情况之下,鉴定人的失职已经成为了威胁司法系统公正性的一个问题。[⑥]

从本质上来看,鉴定意见显然只是一种"意见",是鉴定人就某一专门性问题所作出的一种主观判断,是鉴定人以自己的知识经验以及相关技术运用而得出的分析结果。也正是如此,我国2012年刑事诉讼法修改,将"鉴定结论"改为了"鉴定意见",这背后是我们对鉴定问题的本质的重新认识。在英美法系,鉴定意见不是一种独立的证据形式,被称为意见证据或专家证言,属于证人证言的范畴,适用证人出庭和交叉询问的规则。而我国的鉴定人极少出庭,鉴定意见书面审查模式广泛适用,以及法官对鉴定意见的盲目迷信,导致了鉴定意见审查规则的极度弱化,这也使得鉴定意见问题成为司法实践中导致错案频繁的一大诱因。

为了正确认识鉴定意见这样一种重要的证据形态,我们必须认真审视鉴定意见出错的原因,以及鉴定意见导致刑事错案的具体原因。具体而言,可以归结为以下几个方面:

(一)盲目迷信鉴定意见

法官对于鉴定意见的盲目信任自不待言。但是与此同时,我们也不得不承

① 汪建成:《中国刑事司法鉴定制度实证调研报告》,《中外法学》2010年第2期。

② 刘建伟:《论我国司法鉴定人出庭作证制度的完善》,《中国司法鉴定》2010年第5期。

③ 房保国:《刑事证据规则实证研究》,中国人民大学出版社2010年版,第52页。

④ [美]约翰·W.斯特龙主编:《麦考密克论证据》,汤维建等译,中国政法大学出版社2004年版,第31页。

⑤ Virginia G. Maurer, Compelling the Expert Witnesses: Fairness and Utility under the Federal Rules of Civil Procedure, Georgia law review. 71 1984-1985.

⑥ Carol Henderson Garcia, Expert Witness Malpractice: a Solution to the Problem of the Negligent Expert Witness, Mississippi College Law Review 39, 1991-1992.

认,在司法实践中,鉴定意见出错的可能性是广泛存在的。"即便在事实认定的范围,就鉴定人之鉴定意见,法院必须自主地审查其是否可采,不能毫无条件地全盘接收鉴定结果而将其作为裁判之基础。"①这从近年来司法实践中广泛存在着的多头鉴定、重复鉴定的现象中就可见端倪。也就是说,鉴定意见错误也是我们刑事司法中造成错案的一个很重要的原因。

关于 DNA 鉴定技术的作用,毋庸多言。在美国,1973 年以来,已经有 100 个人通过 DNA 技术被无罪释放。② DNA 鉴定意见错误的原因主要有:DNA 生物样本内因异常;DNA 生物样本的环境影响;DNA 分型技术原因;认为操作错误;无孔不入的污染;DNA 鉴定意见的数据解读误差;DNA 鉴定品质保证之失。③

1. 检材受污染

鉴定的检材很容易受到污染。对此,我们已经有所认识,如《人民检察院文件检验工作细则(试行)》第 13 条规定:送检的检材需要化验分析的,应分别妥善包装,防止污染,并应在包装上注明案别、名称、数量及提取日期和送检单位。《人民检察院法医工作细则(试行)》第 17 条对血痕鉴定、毛发鉴定、精斑鉴定和骨质鉴定均作了具体的规定。④

从上述规定可知,在法医物证检验鉴定时,尤其是在血痕鉴定和在精斑鉴定的过程中,如果检材受到污染,那么导致的一个直接后果就是鉴定意见的错误。关于此种情况,一个典型的案例就是辛普森案件。关于辛普森案件,一个重要的疑点之一就是袜子上的血迹问题。辩方的专家在检验袜子上的血迹时发现了其中含有浓度较高的防腐剂,也就此认定检材受到了污染,借此推翻了检控方的一项有利的证据。辛普森在刑事案件中逃脱了罪责,但是在民事案件中却面临着巨额的赔款。从一系列的证据锁链的角度出发,辛普森的确是杀了他妻子。但由于检材受污染,关键证据被排除,因此,导致了辛普森的无罪释放,导致了刑事错案的发生。

---

①　林钰雄:《刑事诉讼法上册总论编》,中国人民大学出版社 2005 年版,第 395 页。

②　Keith A. Findley, learning from our mistakes: a criminal justice commission to study wrongful convictions, 38 Cal. W. L. Rev. 333.

③　参见吕泽华博士论文:《DNA 鉴定技术在刑事司法中的运用与规制》,中国人民大学 2010 年度博士论文。

④　第 17 条规定,法医物证检验鉴定的要求是:(1)血痕鉴定主要是检验检材上是否有血,是人血还是动物血、属何血型,出血部位以及性别等。(2)毛发认定主要是认定是否人毛,确定其生长部位、脱落、损伤的原因,有无附着物以及毛发性别、血型,比对现场遗留毛发与嫌疑人毛发是否相似等。(3)精斑鉴定主要是认定检材上的否附有精斑,属何血型等。(4)骨质鉴定主要认定是否人骨,是一人骨还是多人骨,从人骨上推断性别、年龄、身高和其他个体特征,骨质损伤是生前还是生后形成以及致伤工具等。

2.鉴定不及时

检材的保存受到时间的影响较大,而不及时的鉴定又很容易加大鉴定的难度和扩大争议。以黄静案为例,黄静在 2003 年 2 月 24 日被发现裸死在宿舍床上。湘潭市公安局和湖南省公安厅的初步法医检验认为,黄静是因心脏疾病导致急性心肺功能衰竭而死,属正常死亡。省公安厅复核后仍然持原结论。7 月 3 日南京医科大学鉴定认为,心肺功能衰竭的说法证据不足,黄静是非正常死亡。8 月 14 日,中山大学法医鉴定中心也认为不足以确定自然死亡。2004 年 3 月,保存在湘潭市二医院的黄静尸体器官标本被发现因保存不善已于年初被销毁,导致无法继续进行法医鉴定。2004 年 7 月 2 日,最高人民法院司法鉴定中心认定,黄静在潜在病理改变的基础下,因姜俊武采用较特殊方式进行的性活动促发死亡。①

黄静案中,鉴定前后的时间跨度很大,等到南京医科大学和中山大学法医鉴定中心作出鉴定时,时间已经过去了 4～5 个月。最终,最高人民法院司法鉴定中心做出鉴定结论时,相关器官标本已经销毁,其公信力受到很大影响。黄静真正的死亡原因,随着时间的流逝以及检材的毁损愈发成谜。黄静案是不是一个错案,在此我们已无法评析。但无疑,鉴定的不及时,容易使得鉴定对象发生质变,从而导致鉴定意见的错误。

3.鉴定技术有限

2010 年执业司法鉴定人中,博士、硕士、大学本科、大学专科、中专以下学历的人员分别占总人数的 3.5％、9％、68.5％、16.2％、2.8％。执业司法鉴定人中具有正高、副高、中级、初级职称的人员分别占总人数的 24.8％、41％、29.3％、3.8％。② 从中可以看出,执业司法鉴定人之间的素质的差异是显著存在的。同时,受到技术发展的限制,鉴定也不是万能的。科学技术是一个不断发展的过程,从血液鉴定到 DNA 鉴定的发展历程中,我们看到了鉴定技术的进步与发展。但是,这个发展仍然是受到约束的。此外,鉴定还依赖于一系列的前提和基础,当前提和基础错误时,鉴定意见也就会发生错误。比如说在姚礼程等故意伤害、抢劫、盗窃案中,法医人体损伤鉴定书据以定案的鉴定前提和基础是虚假的,现有证据否认了法医鉴定的被害人的"转院说",法医鉴定结论是错误的。

4.鉴定人的疏忽

在司法鉴定过程中,司法鉴定人的疏忽也会导致鉴定意见的错误。有学者

---

① 最高人民法院司法鉴医字〔2004〕第 066 号。

② 李禹、陈璐:《2010 年度全国法医类、物证类、声响资料类司法鉴定情况统计分析》,《中国司法鉴定》2011 年第 4 期。

坦言:"专家的失职已经成为了威胁刑事司法体系公正性的重要问题".[1]这样的案例,已经不少。如杜培武案便是典型一例,在该案中,进行了大量的鉴定,甚至采用了测谎技术,但是结论却是杜培武杀了人、杜培武在说谎。该案中进行了如下鉴定:(1)对云 OA0455 昌河牌微型面包车内现场勘查,对车内血痕与二被害人血型鉴定、枪弹痕迹鉴定;(2)云 OA0455 昌河牌微型面包车驾驶室离合器、油门踏板上遗留的足迹泥土气味及杜培武所穿袜子气味,经警犬气味鉴别(多只多次)均为同一,证实杜培武曾经驾驶过该车;(3)对云 OA0455 昌河牌微型面包车驾驶室刹车踏板上、踏板下胶皮垫上提取泥土与杜培武所穿警式衬衣衣领左端、右上衣袋黏附泥土痕迹,在其所穿警式外衣口袋内提取一张面额百元人民币上黏附的泥土痕迹,以及在云南省公安学校射击场上提取的泥土,经鉴定均为同一类泥土;(4)在被告人杜培武所穿警式衬衣右手袖口处检出军用枪支射击后附着的火药残留物质,证实被告人杜培武曾经穿着此衬衣使用军用枪支射击的事实。[2]笔者认为,上述鉴定以及对被告人杜培武的测谎结果,应不属于鉴定人故意造假,而结果却是与事实相悖,说明鉴定人存在失职。

实践中,还有鉴定机构在审判过程中,主动纠正自己的错误、笔误、失误等情况。[3]对于这些问题,特别是鉴定人的疏忽,很难完全避免。我们只能通过程序来规范。如台湾地区刑事诉讼法第 207 条规定:鉴定有不完备者,得命增加人数或命他人继续或另行鉴定。该规定,对我们有一定的借鉴意义。

(二)鉴定意见造假

由上文的论述可知,在我国,鉴定意见的采纳率很高。也因此在实践中,鉴定意见造假也是造成刑事错案的一个很重要的原因。有学者曾经对 137 个错案案例进行过统计,发现在 13 起案件中出现了虚假的鉴定意见。在 13 起错案案例中,有 9 起故意伤害错案、3 起故意杀人错案和 1 起强奸错案。[4]

鉴定人作出虚假鉴定意见的原因很多。有些是基于人情关系,比如在湖北润海商发联合置业有限公司等单位行贿案中,冯某应郑某的要求,安排该公司评估师刘某做出虚假鉴定报告初稿。在中国这样的人情社会中,此种情况并不少见。有些虚假鉴定的作出是因为经济利益的影响。比如在刘明徇私枉法案中,为达到将嫌疑人取保候审的目的,刘明给陈奎现金 1500 元。当天,陈奎为

①　Carol Henderson Garcia, Expert Witness Malpractice: a Solution to the Problem of the Negligent Expert Witness, 12 Miss. C. L. Rev. 39 (1991).

②　参见昆明市中级人民法院〔1998〕昆刑初字第 394 号《刑事判决书》。

③　参见王武:《司法鉴定书出错 鉴定中心称是笔误》,《内蒙古晨报》2010 年 1 月 8 日。

④　参见郭欣阳:《刑事错案评析》,中国人民公安大学出版社 2011 年版,第 167 页。

其违规出具了戴战士患有乙型病毒性肝炎,具有传染性的医学鉴定书。这些的案例,可谓不胜枚举。

鉴定意见造假的存在,在一定程度上,是与我国的鉴定人责任制度密切相关的。在我国,鉴定意见造假的后果,法律已有一定的规定。[1]但在司法实践中,对于司法鉴定人造假进行追究的案件,数量并不多。比如在北大法宝海量的案例库中,涉及虚假鉴定的案例只有 372 个。[2] 这种情况的出现,其中的一个解释是因为在我国是将司法鉴定人假定为是中立地位,并将其看做是法官在审判案件过程中的事实发现的助手。对虚假鉴定行为的纵容,在一定程度上,使得这一行为愈演愈烈。

五、其他证据种类与刑事错案

法国学者弗洛里奥将错案的类型分为两种:一种是证据确凿、推理错误;另一种是从错误的根据出发,得出合乎逻辑的结论。[3] 如前所述的被告人陈述、被害人陈述、证人证言与鉴定意见导致的刑事错案,均属于错案的第二种类型。我国刑事诉讼法第 48 条规定证据包括八种形式:(1)物证;(2)书证;(3)证人证言;(4)被害人陈述;(5)犯罪嫌疑人、被告人供述和辩解;(6)鉴定意见;(7)勘验、检查、辨认、侦查实验等笔录;(8)视听资料、电子数据。为了考虑到结构的完整性,因此对于因为其他证据种类而造成的刑事错案,在本部分也会逐一作一分析。

(一)物证、书证与刑事错案

物证是以其外部特征、物理属性发挥证明作用的物品或痕迹,书证是以其所表述的内容和思想来发挥证明作用的文件或者其他物品。与上述的被告人陈述、被害人陈述、证人证言与鉴定意见均属于言词证据不同,物证与书证均属于实物证据的范畴。实物证据不同于言词证据,其具有相对固定性的特点。实

---

① 如《全国人大常委会关于司法鉴定管理问题的决定》第 13 条规定:鉴定人或者鉴定机构有违反本决定规定行为的,由省级人民政府司法行政部门予以警告,责令改正。鉴定人或者鉴定机构有下列情形之一的,由省级人民政府司法行政部门给予停止从事司法鉴定业务三个月以上一年以下的处罚;情节严重的,撤销登记。《刑法》第 305 条规定:在刑事诉讼中,证人、鉴定人、记录人、翻译人对与案件有重要关系的情节,故意作虚假证明、鉴定、记录、翻译,意图陷害他人或者隐匿罪证的,处三年以下有期徒刑或者拘役;情节严重的,处三年以上七年以下有期徒刑。

② 此处的搜索方法是在同一个句子中收集虚假鉴定。此外,在这些数据中,还包括一些仅仅是一方当事人主张但是最终法官却未对其加以认定的案件。

③ 参见[法]勒内·弗洛里奥:《错案》,赵淑美、张洪竹译,法律出版社 1984 年版,第 30—63 页。

物证据是随着犯罪活动的进行而遗留下来的痕迹,在一定程度上,其是客观存在的。因此,对于实物证据的证明力和证据能力的检查,主要是从以下几个方面进行的:一是鉴真方法,即通过对其来源、收集、提取、保管、出示等诸多环节的确认来验证其保管链条的完整性;二是辨认方法,即通过辨认其独特性来验证其真实性和同一性;三是鉴定方法,即通过鉴定人的鉴定意见来揭示其相关性和验证其真实性。[①] 也就是说,对于物证、书证导致的刑事错案,主要是看在对书证、物证进行提取过程中,是否遵循法定的程序与方法。对于物证、书证导致的刑事错案,一种很重要的表现形式就是非法实物证据,我国刑事诉讼法第54条规定了对于非法言词证据的排除,但是仍未确立对于"毒树之果"的排除。此外,瑕疵证据也很有可能导致刑事错案。瑕疵证据产生的原因主要有:证据因性状改变而产生的瑕疵;证据因来源不明而产生瑕疵;证据因形式不明而产生瑕疵;证据因处于未完成状态而产生瑕疵;证据因取证程序轻微违法而产生瑕疵。[②]

　　对于因为物证而导致的刑事错案,以李化伟案为典型。李化伟被控在1986年时杀害了其妻子邢伟。在无法找到其他证据的情况之下,李化伟身上那就留有血迹的衬衣便成为了案子的突破口。此外,定罪的证据还有被告人的供述以及李化伟母亲的口供。1989年,李化伟被判处死缓。2000年,真凶出现。在这一因为物证而导致的刑事错案中,一个主要的原因就是侦查人员对于物证的来源未进行深入的调查。李化伟衣服上的血迹是其抱过妻子的尸体所留下的,而侦查人员却一致认定其是杀害妻子的过程中所留下的。[③] 又比如在谭俊虎案件中,当时警方在现场找到了2只皮鞋、1个刀柄和1包未抽完的香烟。之后又在被告中家中找到了一把没有刀柄的刀,此后就认定刀柄与刀属于同一把刀。也因此,导致了这一错案的发生。[④]

(二)勘验、检查、辨认笔录、侦查实验与刑事错案

　　勘验、检查、辨认、侦查实验等笔录属于言词证据的范畴。对于言词证据,主要也是从三个方面来验证其证明力和证据能力:一是通知言词证据的提供者出庭作证;二是对言词证据前后是否存在矛盾进行审查;三是对言词证据与其

---

①　陈瑞华:《刑事证据法学》,北京大学出版社2012年版,第95页。

②　参见龙宗智、夏黎阳主编:《中国刑事证据规则研究》,中国检察出版社2011年版,第263—265页。

③　参见新华网:《"辽宁佘祥林"获赔36万》,http://news. sina. com. cn/c/2005-04-15/06025654053s. shtml,最后访问时间:2013年3月30日。

④　参见中国法院网:《河池公安局刑侦大队长炮制冤假错案的反思》,http://old. chinacourt. org/public/detail. php? id=148669&k_title=％B5％E4％D0％CD％B0％B8％C0％FD&k_content=％B5％E4％D0％CD％B0％B8％C0％FD&k_author=,最后访问时间:2013年3月20日。

他证据是否存在矛盾进行审查。[①] 具体而言,根据刑事诉讼法解释的规定,对于勘验、检查笔录,应该审查勘验、检查是否依法进行,笔录的制作是否符合法律、有关规定,勘验、检查人员和见证人是否签名或者盖章;勘验、检查笔录是否记录了提起勘验、检查的事由,勘验、检查的时间、地点,在场人员、现场方位、周围环境等,现场的物品、人身、尸体等的位置、特征等情况,以及勘验、检查、搜查的过程;文字记录与实物或者绘图、照片、录像是否相符;现场、物品、痕迹等是否伪造、有无破坏;人身特征、伤害情况、生理状态有无伪装或者变化等;补充进行勘验、检查的,是否说明了再次勘验、检查的缘由,前后勘验、检查的情况是否矛盾;对辨认笔录应当着重审查辨认的过程、方法,以及辨认笔录的制作是否符合有关规定;对侦查实验笔录应当着重审查实验的过程、方法,以及笔录的制作是否符合有关规定。因为勘验、检查笔录而造成的刑事错案,以佘祥林案为典型。我们无从获得佘祥林案的勘验、检查笔录,但是从案件的相关事件来看,其勘验、检查笔录并未遵守法定的程序。在水塘里发现的高度腐烂的女尸,经过张在玉的亲属辨认,侦查人员就认定其为佘祥林的妻子,并未考虑到人身特征的变化以及尸体的腐败等一系列的因素。因此才将犯罪对象锁定为佘祥林,从而导致了对佘祥林的刑讯逼供,导致了这一错案的发生。

(三)视听资料、电子数据与刑事错案

视听资料是指以录音带、录像带等相关设备记载的声音和图像等。根据《最高人民法院关于适用中华人民共和国刑事诉讼法的解释》第93条的规定,电子邮件、电子数据交换、网上聊天记录、博客、微博客、手机短信、电子签名、域名等都属于电子数据。视听资料、电子数据均属于实物证据。视听资料和电子数据这一类的证据形式,由于储存的介质较为特殊,其比较容易被修改。因此《最高人民法院关于适用中华人民共和国刑事诉讼法的解释》第92条、第93条对于视听资料、电子数据的审查作出了更为严格的程序规定。同时该解释第94条规定:经审查无法确定真伪或者对制作、取得的时间、地点、方式等有疑问,不能提供必要证明或者作出合理解释时,不得作为定案的依据。在司法实践过程中,如若未依法对视听资料和电子数据进行审查,那么其也可能导致刑事错案。比如在一个强奸案件中,被害人胡某用录音机录下当时案件发生时的声音,之后将录音带复制,一份交给侦查人员作为证据,一份自己留存。当地人民法院根据录音带的内容,以强奸未遂判处陈某有期徒刑3年。之后胡某交出了她保存的另外一盘录音带,经鉴定,胡某后交出的录音带为现场原来的录音带,前一

---

① 陈瑞华:《刑事证据法学》,北京大学出版社2012年版,第95页。

录音带则被她做了变造处理。① 电子数据亦是如此。虽然刑事诉讼法解释规定了对电子数据进行审查时，要审查其内容是否真实，有无删除、修改、增加等情形。但是这些规定仅仅只是解决了对于电子数据的证据能力问题，对于实践中一些新的证据形式，比如 QQ 聊天记录等的证明力，都仍未对其进行规定。这些都是司法实践中仍然需要进一步解决的问题。

第三节　中美刑事错案原因之对比与分析

一、美国对于刑事错案的研究

（一）美国对刑事错案研究概述

美国的诉讼程序一直以来都被很多国家奉为圭臬，也一直以来都被视为是对被告人的权利保障最为全面、最为彻底的程序。在美国，被错误入狱是难以容忍的，因为美国一直秉持的司法理念是：宁可让十个罪犯逍遥法外也不可以让一个无辜者被错误定刑。② 但是，与此同时，我们也发现在美国，刑事错案也是一个不可避免的现象。Arye Rattner 教授在 1988 年发表的《无辜者被定罪：刑事错案与司法体制》一文中写道：在美国每年有 14000 件的刑事错案被发现，但是那仅仅是揭示了将近 5％的错误案件。③关于错案的具体数量，我们无从得知。但是一些研究已经缩小了错案的数量的范围，学者们估计错案的数量大概是在 3％～5％之间。④

刑事错案对于被告人的伤害是极为严重的。Samuel R. Gross 教授在死刑案件的错案报告中指出，他们一共找到了 340 个案例，其中 327 个被告人是男性，13 个被告人是女性。其中的 144 个是因为 DNA 证据而被宣告无罪，196 个

① 张丽云主编：《刑事错案与七种证据》，中国法制出版社 2009 年版，第 318－319 页。

② Ellen Yankiver Suni, introduction to the symposium on wrongful convictions: issues of science, evidence, and innocence, 70 UMKC L. Rev. 797.

③ Arey Rattner, convicted but innocent: wrongful conviction and the criminal justice system, law and human behavior, vol. 12, no. 3, 1988.

④ Robert J. Ramsey & James Frank, Wrongful Conviction: Perceptions of Criminal Justice Professionals Regarding the Frequency of Wrongful Conviction and the Extent of System Error, 53 Crime & Delinq. 436 (2007); Michael D. Risinger, Innocents Convicted: An Empirically Justified Factual Wrongful Conviction Rate, 97 J. Crim. L. & Criminology 768 (2007); Marvin Zalman, Brad Smith & Amy Kiger, Officials' Estimates of the Incidence of "Actual Innocence" Convictions, 25 Just. Q. 72 (2008).

被告人是通过其他的方式。到他们被宣告无罪之前,80%的被告人已经在监狱里待了至少 5 年。总体上来看,他们已经在监狱里待了超过 3400 年。① 就算错误的判决并未导致最终地入狱,但是被错误地逮捕、错误地起诉和错误地判决的内心的创伤和煎熬,以及对自己社会名誉的侮辱,都会在一个人心理上留下永久的伤疤。这不仅仅只是从物质层面而言,还涉及社会的、心理上的以及经济的因素。② 法庭审判对于被告人而言,永远是一场挥之不去的噩梦。法庭审判过程中被告人身心受到的摧残与创伤,也许一辈子都无法愈合。关于刑事错案,Michael Naughton 认为:刑事错案已经是一个持续的、紧迫的社会问题,这并不会少于犯罪行为给被害人造成的伤害。③

在讨论关于刑事错案涉及的案件类型时,Arey Rattner 通过实证的研究分析得出:在所研究的 205 个案件中,谋杀案件有 88 个,占到了所有错案比例的 42.9%;抢劫案件有 60 个,占到了所有案件比例的 29.3%;强奸案件有 24 个,占到了所有案件比例的 11.7%;涉及伪造罪的案件有 14 个,占到所有案件比例的 6.8%;其他的案件类型还包括盗窃、侮辱、纵火罪等。④ Samuel R. Gross 教授在 2005 年发布了一篇关于美国在 1989 年到 2003 年的死刑案件中的错案报告,其报告中指出,在这些被告人所犯的案件中,60%涉及的是谋杀案,36%涉及的是强奸案。⑤

(二)美国造成刑事错案的原因分析

在分析刑事错案的原因时,各个学者的表述并不一致。Arey Rattner 认为错案发生的原因主要有:目击证人的辨认错误;警察和公诉人的过度热心;警察和公诉人的错误的信念;公众对于破案的压力;错误的指控;辩诉交易。⑥ Lissa Griffin 认为造成刑事错案的原因主要有以下几个:侦查人员失职;对无罪证据

① Samuel R. Gross, Kristen Jacoby, Daniel J. Matheson, Nicholas Montgomery, Sujata Patil, Symposium: Innocence in Capital Sentencing-exonerations in the United States 1989 through 2003, 95 J. Crim. L. &Criminology 523.

② Michael Naughton, Gabe Tan, the right to access DNA testing by alleged innocent victims of wrongful convictions in the United Kingdom, E. &P. 2010, 14(4), 326-345.

③ Michael Naughton, rethinking miscarriages of justice, Crim. Law. 2008, 186, 3-4.

④ Arey Rattner, convicted but innocent: wrongful conviction and the criminal justice system, law and human behavior, vol.12, no.3, 1988.

⑤ Samuel R. Gross, Kristen Jacoby, Daniel J. Matheson, Nicholas Montgomery, Sujata Patil, Symposium: Innocence in Capital Sentencing-exonerations in the United States 1989 through 2003, 95 J. Crim. L. &Criminology 523.

⑥ Arey Rattner, convicted but innocent: wrongful conviction and the criminal justice system, law and human behavior, vol.12, no.3, 1988.

的忽视;证据筛选过程中的缺陷;辩护律师的失职以及公诉人的失职。① James G. bell 认为造成刑事错案的原因有:辨认者的辨认错误;法庭科学的不可信赖;警察的行为不当,比如说强迫被告人认罪;公诉人为了惩罚犯罪而忽视无罪或轻罪证据;辩诉交易的广泛存在以及律师的失职。② Sheck 等人分析了 62 件因为 DNA 技术的发展而被宣告无罪的案件,发现 84% 的案件涉及了证人的辨认错误;被告人错误的自白占到了 24%;辩护律师的失职占到了 27%;检察官的失职占到了 42%;警察的失职占到了 50%。③ Saks 教授分析了 81 件通过 DNA 被宣告无罪的案件,发现在这些案件中,证人辨认错误的案件一共有 60 个;检察官失职的案件有 32 个;警察失职的案件有 26 个;伪造证据的有 25 个;律师不尽责的有 23 个;被告人错误自白的案件有 15 个;信任错误证言的有 14 个;证人错误的有 14 个。④

此外,对刑事错案的原因进行分析,各个国家不同学者的表述也都有所不同,英国学者 Michael Naughton 认为造成刑事错案的原因主要有:错误的鉴定;被告人错误的自白;共同被告人或者其他证人的伪证;警察和检察官的不当行为;辩护律师的不当辩护策略;法庭上专家证人的证言以及审判官的错误。⑤ 但是从这些学者的表述仍然可以看出导致刑事错案的几个共同的因素:目击者的辨认错误;警察和检察官的不当行为;被告人的错误自白;律师的失职;证据的伪造等。这些导致错案的因素,到最后,仍然可以直接或间接地归因成证据的因素。也就是说,刑事错案的原因,归根到底就是证据的原因。

(三)美国证据与刑事错案的关系探析

在因被告人错误自白导致的刑事错案方面,有研究显示从 1987 年以来的刑事错案中,有 14%～25% 的案件涉及了被告人的错误自白。⑥ 被告人的错误自白没有一个单独的原因,没有逻辑也没有某种特定类型。警察引起的被告人的错误自白是由一系列的程序组成的:警察的影响、说服以及被告人的服从。

---

① Lissa Griffin, the correction of wrongful conviction: a comparative perspective, 16 Am. U. Int'l L. Rev. 1241.

② James G. Bell, Kimberley A. Clow and Rosemary Ricciardelli, causes of wrongful conviction: looking at student knowledge, journal of criminal justice education volume 19 number 1(march 2008).

③ Barry Scheck, Peter Neufeld & Jim Dwyer, Actual Innocence: Five Days to Execution and Other Dispatches from the Wrongly Convicted 246(2000).

④ Michael J. Saks, Lauri Constantine, Michelle Dolezal et. al. Toward a model act for the prevention and remedy of erroneous convictions, 35 New Eng. L. Rev. 669 (2001).

⑤ Michael Naughton, rethinking miscarriages of justice, Crim. Law. 2008, 186, 3-4.

⑥ Innocence Project, False Confessions, www. innocenceproject. org/understand/False-Confessions. php (2013 年 4 月 3 日最后登录。)

这涉及一些讯问的心理因素。在这些讯问的条件下,警察经常可以诱导出一些错误的陈述,有些个人无法承受讯问的这些压力,从而导致了给出错误的陈述。具体而言,这个过程主要是有三个步骤。首先,当侦查人员将一个无辜者归为罪犯时,错误就发生了。其次,在讯问过程中,警察会使用一些讯问心理策略,这是导致被告人错误自白发生的主要原因。再次,每个人抵抗讯问压力的能力都有所差异。谁比较服从谁就更倾向于承认犯罪。残疾人、认知受损害的人、青少年以及精神病患者,都是比较容易做出有罪供述的人。① 关于被告人错误的自白与刑事错案部分,英国对于被告人自白的可采性,确立了一系列的规则:根据 1984 年英国刑事证据法的规定,检察机关必须证明被告人的自白不是通过压迫或者不是通过其他一些可能导致被告人自白不可信赖的行为获得的。② 此外,也有学者坦言,被告人自白的可采性问题以及是否把被告人的自白送交给陪审员是两个不同的问题。法官需要调查被告人自白的自愿性问题当被告人宣称他是被检察人员强迫签署的并且之后他又对其自白进行否认的。而对于陪审团而言,当被告人否认他的自白之后,陪审团不需要直接去考虑被告人自白的自愿性问题。法官应该告知陪审团被告人已经否认了他所作出的陈述,在其他有罪的证据缺乏的情况之下,必须宣告被告人无罪除非能否证明被告人的否认是一个玩笑。③

在因辨认错误而导致的刑事错案方面,一个 1984 年发生在马萨诸塞州的案件可以展示证人的辨认可以改变一个审判的结果。在 Commonwealth v. Francis 这一案件中,被告人因为抢劫罪被马萨诸塞州最高法院起诉。在第一次开庭的时候,证人在庭上作证时声称被告人当时穿着短袖,同时身上没有明显的特征。陪审团无法达成一个裁决因为被告展示了他手臂上的文身。在第二次开庭的时候,证人知道被告人有文身后就改变了自己的证言,她声称当时被告人当时是穿着长袖的,这是为了隐藏他的武器。最终,陪审团采纳了证人的证言,被告人被定罪。这个案件中,如果证人的意见没有被采纳,被告人是很有可能不被定罪的。④ 如上所述,高强度的压力以及武器的出现会减弱证人准确地认出罪犯的能力。也因此,辨认错误在美国是导致刑事错案的一个最为主

---

① Jon B. Could, Richard A. Leo, one hundred years later: wrongful convictions after a century of research, 100 J. Crim. L. & Criminology 825.

② Vathek Publishing, Confession-Canada and United Kingdom (England), E. & P. 2005, 9(3), 221-226.

③ Vathek Publishing, Directing the jury about whether a confession was voluntary: Privy Council, E. & P. 2007, 11(4), 340-343.

④ Jacqueline McMurtrie, the role of the social sciences in preventing wrongful convictions, 42 Am. Crim. L. Rev. 1271.

要的因素。

在因为鉴定意见的错误而导致刑事错案方面，William Mullins-Johnson 案是一个典型。William Mullins-Johnson 因为被控强奸和谋杀他 4 岁的侄女而入狱。在入狱 12 年 6 个月之后终于被无罪释放。他被定罪的证据部分是依赖于法医学专家 Dr Charles Smith 的证言。但是之后，该地区的首席法医学专家 Dr Michael Pollanen 在分析了鉴定报告之后，得出了完全相反的结论。之后，Dr Charles Smith 作出的鉴定意见都被重新审查，而 William Mullins-Johnson 案只是 44 个案子中的其中一个。[①] 由于法官天然地对专家的信任，因为鉴定意见而导致的刑事错案，往往是极为严重的。也因此，在分析到如何维护刑事错案中被告人的利益时，Lissa Griffin 认为考虑到鉴定意见的不可信赖性以及其引起的刑事错案的可能性是如此的巨大以至于确立为错误的被告人进行辩护是如此的重要。[②] 以 DNA 鉴定技术为例加以说明。DNA 技术最早是在英国被发现的，DNA 技术从被发现之初就与预防错案紧紧地联系在一起。英国很早就建立了包括 5100000 人的数据在内的国家 DNA 数据库。但是与美国的无辜者计划所不同的是，英国的 DNA 数据库更多的是从定罪之前的阶段来确定潜在的犯罪嫌疑人，而不是在定罪之后使得潜在的无辜者免于处罚。[③] DNA 鉴定并不简单，它在刑事司法中的适用是有限制的。DNA 证据的适用是有隐患的，比如说 DNA 鉴定对于细胞的数目有一定的要求，比如 LCN 至少需要 15～20 个细胞，但是有时细胞的数量不够；同时因为在犯罪现场提取的 DNA 样本并非是同一个来源，因此不同人的 DNA 的细胞可能混合。在对 DNA 证据在司法实践中进行适用时，必须要极为谨慎以使得不至于导致错案。另一方面，就算鉴定意见没有错误，那么它也只能表明一个人与犯罪现场之间的关系，但是并不必然导出其为犯罪嫌疑人的结论。[④] 但是，如果能够保证 DNA 的来源是单一的并且是未被污染的地方，那么在这种情况之下，如果确定了犯罪嫌疑人，那么从犯罪嫌疑人身上提取的 DNA 样本与在犯罪现场发现的 DNA 样本，就一定是吻合的，这种正确性可以达到 100%。[⑤]

① Kirsten Kramar, Coroners' interested Advocacy: understanding wrongful accusations and convictions, Canadian Journal of Criminology and Criminal Justice, September 2006.

② Lissa Griffin, avoiding wrongful conviction: re-examing the 'wrong-person' defense, 39 Seton Hall L. Rev. 129.

③ Michael Naughton, Gabe Tan, the right to access DNA testing by alleged innocent victims of wrongful convictions in the United Kingdom, E. &. P. 2010, 14(4), 326-345.

④ Michael Naughton, Gabe Tan, the need for caution in the use of DNA evidence to avoid convicting the innocent, E. & P. 2011, 15(3), 245-257.

⑤ C. G. G. Aitken, F. Taroni, fundamentals of statistical evidence: a primer for legal professionals, E. & P. 2008, 12(3), 181-207.

关于专家证人导致刑事错案方面,主要原因有两个方面:专家自身的原因以及科学技术发展的限制。关于专家自身的原因主要有以下几个:他们自身的科学技术水平低于普通水平;他们可能不清楚现场勘查所需要遵循的原则;在庭审过程中他们也可能提出前后不一致的结论。关于科学技术发展的限制方面,如果认为科技能够解答法庭上的所有问题的答案,那无疑是幼稚的。产生错误的原因主要在于科技教条主义的影响以及把科学技术视为万灵之药的观念的存在。① 在司法实践中,在对专家证人的证言进行考量时,在证明力层面上,不可赋予其过高的证明力。意识到这一点,在一定程度上,就可以防止错案的发生。

二、中美刑事错案原因的对比

(一)中美刑事错案成因之对比

1.伊利诺亚州死刑错案的成因分析②

被告人	罪名	共同被告人的陈述	错误的自白	辨认错误	律师失职	鉴定意见错误	侦查机关的不当行为
Burrows (1988)	谋杀、抢劫	×	×				
Cobb (1977)	谋杀、抢劫	×		×			
Cruz (1983)	绑架、强奸、谋杀	×	×				
Gauger (1993)	谋杀	×	×				
Hernandez (1983)	绑架、强奸、谋杀	×	×				×
Hobley (1987)	纵火	×	×			×	×

① Adam Wilson, expert testimony in the dock, J. Crim. L. 2005, 69(4), 330-348.

② Rob Warden, Illinois death penalty reform: how it happened, what it promises, 95 J. Crim. L. & Criminology 381.

续表

被告人	罪名	共同被告人的陈述	错误的自白	辨认错误	律师失职	鉴定意见错误	侦查机关的不当行为
Howard (1984)	谋杀	×	×	×			×
Jimerson (1978)	谋杀	×	×	×			×
Lawson (1989)	谋杀					×	
Jones (1985)	谋杀性侮辱		×				×
Manning (1990)	谋杀	×					×
Orange (1988)	谋杀		×		×		×
Patterson (1986)	谋杀	×	×		×		×
Porter (1982)	谋杀			×	×		
Smith (1985)	谋杀	×		×			×
Steidl (1986)	谋杀	×		×	×		
Tillis (1977)	谋杀、抢劫	×		×			
Williams (1978)	谋杀	×	×	×	×	×	

2.中国刑事错案的成因分析①

被告人	罪名	共同被告人的陈述	错误的自白	辨认错误	律师失职	鉴定意见错误	侦查机关的不当行为
滕兴善 (1987—2005年)	故意杀人					×	×
聂树斌 (1995年执行死刑)	故意杀人、强奸						×
佘祥林 (1994—2005)	故意杀人						×
孙万刚 (1996—2004)	强奸、故意杀人						×

---

　　① 案件来源于网络资源以及一些可以搜到的判决书。案件选择的标准是社会影响大并且网络对于案情披露比较多的案件。

续表

被告人	罪名	共同被告人的陈述	错误的自白	辨认错误	律师失职	鉴定意见错误	侦查机关的不当行为
呼格吉勒 (1996 年执行死刑)	强奸、 故意杀人						×
郝金安 (1998—2008)	抢劫、杀人					×	×
杨云忠 (1994—2001)	故意杀人					×	×
徐东辰 (1999—2005)	故意杀人、 强奸					×	×
胥敬祥 (1992—2005)	抢劫、盗窃						×
李志平 (1983—2006)	故意杀人						×
赵新建 (1998—2006)	故意杀人						×
陈金昌 (1995—1996)	故意杀人、 抢劫						×
姜自然 (1992—1998)	故意杀人					×	×
刘前 (1998—2007)	强奸			×			×
杜培武 (1998—2000)	故意杀人						×
李久明 (2002—2004)	故意杀人						×
陈世江 (1998—2006)	故意杀人						×
黄爱斌 (1998—2002)	故意杀人						×

(二)分析与解释

从上述两个表格对于刑事错案成因的分析来看,我国与美国关于错案的成因,既有相同之处,同时亦有不同之处。

1. 从罪名的角度来看

在美国伊利诺亚州的错案中,谋杀、抢劫等人身性犯罪所占的比重最大。在我国,故意杀人以及强奸罪等犯罪所占的比重比较大。也就是说,一旦在一些严重的刑事案件发生错案,那么其所受到的关注程度就比较高。还有一种解释是,在一些较为严重的刑事案件中,确实存在不少的错案。在严重的刑事犯罪中,侦查机关往往投入更多的时间和精力,也会对证据进行更加细致地审查。在这些案件中,发生错案的原因除了上述的证据原因之外,还有其他的因素。比如来自被害人及其家属的压力。以赵新建案件为例,2002 年当案子被发回重审之后,被害人的家属四处告状,其还一度站在法院门口,拉出标语喊冤,扬言不判赵新建死刑她就要吊死在法院。"面对被害人家属的压力,司法机关不敢随意放掉自己最初抓获的犯罪嫌疑人,哪怕是证据不足的犯罪嫌疑人。而且,一次次发回重审,当事人家人三天两头来闹,你说怎么办,只能哪边闹得凶往哪边靠一点。"[①]在赵新建案件中,显然是被害人的家属闹得比较凶,因此,很自然地,法院的天平更多的是靠向了被害人家属的那一侧。这才导致了赵新建案件这一刑事错案的发生。

2. 从错案发生的时间来看

美国伊利诺亚州的错案中,发生的时间从 70 年代到 90 年代都有。而在我国,刑事错案发生的时间基本上都集中在 90 年代。这无疑是与当时我国的刑事司法政策有着密切的关系。中国历史上共有三次严打运动。1983 年首次提出"严打"这个概念,并进行第一次"严打";1996 年进行了第二次"严打";2000 年到 2001 年进行了第三次"严打",增加了网上追捕逃犯的行动。从我国这些错案发生的时间点来看,明显有着严打时期的影子。虽然这些错案归根到底都是证据的问题,但是实质上却是受到了刑事司法政策的影响。"历史地看,我国是先有政策而后才有法律,党的政策先于而且其地位明显高于法律,法律为政策而存在并始终是实现政治目的的政策性工具,法律始终没有取得独立于政治的地位。"[②]诉讼法,尤其是刑事诉讼法,说到底,就是一门法政策学。而在美国,错案发生的时间从 70 年代到 90 年代,更多时候,是受到科技发展水平的限制以及导致错案的证据原因的影响,因此,并无规律性可循,仅是刑事错案发生的一种常态。

3. 从导致刑事错案的原因来看

在美国,共同被告人的陈述、错误的自白、辨认错误以及侦查机关的不当行为均对刑事错案的发生起到了很重要的作用。而在我国,侦查机关的不当行为往往是导致刑事错案的一个最为主要的因素。在美国,辨认错误是导致刑事错案的最为重要的一个原因,但是在我国,主要的原因还是在于刑讯逼供。关于被告人错误的自白,在美国的司法体制下,被告人错误的自白的发生主要是由于侦查人员的讯问策略而导致的被告人的自白。而在我国,被告人错误的自白很少存在,原因就在于我国侦查人员的讯问策略往往在于刑讯逼供,这可以归

---

① 魏文彪:《安徽亳州赵新建案:冤案新标本》,《检察日报》2006 年 11 月 8 日。
② 曲新久:《刑事政策的权力分析》,中国政法大学出版社 2002 年版,第 26 页。

结于侦查机关的不当行为这一类别。在刑讯逼供造成错案的情况之下,侦查机关的办案模式一般是"抓人—逼供—认罪—辨认—破案"。[①] 在美国对抗制的诉讼体制之下,律师的失职也是导致刑事错案的主要原因。而在我国,更多的时候,刑事辩护律师缺乏应有的话语权,在法庭上的地位在某种程度上而言是无足轻重的。"未审先定"的现象的存在导致辩护律师在刑事错案形成过程中的作用几乎可以忽略不计。此外,在我国,鉴定意见错误的原因并非如美国一样是由于其本身发生错误,而是技术发展水平的限制导致通过鉴定意见未能达到唯一排他的结论,比如说在案件发生时,只能通过血型鉴定而锁定犯罪嫌疑人,这就导致错案的普遍发生。

4.从发现刑事错案的原因来看

在美国,主要的还是通过科学技术的发展,比如说 DNA 鉴定技术的发展,从而使得越来越多的无辜者被洗脱嫌疑。如前所述,美国已经建立起了全国性的 DNA 数据库,此外,无辜者工程的存在也使得越来越多的人可以洗脱冤屈。而在我国,更多错案的发现,主要是依靠被害人的"归来"以及真凶的落网或主动供述。这种做法有很大的偶然性成分在内。而当被害人或者真凶真的出现时,无辜的人已经在监狱里待了一段时间。相对幸运的如陈金昌,在其被冤入狱的第二年,真凶就已经落网。而当真凶出现时,滕兴善已经在狱中待了 18 年。更为不幸的是聂树斌和呼格吉勒等,当真凶出现时早就已经化入黄土,永远都无法看到真相大白的那一天。此外,就算可以获得一定数额的国家赔偿,但是,在监狱里荒废掉的人生,又该如何弥补?此外,这些人的家庭,也早就已经妻离子散。事后的赔偿,所能起的作用,真的太少。谁都不想让悲剧的历史重演,那么如何建立一个长久的发现错案的机制,就是一个值得我们思考的问题。

第四节　刑事错案的预防:从证据角度为例的分析

一、证据角度的总体分析

要对错案进行纠正,对错案进行翻案其实真的很难。错案的发现,一方面,需要司法体制自身的反省能力;另一方面,需要的是概率很小的事件的出现:比如真正的犯罪嫌疑人出现并承认当年的犯罪行为或者是被杀害的被害人的突

---

① 王佳:《追寻正义:法治视野下的刑事错案》,中国人民公安大学出版社 2011 年版,第 6 页。

然归来。即使如此,就算已经确定是错案,出于种种因素之考虑,也可能仍然得不到纠正。比如在聂树斌案件中,真凶王书金早已经认罪,可是对于聂树斌及其家人而言,正义迟迟没有到来。英国学者 Anna Poole 曾经提出了在英国的语境之下对错案的 6 个补救措施,即通过部长移送到法院;寻求特别的补救;皇家的赦免;欧洲人权委员会;欧洲人权法院以及刑事案件审查委员会。虽然有这么多的救济途径,成功却总是姗姗来迟。最后翻案成功的案件总是因为得到了一些社团的支持或者是因为记者的介入。但是对于一个服刑者而言,要得到这么多独立的力量的关注和支持却绝非易事。① 在英国的语境下如此,在我国的语境下,更是如此。此外,一些错误的司法观念的存在,也使得错案的发生更为频繁与普遍。在英国,司法体系进行无罪推定这一原则是被广泛认知的,这同时也是英国司法体系引以为豪的一个特征,因为在整个欧洲大陆并未如此实施。但是,这个结论从另外一个层面来解读似乎更对。英国践行无罪推定的原则,是通过设置一些毫无理性的程序和证据规则来确保有罪的人不会被错误地定罪。但是与此同时,我们从未意识到,对待任何一个无罪的人,我们都好像他们有罪一样。②

　　刑事错案,说到底,都可以直接或者间接地归于证据的原因。因此,从证据的角度来谈如何对刑事错案进行预防,便显得很有意义。从某种意义上而言,"把好证据关是防止错案的关键"。③ 从前面的分析可知,在我国,任何证据形式都可能导致刑事错案。但是,在八种证据形式中,在我国目前的语境之下,最主要的导致刑事错案的因素有被告人供述、被害人陈述、证人证言的错误以及鉴定意见发生错误。对于如何防止因为这些因素而导致的刑事错案,学者的论述也已经多如牛毛,比如确立非法证据排除规则、比如限制被害人陈述的证明力、比如要求证人的出庭作证以及要求鉴定人的出庭作证。我国刑事诉讼法的修改,对于一些问题,都或多或少地已经作了相应的规定。其中很多条,还被视为是本次刑事诉讼法修改的亮点。但是错案的预防,还需要其他制度的配合,比如说对侦查人员的考核制度的更改,比如说对于一些长久以来一直存在着的司法观念的纠正,凡此种种,不言而喻。"刑事诉讼中发现真实其实并非或者至少不一定是最高目标,裁判的正当性才是刑事诉讼不可避免的问题。"④只是,在我国司法实践中,太多的制度未能清楚地意识到这一点。

————————

　　① 　Anna Poole, remedies in miscarriage of justice cases, S. L. T. 1998, 9, 65-68.

　　② 　J. R. Spencer, acquitted: presumed innocent, or deemed lucky to have got away with it? C. L. J. 2003, 62(1), 50-53.

　　③ 　何家弘主编:《证据学论坛》第 11 卷,中国政法大学出版社 2006 年版,第 453 页。

　　④ 　易延友:《中国刑诉与中国社会》,北京大学出版社 2010 年版,第 6 页。

(一)权利成本的考量

权利从来都不是免费的,在考虑到个人权利的时候必须考虑到社会的成本问题。在对刑事错案进行预防时,也要考虑到权利的成本的要素。"由于对个人权利的保护总是以权力关系的创造和维持为先决条件,所以对个人权利的保护从来不是免费的。""在 1992 年,美国的司法——保护执行、诉讼、判决和改判——花费了纳税人大约 940 亿美元。"①在考虑到司法改革的同时,不能不考虑成本的因素。以 DNA 技术鉴定技术为例,美国国会在 1994 年通过了《DNA 鉴定法案》,同意联邦政府建立 DNA 数据库。仅 2003 年布什政府就拨款十亿美金用于建设联邦和各州法庭科学 DNA 数据库。但即便如此,许多州对法庭科学 DNA 数据库的建设仍然感到资金不足。②诚然,对错案进行预防,确立不得自证其罪原则、禁止对被告人刑讯逼供,这些都有利于错案的发生。但是,因为这些制度的设置而另行增加的司法成本,也是一个客观的数目。

以不得强迫自证其罪这一原则为例,2012 年《中华人民共和国刑事诉讼法》第 50 条规定:严禁刑讯逼供和以威胁、引诱、欺骗以及其他非法方法收集证据,不得强迫任何人证实自己有罪。不得强迫自证其罪原则,体现了正义和司法成本两种要素的交互作用。从正义的角度来看,不得强迫自证其罪原则能够有效地避免刑讯逼供,保障人权,有效地减少刑事错案的发生。从司法成本的角度来看,不得强迫自证其罪也有限制,即该原则的保护范围仅限于言辞证据,而不保护诸如指纹、笔迹等实物证据,对一个人的身体构成不在此限。因此,侦查机关可以要求犯罪嫌疑人提供血液 DNA,甚至提供用作声音比对的声音样本,要求犯罪嫌疑人接受列队辨认。

此外,若一味地强调对犯罪嫌疑人的权利保障,这会导致大量的真正的罪犯逍遥法外,这会导致公众安全的严重漠视。由此而可能产生的社会成本也是在进行制度设计之时不得不考虑的因素。

(二)避免后见之明偏见③

如前所述,鉴定意见也是导致刑事错案的一个很重要的原因。被学者广为

---

① [美]史蒂芬·霍尔姆斯、凯斯·R.桑斯坦《权利的成本——为什么自由依赖于税》,毕竞悦译,北京大学出版社 2011 年版,第 50 页。

② Marika R. Athens, Alyssa A. Rower, Alaska's DNA Database: the statute, its problems, and proposed solutions, 20 Alaska L. Rev. 389.

③ 后见之明偏见是行为法经济学上的一个概念。它是指人们得知某一事件结果后,就会夸大原先对这一事件的猜测。具体内容参见:Christine Jolls, Cass R. Sunstein, Richard Thaler: a behavioral approach to law and economics, 50 Stan. L. Rev. 1471.

批评的错案之一佘祥林案曝光后,在社会上也发生了不小的反响。公众对这个案件的一个很重要的质疑就在于,要判断那个无名女尸是不是佘祥林的妻子张在玉,只需要借助 DNA 技术手段进行鉴定即可,而不是仅仅依靠张的亲人对尸体的辨认。这样的做法无疑太武断,也太草菅人命了。

对于这个质疑,可以从以下几个方面进行分析:首先,根据相关的资料显示,首先于 1984 年发展脱氧核糖核酸特征测定的人是一名英国遗传学家阿莱克·杰弗里斯。到了 1988 年,英国的谋杀案嫌犯科林·皮奇福克,成为第一位因脱氧核糖核酸特征测定证据而遭定罪者。而在美国,第一个因为 DNA 技术而被无罪释放的犯罪嫌疑人是 Gary Dotson,他因强奸罪在 1979 年入狱,等到他被释放时,他已经在监狱里待了十年的时间。[①] 也就是说,在美国,DNA 技术开始适用于司法的时间是在 1989 年左右。在我国,根据相关的资料显示,DNA 指纹技术研究获得成功并正式用于法医物证检验的时间是 1989 年。[②] 但是直到 2009 年,DNA 技术在案件中运用的比例仍然不足 2%,强奸和杀人案件中有DNA 鉴定的不到 10%。[③] 佘祥林案件发生是在 1994 年。1994 年时,我国可以作 DNA 鉴定的鉴定机构的数量仍然非常有限。比如根据相应的记载,在 1994年时,"目前我国已有公安部二所、辽宁省公安厅及金河应用生物技术研究所等几家开展了此项业务。"[④]也就是说,在当时,DNA 司法鉴定技术尚未在我国的刑事司法中得到广泛的适用。根据北大法意数据库的数据显示,其收录的第一起在刑事案件中涉及 DNA 鉴定的案件是在 1994 年。[⑤] 而且,在 1994 年时,一起 DNA 鉴定的费用不菲,而当时,根据国家统计局的统计公报显示,1994 年全年城镇居民人均生活费收入为 3179 元,农村居民人均纯收入 1220 元[⑥]。

在佘祥林案中,未使用 DNA 鉴定技术是由于当时的整体的技术环境以及经济条件所限制,也不能对侦查机关未对被害人的身份进行 DNA 鉴定过于苛责。用未来时点去论证当时的不理性,其本身就是一种不理性的行为。

---

① Samuel R. Gross, Kristen Jacoby, Daniel J. Matheson, Nicholas Montgomery, Sujata Patil, Symposium: Innocence in Capital Sentencing-exonerations in the United States 1989 through 2003, 95 J. Crim. L. & Criminology 523.

② 参见翁里主编:《犯罪侦查学》,浙江大学出版社 2004 年版,第 64 页。

③ 参见陈学权:《刑事诉讼中 DNA 证据运用的实证分析——以北大法意数据库中的刑事裁判文书为对象》,《中国刑事法杂志》2009 年第 4 期。

④ 缪德润:《DNA 技术与亲子鉴定》,《法学杂志》1994 年第 3 期。

⑤ 即罗永成强奸、故意杀人、龙昌请求刑事附带民事赔偿案。

⑥ 参见国家统计局网站:《中华人民共和国国家统计局关于 1994 年国民经济和社会发展的统计公报》,http://www.stats.gov.cn/tjgb/ndtjgb/qgndtjgb/t20020331_15389.htm,最后访问时间:2013 年 3月 10 日。

(三)新刑事诉讼法的措施与刑事错案的预防

1.证人的强制到庭制度

我国刑事诉讼法第187条规定当公诉人、当事人或者辩护人、诉讼代理人对证人证言有异议,且该证人证言对案件定罪量刑有重大影响,人民法院认为证人有必要出庭作证的,证人应当出庭作证。此外刑事诉讼法第188条规定了证人的强制出庭制度。这些制度的出台,在我国目前证人出庭率普遍不高的情况下,有助于减少错案的发生。在法庭审理过程中,被告人以及辩护律师通过与证人进行对质和交叉询问,可以发现证人证言中的不少漏洞,从而排除这些证言,维护自身的合法权利。但是问题的关键在于,证人是否最终出庭,主要的决定权在人民法院。从中国基层法院的数量和其所处理的案件数来看,基层法官的压力过大。根据《最高人民法院工作报告(2010)》显示,2010年,地方各级人民法院受理案件1170万件,2010年全国法官的总人数为19.3万人。① "根据统计,全国共有32个高级人民法院(含1个解放军军事法院),409个中级人民法院,3117个基层人民法院。全国共有法官19万余人,其中高级人民法院共有0.7万人,中级人民法院共有3.6万人,基层人民法院共有14.6万人。"②相当于每个法官每年审理60.6个案子。但是由于基层法院与中级法院压力的不同,基层法院处理的案件数量要远远多于中级法院处理的案件数量。③ 那么在这种情况下,法官是否会乐意让证人出庭,就是一个很大的问题。

2.鉴定人出庭以及专家辅助人出庭

我国新刑事诉讼法第187条对鉴定人的出庭做了相应的规定。鉴定人出庭,通过对鉴定人的交叉询问,可以更容易地发现鉴定意见中的错误。我国新刑事诉讼法第192条规定了专家辅助人制度。专家辅助人制度的建立,更有利于被告人对鉴定意见进行质证,从而减少刑事错案的发生。但是刑事诉讼法及其相关的司法解释对于这个制度的规定仍然是不完善的。比如,刑事诉讼法第187条规定的公诉人、当事人或者辩护人、诉讼代理人对鉴定意见有异议,人民法院认为鉴定人有必要出庭的,鉴定人应当出庭作证。问题就在于,是否只要有异议时就应该出庭,提出异议是否需要有理由以及鉴定人出庭的费用应该由谁来承担。此外,刑事诉讼法第192条规定的专家辅助人适用鉴定人的有关规

---

① 参见最高人民法院网站:《人民法院工作年度报告(2010年)》,http://www.court.gov.cn/,最后访问时间:2012年10月14日。

② 国务院新闻办公室:《人民法院简介》,http://www.scio.gov.cn/,最后访问时间:2012年10月24日。

③ 比如在杭州的某个基层法院,一个刑庭的法官一个月处理的案件数量在30个左右。有的时候,一天要处理2~3个简易案件。

定,也就是说,专家辅助人也应适用回避制度。那么在司法实践中,这一规定是否有必要? 这些规定,都有待于在实践中进一步的落实与完善。

3.非法证据排除规则的落实

我国刑事诉讼法第54条规定了采用刑讯逼供等非法方法收集的犯罪嫌疑人、被告人供述和采用暴力、威胁等非法方法收集的证人证言、被害人陈述,应当予以排除。同时规定收集物证、书证不符合法定程序,可能严重影响司法公正的,应当予以补正或者作出合理解释;不能补正或者作出合理解释的,对该证据应当予以排除。第54条规定了对非法言词证据的排除,被视为是本次刑事诉讼法修改的一个巨大的进步。但是,第54条却未对非法实物证据,即"毒树之果"的排除进行规定,这不能不说是一个缺陷。此外,对于何为"刑讯逼供",刑事诉讼法解释第95条规定,使用肉刑或者变相肉刑,或者采用其他使被告人在肉体上或者精神上遭受剧烈疼痛或者痛苦的方法,迫使被告人违背意愿供述的,应当认定为刑事诉讼法第54条规定的"刑讯逼供等非法方法"。这一条的规定与联合国《禁止酷刑和其他残忍、不人道或有辱人格的待遇或处罚公约》第一条的规定一致,将精神强迫也纳入在内。只是,对于如何区分"精神强迫"与正常的讯问手段,仍然是一个有待细化的问题。

二、以鉴定意见的审查规则构建为例的分析

没有人会否认当需要解决纠纷的时候,法律应该有效地运用专家知识。唯一的问题在于应该如何操作才能够使得这个制度运行得最好。[①] 如上文所述,在司法实践中,由于检材受污染、鉴定不及时、鉴定技术有限、鉴定人的疏忽以及鉴定意见造假等现象的存在,导致鉴定意见的错误,从而导致了刑事错案的发生。为避免鉴定意见的错误所导致的刑事错案发生,当案件双方对鉴定意见有异议时,有必要建立起一套科学的鉴定意见审查规则,通过程序来规范鉴定意见的使用。

(一)形式性审查

专家的作用是论证某些对于没有相关专业技能的事实发现者而言不可能得知的事实。[②] 对于法官而言,由于其对相关领域专业知识的缺乏,其对于鉴定

---

① Learned Hand, Historical and Practical Considerations Regarding Expert Testimony, 15 Harv. L. Rev. 40.

② Thomas E. Baker, the Impropriety of Expert Witness Testimony on the Law, 40 U. Kan L. Rev. 325(1992).

意见的审查规则,更多的只能从形式上加以进行。对鉴定意见进行形式性审查是为了解决鉴定意见的证据能力的问题。新的《最高人民法院关于适用〈中华人民共和国刑事诉讼法〉的解释》第 84 条和第 85 条分别规定了对鉴定意见应当着重审查的十个方面的内容及不能作为定案根据的鉴定意见的情形。形式性审查主要包括以下几个方面。

1. 对鉴定主体的审查

这主要是对鉴定机构和鉴定人是否具有法定资质以及对鉴定人是否存在应当回避的情形进行审查。对鉴定主体是否具有法定资质进行审查,可以依据《全国人大常委会关于司法鉴定管理问题的决定》中对于鉴定主体的规定。对鉴定人是否应该回避的审查可以依据刑事诉讼法的规定。

2. 对鉴定对象的审查

这主要是审查检材的来源、取得是否符合法律的规定。是为了审查证据的客观性以及合法性问题。防止通过非法手段获取的证据进入刑事审判,导致刑事错案的发生。

3. 对鉴定结果的审查

这主要是对鉴定意见的形式要件进行审查。比如鉴定意见是否有鉴定人的签名,是否注明了鉴定过程和鉴定方法等。此外,还应审查鉴定意见是否与案件事实具有关联性以及鉴定意见是否能与其他证据形成证据链条。对鉴定结果进行的审查,可以解决证据的相关性问题。

(二)实质性审查

除了对鉴定意见进行形式上的审查,还需要对鉴定意见进行实质性审查。后者显然难度更大。如新的《最高人民法院关于适用〈中华人民共和国刑事诉讼法〉的解释》第 84 条第 6 款规定,要求法官对"鉴定的过程和方法是否符合相关专业的规范要求"进行审查,这便属于实质上的审查。[①]法官对此常常是无能为力,这便需要借助于外力。如在知识产权案件审判过程中,由于其涉及了大量的专业技术问题,人民法院在现行法律的框架下,采取了多种途径和措施,具体而言主要有:司法鉴定、专家证人、专家咨询和专家陪审。[②] 这些途径与措施在刑事审判中也可适当借鉴。在刑事司法实践中,要对鉴定意见进行实质性审

[①] 在美国,要判定一项技术是否可以在司法领域中获得适用,弗莱伊诉美国案中确立的标准是,法院认定当一项科学技术在它所属的特定领域得到了普遍接受时,初审法院就可以采纳这种新的证据。参见 Frye v. United States,293 F. 1013 (D. C. Cir. 1923)。

[②] 参见中国法院网:《高法对网民意见建议答复之一:关于审判工作》,http://old. chinacourt. org/html/article/200912/23/387412. shtml,最后访问时间:2013 年 5 月 3 日。

查,结合新刑事诉讼法及司法解释对鉴定意见所作规定的调整,主要而言,可采取以下几个方面的措施:

首先,通过鉴定人出庭及对鉴定人的交叉询问,改变鉴定意见书面审模式。"无论是在英国还是美国,专家证言的可信度问题均通过法庭上的交叉询问程序来解决,法律本身并不预先对专家证言的证明力作出预断。"[①]为了保证对鉴定人的交叉询问的实现,鉴定人的出庭就显得尤为重要。有学者认为美国联邦证据规则的一个重要隐含预设就是"是否强制鉴定人出庭是有关双方当事人之间公平的问题"。[②] 我国新刑事诉讼法第 187 条对鉴定人的出庭做了相应的规定。鉴定人出庭,通过对鉴定人的交叉询问,可以更容易地发现鉴定意见中的错误。比如检材所受到的污染是否会导致鉴定意见的错误,鉴定的不及时对鉴定意见是否有影响。此外,对于鉴定人的失职以及鉴定人的造假行为,也只有具有相关专业知识的人才能对其加以判断。因此,鉴定人的出庭,在很大的程度上,可以减少错案的发生。

其次,通过引入专家辅助人制度,增强鉴定意见审查的对抗性。我国新刑事诉讼法第 192 条规定了专家辅助人制度。由于专家辅助人具有专门的知识,同时又没有鉴定人那么严格的资质条件限制,因此,对于被告人一方而言,其更加容易获得专家辅助人的帮助。专家辅助人制度的建立从一定的程度上保障了利害关系人参与诉讼和提出主张的机会。从鉴定的启动而言,在实践中,特别是在刑事案件中,鉴定的启动权主要是掌握在公检法手中。[③] 而公检法启动作出的刑事司法鉴定,在很多时候,是不利于被告人一方的。专家辅助人的引入,为实质审查鉴定意见提供了重要方法,有利于排除错误的鉴定意见,从而保障被告人的权利并防止刑事错案的发生。但对于专家辅助人的收费、地位、权利、义务等问题都尚待深入研究。

再次,类型化审查,即按类编制实质性审查方法。新的刑事诉讼法司法解释吸收了《关于办理死刑案件审查判断证据若干问题的规定》的相关规定,并对鉴定意见的审查与认定作出了规定,无疑这是一个巨大进步。但其对于鉴定意见审查的规定仍然是粗放式的。虽然新刑事诉讼法规定了鉴定人出庭制度,但

---

① 易延友:《证据法的体系与精神——以英美法为特别对照》,北京大学出版社 2012 年版,第 201 页。

② Virginia G. Maurer: Compelling the Expert Witnesses: Fairness and Utility under the Federal Rules of Civil Procedure, 19 Ga. L. Rev. 71.

③ 比如根据相关的统计显示,在实践中,公检法部门委托的鉴定、律师事务所委托的鉴定、企事业单位委托的鉴定、个人委托的鉴定、其他主体委托的鉴定分别占鉴定业务总数的 59%、10.3%、4.1%、22.3%、3.5%。参见李禹、陈璐:《2010 年度全国法医类、物证类、声响资料类司法鉴定情况统计分析》,《中国司法鉴定》2011 年第 4 期。

是由于鉴定人能否出庭最后的决定权仍然在法院手中,因此对于新刑事诉讼法实施之后鉴定人出庭状况能否改善,仍然是一个未知数。在这种情况之下,编制实质性审查方法,给法官在对鉴定意见进行实质审查之时提供一个依据,就显得尤为重要。按照刑事鉴定项目的自身特点,可以将我国刑事鉴定审查事项分成了四个类型:资料型审查鉴定、实验型审查鉴定、经验型鉴定审查和探索型审查鉴定。① 应根据每个具体的类型提出了相应的审查方法。法官即使没有相应的专业知识,但通过对照实质性审查方法,可以减少鉴定意见的错误,从而减少刑事错案的发生。

(三)同案多个鉴定意见:证明力大小的判断

有时,同一个案件中涉及多个鉴定意见。在对鉴定意见进行形式和实质的审查之后,如果还未能对鉴定意见的证明力作出判断,则需要考虑多种因素来最终决定鉴定意见的证明力。如鉴定的设备条件、鉴定人员的素质以及所提供的鉴定材料的质量等,不能仅仅根据鉴定机构级别的高低或鉴定人权威的大小来采信。② 以级别为主要依据的审查判断方式之所以受青睐是因为其可以有效地减少法官的时间成本,但是考虑到鉴定的复杂性,级别高的鉴定机构也会作出错误的鉴定意见,从而导致刑事错案的发生。具体而言,当存在多个不同的鉴定意见时,需要考虑的因素包括:(1)鉴定作出的时间。一般而言,在其他因素不变的前提下,事故发生之后最先进行的鉴定所具有的证明力比较高。(2)鉴定人员的素质。鉴定人的知识构成与待鉴定事项的相关性越大,那么其出具的鉴定意见的证明力就越大。当学历、职称与专业性发生冲突时,一般情况下,需赋予专业性更高的比重。(3)鉴定机构的设备条件。鉴定机构的设备越先进,其出具的鉴定意见的正确性相对较高,因此其证明力就越大。(4)作出鉴定所依据的原理的可靠性程度。鉴定人在作出鉴定之时所依靠的原理越先进,鉴定意见的可靠性就越大,因此其证明力也就越大。

需要注意的是,这些因素都不是孤立的,在司法实践中,法官需要对这些因素进行权衡和综合考量之后,才能最终判定鉴定意见的证明力的大小。当有多种不同的鉴定意见之时,如何确定可能影响鉴定意见的证明力大小的各种因素以及赋予这些可能的因素以何种权重,仍然需要各种实证的研究作为基础。当适用上述规则之后仍然无法确定鉴定意见证明力的大小时,根据存疑有利于被告的原则,应采信对被告一方有利的鉴定意见。

---

① 参见龙宗智、夏黎阳主编:《中国刑事证据规则研究》,中国检察出版社 2011 年版,第 402—404 页。
② 在我国的司法实践中,往往是根据鉴定主体级别的高低来决定采信何种鉴定意见,如黄静案就是典型的一例。

三、以辨认的具体规则构建为例的分析

(一)构建科学的辨认规则

如上所述,由于反应时间的影响、记忆的影响、案发时环境的影响、侦查人员的不当行为以及辨认者的认知水平的影响等相关因素的存在,在司法实践中,辨认经常发生错误并且最终导致了刑事错案的发生。对此,有必要建立科学的辨认规则。要建立科学的辨认规则,需要其他一些相应的制度的配合,具体而言,主要包括以下几个方面。

1.辨认笔录的排除——对证据能力的确定

对于辨认笔录的证据能力而言,首先要确立其排除规则。"这种'程序违法直接导致实体结论无效'的制裁方式,可以维护刑事诉讼程序的有效实施,使得程序正义价值得到现实的保障,促使法院不成为警察、检察官和下级法官违反法律程序的'帮凶'和'共犯',并对其违反法律程序的行为在举行司法审查的前提下,作出违法和无效之宣告。"[1]如上所述,在辨认人进行辨认过程中,侦查人员往往有一系列不符合辨认程序的行为,比如其可能会有违反分别辨认原则、混杂辨认原则、单独辨认原则、暗示辨认人以及被辨认人人数不符合法律规定等行为。一旦发现侦查人员有此种行为时,犯罪嫌疑人可以程序违法为由要求对该辨认笔录进行排除。侦查人员可以对其行为进行解释或者补正说明,严重违法时,参照刑事诉讼法第54条的规定对该辨认笔录加以排除。[2] 至于犯罪嫌疑人和侦查人员的举证责任分担,可以按照刑讯逼供的相关规定进行操作,即被告人及其辩护人提出辨认过程中有违法行为存在的,法庭应当要求其提供涉嫌违法辨认的人员、时间、地点、方式、内容等相关线索或者证据。

2.邀请专家进行鉴定——确定证据的证明力

如上所述,反应时间的影响、记忆的影响、案发时环境的影响以及辨认者的认知能力的影响都会导致辨认的错误。在确认辨认笔录具有证据能力的前提下,就需要对辨认笔录的证明力加以判定。判断辨认笔录的证明力,一个可行的方案就是邀请鉴定专家进行鉴定,以便确定在当时的情况之下,被害人或者

---

[1] 陈瑞华:《程序性制裁制度的法理学分析》,《中国法学》2005 年第 6 期。

[2] 《最高人民法院关于适用〈中华人民共和国刑事诉讼法〉的解释》第 90 条具体规定了不得作为定案的根据的辨认笔录的情形。具体包括:(1)辨认不是在侦查人员主持下进行的;(2)辨认前使辨认人见到辨认对象的;(3)辨认活动没有个别进行的;(4)辨认对象没有混杂在具有类似特征的其他对象中,或者供辨认的对象数量不符合规定的;(5)辨认中给辨认人明显暗示或者明显有指认嫌疑的;(6)违反有关规定、不能明确辨认笔录真实性的其他情形。

证人的辨认的可信程度。诚然,在一般的情况下,法官可以根据自己的专业知识以及常识对辨认笔录的证明力进行判断。但在很多的情况之下,由于涉及一些技术性问题,法官是无能为力的。"仅仅只有当一个案件争论的焦点已经超出了平常人的理解能力之时,专家才需要去辅助法官并且提供充足的依据使得法官能够采纳他的意见。"①具体而言,专家可以结合案件发生的时间、地点、案发现场的环境状况等因素,对辨认人的辨认情况的可信度进行判断。在这种情况之下,专家也可以借助侦查实验的方式进行相关的判断。

3. 辨认笔录证据的原子主义进路与整体主义进路

证据的原子主义进路与整体主义进路是证据裁判的两种方式。原子主义进路是指"证明力取决于个别存在的单个证据、离散式的系列推论;最终的事实认定则由这些彼此分离的证明力以某种叠加方式聚合而成"。整体模式认为"事实认定取决于尚未清晰表达的整体思考以及各种意志因素;而且,充分证明的标准难以用盖然性术语进行表达。"②具体而言,在面对辨认笔录这一证据形式时,对于辨认笔录的证据能力方面,要采取证据的原子主义进路。也就是说,一旦发现在辨认过程中侦查人员有严重违反法定程序的行为并且无法对其进行补正时,就要对这一证据进行排除。之后,在对证据的证明力进行判断时,由于每个证据都不是孤立存在的,所以要遵从证据的整体主义裁判方式。在判定辨认笔录的证明力之时,要看是否与其他证据形成了相应的证据锁链,看有无其他书证、物证材料可以对其进行补强。在整体的证据环境中,确定辨认笔录的证明力。

(二)辨认的具体程序设置

1. 目标

反应时间的影响、记忆的影响、案发时环境的影响、侦查人员的不当行为以及辨认者的认知水平的影响都会导致错误辨认的发生。辨认的具体程序的设置,就是为了在最大程度上减少错误辨认,从而使得刑事错案的数量有所减少。具体而言,刑事辨认程序的目标主要有:

(1)减少侦查人员的影响。侦查人员在辨认过程中,会有违反辨认程序的行为的发生,比如违反单独辨认的规则,违反混杂辨认的规则,不恰当地进行暗示等。虽然《最高人民法院关于适用〈中华人民共和国刑事诉讼法〉的解释》第

---

① L. Richard Fried, Jr.: selecting and preparing an expert witness in civil litigation, 17-APR Haw. B. J. 4.

② 参见[美]米尔吉安·R. 达马斯卡:《比较法视野中的证据制度》,吴宏耀、魏晓娜等译,中国人民公安大学出版社 2006 年版,第 68—69 页。

90 条已经具体规定了不得作为定案的根据的辨认笔录的情形,但其在实践中的具体实施效果如何,还不得而知。辨认的错误很多时候就是由侦查人员的不当行为所引起的。在一定程度上,控制了程序也就控制了结果。因此,在进行辨认程序设置之时,要最大可能地减少侦查人员对于辨认人可能造成的影响。

(2)减少辨认者的压力。如前所述,由于一系列因素的存在,辨认者的记忆会受到一定程度的影响。有心理学家的研究显示,记忆是一个建构的过程而不是一个复制的过程。记忆很多时候会依赖于在脑海中已经形成的观念。观念不是一面反映外部世界的镜子,它有着自己的需要、价值以及判断。记忆所认为的真实其实早就已经不是外部世界的真实了。[①] 此外,当处在一个陌生的环境中时,人也更容易受到压力的影响。在辨认活动中,也是如此。现实中,一般而言,辨认活动都在侦查机关进行。当需要让被害人或者证人进行辨认时,也可以到被害人或者证人的住处进行,这样,在一定程度上,可以减少辨认者的压力,加大辨认结果的可靠性程度。

(3)提高辨认结果的可靠程度。为了减少错误辨认的可能性,一个可行的措施是加大辨认的难度。如《公安机关办理刑事案件程序规定》第 251 条规定,辨认犯罪嫌疑人时,被辨认的人数不得少于七人;对犯罪嫌疑人照片进行辨认的,不得少于十人的照片。这一条文规定了辨认所需要的最少的陪衬数目。在实践中,可以加大被辨认人的人数或者照片的数量,这在一定程度上可以减少错误辨认的发生。但是,这也会导致在司法实践中对于犯罪嫌疑人的放纵以及司法成本的过高。这一问题说到底,就是一个利益衡量的过程。"利益衡量以价值相对主义为基础,注重甲、乙双方具体利益的比较。"[②]因此在实践中,辨认的陪衬数目到底需要几个最为合适,仍然有待进一步的讨论。

2. 具体措施

(1)尽量减少对照片的辨认。在司法实践中,在可能的情况之下,要尽量减少对照片的辨认,尽可能采取对犯罪嫌疑人进行辨认的方式。由于一系列因素的影响,辨认者对于辨认对象的印象很多时候并不是十分确定。而且,由于灯光、造型等的一系列因素的存在,辨认对象的照片与辨认对象往往会存在一定程度的差异。这会导致辨认结果的不可靠性。《公安机关办理刑事案件程序规定》第 251 条对于犯罪嫌疑人的辨认以及对于犯罪嫌疑人的照片的辨认规定了不同的陪衬对象的数目,反映了司法实践中对于这一问题的认识。

---

① Felice. J. Levine, June Louin Tapp, the psychology of criminal identification: the gap from wade to Kirby, 121 U. Pa. L. Rev. 1079.

② 梁上上:《利益的层次结构与利益衡量的展开——兼评加藤一郎的利益衡量论》,《法学研究》2002 年第 1 期。

（2）不知情的侦查人员的主持。《公安机关办理刑事案件程序规定》第 250 条规定：辨认应当在侦查人员的主持下进行。主持辨认的侦查人员不得少于二人。这一条文规定了在进行辨认时所需要的侦查人员的人数。但是这一规定仍然存在一些不足。为了尽可能地减少侦查人员对辨认者可能造成的影响，如避免侦查人员的不恰当暗示行为，在司法实践中，一个可行的方式就是要求辨认应当在不知情的侦查人员的主持下进行。当侦查人员本身是不知情时，其就无法给出相应的暗示，整个辨认程序的进程就更为自然，这在一定的程度上可以保障辨认结果的可靠性。

（3）律师在场权的保障。我国刑事诉讼法第 33 条规定：犯罪嫌疑人自被侦查机关第一次讯问或者采取强制措施之日起，有权委托辩护人；在侦查期间，只能委托律师作为辩护人。被告人有权随时委托辩护人。当犯罪嫌疑人委托了辩护律师之后，在辨认程序中，应当保障律师的在场权。律师的在场，可以在很大程度上避免侦查人员的违反法定程序的行为。此外，律师在场权的保障，也可以参与辨认者辨认的全过程，从辨认者一系列的行为中，可以发现辨认者对于被辨认对象的明确程度；同时也可以在一定的程度上对于辨认者起到一系列的威慑作用，防止其故意做出的虚假辨认，最大可能地保护犯罪嫌疑人的利益。

（4）辨认者辨认时间过长时，应赋予其辨认结果更小的证明力。美国艾奥瓦州立大学心理学教授加里·韦尔斯从事证人记忆研究 30 年。他在研究中发现，如果某人做脸孔辨认时，时间超过 10 秒或 15 秒，就说明他没有利用可靠的再认记忆辨认。事实上，如果真要辨认出罪犯，那只是一瞬间的事。[①] 在辨认过程中，如果辨认者的辨认时间过长，则意味着辨认者对于辨认对象的不确定性以及其记忆的模糊性。那么在这种情况之下，侦查人员要警惕辨认结果可能出现的错误，赋予其辨认结果更小的证明力，尽可能地寻找其他有案件相关的证据，最大限度得减少错案的发生。

（5）全程录音录像。错误辨认是导致刑事错案的一个重要因素，在司法实践中，有必要从源头上对于刑事错案进行预防。因此，有必要对辨认过程进行全程录音录像。我国刑事诉讼法第 121 条规定：侦查人员在讯问犯罪嫌疑人的时候，可以对讯问过程进行录音或者录像；对于可能判处无期徒刑、死刑的案件或者其他重大犯罪案件，应当对讯问过程进行录音或者录像。对于辨认过程的录音录像，可以参照刑诉法关于讯问过程录音录像的规定，即在对可能判处无期徒刑、死刑及其他重大犯罪的犯罪嫌疑人进行辨认时，应当对辨认过程进行录音录像。对其他一些轻微的刑事案件的犯罪嫌疑人进行辨认时，考虑到司法

---

① 参见新华网：《目击证人，冤假错案的元凶？》，2009 年 10 月 31 日，http://news.xinhuanet.com/world/2009-10/31/content_12364080_3.htm，最后访问时间：2013 年 3 月 18 日。

的成本,由侦查机关自行决定是否需要录音录像。

(6)侦查人员对辨认结果的说明。在法庭审理过程中,如果被告人及其辩护人对于辨认结果有异议,那么侦查人员就有必要出庭对于辨认的过程进行说明。具体的举证责任分配,可以参照法律对于刑讯逼供的举证责任分配。即由被告人及其辩护人提供初步的线索,说明具体的时间、地点、参与的侦查人员以及辨认程序中存在的违反法定程序的状况。侦查人员的出庭,一方面,可以利用辨认时的录音录像对辨认结果的合法性加以说明。另一方面,如果不存在录音录像,侦查人员的出庭,可以通过与被告方的对质以及交叉询问,从而更加清晰地反映事实的真相。

法治是一个漫长的道路,很多时候,需要耗费人一生的心力。法治的进步,需要社会力量的推动,而无疑,各种错案的曝光在某种意义上而言已经成为了推动我国法治进步的一个重要的着力点。面对错案,我们更多要做的,就是善于从错案中学习,吸取教训。比如英国 1907 年《刑事上诉法》的出台应当归因于贝克一案的压力,1965 年《谋杀法》对死刑制度的废除缘起于本特利、埃文斯和埃利斯三起错案,1984 年《警察与刑事证据法》对警察行为的法典化规制起因于康怀特事件,1995 年《刑事上诉法》更是伯明翰六人冤案的直接产物。[①] 而在我国,佘祥林案的发生使得死刑复核收归最高人民法院,赵作海案的发生最终使得两个证据规则出台。刑事错案的原因,归根到底都是证据的原因。从证据角度探讨预防刑事错案的措施,有其合理性,但是毕竟有失全面。法律并不是一门自足的学科。错案的产生,还需要从社会学等角度展开进一步的讨论与分析。

---

① 　参见刘品新:《当代英美刑事错案的实证研究》,《国家检察官学院学报》2007 年第 1 期。

第五章　再审程序的正当化与错案救济的合理化

通过救济途径，对于错案予以纠正，是刑事诉讼必须提供给被追诉人的机会。"在今天，使刑事判决这么敏感的事物仅由单一机构做出不受制约的裁决，确实不合情理。"①再审程序作为对已经发生法律效力的判决和裁定，依法进行重新审判的特别审判程序，是纠正错案的主要途径。我国传统上强调实事求是、有错必纠，并以此作为再审制度的理论基础，而现代刑事诉讼中一事不再理是一项基本的程序性原则。实事求是原则强调诉讼中的实体真实主义，在再审制度中，实事求是原则必然要求启动再审纠正冤假错案，而一事不再理强调既判力的效力和程序的安定性，必然对再审进行限制。《公民权利和政治权利国际公约》（本章中简称《公约》）第 14 条第 7 款对一事不再理原则作出了明确规定，如何参照国际公约的有关规定以及其他国家在该领域的经验，完善与改革我国的再审程序，是我们构建刑事错案救济的合理化路径时必须思考的问题。

第一节　一事不再理原则的内涵与要求

一、人权公约规定的一事不再理原则的内涵与要求

一事不再理原则在《公民权利和政治权利国际公约》第 14 条第 7 款中表述为："任何人已依一国的法律及刑事程序被最后定罪或宣告无罪者，不得就同一罪名再予审判或惩罚。"该原则在联合国的文件中也被称为一罪不二审原则。联合国人权事务委员会第 13 号一般性意见第 19 段针对该条款指出："在审议

---

① 转引自［美］哈伯特 L.帕克：《刑事裁判的界限》，梁根林等译，法律出版社 2008 年版，第 223 页。

缔约国报告时往往对第 14 条第 7 款的规定的范围产生不同意见。有些缔约国认为必须对刑事案件的重审程序持保留意见。委员会觉得大多数缔约国对在例外情况下再进行审判和依第 7 款所载一罪不二审原则禁止进行重审这两点明确地加以区分。了解一罪不二审这一词的意义可能会促使缔约国重新考虑它们对第 14 条第 7 款规定所持的保留意见。"可见《公约》所规定一事不再理并不等于禁止进行重审。

《欧洲人权公约》对一事不再理原则的规定,对我们理解《公约》中的原则性规定的要求,有一定的参考价值。《欧洲人权公约》第 7 号议定书第 4 条规定:(1)在同一国家的管辖下,任何已依该国的法律及刑事程序被最后宣告无罪或者有罪者,不得就同一犯罪再予审判或惩罚。(2)如果有表明新的或新发现的事实的证据,或者如果在原诉讼程序中有根本性的瑕疵,有可能影响案件的结果,前款规定不应妨碍根据有关国家的法律和刑事程序对同一案件的重新开启。(3)不得根据公约第 15 条的规定,①对本条规定予以克减。这说明一事不再理原则并不和再审制度绝对相排斥,同时也说明该原则在国际人权公约中的重要地位,不允许任意克减。

《公约》规定的"不得就同一罪名再予审判或惩罚",是指同一法院或同一主权下的法院不得对同一案件的同一被告人进行两次以上的追诉和惩罚。②也就是说,如果一个行为触犯了数个国家的法律,在数个国家都有管辖权的情况下,一个国家对该人的审判和惩罚并不妨碍以后其他国家对其再进行惩罚。因为一个主权国家一般情况下不能因为别国的司法管辖而取消本国的司法主权。对于"同一罪名",通常的标准是指第二次审判的指控能否在法律上和事实上与第一次审判中的指控相同。③ 一事不再理的起点,通常是在一件案件已经作出了判决之后生效,但是,在英美等国家则有所不同,只要法庭开始对一个案件的审判,一事不再理即生效。

二、一事不再理原则与禁止双重危险原则的关系

一事不再理原则（non bis idem）最初实际上是大陆法系的一项基本诉讼原则。赫尔曼教授认为,一事不再理是指,不论是有罪还是无罪判决,作出生效判

---

① 《欧洲人权公约》第 15 条是权利克减条款,如该条第 1 款规定:战时或者遇有威胁国家生存的公共紧急时期,任何缔约国有权在紧急情况所严格要求的范围内采取有悖于其根据本公约所应当履行的义务的措施,但是,上述措施不得与其根据国际法的规定所应当履行的其他义务相抵触。

② 杨宇冠:《人权法》,中国人民公安大学出版社 2003 年版,第 320 页。

③ 陈光中主编:《〈公民权利和政治权利国际公约〉批准和实施问题研究》,中国法制出版社 2002 年版,第 331 页。

决后不允许对同一行为再启动新的程序。此原则的出发点,是国家的处罚权已经耗尽。[①]一事不再理原则最初源于古罗马时代,在当时便已成为审判制度上的基本法则,古罗马的法官一般主张当事人对已经正式判决的案件,一般不得申请再审,这也就是所谓的"既判力"(res judicata)[②] 的效力。据考察,一事不再理原则比较成熟的表述始见于公元 6 世纪前半期查士丁尼的《学说汇纂》,其中将该原则表述为:"长官不应当允许同一个人因其一项本人已被判决无罪的行为再次受到刑事指控"。[③]一事不再理原则在现代大陆法系的真正确立始于法国,1808 年的拿破仑《刑事诉讼法典》对该原则最早作出了明确规定,即该法第360 条规定:"任何被依法判决无罪的人,均不得因同一行为再次被拘禁或再次起诉"。近至现代,一事不再理原则已经发展成为大陆法系国家一项根深蒂固的诉讼原则。然而,人们对于刑事审判的真实性不再像以前那样迷信,也就是说,"既判力"不再是绝对的,为了纠正司法错误,一事不再理原则受到了再审制度的限制。[④]在法国,向最高司法法院申请再审仅限于对重罪案件与轻罪案件中做出的认定当事人有罪的判决,也就是说排除了对无罪判决、对违警罪案件做出的有罪判决,以及尚未取得既判力的有罪判决提起再审。[⑤]

英美法系中,实行禁止双重危险原则(the Rule against Double Jeopardy),它要求被告人不得因同一罪行而受到两次起诉、审判和科刑。该原则在近代资产阶级革命时期被英国普通法首先确立,于 1789 年被写入了美国宪法第 5修正案,即"任何人不得因同一件犯罪,而将生命和肢体置于两次的危险",从而获得了宪法层面的强力支持。1957 年,美国联邦最高法院法官布莱克在格林诉美国(Green v. United States)一案的判决中写下这样一段话:"(关于禁止双重危险的第 5 条宪法修正案)其宗旨在于保护个人免遭因某一被指控的犯罪不止一次地被强行置于审判的危险之中而被作出可能的有罪判决,……(禁止双重危险规则的)深层理念———一种至少在益格鲁——美利坚的法律原则体系中深深根植的理念是,拥有各种资源和权力的国家不应当被允许因为一个公民一项被指控的犯罪,而反复作出试图使他得到定罪的努力,以致把他置于尴尬、消耗和使其意志遭受痛苦磨难的状态之中,迫使他生活在一种持续的焦灼和不安全

---

① [德]约阿希姆·赫尔曼:《〈德国刑事诉讼法典〉中译本引言》,载李昌珂译:《德国刑事诉讼法典》,中国政法大学出版社 1995 年版,第 14 页。

② 如果直译就是"已经判决"的意思。

③ 张毅:《刑事诉讼中的禁止双重危险规则论》,中国人民公安大学出版社 2004 年版,第 39 页。

④ 对于再审,法国刑事诉讼法第 620 条规定:"无论案件由哪一级法院所裁定,为维护任何重罪、轻罪犯人的利益,均可提出复核的申请书。"

⑤ 参见[法]贝尔纳·布洛克:《法国刑事诉讼法》(第 21 版),罗结珍译,中国政法大学出版社 2009年版,第 557 页。

状态之中,同时增加即便他无罪,但也会被判定有罪的可能性。"①这段话在西方国家被许多人视为关于禁止双重危险规则价值理念的经典表述。1969年,沃伦大法官领导下的美国最高法院通过本顿诉马里兰(Benton v. Maryland)案将禁止双重危险原则的适用扩展到各个州。该法院将美国宪法第5修正案中的禁止双重危险原则视为代表着"我们(美国)宪法传统中的一种基本精神。"②一般认为,英美法系国家当事人主义的诉讼构造,认为事实、证据经当事人双方提供质证、辩论并由陪审团判断认定,据此作出的判决即视为真实,不得再行更改,因而传统上认为在英美法系国家没有再审制度。但是,英美法系的一些制度,如人身保护令(Habeas Corpus)、调卷令(Certiorari)、禁审令(Prohibition)、履行职务令(Mandamus),③实质上是对生效裁判的补救措施,在性质上类似于监督程序。④ 而美国联邦最高法院对禁止双重危险原则作出最完整表述是在合众国诉迪福兰西斯科(United Stated v. DiFrancesco)案中,该案明确了禁止双重危险保障由三个彼此独立的宪法保护构成:(1)它保障无罪判决之后不得就同一罪行进行第二次追诉;(2)它也保障在有罪判决之后不得就同一罪行进行第二次追诉;(3)它还保障不得就同一罪行施以多次惩罚。⑤

就一事不再理原则与禁止双重危险原则的关系而言,这两个原则的文字表述不尽相同,但出发点是一样的,即要求案件在审理程序结束后,不得就该案再次起诉、审判,只不过是侧重点略有不同。一事不再理原则侧重于裁判生效后的既判力。而禁止双重危险原则强调禁止被告人受到两次危险,裁判无论是否生效,对于控辩双方都有约束,甚至规定在判决对被告人有利的时候不给起诉方以上诉权,可见其适用范围略广于一事不再理原则。

发展到现代,一事不再理原则和禁止双重危险原则形成了基本相同的价值取向,即为了保障人权和提高诉讼效率,而对刑事诉讼发现实体真实的价值目标进行适当的抑制,从而实现整个刑事诉讼价值目标的平衡。对于既判力的追

---

①　(1957) 355 US 184 2 L ed 2nd p199 at p201. 转引自张毅:《刑事诉讼中的禁止双重危险规则论》,中国人民公安大学出版社2004年版,第70页。

②　[美]彼得·G.伦斯特洛姆编:《美国法律辞典》,贺卫方等译,中国政法大学出版社1998年版,第160页。

③　在英美法系,人身保护令在刑事诉讼中主要用于勒令释放被非法拘禁者,有时也相当于着令释放被羁押人的指示;调卷令是高等法院王座庭根据任何审判受害人的申请而作出的,对正在进行审判的下级法院或其他司法机构签发的令状,其内容是责令将案件移送高等法院审查和重审;禁审令是高等法院王座庭签发的关于禁止下级法院开始或继续审理不属于其管辖的案件的令状;履行职务令是着令下级法院或其他司法机构进行某项属于其职责范围内的工作的令状。

④　参见汪建成主编:《刑事审判监督程序专论》,群众出版社1990年版,第18—19页。

⑤　[美]伟恩·R.拉费弗,杰罗德·H.伊斯雷尔,南西·J.金:《刑事诉讼法》(下册),卞建林等译,中国政法大学出版社2003年版,第1276页。

求已经成为这两大原则共同的重心。既判力包括形式上对裁判的确定力和实质上对裁判的确定力,前者指裁判确定后,案件在程序上已经没有争议,诉讼关系即告消灭,后者是指裁判对实体内容的明确和不可更改性,以及由此带来的可执行力。因此,从概念和价值取向上来看,一事不再理和禁止双重危险并不存在本质的区别,并且是可以相互通用的,从现实制度上来看,英美法系国家和大陆法系国家不同的只是各自所遵循的模式和侧重点略有不同,表现为彻底性的大小和宽严程度的高低有所不同。

三、一事不再理原则的例外

《公民权利和政治权利国际公约》没有就一事不再理原则的例外问题作出明确规定,我们只能综合各种解释来判断,《公约》并不排斥例外。如上面提到的人权事务委员会第 13 号一般性意见和《欧洲人权公约》第 7 号议定书第 4 条之规定,都能为我们提供一定的参考。

值得注意的是,位于法国小城斯特拉斯堡的欧洲人权法院于 1958 年建立以来,根据《欧洲人权公约》的规定,任何条约国受到终审判决的人,如果认为裁决违反了该公约所指出的人权与基本自由,都可以在 6 个月内向“欧洲人权委员会”提起申诉,这便为欧洲公民提供了一条对生效裁判的特殊救济渠道。也就是说,在国内法律救济程序穷尽后,欧洲公民仍然可能将本国政府放到欧洲人权法院的被告席上,以捍卫个人的合法权益。对于这些申诉,欧洲人权法院已经作出了不少很有影响力的判决,极大地推进了欧洲的人权保障而倍受世人关注。[①] 就具体程序而言,欧洲人权法院可以直接受理任何个人对缔约国违反《欧洲人权公约》规定从而提起的申诉。希望提出申诉者可以从欧洲人权法院书记处获取申请指南和申请表。个人可以自己提交申诉,但当申诉被宣布为可接受后,要求有法定代理人以便出席庭审。为此,欧洲理事会已设定了一套法律援助方案来帮助无法聘请法定代理人的申诉者。对于个人申诉,将指定一位报告起草人(rapporteur)。该报告起草人经过对事件的初步审查后决定是否把该申诉交出三人委员会或法庭。三人委员会可无记名投票决定并宣布案件不可接受或注销,这样便不再做进一步审查。如果个人指控没有被三人委员会宣布不可接受或报告起草人直接把案件提交到法庭,则法庭要断定案件的可接受性及法律依据,并作出裁定。经过审理之后,法庭可以宣告某国的国内法律或政府行为违反国际人权标准或欧洲人权法。其法律后果是有关国家必须采取

---

① 参见[瑞士]萨默斯:《公正审判:欧洲刑事诉讼传统与欧洲人权法院》,朱奎彬、谢进杰译,中国政法大学出版社 2012 年版,第 212-230 页。

相应的措施,或修改本国法律,或改革有关制度,并对受害公民作出必要的补偿或赔偿,这就为公民提供了一条新的最终的司法救济途径。

欧洲人权法院审判的申诉案件主要是涉及公民基本权利的案件,主要不是纠正事实错误,而是审查一国的法律或政府行为是否侵犯了公民的基本权利。如 1999 年 5 月,欧洲人权法院审理了一起英国公民控告英国政府侵犯人权的案件,该案的梗概是:申请人共 4 人,3 男 1 女,原先均曾在英国军队服役。因在部队有同性恋行为而接受军方调查,并以违反军规为由被军队除名。在穷尽国内法律救济渠道而不能维护自己的合法权益后,分别向欧洲人权法院提起上诉。指控英国军规中有关禁止同性恋的规定以及英国军方对上诉人的处罚行为,侵犯了受国际人权公约和欧洲人权法保护的公民个人自由和人权。[①]欧洲人权法院的审判对于欧洲人权保障的推动作用是有目共睹的,"意大利刑事诉讼法典、法国刑事诉讼法典和德国刑事诉讼法典在修订过程中,都考虑了欧洲人权法院对许多案件的判决,在非法所得证据的证明力、电话窃听的条件和程序、严格庭前羁押的条件和程序、扩大律师活动的范围和权利等许多内容上都采纳了欧洲人权法院的观点。"[②]

各个国家的具体举措有所不同,有的国家将《欧洲人权公约》的内容确认为国内法的一部分,如俄罗斯新宪法和新刑事诉讼法都明确写入了国际法优先原则;[③]有的国家没有将该公约的这些条款转换为国内法,但是允许公民直接到欧洲议会和欧洲人权法院去申诉本国违反这一公约,如英国。以英国为例,截止到 2000 年底,欧洲人权法院共受理了 115 件控告英国政府机构和法院违反人权的案件,其中有 72 件被判定为违反了《欧洲人权公约》。为了化解这一矛盾,英国工党自 20 世纪 90 年代中期开始就呼吁"将权利带回祖国",即要求将《欧洲人权公约》中的原则确认为国内法。在总结英国的判例法和参照《欧洲人权公约》的基础上,英国议会于 1998 年颁布了《人权法案》(Human Right Acts, 1998)。该法于 2000 年 10 月 2 日生效。为了使英国 1998 年《人权法案》适合本

---

① 参见岳礼玲、张朝霞、卞建林:《德国刑事司法程序的若干问题——赴德考察报告》,载陈光中主编:《中德不起诉制度比较研究》,中国检察出版社 2002 年版,第 289 页。

② 程荣斌主编:《外国刑事诉讼法教程》,中国人民大学出版社 2002 年版,第 70 页。

③ 俄罗斯新刑诉法典第 1 条第 3 项以新宪法第 15 条第 4 项的规定为根据,明确规定:"公认的国际法原则和准则及俄罗斯联邦签署的国际条约是俄罗斯联邦调整刑事诉讼的立法的组成部分。如果俄罗斯联邦签署的国际条约规定了与本法典不同的规则,则适用国际条约的规则。"俄罗斯联邦已加入联合国《公民权利和政治权利国际公约》和《欧洲人权公约》,为了体现国际法优先原则,新法典第 413 条第 3 项在规定因新的情况或新发现的情况而恢复刑事案件诉讼的根据中,所列举的新情况有"欧洲人权法院认定俄罗斯联邦法院在审理刑事案件时因下列情形而违反了《保护人权与基本自由公约》(即《欧洲人权公约》)的规定:(1)适用了不符合《保护人权和基本自由公约》规定的俄罗斯联邦法律;(2)其他违反《保护人权与基本自由公约》的行为"。

国国情,该法案在第 2 条第 1 款规定:"无论是主动做出或被动要求,只要(英国)法院或法庭认为涉及公约的问题的引起与审判程序有关,法院或法官在审理时,必须考虑任何的(a)欧洲人权法院的判决、决定、宣言、咨询观点;(b)符合欧洲人权条约第 31 条规定的欧洲议会的观点;(c)欧洲议会与欧洲人权条约第 26 条和第 27 条第 2 款有关的决定;(d)符合欧洲人权公约第 46 条规定的(欧洲议会)部长理事会的决定"。①这既表明英国已经开始主动将本国的人权保障活动纳入欧洲人权法院的监督之下,也显示了欧洲人权法院通过受理申诉案件在欧洲人权保障中发挥了重要的作用。

总的来看,世界上一部分国家对一事不再理不允许例外,如美国、日本、法国等,一部分国家允许例外,即在特定情况下允许提起对被判决人不利的再审,如英国、德国、俄罗斯等。在德国,再审理由根据是否有利于被判刑人区分为两种情况,对于不利于被判刑人的再审基于以下理由:(1)审判时作为真实证书对受有罪判决人不利地出示的证书,是伪造或者变造的;(2)证人、鉴定人犯有故意或者过失违反宣誓义务,或者故意作出违背誓言的虚假陈述之罪,对受有罪判决人不利地作了证词、鉴定;(3)参与了判决的法官、陪审员,在与案件有关的问题上犯有不是由受有罪判决人所引起的、可处罚的违反其职务义务的罪行;(4)被宣告无罪的人在法庭上、法庭外作了值得相信的犯罪行为自白。而对于有利于被告人的再审,即使刑罚已经执行或者被告人死亡,也可以提起。② 在英国,2002 年公布的政府白皮书《所有人的公正》(*Justice for All*)中主张建立一项对禁止双重危险原则的例外。③随后,2003 年通过的《刑事司法法》(*Criminal Justice Act*),对禁止双重危险原则进行了改革。根据该法,在英格兰和威尔士,对二十九种非常严重的犯罪包括杀人强奸、贩毒等,如果发现新的和令人信服的证据证明原无罪判决确实存在错误,允许对被判决人再次追究。该新规定适用的严重犯罪的法定最高刑是无期徒刑,并且犯罪对被害人或者整个社会的危害后果特别严重。

实际上,即使是对一事不再理原则不允许例外的国家,不允许不利于被判刑人的再审也不是绝对的。例如,法国刑事诉讼法虽然对再审的主体作了明确规定,只允许有利于被判刑人的再审,但在司法实践中,自 1989 年 6 月 23 日的

---

① 徐亚文:《欧洲人权公约中的程序正义条款初探》,《法学评论》2003 年第 5 期。

② [德]托马斯·魏根特:《德国刑事诉讼程序》,岳礼玲、温小洁译,中国政法大学出版社 2004 年版,第 230—231 页。

③ 参见陈光中、郑旭:《追求刑事诉讼价值的平衡——英俄近年刑事司法改革述评》,《中国刑事法杂志》2003 年第 1 期。

法律以来,不必再按照提出再审的情况进行区分来确定哪些人可以申请再审。①可见法国对于启动再审的限制在近年以来有所松动。同样,在美国,虽然其宪法规定的反对双重危险原则被认为比一事不再理原则更严格,但是即便如此,近年来对既判力的强调也是有松动的,如 1992 年发生的轰动一时的"罗德尼金"案就是一例,在该案中,洛杉矶的四名白人警察被指控殴打黑人青年罗德尼金。当时地方检察官以"使用致命武器和不必要的暴力殴打嫌疑人"的罪名起诉,但是负责审理该案的清一色白人陪审团却判定四名被告人无罪,由此引发了轰动世界的洛杉矶骚乱。骚乱发生后,迫于社会舆论的压力,虽然本案已经终审,美国联邦检察机关决定再次对四名白人警察提起公诉,其罪名是"侵犯民权"。②

第二节　在我国刑事诉讼法中确立一事不再理原则面临的主要问题

一、一事不再理原则与我国传统诉讼价值取向的冲突

我们如果要参照《公约》的规定来确立我国的一事不再理原则,首先要考虑我国普通公民和司法工作人员对一事不再理原则的接受可能性和价值观上的冲突问题。"实事求是、有错必纠"是我们党在长期革命、建设和改革实践中形成的思想路线,也是普通公民和司法工作人员坚持的一项基本原则。长期以来,我国再审程序的指导思想就是"实事求是、有错必纠",即无论是认识事实错误,还是适用法律错误,都应加以纠正,按照全错全改、部分错部分改的原则加以纠正。③我国传统的实事求是、有错必纠的理念和《公约》规定的一事不再理原则是存在很大差异的。实事求是对于实体真实的追求,它要求更多地启动再审程序,必然会对既判力造成冲击从而直接影响到法的安定性,而一事不再理强调司法的克制性、终结性和不可逆转性。实事求是不仅倡导消极真实主义,也追求积极真实主义,而一事不再理排斥或至少是严格限制不利于被告人的纠错活动。实事求是与一事不再理两大原则的冲突和斗争,可能会使我们在改革刑事再审制度时处于两难境地。对于实事求是原则而言,对于真实主义的追求无可厚非,而对于一事不再理原则来讲,对于适当地限制再审纠错又是必然。

---

① ［法］贝尔纳·布洛克:《法国刑事诉讼法(第 21 版)》,罗结珍译,中国政法大学出版社 2009 年版,第 558 页。

② 参见何家弘:《域外痴醒录》,法律出版社 1997 年版,第 226—229 页。

③ 参见陈光中、郑未媚:《论我国刑事审判监督程序之改革》,《中国法学》2005 年第 2 期。

诚然,实事求是原则从总的精神上来看是正确的。但是,实事求是原则在诉讼制度中运用时,我们必须摆脱口号式束缚,将其与现代诉讼的基本原理真正相契合。实事求是原则强调诉讼中的实体真实,在刑事再审制度中,实事求是原则必然要求纠正冤假错案;必然要求保障公民的申诉权,解决申诉难;必然排斥"假大空"的申诉制度,而要求将我国的再审制度建立在合理、可行的基础之上。这些是实事求是原则在刑事诉讼领域积极的一面,但是,如果一味地强调实事求是、有错必纠就会走向一个极端,即只顾实体真实,而忽略了程序公正的重要性。实事求是原则和一事不再理原则的冲突始终交织在一起,使得我们在改革刑事再审制度时必须权衡利弊,一方面,我们应当参照《公约》确立一事不再理原则并相应地改革我国的再审制度,另一方面,我们又必须考虑普通公民和司法工作人员的承受能力,一事不再理原则的本土化等问题。那么,在我国确立一事不再理原则,就必须考虑到普通公民和司法工作人员的纠错心理,必须结合我国的实际确立一事不再理的例外,而且这种例外可能要比别的国家的范围更宽一点。

二、重复追诉与一事不再理原则

我国司法实践中,对证据不足,指控的罪名不能成立的无罪判决发现新的证据、事实可以再行起诉,也即存在重复追诉的问题。我们需要考虑这种重复追诉与一事不再理原则的关系。根据最高人民法院《关于执行刑事诉讼法若干问题的解释》第181条规定:对于因证据不足而宣告被告人无罪的,人民检察院根据新的事实、证据重新起诉的,应当依法受理。这就意味着,对于无罪判决只要发现新的事实和证据,即可再行起诉,而且无时间限制。这就不可避免地使那些业已受到终审裁判的原审被告人,可能因同一行为而随时、多次受到重复的追诉,其前途和命运长期甚至始终处于不确定的状态。这种重复追诉还占用了大量的司法资源,造成了程序倒流的怪现象。这些显然是与《公约》规定的"不得就同一罪名再予审判或惩罚"的精神相违背的,也即违背了一事不再理原则。

三、司法机关主动启动再审与一事不再理原则

在我国,司法机关可以主动启动再审。法院只要发现生效裁判在认定事实或适用法律方面"确有错误",就可以自行启动再审程序。法院实际上既是再审诉讼主张的提出者,又是案件的裁判者,因此难以保证其中立性和超然性,有违

控审分离的基本原则。而且,由于我国刑诉法对再审案件实行全面审查,不受当事人申诉和检察机关抗诉范围的限制,这实际上违背了不告不理原则的要求。检察机关如果发现法院的裁判存在上述错误,也可依法向有关法院提出抗诉,直接促使法院开始再审活动,这种再审中的绝大多数是不利于被追诉人的。在提起抗诉启动审判监督程序时检察机关具有双重身份,既是监督者又是参与程序的追诉者,这就很难保证检察机关不会滥用权利。此外,司法实践中,有时第二审法院认为一审判决量刑偏轻,但基于"上诉不加刑"的限制,便做出"维持原判,驳回上诉"的裁定,之后马上又提起再审程序,加重了原判刑罚。这实际上是一种规避法律的做法,架空了上诉不加刑原则,实不可取。可见,司法机关主动提起再审,既是对裁判的既判力的极大冲击,也是对一事不再理原则的背离。

四、申诉制度与一事不再理原则

申诉、上访是我国司法实践中的一个老大难问题,其中主要表现在申诉的非诉讼化和越级申诉、重复申诉、进京申诉。各地曾经多次发生申诉上访群众在政府、司法机关门口静坐、请愿,甚至有极端者自尽自残。据最高人民法院统计,2003 年 1 月至 7 月,全国仅法院接到申诉、上访 2236720 件次,比 2002 年同期上升 15.66%,其中来访 1698422 件次,比 2002 年同期上升 22.10%;2003 年 1 月至 7 月,全国法院接待集体申诉、上访 3287 批,74371 人,比 2002 年同期上升 99.56%;2004 年 1 月至 7 月,到最高人民法院申诉、上访的总人数就达 20354 件次,比 2003 年同期(6778 件次)上升 200.30%,其中刑事申诉、上访人数达 5509 件次,比 2003 年同期(1957 件次)上升 181.50%;2004 年 1 月至 7 月,到最高人民法院申诉、上访的日平均量为 177 件次,刑事申诉、上访日平均量为 31 件次,单日申诉、上访最高量达到了 731 件次。[①]此外,近年来,进京申诉、上访,越级申诉、上访,集体申诉、上访都呈现出逐年递增的趋势,据最高人民法院统计,到最高人民法院申诉、上访的数量已经 6 年持续增长。

概括而言,我国现行刑事申诉制度的问题主要体现在两个方面:一方面是申诉权的泛化,缺乏必要的限制和过滤机制,从而导致启动申诉过易。但是,真正进入再审程序却并不容易,从而又导致了许多无效、重复劳动。另一方面是申诉案件操作程序的随意化,由于法律规定的缺失和粗线条,司法实务中对于申诉案件的处理缺乏必要的监督、约束机制。虽然在有关司法解释中规定了对

---

① 　参见胡铭:《刑事申诉论》,中国人民公安大学出版社 2005 年版,第 7 页。

于申诉"应当立申诉卷","应当进行登记并认真审查处理","第一审人民法院审查后,应当写出审查报告,提出处理意见"等等,但总体上还是缺乏明确的办案程序和有效的制约。制度上的不完善既引起了老百姓的"申诉难",又造成法院面对过多过滥的申诉力不从心,这也是申诉中腐败现象的诱因。我国现行的申诉制度中,对于申诉的时间、次数、审级、理由和条件缺乏有效的限制,没有显著区分有利于被告人的申诉与不利于被告人的申诉,显然是与一事不再理原则相冲突的。

第三节 一事不再理原则与我国再审制度的改革

2012年刑事诉讼法修改,在草案一审稿中对于再审程序只字未改。草案公布后,不少民众、学者和部门提出,完善再审程序对于纠正确有错误的生效裁判,保证案件质量和维护司法工作意义重大,因此建议立法部门对再审程序进行修改完善。最终,对再审制度作出了修改,但2012年刑事诉讼法修改对于再审程序的修改属于微调,①即仅对以下方面做了修改:(1)对申诉案件决定再审的条件作出了细化和补充规定;(2)增加了一条专门针对指令再审作出规定,确立了以原审法院以外的其他下级法院进行再审的原则;(3)增加规定人民法院开庭审理的再审案件,同级人民检察院应当派员出席法庭;(4)规定了再审程序中强制措施的决定主体;(5)增加规定了再审程序中原判决、裁定的中止执行制度。②也就是说,我国此次刑事诉讼法的再修改尚未引入一事不再理原则,我国的再审程序尚有较大的完善空间。

一、再审理念的更新

制度设计者和执行者的诉讼理念,决定了一项程序改革能否顺利启动和推行。不转变观念、更新思想,任何改革亦是枉然。以往司法实践中,重实体轻程序,重打击犯罪轻人权保障,重纠错轻既判力等观念,便是我们改革的无形阻力。虽然诉讼理念的转变问题很难称得上是一项具体措施,但是其却是与具体的改革举措犬牙交错的。现代法治的一些基本理念,现在已经被我们所渐渐熟

---

① 参见陈瑞华等:《法律程序改革的突破与限度——2012年刑事诉讼法修改评述》,中国法制出版社2012年版,第201-203页。

② 参见陈光中主编:《〈中华人民共和国刑事诉讼法〉修改条文释义与点评》,人民法院出版社2012年版,第336页。

悉,但是,这些基本理念究竟有没有内化为民众的意识呢? 哪怕是专门研究法律的学者,在遇到现实问题时,是否在用自己所倡导的理念来解决问题呢? 恐怕许多美好的理念被口号化和束之高阁的现象比比皆是,不可不反省! 一项理念只有真正内化为人们的潜意识才算是到位了,实现这种内化就需要法学研究、法学教育的发达,需要一大批用法治理念武装起来的法律人,而不是大口号的漫天飞舞。同样,为了在我国确立一事不再理原则,并结合一事不再理原则来改造我国的再审制度,我们必须更新理念,具体来说,我们应当确立既判力、有利被告、法的安定性、人本主义等理念。

既判力是指判决确定以后,判决中针对当事人请求而作出的实体判断就成为规定当事人之间法律关系的基准,此后当事人既不能再提起与此基准相冲突的主张来进行争议。法院也不得作出与此基准矛盾的判断。①既判力的作用主要体现在维护裁判的终局性和稳定性。终审判决作出以后,便形成了既判力,即使发现裁判有一定的瑕疵,也不能随意更改。这种相对稳定的法律裁判所确立的司法权威,不仅能保障裁判的执行,防止无休止的争议,更重要的是能给人们程序上的正义感,增加人们对司法裁判的可预见性,从而也使得司法裁判更能被人们所接受。相反,如果检察院反复追诉,法院自己主动修改已经生效的判决,就会极大地破坏人们对司法的预见性和信任感。美国的 Willin. Brennan 法官曾在 Daul. V. Davis 一案中说:"我一直以为法院的一个最重要的作用是捍卫每个人秉于人的自我价值而怀有的正当期望。"②当人们不能满足这种正当期望时就会对司法失望,甚至采用私力救济,这就极易导致新的混乱,这显然是与刑事审判目的相背离的。但是,实践中,我们甚至因为"严打"等运动的需要,可以将判处徒刑已经投入监狱改造的犯人通过再审改判死刑,这无疑是对司法权威性的极大冲击。这里需要特别指出的是,司法权威体现了权力与威信的统一,是司法机关基于权力与威信的双重性质而得到的当事人及其他民众的自愿服从。司法权威一方面是以一定的权力为基础的,但从另一方面来看,这种权力并不一定就能有权威,如果没有威信,尽管当事人及其他民众迫于司法的强制力也会服从于这种权力,然而这便不具有自愿服从的性质,因为自愿服从只能是来自于当事人及其他民众对司法机关及其工作人员的自觉的心理依赖与心理确信。也就是说,司法权威是外在国家强制力和当事人及其他民众的心理认同共同作用的结果,是服从者对被服从者的内心确信和被服从者具有的外在强制力的统一。当前,有的学者和司法工作人员一提到既判力,提到维护司法权威,便将两者的关系简单化和绝对化,认为只要讲既判力就不能改判,这样就

---

① 参见王新亚:《对抗与判定——日本民事诉讼的基本结构》,清华大学出版社 2002 年版,第 338 页。
② 陈端洪:《法律程序价值论》,《中外法学》,1997 年第 6 期。

能维护司法权威,尤其是部分司法工作人员对既判力体现出的极大兴趣是建立在对既判力维护司法权威的作用的过分夸大之基础上的,偏离了司法权威的上述双重属性。应当指出,既判力对于司法权威的维系之作用是有一定限度的,既判力主要是从外在强制力的层面对司法权威产生积极作用,而裁判结果能否被当事人及其他民众所接受还必须考虑裁判结果是否在实质上和形式上都是公平、正当的。否则,就难逃将既判力作为司法机关不纠正错误裁判的借口,将司法权威作为司法机关独断专行的借口之嫌疑。

保障被告人在法律上的安定性。被告人作为被刑事追诉的对象,其权利无时无刻不面临着强大的国家机器的威胁,因此,为保障被告人人权,国家发现实体真实的价值追求就必然要受到约束。也就是说,国家在行使刑事追诉权时有义务保持手段的节制,即所谓的司法克制。在一个民主法治的社会里,国家权力和公民权利应当保持一定的张力。国家权力的行使必须以不侵害到公民的个人权利为限度,而国家对公民因同一事实、同一罪名进行反复追诉,便打破了这种限度,直接侵害了被告人在法律上的安定性,使得公民的权利、义务关系长期处于不确定状态,不能实现正常的生活。因此,正如田口守一教授所说,"如果重视保障被告人的法律上的安定性,就应当承认约束力,这就要求禁止追诉一方的矛盾行为。也就是说,约束力具有禁止检察官翻诉的性质"。①禁止翻诉是英美法系的普遍做法,主要指在有利于被告人的判断作出以后,检察官就不能再作出与此相矛盾的主张,法院也不能再作出与此相矛盾的判断。这里所谓的判断不仅包括生效裁判,还包括在诉讼中形成的有利于被告人的争点。基于同样的原因,许多国家有再审制度的国家也都禁止不利于被告人的再审,如法国、日本等。也就是说,检察院和法院主动发动再审并作出不利被告人的变更,显然是与这种理念相违背的。

有利被告也是现代刑事诉讼的一项基本理念。被告人作为刑事诉讼中的被追诉者,其面对的是拥有大量资源的强大的国家机器,因此被告人无疑是刑事诉讼程序中的弱者,其权利很容易受到国家追诉机关的侵害。也正因此,在刑事诉讼中,我们特别强调保障被告人的权利,在设计诉讼程序时着力于有利于被告的诉讼构造和具体制度。同时,国家不能从自己的错误中获得利益,"如果政府能够重新起诉,那么它就可能从首次起诉中掌握辩方的有利辩护理由,同时也清楚自己软肋所在,并从中获益。"②哪怕是国家的追诉活动让被追诉人占了便宜,那国家也必须承担这种后果,这也是有利被告原则的体现。根据一

---

① [日]田口守一:《刑事诉讼法》,刘笛等译,法律出版社 2000 年版,第 299 页。

② [美]伟恩·R.拉费弗,杰罗德·H.伊斯雷尔,南西·J.金:《刑事诉讼法》(下册),卞建林等译,中国政法大学出版社 2003 年版,第 1276 页。

事不再理原则,国家只能对犯罪进行一次追诉,但是对一事不再理原则的理解不能绝对化,为了实现真实主义,特别是保护无罪者不受罚,通过申诉启动再审实际上是国家追诉犯罪的必要补充。然而,补充毕竟是一种例外,适当限制再审的启动,体现有利被告原则,严格限制不利于被告人的再审是各国的普遍做法。我们应当在区分有利被告和不利被告的再审的基础上,对不利于被告人的再审的期限、次数、理由等作出更严格的限制。

人本主义的理念,即以人为本的理念,就是将人作为主体,包括作为法律上的主体,作为一切问题的基本出发点和着眼点。这是人类在历史上一直为之奋斗的理想,尤其是 20 世纪 20 年代以降,哲学家们旗帜鲜明地领导了"人类学转折"的潮流,如在法国,法哲学家们明确提出:"法律必须把自己的目光平稳地固定在它的主体问题即人的身上"。[①]"以人为本"可以说是现代人类法治的共同特征,因为法治的精神就在于充分保障和实现每个人的价值,法的主体性从本质上来看,即是对人的主体性的尊重和彰显,也是法的正当性的体现。"法律最终根据的正当性在于,保障每一个人作为一个人他所应得之物:各得其份。"[②]刑事诉讼中的以人为本,简言之,就是在刑事诉讼中尊重个人的自由、权利和人格尊严,特别是尊重那些权利最易被抹杀的犯罪嫌疑人、被告人的权利,将人以"人"相待,承认、重视并坚持人作为主体在刑事诉讼实践和认识活动中的地位和作用,给予其作为人应有的礼遇,反对将其物化、客体化、工具化。因之,我们的刑事诉讼程序必须关注如何保障每一个被告人的人权,关注如何防止司法腐败的滋长。一事不再理原则强调的维护裁判的稳定性、被告人在法律中的安定性,就是为了让人们不受司法的无故摧残,以通过适当约束司法活动来达到保障人权的目的。对于有利被告的纠错,便是体现了无罪的人不受罚的人本主义精神,这也就要求如果审判人员在审理案件的时候有贪污受贿、徇私舞弊、枉法裁判行为的,可以以此为由启动再审。

二、构建再审之诉

为建立合理的纠错机制,结合一事不再理原则改造我国现行的再审制度,应构建再审之诉。这里重点需要考虑区分有利被判决人与不利被判决人的再审,限制不利于被判决人的再审,限制被害人提起的再审,限制司法机关主动提起的再审,申诉的诉讼化等问题。再审程序的改革是我国当前司法改革的重点问题之一,单纯追求实体公正,要求有错必纠,显然是片面的,实践中申诉难、申

---

① 林喆:《权利的法哲学——黑格尔法权哲学研究》,山东人民出版社 1999 年版,第 334 页。

② ［德］考夫曼:《法律哲学》,刘幸义等译,法律出版社 2004 年版,第 293 页。

诉多等问题很突出,改革势在必行。但是,对于具体怎么改,应当深思而慎行。

应当区分有利于被判决人和不利于被判决人的再审。现代化的再审程序必须把一事不再理原则、既判力理念、程序安定性与纠正错判结合起来,在刑事诉讼中应区别有利于被判决人和不利于被判决人两种情况做不同处理。多数国家都在区别有利于被判决人和不利于被判决人的基础上,限制不利于被判决人的再审,如在法国,禁止发动不利于被告人的再审,在德国,虽然再审制度不限于被告人的利益,对被告人不利的再审也被允许,但在启动时要受到更多的限制。我们在设计再审制度的改革时,也应当区分有利于被判决人和不利于被判决人的再审,在此基础上,分别确定两类再审的理由和期限等问题。对于刑事被害人的申诉,可考虑限制其申诉的提起。实践中,刑事被害人申诉占了申诉的很大一部分,而且基本上是不利于被告的申诉,适当地限制刑事被害人的申诉是缓解申诉多问题的一个思路。

应当强调不能限制无罪错判有罪者申请再审的权利。无辜的人不受追究,是刑事司法中人权保障的最基本要求。如果某人根本没有犯罪而被判处刑罚,那么即使过了几十年,也应允许他本人甚至是他的子孙后代提出再审之诉。例如苏联的布哈林,1938 年被判死刑,过了五十年后,他的亲属又提出申诉,1988年才通过再审被平反。我国文革中的许多冤假错案,都是在事隔多年,也就是在十年动乱结束以后才得到平反。实践中,有的被冤枉者可能由于种种顾虑而不敢申诉,如被判处死缓后因怕被改判死刑,又如害怕被认为是认罪态度不好而影响减刑,被冤枉者就可能选择在被释放后再申诉,这时申诉的时间如果限制得过于严格,如限于一年或两年①,显然不符合保障人权的要求。因此,再审理念上不能只强调程序终局性而不注意纠正生效裁判实体错误,特别是对无罪错判有罪的已生效裁判任何时候都应当允许申诉,在查清案件事实真相后,必须加以改判平反,还无辜者以清白。也就是说,不能限制无罪错判有罪者的申请再审的期限。

应当正确理解再审案件中的"错案"。笔者认为应当理解为案件的处理结果发生实质性错误。对于刑事诉讼而言,"错案"应当是指对于主要事实和重要情节认定错误,混淆了罪与非罪、此罪与彼罪,对有罪者不追究,使无罪者受处惩罚,漏罪和遗漏了罪犯,量刑畸轻畸重等。为了维护法的安定性,对于实践中常常出现的量刑稍有偏差,对法律理解略有出入等情况不应纳入再审纠错的范围。换言之,所谓"错案",有大错小错之分。以往片面地强调"有错必纠"似有不当。再审纠错的总原则应是:对于不利于被告人的重大冤假错案,必须坚决

① 参见深圳市中级人民法院于 2002 年 10 月出台的《关于申诉和申请再审的若干规定(试行)》。

纠正；对于基本事实清楚，定性不错而只是量刑偏重的小错，则不能纠缠不清。至于对有利于被告人的错案，除非是由于承办案件的侦查、检察、审判人员贪赃枉法包庇罪犯而导致有罪不罚、重罪轻判，即使原判决完全错了（将有罪判无罪或者将重罪轻判）也不宜轻易改变。因为法院的判决是代表国家对被告人的承诺，如果原判决不当，也只能是在事后总结经验，下不为例，而不能对已经宣告了判决的被告人再次发动第二次追诉。

笔者对于刑事领域的申请再审制度的具体构想如下。

1. 关于申请再审的主体

（1）申请再审的主体应具有层次性。我国申诉主体的地位没有主次之分，时间上没有先后之分。这就说，当事人及其法定代理人、近亲属都可以随时提起申诉，这也导致了实践中发生当事人已经息讼服判而其近亲属申诉不休的现象以及多头重复申诉的现象。鉴此，在申请再审制度中，应当明确当事人和其法定代理人、近亲属在申请再审时的地位是不同的，当事人应当具有排他的申请再审权。可以规定：除非当事人明确授权，只有在当事人无法正常行使申请再审权，如当事人死亡或者被宣告死亡或其为无行为能力人时，才能由其法定代理人、近亲属提起再审申请。（2）应明确当事人及其法定代理人、近亲属委托的律师在申请再审案件中的地位。根据现行法律，律师在申诉案件中师出无名。根据我国刑事诉讼法，"诉讼代理人"是指公诉案件的被害人及其法定代理人或者近亲属、自诉案件的自诉人及其法定代理人委托代为参加诉讼的人和附带民事诉讼的当事人及其法定代理人委托代为参加诉讼的人。可见，我国刑事诉讼法既没有将律师作为申诉的主体，在申诉案件中律师也不是诉讼代理人，仅最高人民法院的司法解释规定了"申诉可以委托律师代为进行"。虽然律师法第28条规定了律师"可以代理各类诉讼案件的申诉"，但律师在申诉案件中并不具有诉讼代理人的地位，更不是辩护人，这就使得律师参与申诉案件时的权利无法得到保障。为了充分发挥律师在申请再审案件中的作用，应当明确赋予律师代理申请再审权，并享有查阅有关案卷材料、同在押的被判刑人会见和通信、调查取证等权利，以更好地维护再审申请人的利益。同时应确立对于确有经济困难的再审申请人的法律援助制度。

2. 关于申请再审的理由

我国刑事诉讼法第242条虽然规定了启动再审的理由，但是法律上却没有规定申诉的理由，这就为无理申诉、恶意申诉打开了方便之门。为缓解目前申诉多、申诉率高的问题，对于申请再审必须附一定的条件，其中主要应明确提起申请再审的理由。建议借鉴启动再审的理由，并结合各国再审的一般作法，分别对有利于被告人和不利于被告人的申请再审的理由作出规定。有利于被告人的申请再审的理由可以规定为:(1)有新的证据证明原判决、裁定认定的事实确有错误,足以影响定罪量刑的;(2)据以定罪量刑的证据不确实、不充分、依法应当予以排除,或者证明案件事实的主要证据之间存在矛盾的;(3)原判决、裁定适用法律确有错误的;(4)违反法律规定的诉讼程序,可能影响公正审判的;(5)司法工作人员在审理该案件的时候,有贪污受贿,徇私舞弊,枉法裁判等职务犯罪行为的。其中所谓的"新证据",就是强调申请再审方提出的证据如果是其在判决生效前已经掌握的,便不能作为提起申请再审的理由;新证据应与其他证据相结合进行综合判断,认定时同样适用"疑罪从无"原则,即有利被告的存疑应当改判。

2012年刑事诉讼法的修改保留了不利于被告人的再审,特别是法院、检察院提起的再审,使得被告人易陷入双重危险的境地,是否应该废除不利于被告人的再审,是一个需要认真研究的问题。针对我国刑事诉讼法的传统与现况,对于不利于被告人的再审,短时间内恐怕很难废除。本着严格限制不利于被告人的再审启动之精神,借鉴各国通行的做法,应限于以下情况:(1)严重犯罪漏判的,即原判证据不足而判为无罪,后来发现新的证据证明原被判无罪的人实施了实际刑罚可能判处10年以上有期徒刑的;(2)司法工作人员在审理该案件的时候,有贪污受贿、徇私舞弊、枉法裁判等行为的;(3)被判刑人串通证人、鉴定人作伪证的。

3.关于申请再审理由的举证责任

笔者认为,申请人在行使申请再审权时应履行一定的举证义务,即应对自己提出的申请再审理由负举证责任。根据现代证明责任分层理论,这种举证责任可以归入提出证据的责任,①即申请再审者应当提出证据证明确实存在冤假错案并应当由法院启动再审来重新审理。但是这种举证只要达到"优势证明",就是说只要求超过50%的可能性即可,也就是证明到"可能有错"。从表面上看,这似乎增加了申请人的责任,不利于申请再审权之实现,但是,这样要求可以克服申请再审随意化,使再审得以正常启动,从而使申请人真正实现其权利。这一点与行政诉讼中行政相对方为了推动诉讼的进行,应当首先提出证据证明存在具体行政行为侵犯了其合法权益的规定相类似。一旦再审被启动,证明责任仍由控诉方承担。

---

① 提出证据的责任和说服责任的分类来源于英美法系的证明责任分层理论,提出证据的责任(burden of going forward)也称推进责任,是指当事人提供证据证明其主张构成法律争端从而值得或者应当由法院进行审理,并引发法官或者陪审团对该主张进行审查判断的证明责任,简单地说就是利用证据推动诉讼进行的责任。说服责任(persuasive burden)是指当事人提出证据使法官或者陪审团确信其诉讼主张成立的义务,否则就必然遭受不利裁判的证明责任。

4.关于申请再审案件的管辖

我国刑事诉讼法对申诉的管辖规定得比较乱,原审法院及其上级法院、同级检察院及其上级检察院都可以受理申诉,看起来貌似民主,但多头管辖实际上却是责任不明的根源,这是导致大量重复申诉现象和处理机关之间相互推诿的一大原因。只有将责任明确到位,才能真正保障再审申请人的权利。对于申请再审案件的管辖究竟应该如何规定为好? 有学者提出,再审申请应当由作出生效判决法院的上级法院受理,①理由是"自己纠正自己的错误似乎不合情理"。这种观点得到了许多人的支持。笔者认为这一观点虽言之中肯,实质上缺乏现实性。因为一方面,经过两审终审,我国的生效刑事判决多为中级或高级法院作出,如果申请再审再由其上级法院管辖,则大量的再审案件将涌向高级法院甚至最高法院,这是司法实践所无法承受的,加上我国有"进京告状"的传统,这也可能成为首都稳定的一大隐患;另一方面,我国地域辽阔,如果将申请再审案件集中于高级法院或最高法院,将给申请人带来时间上和经济上的很大负担,实质上不利于申请人实现其权利。但是,让自己纠正自己的错误的确很难,因此,笔者主张,申诉案件可以由原终审法院同级的另一法院来管辖,并由其上一级法院指定该管辖法院。

需要注意的是,2012年新刑事诉讼法虽然规定了上级法院指定其他下级法院管辖再审的新制度,但是实践中最大的困难实际上是申诉的受理和再审的启动,而不是再审的过程,因此仅规定指定再审管辖是不够的,还需规定指定申诉管辖。② 同时,由于新刑事诉讼法对什么是"原审法院审理更为适宜"作出规定,便很容易使得244条规定的指定再审管辖被架空。此外,还应从法官独立,强化上级法院对申请再审案件的监督,对于特殊案件采用上级法院提审等方面进一步保障再审的公正性,特别是最高人民法院对于典型性的错案,应该通过提审的方式以便产生示范性的作用。③ 鉴于以上分析,笔者将申请再审的受理机关分为两类:其一,简单、争议不大的申诉案件由作出生效判决的原终审法院管辖,其二,疑难案件由原终审法院的同一级法院或上级法院来管辖,应当赋予申请人请求权,即申请人有合理理由时就可以请求上级法院提审或指定其他法院管辖。对于检察院和法院之间的分工,可以明确规定对于由被害人提起的申请再审由检察院管辖(也可以称为申请抗诉),由被告方提起的申请再审,则只能

---

① 参见陈瑞华:《刑事诉讼前沿问题》,中国人民大学出版社2000年版,第505页。

② 2012年新刑事诉讼法第244条新增规定:上级人民法院指令下级人民法院再审的,应当指令原审人民法院以外的下级人民法院审理;由原审人民法院审理更为适宜的,也可以指令原审人民法院审理。

③ 2013年4月,新任最高人民法院院长周强表示,他或将亲自审理案件。这引发了全国人民的热议,也让法学界倍感振奋。参见《媒体称最高法院院长周强或将亲自审理案件》,http://hunan. sina. com. cn/news/b/2013-04-29/114350043. html,最后访问日期:2013年6月11日。

由法院管辖。

5.关于申请再审的受理、审查程序

我国刑事诉讼法对处理申请再审的受理、审查程序并未作出明确规定,《最高人民法院关于规范人民法院再审立案的若干意见》虽然作出了一些规定,但仍然有待进一步的完善。根据"立审分离"原则,现主要以法院为例设计申请再审的受理、审查程序。对于再审的请求应由立案庭统一受理,对于所有的申请必须立"申请再审卷"以备复查。立案庭的工作主要是对申请再审的材料作形式审查,也就是审查再审申请是否符合法律规定的要件,包括是否主体适格;是否提交了再审申请书和原生效判决书;是否提出了申请再审的理由并达到了"可能有错"的标准;是否超出申请期限等。只要符合这些要件就应当立案,反之则驳回申请。为查明案件事实可以调查取证,对于疑难和有争议的案件应采用听证程序,对此将在下文展开论述。申请再审案件在立案以后便移交审判监督庭进行实质性审查。对于申请再审的处理结果应当采用裁定书。裁定书比现在用通知书的形式告知申诉人处理结果更显得正式、严肃,裁定书应当增强说理性,明确说明法律依据和事实依据,以使申请人真正接受处理结果,这也是对法官自由裁量权的一种制约。

6.其他几项具体程序问题

(1)应进一步体现区分有利被告人的再审和不利被告人的再审。如对于停止原判决、裁定的执行,没有区分有利被告人的情形和不利被告人的情形。(2)严格执行申请再审时效和申请再审的次数。对于有利于被告人的申请再审不受时效限制,但是对于不利于被告人的申请再审必须在申请再审时效内提起。申请再审的次数一般应限制为两次,即申请再审在经过两级司法机关作出处理决定后就不能再次提起,这是减少反复申诉、无理申诉的重要保障。对于有利于被告人的申请再审,如果是被告人被判处 10 年以上有期徒刑、无期徒刑、死刑的案件,不受次数的限制。(3)对滥用申请再审权者应给予适当的处罚。即对申请再审中的诬告陷害、作伪证、打击报复、暴力冲击司法机关等行为,应给予相应处罚,甚至追究刑事责任。

以上改革设想,是有利被告原则的具体化,体现了对无辜、受冤者再审申请权的保障,体现对不利被告的再审的限制,可谓是实事求是原则与一事不再理原则之契合。

三、构建再审巡回审判制度

从长远来看,笔者大胆设想建立一种大区巡回审判制度,来解决申诉难、再审难问题。即设立大区巡回法院,代表最高人民法院对重大、复杂的申请再审案件进行管辖。具体如下:(1)性质与人员。大区巡回法院在性质上属于最高人民法院的派出机构,大区巡回法院的法官在编制上都属于最高人民法院。(2)跨地区设置。按照地理上的区划,而不是行政区划来设置大区巡回法院。如华东区巡回法院、华南区巡回法院。大区巡回法院可以设置在本地区的交通枢纽城市,不一定设置在政治、经济中心。(3)经济保障。大区巡回法院按照最高人民法院的经费保障方式供给人财物等司法资源,不受地方财政的掣肘。(4)管辖。设置初期负责死刑案件的申请再审案件,并逐步扩展到重大、复杂再审案件。

相对于现行的再审制度和司法机关架构,大区巡回审判的改革具有如下八大优点:

(1)避免了最高人民法院本部的人员膨胀,有助于实现人员的合理分流。我国最高人民法院机构和人员膨胀,特别是刑事法官数量巨大,不符合现代最高法院的定位。纵贯世界各国的最高法院,一般只有几位、几十位法官,罕见超过百位最高法院法官的,而我国却有千余之众。大区巡回法院作为最高人民法院的派出机构,法官保留最高人民法院编制,其既实现了最高人民法院有效瘦身,又保障了法官的利益与积极性,还可以克服地方法院"地方化",避免法治的不统一。

(2)有利于最高人民法院的重新定位。位于北京的最高人民法院本部,既不应该陷身于大量的申诉、上访或上诉审案件,也不应当围绕着事实问题试图成为司法系统纠正事实认定错误的最后关卡,而应当在精简案件数量的前提下以法律审和政策审为核心,从而主要致力于为全国司法把握大方向。

(3)分散社会矛盾,避免申诉、上访集中于北京。我国正处于转型社会,社会矛盾在一定的时期可能激化,这种矛盾如果集中于北京,将对首都的安全、秩序产生极大影响。大区巡回法院的设置符合就地解决矛盾的原则,有利于首都的稳定。这也可以避免地方政府大量到北京截访、接访工作。

(4)便于就地办案、会见当事人和组织听审。随着现代交通的发展,在大区内能够相对便利地开展诉讼活动,这样既减少了办案人员的负担,也减轻了财力、物力的耗损。也只有这样才能避免再审案件过于依赖行政化的书面审,为诉讼化的再审程序和有效纠正司法错误奠定基础。

(5)为将来三审制的改革做好铺垫。从长远来看,三审制是我国未来司法改革的一种趋势。多一个审级就意味着给当事人多一次希望,有利于增强当事人和民众对司法裁判的信心。事实审和法律审相分离,也符合现代法治发展的方向。但是三审制改革涉及面很广,显然不是当前就能够一蹴而就的。

(6)巡回法院制度在英美等西方国家有先例,有成功经验可供借鉴。如美国联邦法院系统共有 13 个巡回法院,其中包括 11 个巡回区的法院、哥伦比亚特区和联邦巡回上诉法院。联邦最高法院与巡回法院之间被视为是"委托-代理"（Principal-Agent）关系。①联邦最高法院只负责极少量的涉及宪法性问题的重大、疑难案件。

（7）传承了中华法文明，在我国古代便有类似的巡回审判。我国的巡回审理制度自古有之，主要是中央派员到地方代表皇帝审理重大、疑难案件，并发挥监督地方官员的作用。如唐朝的监察御史、宋朝的提点刑狱司和御史台②、明朝刑部下设的司务厅和十三清吏司，都具有代表皇帝到各地审理申诉案件、重大案件的职能。

（8）大区制的设置方式在我国近期的机构改革中也有先例。作为央行的中国人民银行在1998年的改革中跨省（自治区、直辖市）设置了九家分行，其后又在上海设立了中国人民银行二总部。③央行的机构改革可以为司法体制改革提供现成的经验。

四、对于申诉案件进行疏导与分流

申诉案件多是我国司法实践中的突出问题。如果不能有效地减少申诉、上访，单单靠构建再审之诉很难彻底解决问题。这里就涉及对申诉案件进行疏导与分流的问题，只有这样才能保障再审制度的改革、实行司法公正，而不是简单地靠严格的一事不再理来压制申诉。也就是说，一方面是确立一事不再理原则，并通过构建再审之诉来改革我国现行的再审制度，另一方面是对申诉案件进行疏导与分流，双管齐下、两手都要硬，才是我们努力的方向。

说到疏导与分流，实际上主要应考虑的是公安司法工作人员究竟该怎么对待申诉的老百姓？这个问题也许是我们能否处理好申诉问题的关键，也是许多公安司法工作人员的心结所在。急功近利式的方法就是"堵"和"压"，这种方法明眼人一看就有问题。但是，实践中却确实有不少公安司法工作人员和政府官员是这么想并且是这么做的，甚至司法解释中的某些条款也是体现了这种想法

---

① Donald R. Songer, Jeffrey A. Segal, Charles M. Cameron, "The Hierarchy of Justice: Testing a Principal-Agent Model of Supreme Court-Circuit Court", American Journal of Political Science, Vol. 38, 1994, p. 673.

② 宋朝的御史台既是监察机构，同时又具有司法职能。为了加强中央对地方司法的监督，御史台上增设了推勘官代表皇帝分赴各地审理重大案件。

③ 2005年8月10日，根据中央机构编制委员会办公室《关于设立中国人民银行上海总部的批复》（中央编办复字[2005]83号）精神，中国人民银行上海总部正式挂牌成立。中国人民银行上海总部主要承担中央银行公开市场操作、金融市场监测、金融信息分析研究、金融产品研发和交易、区域金融合作等职责。

的。申诉案件办不过来,申诉会引起一定的社会动荡,但即便如此,我们也应该清醒地认为到,拒绝一切越级申诉、进京申诉的策略和暗示是有害而且是很危险的。一个大坝可能截住一条河,官吏可以堵住人民的口,但其效果都是短暂的,而且灾难性的泛滥必将会随之而来。早在清代,一位刑部的官员就曾指出"越诉人不是讼棍而是有冤枉的人民。否则他们为何要背井离乡,不辞旅途之辛苦,以及冒着生命危险来到北京?我看到他们身心耗竭,泪水满面,恳切地跪立在都察院门前。他们之所以越诉,是因为他们感到自己在下层受阻,且别无他途所求。"①鉴此,笔者认为,对于申诉,堵和压不是解决问题的办法,我们只能是采用疏导和分流的办法,一点一滴地解决问题,具体来说有以下的一些思路:

明确与落实申诉案件经办人的责任,经办人应当耐心、细致地做好申诉人的工作。每天面对满腹牢骚、甚至是衣衫褴褛的申诉人,公安司法工作人员都要笑脸相迎的确不是一件容易的事情,但是,这是一名称职的申诉案件经办人的责任,否则,就很容易激化矛盾。对于申诉案件的经办人,应当明确其职责,要求其耐心做好疏导工作,积极地与申诉人沟通,切实防止踢皮球、敷衍了事的做法。值得注意的是,最高人民检察院于 2003 年 7 月 11 日颁布了《人民检察院控告、申诉首办责任制实施办法(试行)》,该办法要求在整个检察系统内实行首办责任制。对属于检察机关管辖的控告、申诉,负责控告、申诉的检察部门按照"分级负责,归口办理"的原则,分送有关部门办理,要求首办责任部门指定首办责任人,负责办理每一个具体案件。这一办法的出台对于明确与落实申诉案件经办人的职责是一种有益的尝试。

建立领导定期接待制度。司法机关的领导定期接待申诉、上访群众是改变官僚主义作风,让领导干部深入群众,改变司法机关形象的一种有力举措。通过让司法机关的领导干部与申诉群众面对面地交流,使得申诉案件的办案效率能够得到很大的提升,使得申诉群众能够真正及时地将自己的话说出来,也能够对申诉案件经办人形成一定的制约效应,使得经办人不能够不闻不问、以拖代办。为了严防这种制度沦为一种形式或作秀,不能在领导接待日前搞阻拦、指定接待或限制某些申诉者在接待日申诉、上访,以便保障申诉者能够获得一个公平的被接待的权利。当前,司法机关在实践中已经开始试点实行领导干部轮流接待申诉上访群众的制度,但是,还尚未形成一个固定、合理、成熟的具体机制和程序。

对申诉、上访老户进行集中清查。司法实践中,少数的申诉、上访老户是申诉中的难点问题,这些案件久拖不决,是司法机关最头痛的难题。我们不能回

---

① 高道蕴、高鸿钧、贺卫方编:《美国学者论中国法律传统》,中国政法大学出版社 1994 年版,第497 页。

避这些难题,而应当积极主动地去啃硬骨头,司法机关可以考虑像集中清理超期羁押那样①,集中优势力量来集中解决申诉、上访老户问题。只要这些老大难问题得到有效解决,申诉案件的办案压力就会大大减少,也会为今后处理申诉案件创造出良好的条件。这就需要司法机关下定决心,在一个时期内集中解决这些难题,以便形成良性循环。同时,可以考虑建立重大申诉案件快速反应机制或特别处理制度,对于特别重大的申诉案件优先重点办理,以免成为新的老大难问题。

扩大和解在刑事案件中的运用,分流申诉案件。2012 年刑事诉讼法修改确立了刑事和解制度,②但刑事和解在我国适用面还较窄,只适用于轻微刑事案件,这便极大地限制了其作用的发挥。刑事和解的本质是刑事司法从对抗到对话,使得追诉犯罪的过程更加理性化、人性化。这里的对话应是一种目的,而决非仅仅是手段,对话比赔偿更重要。我们不能为了促成加害人与被害人之间的妥协,而将对话强加给当事人。在对话的过程中,需要强调的是加害人"真诚悔过"并与被害人达成共识。对于许多申诉案件,如果司法机关简单地驳回申诉,很可能使案件的矛盾更加激化,甚至成为社会重大不安定因素,相比之下,开展积极有效的调解,经耐心细致的思想疏导工作,最终自愿达成了和解协议,是弥合冲突和实现息诉的良途。因此,一方面,司法机关要改变工作方式,对申诉案件进行调解,另一方面,将来应当逐步扩大刑事案件中和解的适用范围,同时扩大其他非诉讼解决纠纷机制的适用,以使得申诉案件能得到有效地分流。

此外,为了解决当前申诉、再审问题,重点应当考虑如何提高审判质量,特别是提高一审的审判质量是缓解申诉多的关键所在。从根源上看,基层和中级法院的司法不公是申诉多的首要原因,如果能够在基础和中级法院构建坚强的一审,自然减轻了上级法院二审、再审的压力,也自然缓解了申诉问题。

第四节　再审制度改革的相关配套措施

综上所述,当前,我国再审程序改革的当务之急是确立一事不再理原则,即规定"任何人已依法律及刑事程序被最后定罪或宣告无罪者,不得就同一罪名

---

① 截至 2003 年 12 月 31 日,全国法院共清理超期羁押案件 4100 件,7658 名被超期羁押的被告人获得了判决。除 91 件案件因被告人检举需查证等法定事由外,全国法院所有超期羁押案件全部如期清理完毕。其中,最高人民法院和吉林、重庆等 15 个高级法院及所属法院实现零积案。参见 http://www.bjbusiness.com.cn/20040106/yaowen8.htm.,最后访问时间:2013 年 4 月 21 日。

② 相关讨论参见陈光中主编:《〈中华人民共和国刑事诉讼法〉修改条文释义与点评》,人民法院出版社 2012 年版,第 416－420 页。

再予审判或惩罚。"同时,规定一事不再理原则的例外,即(1)严重犯罪漏判的,即原判证据不足而判为无罪,后来发现新的证据证明原被判无罪的人实施了实际刑罚可能判处 10 年以上有期徒刑的。(2)司法工作人员在审理该案件的时候,有贪污受贿、徇私舞弊、枉法裁判等行为的。(3)被判刑人串通证人、鉴定人作伪证的。其次,参照一事不再理原则改革我国的再审制度,构建再审之诉和大区巡回审判制度,并对申诉案件进行疏导与分流,这一构想上文已经展开论述,在此不再赘述。

我国现行再审制度的改革势在必行,但对于再审制度自身的关注也许只是问题的冰山一角,也许我们更应当将这一制度的改革放置于我国整体的社会制度、法律制度的变革中来考察,系统的分析、更多的实证研究才能使我们不陷于一叶障目。具体而言,笔者认为我们还应当着重关注以下几个相关问题:

真正独立的司法审判是有效纠错的基础。没有真正的司法独立,哪怕构建起了理性的纠错救济程序,也很容易异化为一种摆设。在再审案件的司法实务中,鉴于纠正冤假错案的敏感性,往往容易引起上级机关和党政部门"定基调、给指示",同院法官之间的相互干扰也很容易障碍纠错。这些干扰,有的是一片苦心,希望社会能稳定、纠纷能及时解决,有的则是个人利益、社会关系、腐败问题等因素在起作用。但是,不管动机是什么,在一个法治的社会里,行政干预司法、司法外因素影响司法、上下级法院或其他法官的干扰,都是破坏法治的。如何处理好党和司法独立的关系、人大与司法独立的关系、法院系统内部关系等问题都是我们必须考虑的问题,总的原则是只有确保司法独立,尤其是法官独立,才能实现程序的民主化、法治化,才能真正理性地启动再审并纠正司法错误。

实现法官精华化和法律职业一体化,为司法纠错提供智识保障。任何一个法治社会的法官都应当是这个社会的精英分子。特别是在英美法系,法官的任职条件极为严格,如要通过难度极大的司法考试,要求有十年或是更长的律师工作经历等等,以至于四十岁以前当上法官是极为罕见的事情。这种严格的条件,使得法官精英化成为可能,也就是说绝不是任何一个人都可以成为法官的。同时,法治社会要求法律职业的一体化。包括律师和法官在内的职业法律家不应当是各自为政的,律师与法官职业之间不应当存在资格屏障。这种一体化的法律职业使得优秀的律师可以成为法官,法官职业的垄断性应当被打破。我国法官的素质很大程度上并不优于一般的公务员,法律职业间的界限极为鲜明,律师和法官甚至可以说是完全属于两个世界,法官们在倡导司法独立时常常是更多地热衷于维护自己的身份性特权以及垄断性利益。可以说,我国的法官精英化和法律职业一体化还需要漫长的努力。再审之诉的确立和听证程序的推行,对司法队伍的素质提出了更高的要求。再审案件中的独立办案也要求法官本身素质必须过硬,否则,越独立越容易导致枉法裁判。我们应从法官的职业准入、任职条件、人才选拔、考核培训等多方面着手力求实现法官精英化,特别是应当从优秀的律师和法律学者中选拔法官。

改革审级制度,对于严重刑事案件适用三审终审。在调研中,笔者发现许多基层的法官都主张建立三审制。如果搞三审制,就给当事人多提供了一次救济的机会,这对于提升办案质量,提高判决、裁定的信服度,满足当事人的纠错要求和缓解其不满情绪,都是有益的。科学的审级制度实际上是通过司法职能的配置实现上下级法院之间的双向制约,对法官的心证与裁量权形成潜在的监督,从程序上和实体上两个方面保证案件裁判的公正性。但是,增加一个审级就意味着增加一道工序,就意味着需要投入大量的人力物力与司法资源,这对于国家来说是一个不小的负担,短时间内全面推行三审制必有较大困难,同时,对于一些轻微案件采用三审制也没有必要,因此,笔者主张,在扩大简易程序适用的基础上,对于严重案件可以考虑试点三审制,当前可以将三审制适用于可能判处死刑的案件,待时机成熟时扩展到可能判处十年以上有期徒刑的案件。对于三审中是否要区分事实审、法律审问题也是一个值得深入探讨的问题,在此限于主题不再深究。

正确适用错案责任追究制和法院院长检讨制。确立错案责任追究制和法院院长检讨制的目的,是为了处罚贪赃枉法、徇私舞弊造成冤假错案的法官及追究失职领导的责任。但是在实践中出现了对再审改判的案件一概追究原审法官责任的做法,这种不分青红皂白一刀切的做法显然不妥,这只能是进一步加大纠错的阻力。鉴此,应当正确理解和正确适用错案责任追究制和法院院长检讨制。如果原判决的错误只是由于对政策与法律的理解偏差而造成的,原审法官并无贪赃枉法、徇私舞弊等行为,那么在错案被纠正后,一般应是总结经验、提高认识的问题,而不应一律对原审法官进行处罚。如果原审法官存在贪赃枉法、徇私舞弊或者其他渎职行为,当然应该依法追究其法律责任。也就是说,再审案件中的所谓错案与错案责任追究中的所谓错案,应当是有区别的。

完善律师制度,扩大法律援助。这是完善再审纠错制度时的一个重要的前提条件。我国刑事法律援助制度在 2012 年的修法中虽然已经有了很大的拓展与进步,[①]但对于再审纠错中的法律援助却仍未涉及。没有律师的帮助,申请再审者的合法权益很难得到有效保障,冤假错案也很难及时得到纠正。在德国,在修正刑事诉讼法的过程中,学者们就提出"对提起再审之人的实质上地位之

---

① 参见陈光中主编:《〈中华人民共和国刑事诉讼法〉修改条文释义与点评》,人民法院出版社 2012 年版,第 19—21 页。

改善尚有一最重要之修正要求,亦即尤其当其在服自由刑时——其所有帮助的工具均被切断。"现在,在德国,"对欲在再审程序之准备及进行阶段为其指定一位强制辩护人之要求,此已在刑事诉讼法修正第一草案中获得实现。依该法律规定,法院依受判决人之声请认为就案件之事实、法律层面之困难度观之,显有必要者,则应为其指定一辩护人。"① 在日本,法律规定应当为某些特殊的再审案件指定辩护人,即日本刑事诉讼法第 451 条规定,"为死亡的人或者没有康复可能性的心神丧失的人的利益而提起再审请求时"和"受有罪宣判的人,在作出再审的判决前死亡,或者陷于心神丧失的状态且没有康复的可能性时",即使被告人不到场,也可以进行审判,但是辩护人没有到场时,不得开庭,如果提出再审请求的人没有选任辩护人时,审判长应当依职权选任辩护人。

此外,再审制度的改革还涉及一系列其他问题,例如遏制司法腐败、审判方式改革、侦查合法性、司法审查机制的确立、证据制度改革等等,这些问题都与提高办案质量,减少再审压力息息相关,只有这样,才能在我国真正确立一事不再理原则,但限于主题对于这些问题不再展开。

① ［德］克劳思·罗科信:《刑事诉讼法》(第 24 版),吴丽琪译,法律出版社 2003 年版,第 549 页。

第六章　刑事错案国家赔偿的分析与完善

第一节　刑事错案国家赔偿概述

刑事错案不仅消耗了国家的司法公信力,更是给当事人的身心带来了巨大的伤痛。无论是在母亲墓前含泪恸哭的佘祥林,还是出狱回家以后"深感物是人非"的张高平,"屈打成招"、"死而复活"、"沉冤昭雪",十几年年华过去,青春不再。我们在感慨错案带来伤痛的同时,直面刑事错案赔偿制度,警策后来者使其敬畏手中公权,敬畏生命,及时运送迟来的正义抚慰当事人,进而重建民众对法治的信心具有深刻的意义。但是,如果说冤狱当年给当事人留下的是身心的伤痛,那么今天,冤案的佘祥林们提出的国家赔偿仍然面临种种无奈与尴尬。

一般认为,刑事错案的国家赔偿指国家对行使侦查、检察、审判职权的机关以及看守所、监狱管理机关及其工作人员行使职权时侵犯公民、法人和其他组织的合法权益并造成的损害进行赔偿。

现代刑事赔偿制度在19世纪末期首先在法国出现,以后逐渐为世界各国所认同,并为一些区域性人权公约和《公民权利和政治权利国际公约》所认可。在立法架构上,各国通常区分造成损害后果的行为违法与否分别立法。例如德国将违法错误的判决和违法的刑事追诉措施之命令作为一类情况,在《德国基本法》、《民法》等法律中规定赔偿归责,而将形式上合法,但却造成损害的刑事追诉措施作为另一类,由《联邦德国刑事追诉措施赔偿法》作出专门规定;在日本,检察官、法官等违法执行职务造成损害的,适用《国家赔偿法》,而如果受到羁押、拘押、拘禁最后被判决无罪或被判决无罪但原判刑罚已执行的,适用《国家补偿法》;我国台湾地区与这两国有类似的规定,其"国家赔偿法"第13条规定对因行使审判或追诉职务的法官、检察官实施了被判决有罪违法行为而受到的损害予以赔偿,因羁押或者已经执行的刑罚而遭受损害的受害人则按《冤狱赔偿法》的规定处理。

　　虽然没有对针对损害后果区分立法,也没有区分国家赔偿和国家补偿,但我国 1994 年制订并经过 2010 年和 2012 年两次修改的国家赔偿法也规定了相应的刑事赔偿制度。此外,一些司法解释和行政规章,包括 2011 年 2 月 14 日最高人民法院关于适用《中华人民共和国国家赔偿法》若干问题的解释(法释〔2011〕4 号)、2011 年 2 月 28 日最高人民法院《关于人民法院赔偿委员会审理国家赔偿案件程序的规定》、2011 年 4 月 22 日最高人民检察院《关于适用修改后〈中华人民共和国国家赔偿法〉若干问题的意见》、《国家赔偿费用管理条例》(国务院令第 589 号)等,也对刑事赔偿作出了相应的规定。本章以这些规定为基础,就其中的一些问题作规范性分析。

第二节　刑事错案赔偿的归责原则与范围

　　刑事错案赔偿的归责原则直接关系到了错案赔偿的范围。《国家赔偿法》第 3 章第 1 节共 3 条规定了刑事赔偿的赔偿范围,第 17 条是侵犯人身权的赔偿范围,第 18 条是侵犯财产权的赔偿范围,第 19 条则列举了不予赔偿的范围。对赔偿范围进行分析可以发现,我国总体上采用违法责任、结果责任、违法责任和结果责任相结合的归责原则。具体而言,第 17 条第 1 款采用违法责任和结果责任相结合,第 17 条第 2 款、第 17 条第 3 款、第 18 条第 2 款采用结果责任,第 17 条第 4 款、第 17 条第 5 款、第 18 条第 1 款采用违法责任。通过对以上条文和原则的考察,我们发现,《国家赔偿法》的归责原则和范围存在诸多问题。

一、对拘留采用违法责任和结果责任相结合而逮捕采用结果责任的质疑

　　拘留和逮捕同属于羁押措施。然而现有的法律规定,对拘留适用违法责任和结果责任相结合的原则,而对逮捕却适用结果责任,即虽然最后的结果都是错案,都决定撤销案件、不起诉或者判决宣告无罪终止追究刑事责任,但对于符合法定程序的拘留国家不予赔偿,而符合法定程序的逮捕则国家提供赔偿。我们认为这种规定并不合理。尽管在表面上看,逮捕比拘留对受害人造成的损害更大,但是无论拘留和逮捕都使受害人丧失了人身自由,被侵犯了自由权;都使受害人承受负面的社会评价,同样受到了心灵伤害,名誉权受到了侵犯;并且,尽管立法规定逮捕比拘留的法定最长期限要长,但在个案当中,案件的受害人可能因拘留被羁押的实际期限反而比逮捕更长;而且,《国家赔偿法》对于侵犯

人身自由赔偿金的计算是以日期为计量单位,且成正比的。羁押的时间长,则赔偿金数额也高。若因拘留被羁押的时间比逮捕的要长,为此支付的赔偿金也更多。事实上,无论拘留还是逮捕,在性质上是相同的,都属于强制措施,理应适用相同的归责原则。

那么对于拘留和逮捕,究竟是都采用违法责任和结果责任相结合还是都单纯采用结果责任呢?无论采取哪种责任,都需有一方承受由此变化带来的后果。如果采用结果责任,意味着国家必须对程序合法地采取了拘留措施,但在其后出现决定撤销、不起诉或者判决宣告无罪终止追究刑事责任的案件的受害人予以赔偿,加重了国家的赔偿责任,使财政开支增加,这就意味着每个纳税人的责任加大。但若都采用违法责任和结果责任相结合原则,则意味着现在包含在赔偿范围内的合法程序逮捕的受害人被排除,今后这类受害人只能默默忍受被侵权,自求多福了。两者如何取舍?是维护公共利益不增加国家的负担呢还是维护受害人的权利给予赔偿?也就是说,在公共利益和私人利益发生冲突的时候,该维护谁的利益?

众所周知,刑事案件的定罪量刑是基于对事实的认识,但由于人类认识的有限性和思维的局限性,事实是在案件发生以后通过证据逐渐拼凑(或者更好听点称之为还原)出来,例如在当时根据法律规定的条件和程序,采取了相应的拘留或逮捕的措施,但随着认识的深入,新的证据的查明,司法机关可能会根据新的情况最终终止追究犯罪,撤销案件、不起诉或者由法院作出无罪判决。在此情况下,司法机关及其工作人员和犯罪嫌疑人都没有过错,也都没有违法行为。波斯纳认为:如果市场交易成本过高而抑制交易,那么,权利应赋予那些最正视它们的人。据此,在责任承担上,应采用最小成本负担原则,由付出成本最小的那一方负担责任。对上述的情况,若由犯罪嫌疑人承担损害,对于个人来说是巨大的,甚至可能穷其一生也不能恢复到权利受损之前的状态,个人为社会秩序或者公共利益而承受的牺牲太大了;但若由国家代表全体纳税人承担,损失均摊,每个纳税人付出的就微不足道了,用个人一些小的损失换取社会公平是非常值得的。根据民事责任归责原理,无论采用过错、无过错或者危险责任,客观上是责任人存在相应的行为,方可根据主观条件予以归责,否则,不得要求民事主体承担责任。根据公共负担平等理论,国家为维护社会秩序和公共利益而采取的措施,给公民行使权利造成障碍或者给公民造成损害,应由国家代表全体公民予以负责。

综上,对于第 17 条第 1 款和第 2 款,统一采用结果责任,对公民无论采取拘留还是逮捕措施后,只要最后决定撤销案件、不起诉或者判决宣告无罪终止追究刑事责任的,就由国家承担赔偿责任。

二、对司法机关违法实施拘留或逮捕措施，被告人最后被判有罪，不能获得损害赔偿的质疑

根据第 17 条第 1 款、第 2 款的规定，采取拘留或逮捕措施侵犯受害人人身权的，只有在案件被撤销、不起诉或判决宣告无罪的情况下才可以主张赔偿。这意味着司法机关虽然违法实施了拘留或逮捕措施，但被告人最后被判有罪，是不能主张也无法获得损害赔偿的。这显然是以实体结果决定赔偿范围的思维。然而，赔偿是对受到损害的救济，是因为司法行为侵害了犯罪嫌疑人的合法权利，这种合法权利，既包括合法的实体权利，也包括合法的程序权利。犯罪嫌疑人经过审判，最后被判决有罪，这是对其实体违法行为的处罚。但不管结果如何，程序权利，包括诉讼权利，是以人权原则为基础规定的，是人权的重要部分，具有人权的属性。诉讼权利是有其独立价值的，不以案件实体问题的存在与否而增长或消失。行使司法权力要考虑诉讼权利，并以保障诉讼权利为条件。[①] 不能以有罪判决掩盖国家机关违法行为。如果只要当事人有罪，就可以对侵犯当事人诉讼权利的行为不予赔偿，则当事人的诉讼权利将得不到应有的保护。

事实上，国家赔偿法对司法机关违法采取刑事强制措施给予赔偿并不是没有规定。其第 18 条第 1 款规定"违法对财产采取查封、扣押、冻结、追缴等措施的"，受害人有取得赔偿的权利。受害人这种权利的取得，并不以案件被撤销、不起诉或者判决宣告无罪等结果为前提条件，意味着只要司法机关对受害人财产所采取的刑事强制措施是违法的，国家就应承担赔偿责任。这意味着国家赔偿法对违法采取强制措施造成财产权损害的保护力度比违法采取强制措施造成人身权损害要大，前者受害人主张赔偿必须以案件被撤销、不起诉或判决宣告无罪为前提条件，如果被告人被判决有罪，即使司法机关存在违法行为，也不得主张赔偿；但后者不以案件被撤销、不起诉或判决宣告无罪为前提条件，只要司法机关存在违法行为，即使被告人被判决有罪，也可以主张赔偿。但这种规定与权利位阶的排序不一致。根据权利等级体系，在权利体系中，权利是有层次的，按照重要性程度，基本上可以划分为基本权利、次基本权利、普通权利三个层次，进而形成一个有"次序"的"权利等级体系"。[②] 基于马斯洛的人性需求层次的角度进行宏观分析，权利从整体上来说，生命权最为重要，健康权、身体权其次，之后是家庭婚姻方面的人身权，然后是其他的人格权、身份权，最后是

[①]　程荣斌：《论刑事诉讼中的司法权力和诉讼权利》，《法学家》1998 年第 4 期。

[②]　郭道晖：《法的时代呼唤》，中国法制出版社 1998 年版，第 364 页。

财产权利。① 虽然权利位阶具有非整体确定性,但我们并不否认权利位阶的存在。事实上,由于法律价值在一定范围内具有较为明确的价值秩序,因而在此范围之内,权利位阶也相应具有相对确定性,并进入法规范的层面。如在一定意义上或一定限度内,我们可以说,生命权的位阶高于人格权,人格权的位阶高于言论自由,言论自由的位阶高于营业自由,如此等等。② 由于人身利益与权利主体的密切关系,一般而言,人身利益得到较为完全、终局的界分。相反,财产权,尤其是纯粹的经济利益,相对而言界分地不那么完全。这在法律上的表现就是对人身利益的保护一般高于财产利益。③ 据此,对人身权的法律保护也应该高于或至少与对财产权保护的力度相同。因此,虽然被告人应对自己的犯罪行为承担刑事责任,但对其在被追诉的过程,因为司法机关违法拘留或逮捕造成诉讼权利的损害,应赋予主张国家赔偿的权利。

三、对轻罪重判不予赔偿问题的质疑

轻罪重判案件是指被告人已被生效裁判判处较重的刑罚,而在审判监督程序中判为较轻的刑罚的案件。在这类案件中,被告人确实有罪,应该被判处刑罚,但其实际被判决的刑罚幅度超过了其所犯的罪行,违反了我国《刑法》罪刑责相适应原则,没有实现罚当其罪和罪、刑、责的均衡。对于轻罪重判的赔偿问题,涉及两个方面,一是被告人已执行刑罚少于或等于审判监督程序予以改判后刑罚,另一则是已执行刑罚超过改判后刑罚。对于前者,由于被执行的刑罚可以用于折抵改判后的刑罚,故不发生赔偿问题;但对于后者,从世界范围看,许多国家基于国家有限责任理论,将其排除在赔偿范围之外。我国国家赔偿法也仅规定依照审判监督程序再审改判无罪,针对人身自由的原判刑罚已经执行的和原判罚金、没收财产已经执行的案件,受害人可以主张损害赔偿。这就意味着如果再审改判的结果不是无罪而是轻罪,被告人是不能申请赔偿的。

然而,无论是再审改判无罪还是轻罪重判且重判已经被执行,对于被告人来说都是合法权利受到了错误判决的侵害。对于被告人而言,错误判决导致其不能正常地从事社会活动,精神上、肉体上都承受着痛苦,这种痛苦并不会因为错判程度的高低而有大小之分;而且在一些轻罪重判的案件中,基于发现认定事实存在错误难度较大,必须依赖客观条件的变化,例如新技术的出现才能对

---

① 潘华志:《权利冲突的法理思考》,中共中央党校 2011 年博士学位论文,第 107 页。
② 林来梵、张卓明:《论权利冲突的权利位阶—规范法学视角下的透析》,《浙江大学学报》(人文社会科学版)2003 年第 6 期。
③ 冯珏:《汉德公式的解读与反思》,《中外法学》2008 年第 4 期。

以往无法认定的物证作出鉴定,决定其被采用或予以排除,从而判决减轻刑罚,而有些案件是基于程序违法或适用法律错误,审判监督程序则能在较短时间内予以纠正,作出无罪判决,两者相比,改判减轻案件的被告人实际执行的刑期远远超过改判无罪案件的被告人。从这个角度看,轻罪重判的被告人付出的时间成本更大,所受的肉体和精神痛苦更甚无罪错判者。

另外,根据"有损害必有救济"原则,轻罪重判,且服刑期间超过改判后的刑期的案件,如果得不到救济和必要的慰抚,往往会形成强烈的思想反差,形成逆反心理,甚至产生反社会情绪,严重的话,还会再次实施犯罪行为,违反了我国刑法所追求的刑罚目的。刑罚的目的是惩罚犯罪和预防犯罪,惩罚不仅要使被告为自己的犯罪行为支付代价,向社会还债,也是为了威慑犯罪,使被告人不再犯。

从比较法的角度看,国外也有一些国家对轻罪重判的赔偿作出了规定。例如《德国刑事追诉措施赔偿法》第1条规定:1. 对于因一项刑事法庭判决遭受损失者,如其判决生效后在再审程序中被撤销或被减轻,或者在其他刑事诉讼中被撤销或被减轻时,由国库予以补偿。2. 如果没有作判决而处以矫正或保安处分或一项附随结果时,准用第1款的规定。《奥地利刑事赔偿法》第2条第1款c项规定:被害人经国内法院判决后,经再审的刑事诉讼程序或由于其他原因撤销了原来的生效裁定,并被无罪释放、或者出于其他原因不再受到追究、或者经重新判决并因此被判处较轻刑罚或者因此而撤销了矫正或保安措施、或者以较轻的措施取而代之,国家应当给予赔偿。[1]

在我国刑事赔偿立法历史上,作出有限赔偿范围的一个重要原因国家财力有限,考虑到国家的经济和财力能够负担的实际[2]。但随着我国经济不断地发展,我国财政收入逐年增长,2012年,全国公共财政收入117210亿元[3],相比于制订国家赔偿法的1995年的财政收入6187.73亿元增长了约18.94倍,我们已经有能力负担更广范围的损害赔偿。此外,损害赔偿金是以日为单位计算的,给予轻罪重判执行已超出期限者以赔偿在技术上也不存在困难。

综上,我们认为刑事赔偿的归责原则应该采用结果责任和违法责任并重的归责原则,也就是对合法采取刑事强制措施和错误判决采用结果责任为主,而对违法采取刑事强制措施、违法使用武器、警械和刑讯逼供或者殴打、虐待等违

---

[1]　陈光中、赵琳琳:《国家刑事赔偿制度改革若干问题探讨》,《中国社会科学》2008年第2期。

[2]　参见胡康生在第八届全国人民代表大会常务委员会第四次会议上所做的《中华人民共和国国家赔偿法(草案)的说明》。

[3]　财政部网站:http://www.mof.gov.cn/zhengwuxinxi/caizhengshuju,最后访问时间:2013年3月25日。

法行为采用违法责任的归责原则。其实学界对《国家赔偿法》中刑事赔偿的归责原则规定也提出了各种不同的观点。① 但本文提出的归责原则与学界的观点也有所不同，值得强调一下：

该结果责任中所指的结果与学界通说主张的结果责任相比范围更大，后者仅仅指撤销案件、不起诉或者判决宣告无罪，而前者还包括了轻罪重判的案件经再审改判减轻处罚，而原判已执行的刑罚超过改判后的刑罚。

区分合法与违法强制措施，决定是否向工作人员追偿。无论是合法还是违法采取取拘留或逮捕等强制措施，从国家作为赔偿责任主体和受害人作为赔偿申请人之间的关系来看的，国家都得对受害人给予赔偿。但从司法机关和工作人员的关系看，如果是合法强制措施，国家不能向工作人员追偿，如果是违法强制措施，国家可以根据刑事错案追偿机制向工作人员追偿的。前者是一种外部关系，后者则是内部关系，是国家基于公权力主体地位行使其统治权的需要，对国家机关及其工作人员提出的依法行使职权的要求。对国家机关及其工作人员依法行使职权，出于维护社会公共秩序和社会利益的需要而对私法主体所造成的损害，由国家予以赔偿，这种国家自己责任理论正是现代国家赔偿责任确立的基础。但对于国家机关及其工作人员违反职权要求对私法主体所造成的侵害，国家在赔偿后向工作人员追偿是基于两者之间的特别权力关系。

无论违法责任还是结果责任，都是根据客观条件作出的判断，没有涉及侵权行为人主观状态。违法责任是司法机关及其工作人员行为违法，而结果责任则是司法机关及其工作人员行为给受害人造成了损害被且被法律给予了负面评价，两者都没有涉及侵权行为人主观状态。若对主观状态予以考察的话，基于违法行为承担责任的主体存在过错，以结果为基础承担责任的主体，有的主观上是存在过错的，例如错判是由于司法机关工作人员违反法律规定的诉讼程

---

① 参见张红：《司法赔偿研究》，中国政法大学 2006 年博士学位论文，第 61—62 页。主要观点有四种：(1)从保护公民合法权益的角度出发，有学者认为刑事赔偿应当采用结果责任原则。这种观点基本成为我国学界的通说。结果责任原则指的是不管司法机关及其工作人员主观上是否存在过错，只要其行为的结果给当事人造成了损害，并且这种损害又没有法律依据，就应当进行赔偿。至于怎样认识损害的后果，持此观点的学者之间又存在着分歧。有学者认为，只要某人被宣告无罪了，而在无罪宣告之前曾被羁押或被殴打造成了损失，就应当赔偿。此处的宣告无罪，是指法律上推定的无罪，而不是客观上的无罪。同时，另有学者简单总结为只要最终作出无罪判决，因之而被羁押便应当赔偿。(2)采用过错责任和严格责任，并坚持过错责任原则为主，严格责任为辅的归责体系；严格责任须限定在一定的范围内，对涉及公民基本权利以及公共权利时，或者难以查明行为人主观罪过，或者查明行为人主观罪过对决定赔偿意义不大时可以适用严格责任。(3)将刑事司法行为区分为合法的刑事司法行为与违法的刑事司法行为，合法刑事行为所致损害以无过失责任为归责原则。(4)单一采用过错原则的归责原则，即国家机关或者国家机关工作人员在主观上须有可以归责的过错存在，国家才对其职务行为造成的损害负赔偿责任。

序或贪污受贿,徇私舞弊,枉法裁判等原因造成的,行为人主观上就存在过错;如果依据法定程序采用拘留、逮捕措施,但随着新证据的发现、法律事实的逐步查明而撤销案件、不起诉、判决无罪或改判无罪或减轻的,行为人主观上则不存在过错。这与学界某些以行为人主观上是否存在过错作为归责原则的学说也有所不同。学界关于单一采用过错责任的学说显然不符合立法实际,另外两种学说的差异在于在过错责任之外,采取的是无过错责任还是严格责任。然而,无论无过错责任还是严格责任,均是民事责任归责原则,适用于私权利主体之间,而刑事赔偿需要解决的是公权力主体和私权利主体之间责任承担问题,只有基于公共负担平等原则才能要求国家机关对于依据法定程序采用强制措施造成损害的后果承担责任。

第三节　刑事错案损害赔偿若干问题

一、侵犯人身权的赔偿

目前国家赔偿法对侵犯人身权的损害赔偿,区分人身自由和身体受到伤害和死亡的不同情况作出具体规定。自由权受到侵犯、因身体受到伤害的误工损失、残疾赔偿金、死亡赔偿金均以国家上年度职工平均工资为赔偿标准,对后三种还规定了最高赔偿限额。如果侵犯人身权造成严重后果的,应该支付相应的精神损害抚慰金。因受害人残疾丧失劳动能力或死亡的,还应对其扶养人参照当地最低生活保障标准支付相应的生活费。除此之外,对于受害人因被侵权支付的医疗费、护理费、残疾生活辅助具费、康复费等因残疾而增加的必要支出和继续治疗所必需的费用等予以赔偿。

对于生命健康权的侵害,侵权责任法[①]和国家赔偿法都规定了对被侵权人/受害人的赔偿。刑事错案的侵权人是司法机关及其工作人员,与民事侵权的私法主体不同,对于受害人而言,造成的精神损害可能有所不同。基于中国传统文化中对公权力的信赖,司法机关采取的刑事强制措施或错判比起一般民事侵权,对公民而言,可能遭受的精神压力和痛苦更大,但对物质损失的影响上则没

---

① 本部分所指的侵权责任法不仅包括《中华人民共和国侵权责任法》,还包括《最高人民法院关于适用〈中华人民共和国侵权责任法〉若干问题的通知》、《最高人民法院〈关于审理人身损害赔偿案件适用法律若干问题的解释〉》和《关于如何理解〈最高人民法院关于适用〈中华人民共和国侵权责任法〉若干问题的通知〉第四条的答复》。

有什么不同。因此首先将刑事错案侵犯受害人的生命健康权和侵权责任法中的关于人身损害赔偿相关规定加以比较,在此基础上,分析刑事赔偿标准的优缺点,并提出建议。

因误工而减少的收入方面,刑事赔偿按照国家上年度职工日平均工资计算,最高额为国家上年度职工年平均工资的五倍。侵权责任法则规定根据受害人的误工时间和收入状况确定,受害人有固定收入的,误工费按照实际减少的收入计算。受害人无固定收入的,按照其最近三年的平均收入计算;受害人不能举证证明其最近三年的平均收入状况的,可以参照受诉法院所在地相同或者相近行业上一年度职工的平均工资计算,但没有规定最高赔偿限额。

对于残疾赔偿金和死亡赔偿金的规定,两者虽然都是按照国家规定的伤残等级和上年度年人均收入的乘积加以确定,但在以下两方面存在不同:第一,对被扶养人的生活费的赔偿方面,根据国家赔偿法规定,刑事错案造成受害人全部丧失劳动能力的或死亡的,对其扶养的无劳动能力的人,还应当支付生活费。侵权责任法则仅规定了残疾赔偿金和死亡赔偿金,没有规定被扶养人的生活费。第二,最高赔偿限额,刑事赔偿单纯以国家上年度职工年平均工资的二十倍为限额,《人身损害赔偿案件司法解释》则为受诉法院所在地上一年度城镇居民人均可支配收入或者农村居民人均纯收入标准二十倍。在此基础上,还规定六十周岁以上的,年龄每增加一岁减少一年;七十五周岁以上的,按五年计算。此外,受害人因伤致残但实际收入没有减少,或者伤残等级较轻但造成职业妨害严重影响其劳动就业的,可以对残疾赔偿金作相应调整。

根据《最高人民法院关于适用〈中华人民共和国侵权责任法〉若干问题的通知》,民事侵权赔偿的残疾赔偿金、死亡赔偿金中已经包括了被扶养人的生活费。通俗地讲,侵权责任法规定的死亡赔偿金、残疾赔偿金等于司法解释规定的死亡赔偿金、残疾赔偿金和被扶养人生活费之和。[①] 然而由此产生一个问题,鉴于被扶养人的生活费已被纳入残疾赔偿金、死亡赔偿金中,但残疾赔偿金、死亡赔偿金最高限额仍维持在人均可支配收入或人均纯收入 20 倍不变,那么可

[①] 详见最高人民法院《关于如何理解〈最高人民法院关于适用〈中华人民共和国侵权责任法〉若干问题的通知〉第四条》的答复意见,其中指出"侵权责任法第十六条规定改变了既有法律和司法解释关于死亡赔偿金、残废赔偿金和被扶养人生活费的关系,原来司法解释规定的死亡赔偿金、残疾赔偿金并不包含被扶养人生活费,但是现在被扶养人生活费已经被侵权责任法第十六条的死亡赔偿金、残疾赔偿金吸收了。"

能导致在将被扶养人的生活费从赔偿金中析出①后,被侵权人实际剩下的赔偿金数额可能大大降低。例如两个案件中,被侵权人都是家中独子,需要扶养一个刚出生一周的婴儿和两个年届 60 的父母,完全丧失劳动能力被定为十级伤残的杭州市城镇居民,第一个案件侵权纠纷发生在 2010 年 6 月,另一个侵权纠纷发生在 2010 年 8 月。第一个案件中被侵权人可以获得 784358.6 元(即 26863.93②×20＋355③×12×18＋355×12×20×2)的赔偿,但第二个案件中被侵权人只能获得 537278.6 元的赔偿,析出被扶养人的生活费④后(即 26863.93×20－355×12×18－355×12×20×2),仅剩 290198.6 元,两者差别巨大。

　　虽然,案件中所举的被侵权人的被扶养人的年龄情况较为极端,在实践中并不是每个案件都会遇到,但结合中国计划生育政策和即将进入老龄社会的现实,家庭格局为"四二一"的情况非常普遍,那么一个劳动力扶养三个被扶养人的情况也是普遍存在的,不同的只是被扶养人的年龄差别,侵权责任法颁布之前和之后,被侵权人实际获得的补偿数额存在巨大差别的情况没有改变。当然在本文中,我们并非要探讨侵权赔偿法所带来的变化及这种变化的合理性,而是想说明,从刑事赔偿和民事侵权赔偿对残疾赔偿金、死亡赔偿金的角度看,我们并不能得出刑事赔偿是抚慰性赔偿,应该向民事赔偿学习的结论。⑤

----

　　①　关于析出的概念,根据奚晓明主编,最高人民法院侵权责任法研究小组编著的《〈中华人民共和国侵权责任法〉条文理解与适用》中的观点"《侵权责任法》取消了被扶养人生活费项目,用死亡赔偿金和残疾赔偿金涵盖之。即使《侵权责任法》已经用残疾赔偿金和死亡赔偿金吸收了被扶养人生活费项目,但并不意味着被扶养人生活费项目已经失去存在的必要。司法实践中,如果侵权人已经赔偿了残疾赔偿金或死亡赔偿金,被扶养人只能要求就该残疾赔偿金或死亡赔偿金进行析分,无权向侵权人主张。如果直接受害人或其他被侵权人怠于行使该赔偿请求权,被扶养人则有权诉请侵权人支付被扶养人生活费。"详见奚晓明主编:《〈中华人民共和国侵权责任法〉条文理解与适用》,人民法院出版社 2010 年版,第 141 页。
　　②　数据来源:杭州经济社会发展统计数据库。
　　③　ttp://61.175.196.182/TJSJK/index.jsp? param＝search&pub_indicator_id＝％E5％9F％8E％E9％95％87％E5％B1％85％E6％B0％91％E6％9C％80％E4％BD％8E％E7％94％9F％E6％B4％BB％E4％BF％9D％E9％9A％9C％E4％BA％BA％E6％95％B0％20％E5％8C％BA％E5％8E％BF(％E5％B8％82)％E5％88％86％E7％BB％84,最后访问时间:2013 年 5 月 20 日。《杭州市人民政府关于印发杭州市城乡居民最低生活保障实施办法的通知》杭政［2006］13 号规定。
　　④　根据《人身损害赔偿案件司法解释》第 28 条的规定,被扶养人有数人的,年赔偿总额累计不超过上一年度城镇居民人均消费性支出额予以计算。据杭州经济社会发展统计数据库提供的数据杭州市 2009 年城镇居民人均消费性支出额是 18594.75 元,实际上三位被扶养人年赔偿总额为 12780 元,采用后者。
　　⑤　补偿性赔偿以足以弥补受害人所受的实际损失为目的,赔偿数额与实际损害基本相等;抚慰性赔偿侧重对受害人心灵的抚慰,赔偿数额小于实际损害,甚至只是一种象征性的赔偿。例如,《国家赔偿若干理论与实践问题》一文中所表述的"理论界和实践部门对于国家赔偿标准的反映,基本上是众口一词:赔偿标准太低,基本上是象征性赔偿,不能达到弥补受害人损失的目的。……总的来说,国家赔偿标准应当回归到民事赔偿标准上来。"就是对国家赔偿属于抚慰性赔偿的集中反映。详见应松年、杨小君:《国家赔偿若干理论与实践问题》,《中国法学》2005 年第 1 期。

民事侵权赔偿将受害人区分为城镇居民和农村居民,分别按不同的标准予以赔偿,刑事赔偿则统一按职工标准对待。但民事侵权赔偿在计算因误工而减少的收入方面,首先并未考虑受害人的户籍,而是其实际减少的收入;在计算残疾赔偿金和死亡赔偿金时,在以人均纯收入作为赔偿基准的同时,还根据被侵权人的年龄、伤残对实际收入或就业所造成的影响程度予以调整。这些都显示了民事侵权赔偿在追求不同被侵权人同样赔偿的同时,正视个体的差别化。但是将被侵权人按户籍不同而给予不同的赔偿导致的"同命不同价"遭到许多质疑和非议。有意见认为以户籍定命价的做法虽然操作简便,但却以牺牲平等和立法科学为代价。以户籍不同作为赔偿金计算标准,人为地以立法方式制造并加固了城乡居民不平等的地位。差异化的计算方式有很多种,为何选择带有歧视色彩的户籍差异为标准呢?① 刑事赔偿统一按国家职工标准对待,是一种同命同价的表现。它强调的是人的生命都是平等的,人不分城乡、地不分东西的全国统一标准。

然而这种统一标准也存在着"一刀切"的问题。首先没有考虑到受害人的实际收入,同样的刑事错案的受害人,在遭遇错案之前,有的"日进斗金",有的"一文不名"。从结果上看,如果受害人的实际收入比上年度职工平均工资要高的,则其所获得的赔偿不能完全弥补所受到的损失;若受害人的实际收入比上年度职工平均工资要低的甚至其根本就是靠领取最低社会保障金过日子的,则其所获得的赔偿不仅能完全弥补其所受到的损失②,还能获得额外的收入。这两种情况都不符合实质正义的要求,对于前者,由受害人个人承担了未能弥补的那部分损失,而对于后者,则是由全体纳税人分摊了多赔偿的部分。另外,也没有考虑到不同受害人生活、居住的环境不一样,维持同样水平的日常物质生活,在不同的地区、在城镇或农村所需要的金钱数量很可能不一样,在结果上可能会更不公平。

有学者在"逸失利益赔偿"的基础上,提出死亡损害赔偿金的目的是维持一定物质生活水平。死者近亲属因亲人去世可能会导致生活水平降低,死亡赔偿金正是为了弥补这种损失。在死亡赔偿金的数额上,采取有限的个别化死亡赔偿金模式,具体数额主要取决于死者的个人因素,包括受害人死亡时的年龄,受害人死亡前的收入情况,死者的家庭经济状况,受害人可能的发展前景等。同时,在如下特殊情形下予以调整和限制:(1)对于生前收入或者可预期收入过高者,死亡赔偿金数额应当予以一定限制;(2)对于没有收入但是有劳动能力或者

---

① 参见朱应平:《论平等权的宪法保护》,苏州大学 2003 年博士学位论文,中文摘要部分。

② 当然,这儿仅仅是针对物质损失。实际上,受害人因为刑事错案可能还遭受了精神损害,国家赔偿法第 35 条专门针对精神损害赔偿作出规定,对于受害人的精神损害依据该条的规定处理。

潜在劳动能力者,可以比照相当人群的收入和潜在收入确定死亡赔偿金的数额;(3)对于无劳动能力也没有可预期的劳动能力者死亡的,可以确定一个最低死亡赔偿金数额。完全个别化的死亡赔偿金模式,虽然从理论上看最为科学,也最接近近亲属的实际损失(可得利益的丧失),但因为个别死者生前收入或可预期的收入特别高,可能会使加害人一方赔偿负担过于沉重;或某些受害人生前并无收入,甚至不存在挣钱能力,又对其无法赔偿等缺陷不宜采用。①

在此,本文非常赞同死亡损害赔偿金的目的是维持一定物质生活水平,而且可以将其类推适用到因误工而减少的收入和残疾赔偿金上,这些赔偿都是为了维持一定物质生活水平,维持受伤前或生前同等状态,不致使其他人包括受害人的被扶养人因受害人的伤害、伤残或死亡而受到波及,造成负面影响扩大,从而使社会损失更多。同样的,刑事赔偿中的赔偿因误工减少的收入、残疾赔偿金、死亡赔偿金等也是为了维持同等状态。但在赔偿数额上,应在有限的个别化赔偿的基础上加以改进,但也不是等同于完全个别化赔偿模式。

具体而言,对于受害人有实际收入的,按实际减少的收入予以赔偿。哪怕对于收入过高者,也不应予以限制。原因在于首先作为侵权行为主体的司法机关数量较民事主体少得多,而且有专业的法律知识,刑事错案发生的总量不像民事侵权那么大,遭遇过高收入者概率更低;另一是因为刑事赔偿不必担心国家负担过于沉重的问题。相反,对于个案的高额甚至超高额的赔偿还能起到广泛的宣传效果,树立国家用于承担错误的良好形象,使公民也更愿意信赖国家,提高国家法律和政策执行的效率,长此下去,节省的宣传成本、法律政策执行成本远远超过当初的赔偿金额。对于那些没有实际收入的,以国家赔偿法规定的国家上年度职工工资为基数予以赔偿,但受害人能够证明其能取得更高收入的,则按更高的数额予以赔偿。

二、对侵犯财产权间接损害的赔偿

《国家赔偿法》第36条规定了对侵犯财产权赔偿的处理,其中第(五)项的"变卖的价款明显低于财产价值的,应当支付相应的赔偿金"和第(七)项规定的"返还执行的罚款或者罚金、追缴或者没收的金钱,解除冻结的存款或者汇款的,应当支付银行同期存款利息"是2010年《国家赔偿法》修订时增加的内容。前者是对原来不合理的、人为确定的直接损失规定的修正。"对于直接损害的赔偿,世界各国的损害赔偿标准,都遵循一个基本原则,就是损害决定赔偿,损

---

① 张新宝:《〈侵权责任法〉死亡赔偿制度解读》,《中国法学》2010年第3期。

害有多少就应当赔偿多少。"①后者则是对间接损失的赔偿。这些被认为是在综合考虑现有国情的基础上立法的一大进步②。

直接损失,是指因遭受不法侵害而导致现有财产直接减少或消灭。间接损失是相对于直接损失而言,在对间接损失的认定上,理论界争议颇多,实务部门也有多种不同的理解。③ 最高人民检察院《关于人民检察院直接受理立案侦查案件立案标准的规定(试行)》(高检发研字〔1999〕10 号)附则(三)规定:"本规定中的'直接经济损失',是指与行为有直接因果关系而造成的财产损毁、减少的实际价值。'间接经济损失',是指由直接经济损失引起和牵连的其他损失,包括失去的在正常情况下可能获得的利益和为恢复正常的管理活动或者挽回所造成的损失所支付的各种开支、费用等。"据此可以推断最高人民检察院对于刑事司法中的"直接经济损失"与"间接经济损失"采取直接因果关系的标准进行区分。结合《国家赔偿法》第 36 条第(七)项的规定,间接损失可以被理解为可得利益损失,指未来本可以获得,但因侵权行为的实施而未获得的利益的损失。"首先,可得利益损失不是受害人现实拥有的财产价值量的实际减少,而是受害人应当得到的财产性利益因侵权行为的实施而没有得到。其次,可得利益损失具有依附性,直接损失不具有依附性。可得利益损失是依据直接损失的发生而发生,不是自己独立产生的,只是各自存在的形态不同而已。再次,直接损失是直观的、现实的财产价值的损失;可得利益损失虽然也是客观的损失,但它不那么直观,需要根据实际情况进行计算才能得出损失额。"④

但《国家赔偿法》对间接损失赔偿范围规定仍然过窄,主要表现在非金钱形式的财产在解除查封、扣押、冻结时并没有被损坏或者灭失的赔偿上,例如在刑事错案中被扣押的车辆、被查封的资产都属于非金钱形式的财产,这些财产只有被损坏或灭失,才能就这些损坏或灭失要求赔偿。但事实上,这些损坏或灭失只是受害人损失的一部分,除此之外,这些财产由于不能正常使用或用于经营导致的损失,例如车辆被扣押期间的营运收入损失、资产被查封无法用于生产活动所导致的停工损失等。这些损失有时还是巨大的。例如在资产被查封前,受害人刚签订了一份生产合同,本需要开动全部的生产线,夜以继日的生产才能完成交货任务,结果由于生产线被查封,不仅不能完成交货,还因为违约得支付大笔的赔偿金。对于这些损失,根据现行的规定,受害人并不能要求赔偿。可是这些损失也不是受害人自己的原因导致的,为什么要由受害人承担呢? 或

---

① 应松年、杨小君:《国家赔偿若干理论与实践问题》,《中国法学》2005 年第 1 期。
② 胡仕浩:《国家赔偿法的修改凸显五大亮点》,《人民法院报》2010 年 12 月 1 日。
③ 丁邦开、钱芳:《将间接损失纳入〈国家赔偿法〉的立法探讨》,《上海财经大学学报》2004 年第 1 期。
④ 杨立新:《侵权行为法》,中国法制出版社 2006 年版,第 294 页。

许这是"瞻前顾后,衡平利益"的考虑,是为了整体公平正义和个体实际利益的平衡①的结果。然而这种考虑是有失偏颇的。一方面,从比照的角度看,对非金钱形式的财产损害和对金钱形式的财产损害都是对财产损害,都是对受害人的财产权的侵犯。以不同形式表现出来的财产在本质上并没有不同,这一点从《国家赔偿法》第18条的规定中也能得到证实。第18条第1项并没有区分金钱形式和非金钱形式的财产区别对待,而是直接规定财产受到强制措施的侵害,受害人即可要求赔偿。那么,既然金钱形式的财产受到侵害,受害人可以对间接损失要求赔偿,基于同一性质的权利同等对待的原理,也应该给予非金钱形式财产受到间接损害的受害人以赔偿请求权。另一方面,由受害人承担间接损失并不能实现整体公平正义和个体实际利益的平衡。整体公平正义和个体利益并非对立关系,个体利益是整体利益的组成部分,整体利益的实现是建立在个体利益的基础之上的,对整体利益的维护必然要求保障个体利益,只有个体利益都得到了保障,才能说整体利益得以实现。个人承担间接损害反而损害了公众对整体公平正义信心。对于社会公众而言,只有个人合法利益得到保护,才能树立公众对法律能够实现公平正义的信念,个人才能树立对法律的信心并自觉地遵守法律,也只有这样,"纸上的法律"才能真正变成现实中的法律,促进立法目的的实现。

三、刑事赔偿中不应引入惩罚性赔偿

惩罚性赔偿是在补偿性赔偿成名义上的赔偿之外、为惩罚该赔偿交付方的恶劣行为并阻遏他与相似者在将来实施类似行为而给予的赔偿。惩罚性赔偿可以针对因被告的邪恶动机或其莽撞时无视他人的权利而具有恶劣性质的行为做出。在评估惩罚性赔偿的数额时,事实裁人可以适当考虑被告行为的性质、被告所造成或意欲造成的原告所受损害的性质与范围,以及被告的财产数额。② 这种产生于英美法系赔偿制度,在我国民事侵权领域的立法中得到了多部法律的确认。③ 国内有研究认为在国家赔偿责任中应引入惩罚性赔偿。④ 这

---

① 胡仕浩:《国家赔偿法修改的新精神和新内容》,《人民司法》2010年第23期。

② [美]肯尼斯.S.亚伯拉罕,阿尔伯特.C.泰特:《侵权法重述一纲要》,许传玺,石宏等译,法律出版社2006年版,第216页。

③ 《侵权责任法》第47条、《消费者权益保护法》第49条、《食品安全法》第96条第2款均属于惩罚性赔偿的规定。

④ 例如王建新:《论我国国家赔偿应引入惩罚性赔偿制度》,《河北科技大学学报》(社会科学版)2011年第3期;张红:《财产权损害的国家赔偿标准》,《国家检察官学院学报》2007年第5期;黎锦:《国家赔偿惩罚性标准的适用》,中国政法大学2007年硕士学位论文等。

些研究均认为惩罚性赔偿责任是对行为人的惩罚和威慑,在国家机关及其工作人员故意违法失职行为的,或者有严重过失并造成严重损害后果时,应承担惩罚性赔偿责任。

但这种观点显然是将国家损害赔偿的外部关系和内部关系相混淆的结果。众所周知,国家机关工作人员代表所属单位行使权力,其在行使职权的过程中所产生的法律后果,包括侵害他人合法权利所产生的赔偿后果,则由其所代表的机关承担,工作人员并不直接与相对人形成外部法律关系。对故意或者过失制造了错案,并造成了严重后果的司法机关工作人员则实行错案追究制度。而国家赔偿,无论是补偿性赔偿还是抚慰性赔偿或是惩罚性赔偿,赔偿关系的双方主体都是国家和受害人。其中,国家是赔偿责任主体,受害人是请求权主体。司法机关虽然作为赔偿义务机关直接接受赔偿申请人的支付申请,并向财政机关提出支付请求,但"在我国,司法赔偿责任的唯一主体应当是国家,而司法赔偿义务机关是一种现实的制度设计,它作为国家的代表,参与处理具体的司法赔偿案件,履行赔偿义务,仅仅具有一种形式上的意义,并不承担实体上的赔偿责任。在实务上,它使赔偿请求权人知道应当向哪一机关请求赔偿,便于其行使权利。"①也就是说,虽然赔偿义务机关参与国家赔偿活动,但并非赔偿法律主体。国家赔偿的目的是对合法的人身权和财产权受到侵害的受害人提供赔偿,通过给予受害人等同于其受到的实际损失的赔偿,"填平补齐"其受到的损失。如果说抚慰性赔偿因为赔偿数额少于受害人受到的实际损失是不合理的,那么实施惩罚性赔偿,在赔偿受害人的实际损失之外,还给予额外的赔偿,则是走向另一个极端。在错案追究的基础上,引入惩罚性赔偿制度是一种低效率甚至是无效率的行为。具体理由如下:

第一,社会因为威慑过度支付更多的时间成本。刑事错案追究制度,使司法机关工作人员对自己的违法行使职权行为承担了行政或刑事责任,即已经对自己的违法行为所产生的收益支付了相应的成本,受到了相应的惩戒,对其再次实施违法行为和对其他司法人员的违法意图产生了威慑作用。若再加上惩罚性赔偿,就可能出现惩罚过度,使司法机关工作人员付出了超过其收益的成本,反而可能导致出现消极行为。例如,口供可以作为直接证据被采用,其他证据则只能作为间接证据,但在没有其他证据可以形成证据链或根本也无法取得证据的情况下,侦查人员作为理性人,在衡量完成侦查任务所能得到的收益和采取严重违法行为所付出的成本后,也就没有在法定期限内完成侦查以避免所在机关对其负面评价而影响其升迁考核的激励而让案件事实处于长期未查明

① 张红:《司法赔偿研究》,中国政法大学 2006 年博士学位论文,第 92 页。

的状态,社会为此支付了时间成本。

其次,培训支出和犯罪概率提高导致社会成本提高。某些司法人员因为惧怕错案追究和惩罚性赔偿合力作用,干脆辞职另谋高就,在此情况下司法机关需招聘新的工作人员并进行培训,而辞职的人员因为从事其他工作也需进行培训,由此产生的培训费用和培训时间亦属于支出,增加了社会成本。同时,富有工作经验的司法人员的辞职和新手上岗,可能导致查明案件真相所需时间增加,破案率降低,案件裁决所需时间延长、准确性降低,潜在的罪犯因为受到犯罪不用实时承担刑事责任和每次犯罪并不一定都会被发现的激励而增加了实施犯罪行为的次数,人权和社会秩序受到了更多次的侵犯和破坏,社会财富减少,效率降低。

最后,从受害人的角度,表面上看惩罚性赔偿意味其能得到比其实际损失更多的赔偿,但要使法定权利转变为现实的收益,则有赖于法定程序的完成。虽然刑事赔偿金是由国家财政支付,但赔偿申请人仍然是向赔偿义务机关提出申请,财政部门根据赔偿义务机关的支付申请予以支付。赔偿义务机关本身就由于错案带来的负面评价(例如同行和社会公众对其业务水平的怀疑、行业综合考评的落后等)而缺乏积极履行义务的正面激励,惩罚性赔偿则进一步减弱了其履行义务的积极性,拖延提出申请,例如法定期限届满前的最后一天才提出赔偿请求,从而延长了赔偿申请人的等待时间,增加了时间成本,这与因为惩罚性赔偿增加收益并不一定成正比。

综上,惩罚性赔偿的引入使社会总成本大大增加,远远超过了该制度实施所能得到的社会总收益,没有实现财富最大化,因此不宜引入。要促进司法机关及其工作人员依法行使职权,应该完善现有的错案追究责任制。

四、结语

尽管《国家赔偿法》经 2012 年再次修改后实施,但该法依旧存在需要完善的空间。一般认为,法治是一种理性的办事原则、民主的法制模式、正义的法律精神、理想的社会秩序、制度化的治国方略。[①]然而,刑事错案却"直接动摇了人们对法律的期待和信念,威胁到法治的正当性。不仅如此,它还塑造了一种有害于法治的生活经验,使国民难以摆脱传统非法治甚至反法治的认知模式,因此也很难了解和享有法治的优长。"[②]所有这些都将成为法治推进的反作用力。

---

① 孙笑侠:《法治乃法律人之治》,《法制日报》2005 年 11 月 16 日。
② 梁治平:《法治:社会转型时期的制度建构——对中国法律现代化运动的一个内在观察》,《当代中国研究》2000 年第 2 期。

所以,建设法治社会,法律的完善很重要,而让处于权力底层的民众信仰法律的公平正义,相信"权利救济"的理念则更重要。在法律制度的制定上,如何从公平公正的角度对待"权力犯错",使受到国家公权力侵害的个体获得更多的公平与尊严是每一个有良知的公民必须思考的沉重话题。

第七章　典型错案的实证分析

第一节　从晚清四大奇案透视冤案背后的程序逻辑

"历史是一面镜子。"晚清四大奇案从一个侧面为我们揭示了古代冤案的轮廓,而这与当下揭示出的冤案又有着诸多相似性。[①] 从中我们可以看到导致冤案的原因具有很强的共性,刑讯逼供、过分依赖口供、无视无罪证据、有罪推定、司法腐败和官场潜规则、封建礼教等因素使得冤案的发生具有必然性。这背后隐匿的是"道"、"权"、"法"的博弈,是法律被权力和道义挤压的窘遇;是正当法律程序的缺失使得冤案成为一种必然,而纠错沦为一种偶然。

一、分析的标本:晚清四大奇案[②]

本节的研究之所以确定晚清四大奇案作为分析标本,主要考虑了以下几个因素:一是这四个案件都发生在清末,当时正逢中国封建社会最重要的转型期,具有承上启下的显著特点。二是对这四大奇案都有比较详尽的叙述,虽然并非案卷式或史书式记载,某些内容甚至还带有一些戏剧化的夸张,但是撇开那些夸大的成分,留下来的素材足够给笔者做分析之资,而且那些夸大的成分多数

---

① 陈可辛导演的《投名状》一片将清末著名的刺马案再次搬上银屏,这也使得笔者产生了重读《晚清四大奇案》的浓厚兴趣。不同于儿时读该类历史题材小说时的猎奇心理,此番重读旧书,却是带着对冤错案件的理性反思去探寻冤案的历史脉络。

② 如无特殊说明,本文中关于晚清四大奇案的案情源自周愣伽:《清末四大奇案》,群众出版社1985年版;伍国庆主编:《晚清四大奇案》,岳麓书社1996年版。关于晚清四大奇案具体包括哪四个案件,实际上有所争议:一说为杨乃武与小白菜案、刺马案、杨三姐告状、淮安奇案;另一说为杨乃武与小白菜、刺马案、赛金花瓦德西公案、春阿氏谋夫案;本文采周愣伽书界定的通说,即杨乃武与小白菜、刺马案、名优奇冤、太原奇案。

是对案件的前因后果、恩爱情仇等情节的渲染,而案件的审理过程则能够基本反映当时的实际情况。三是这四大案件都是知名度很高的奇案,如杨乃武与小白菜案、刺马案等都曾被多次搬上荧屏①,使得我们对于一些情节能比较熟悉,容易具体分析,这便省却了详细介绍案情的笔墨。

在此,首先来概括一下晚清四大奇案的基本情况(见表1):

表1 晚清四大奇案的基本情况表

案件	被告人	被害人	涉嫌罪名	原判情况	最终改判情况	案发时间	社会影响	最终结果之主要原因
太原奇案	莫老实、曹文璜	定慧和尚	故意杀人	莫老实斩首,曹文璜待判	两被告无罪	道光年间	民众支持改判	发现真凶,新山西提刑按察司到任
刺马案	张汶祥	马新贻	故意杀人	凌迟处死	维持原判	同治年间	民众唾骂马新贻,称赞张汶祥	曾国藩、慈禧太后等掩盖真象
名优奇冤	杨月楼	韦阿宝	通奸、诱拐妇女	杖责500,充军流放	维持原判,后被赦免	同治年间	《申报》等斥责,民众同情	慈禧太后赦免
杨乃武与小白菜案	杨乃武、小白菜	葛品连(葛小大)	故意杀人	杨乃武斩立决,小白菜凌迟处死	两被告无罪,十余名官员受刑	同治年间	士绅联名上告,民众同情	夏同善、醇亲王、慈禧太后等介入

从总体来看,上述四大案件虽然情节各异,但却有着许多共性的地方:

首先,四大案件都是危及封建统治基础的重大案件,被告人则都是被判处重刑。其中,三件作为故意杀人案件显然是最严重的案件类型之一,而名优奇冤虽然涉及的是通奸、诱拐妇女这样在今天看来并非重大恶性的案件,甚至通奸还被看作是道德问题,但是考虑到封建社会将伦理纲常视为统治基础,而名优奇冤一案中,作为戏子的杨月楼被指控勾引上层社会的大小姐显然被视为大逆不道,从而亦被归入重罪案件。

其次,四大案件皆经历复杂的审判程序,多次审判、多级审判。其中,又以杨乃武与小白菜案的审判过程最为冗长、复杂。该案先后经历了余杭县令、杭州知府、提刑按察司、浙江巡抚、步军统领、湖州知府(刑部指定)、学政(京派大员)、钦差等多次审判,一直到惊动了以慈禧太后为首的统治阶级的最高层并派

---

① 如香港 TVB 曾推出 20 集连续剧《清末四大奇案》,系统地演绎了这四个案件;2006 年央视播出了新版 32 集连续剧《杨乃武与小白菜》;刺马案先后被拍成狄龙主演的《刺马》和刘德华、李连杰主演的《投名状》等名片。

了钦差大臣专办该案,冤案才得到昭雪。如此复杂的审判,一方面是由于案件的严重程度和清末的官僚体制复杂;另一方面是由于被告人反复翻供,被告人的近亲属反复申诉,甚至是告御状,从而引起了统治阶层的关注并多次启动重新审判的程序。

再次,案件的最终结果多数与统治阶级最高层的意志有关,而非直接决定于正常的法律途径。也就是说,刑事案件与政治因素结合在一起,惊动了最高统治者,并最终对案件审理产生了直接影响。其中的三大案件,即刺马案、名优奇冤、杨乃武与小白菜案都惊动了当时主政的慈禧太后,而太原奇案虽然没有中央的直接干涉,但案件的纠错完全得力于新上任的高官——山西提刑按察司。相比之下,正常的审理、监督、复核途径对于上述四大案件的作用则显得极为微弱。

最后,民众对这四大案件都有较多的关注,并形成了较大的社会影响。如在刺马案中,当张汶祥被凌迟处死时,围观群众人人唾骂马新贻,个个赞美张汶祥。还有人当场作祭文宣读,当读到"为友报仇,侠骨热肠,觥觥奇男,义薄云天"①时,周围群众无不拍手叫好。在名优奇冤中,民众的关注度更高,引起了社会的广泛热议。当时,报纸刚刚从西方引进中国,该案便引起了英文报纸《字林西报》和中文报纸《申报》等竞相登载。报纸的评论中,对叶县令(该案主审)颇多责备讥讪,特别是对其施以酷刑表现出强烈的不满,在一定程度上揭露了中国封建专制统治下司法制度的黑暗。民间的普遍关注对于案件的审理过程显然产生了积极的影响,使得专制统治者不得不重新考虑并更加慎重地进行案件的审判。

二、导致冤案的表面逻辑

我们研究冤案是为了更为有效地纠正司法错误,而揭示导致冤案的原因则是有效纠错和防止再错的前提。对于晚清四大奇案而言,各异的案情背后却隐匿着共通的冤错原因,笔者在此试图透过纷繁复杂的案情来探寻导致冤案的基本逻辑。

下表概括了上述四大案件中导致冤错的主要原因(见表2):

---

①　周愣伽:《清末四大奇案》,群众出版社1985年版,第129页。

表 2　四大错案的主要原因

案件	是否存在刑讯	言词证据	实物证据	无罪证据情况	裁判者对于冤错的态度	申冤的途径	其他导致冤错的原因
太原奇案	夹棍,昏死过去	轻信证言,不听辩解	片面采信孤立的物证	缺乏凶器等关键证据,作案动机牵强,证言矛盾	盲目自信,后又知错不纠	找关系,再审	裁判者搞形而上学,急于破案,封建礼教
刺马案	威逼利诱	捏造口供		无视被告人的陈述	故意掩盖真相以维护封建统治权威	对民众大声疾呼事实真相	统治阶级不愿意真相大白
名优奇冤	吊打、掌嘴、鞭背,肩膀骨头被打坏	轻信诬告,不听辩解	忽视实物证据	无视婚书、聘礼等无罪证据	明知有错仍刻意追究	申诉,复审中翻供,引起统治阶层注意	裁判者对戏子有偏见,封建礼教
杨乃武与小白菜案	棍打、夹棍、天平踏杠、炮烙等	引供、诱供,不听辩解	忽视实物证据	无做案时间、作案动机	刻意嫁祸,拿了贿赂维持原判	逐级申诉,找到京城高官相助	官官相护,重金疏通,封建礼教

从上表揭示的情况来看,可以将引发四大奇案以及阻碍纠错的主要原因归结为以下几大要点:

(1)极为残酷的刑讯是导致错案的最直接原因。在晚清专制时代,人民显然未能得到法律的有效保障,甚至人命被视作儿戏。"不论这一件事情,是否冤狱,受到绝大的冤枉,总先求之于非刑。受刑之人,倘是稍一含糊,不胜苛刑之苦,无不屈打成招,冤沉海底。"[1]这在杨乃武与小白菜案中显示得淋漓尽致。该案中,杨乃武承受了各种酷刑的折磨,不仅被打得皮开肉绽、鲜血横飞,还使用了专门针对江洋大盗的"天平踏杠"和最为残忍的所谓"炮烙酷刑"[2]。对于小白菜这样的柔弱女子,亦使用了夹棍等酷刑。正可谓"捶楚之下,何求而不得?",这样的酷刑,就算是铁人也很难忍耐得住啊! 于是,屈打成招往往是必然的结果。另一方面,这些典型案例也说明虽然我国古代自唐朝以来,法律对刑讯制

---

[1]　伍国庆主编:《晚清四大奇案》,岳麓书社 1996 年版,第 377 页。

[2]　伍国庆书中描述了所谓的"炮烙酷刑":"衙役用一块长约寸余、阔有五分的烙铁,烧得如火炭般通红,落在杨乃武的背上,只听得唯之的吱,一股焦臭直冲上来,杨乃武惨叫一声,眼前金星乱进,痛得心如油煎,昏死过去。"参见伍国庆主编:《晚清四大奇案》,岳麓书社 1996 年版,第 604 页。

度就有了明确的限制性规定①，但是司法实践中为了获得想要的口供，这些限制便往往成为一纸空文，也就很难成为防止冤案的有效规则。

（2）裁判者过分依赖言词证据，凭主观臆断来随意取舍言词证据，实物证据则处于可有可无的次要地位。在上述四大案件的审判中，几乎都是围绕着言词证据在展开，被告人口供、证人证言构成了定罪的主要依据。审判之目的，很大程度上就是为了获得被告人的有罪供述，如果被告人作无罪辩解或者翻供，则导致的必然是"大刑伺候"。同时，对于证人证言的判断，随意性很大。裁判者往往是有选择性地采信证言，却没有任何标准，为了获得想要的证言，甚至可以对证人、被害人施以酷刑。这样一来，由裁判者主观臆断而选择的言词证据构成了所谓的证据链，而实物证据在这一体系中处于可被忽略不计的尴尬境地。如在太原奇案中，就连杀人的凶器这样的关键物证都没有查获，裁判者就已经草率地作出了裁断。

（3）忽视无罪证据，有罪推定成为裁判者的普遍心理。四大奇案中都存在这样那样的疑点，即无罪证据大量存在，这些疑点正是上述案件称"奇"的重要原因之一。如杨乃武根本没有作案时间，所谓购买砒霜的时间其正在外地赶考，大量的人证直接证明了这一点；又如杨月楼与韦阿宝有婚书、聘礼等当时能够直接证明婚姻合法性的证据。但是，这些无罪证据被裁判者有意无意地忽略，这与裁判者心中根深蒂固的有罪推定是紧密关联的。以名优奇冤为例，杨月楼作为戏子在当时的社会处于被鄙视的阶层。作为裁判者的叶县令素来讨厌优伶，并在内心中早就形成了偏见，认为凡是戏子都不是好东西。在这样一种有色眼镜之下，在办案初期，叶县令便已经认定杨月楼有罪，而后续的工作只是逼出有罪供述来定罪即可，对于无罪证据，显然是很难被其采信的。

（4）造成错案很大程度并非是事实不清，而是裁判者在发现有错或有疑问后为了自身利益不愿意纠错。在案发初期，这四大案件的裁判者都是想查清真相、秉公办理的。随着案件审理的深入，裁判者或多或少发现了案件中的错误或疑点，然而，裁判者却并不积极纠错。这里的原因是有差异的，在杨乃武与小白菜案中是为了袒护真凶②，太原奇案与名优奇冤中初审裁判者是为了维护自身的权威，而刺马案中裁判者则是为了掩盖真相、维护封建统治秩序。人们常说"知易行难"，与查明真相比较起来，要纠错不仅需要智慧更需要极大的承担

---

① 《唐律》首先规定了刑讯适用的前提："先备五听，又验诸证言，事状疑似，犹不首实者，然后拷掠"。在《唐律疏义》"拷囚不得过三度"条中也有规定："诸拷囚不得过三度，总数不得过二百，杖罪以下不得过所犯之数。"

② 该案的真凶系余杭知县的儿子刘子和，刘县令发现之后不但没有大义灭亲，还为了袒护其子花费了百余万两的白银，进行疏通关系、栽赃嫁祸。

责任的勇气。更多的时候,为了维护封建统治阶级的利益以及封建统治的所谓"大局",明知有错还是会选择牺牲少数人的利益。这在封建社会的中国是一种常态,就如黄仁宇在归纳明朝历史时所论述的:"因之我们的政事,注重体制的安定,而不计较对一人一事的绝对公允。牺牲少数人,正是维持大局的办法。"①

(5)申诉、告御状是试图纠错的主要途径,但由于制度的不确定性和不规范性,严重阻碍了发现和纠正错案,而人为因素在纠错过程中发挥了至关重要的作用。申诉制度在我国由来已久,②被人们认为是洗清冤屈的主要途径。由于古代审级制度的不完善,审判管辖具有较大的随意性,人们常常试图通过高级别官员的审判,甚至是皇帝的亲审来纠正冤案,以求脱离身边的所谓贪官污吏的摆布。如在杨乃武与小白菜案中,被告人近亲属的申诉引发了前后八次不同裁判者的审判,最终还惊动了慈禧太后。这种通过申诉纠错的制度具有很大的随意性,使得错案的纠正难度很大。可以说"运气"和"找关系"两大因素决定了纠错的结果。运气好了,遇到包青天式的好官,还被告人以清白;运气不好了,告御状不成已经命丧黄泉③。或者通过找熟悉的官员,如杨乃武的姐姐曾是夏同善中堂家的保姆,而杨乃武与小白菜案最终正是通过夏同善的帮助才昭雪冤案;又如太原奇案中,为曹文璜申冤的新任山西提刑按察司既是曹家的世交又曾是曹文璜供职的县衙的长官,而如果没有这位高官的帮助,后果很可能大相径庭。

(6)官场的潜规则、腐败问题诱发冤案并阻碍纠错。四大奇案可以说是叙写了清末官场现形记,其中反映出的官官相护、权钱交易等官场潜规则,使得错案的发生成为一种必然,而纠错却成了一种偶然。如在杨乃武与小白菜案中,初审裁判作出后,几乎后来的裁判者在接到案件时都产生了一定怀疑并试图查清真相,但是在知县刘锡彤的疏通、贿赂之下,维持原判、一错再错成了必然结果,以至于即便是一向以清廉著称的学政胡瑞澜也没有抵挡住 10 万两白银的诱惑。在清末的审判中,腐败问题不仅出在裁判者身上,相关的衙役、看守等也都普遍存在腐败。如衙门施酷刑时,只要送钱给行刑的衙役,受刑的人便能一点不痛,非但旁观的人瞧不出破绽,便是堂上官员也不会看破。被告人的近亲属如果想要会见在押嫌犯,更是要花钱疏通。

---

① 黄仁宇:《万历十五年》,生活·读书·新知三联书店 1997 年版,第 58 页。

② 早在西周就已经有关于申诉的明确记载,如《周礼·大司寇》中有如下描述:"以肺石达穷人:凡远近茕独老幼之欲有复于上,而其长弗达者,立于肺石。三日,士听其辞以告于上,而罪其长。"我国古代申诉的主要表现形式有肺石、邀车驾、击登闻鼓、上书皇帝等。到了清代,被统称为"京控",《清史稿·刑法志》记载:"其有冤抑赴都察院、通政司或步军统领衙门呈诉者,名曰京控。"

③ 在清朝,到刑部告状喊冤者要"滚钉板",以考验喊冤者所申诉冤情的真实性,通过这种方式限制进京申诉。杨乃武的姐姐为了为其申冤,便遭受了"滚钉板"之考验。

（7）封建礼教是导致冤案的一个不可忽视的因素。我们一般将反映封建社会特有的社会现实和思想观念的礼教,称之为封建礼教。在这四大案件中,特权思想、弱势者单方面的义务、男尊女卑、亲疏有别、专制主义等封建礼教表现得非常显著。比如名优奇冤中,杨月楼作为戏子在封建社会属于被歧视的弱势者,连自由婚嫁的权利都没有,更不用说法律面前人人平等了。刺马案中体现的是典型的特权思想,可以说是"只许州官放火、不许百姓点灯",马新贻作为封疆大吏可以杀弟夺妻、为所欲为,而张汶祥的义举却要遭受凌迟处死。在杨乃武与小白菜案①和太原奇案中,涉及的封建婚姻制度和伦理纲常亦很明显。而这些封建礼教,在今天的社会,虽然已经被唾弃,但我们在司法实践中却常常还能看到各种封建遗毒的影子。

三、冤案背后的博弈:道·权·法之间

上文对晚清四大奇案的原因作了一番剖析,但是,这显然还不够,在诸多原因的背后,我们应该看到更为根本的东西。深入挖掘之后,展现在我们面前的是冤案背后隐藏着的"道"、"权"、"法"之间的博弈。

让我们首先来简单解读一下这三个概念。"道"从来就是一个众说不一的极为抽象的概念。"道"大概可以说就是以老子为代表的原始道家之所谓"道德"的"道",亦可以说就是以孔子为代表的先秦儒家之所谓"中庸之道"的"道",还可以有其他很多解释。在金岳霖先生看来,它乃是"不道之道,各家所欲言而不能尽的道,国人对之油然而生景仰之心的道,万事万物之所不得不由、不得不依、不得不归的道,才是中国思想中最崇高的概念、最基本的原动力。"②在此,笔者不作深究,只是将"道"视为一种合乎规律性的终极价值,一种对公平、正义的最终诉求,可以称为"天道"或者"道义",当然,这里并非是从封建玄学或者神秘主义的立场上来阐释"道"。相对而言,"权"和"法"就好理解多了。"权"可以是简单地解释为"权势"或者"权力",是一种通用的手段和具有强制性的影响力。从政治哲学来看,"权力是最通用的手段,甚至比金钱还要通用,因为权力可以支配金钱。"③"法"当然就是法律,是国家制定并且正在实施的法律规范。

从本质来看,"道"、"权"与"法"都是一种支配性的力量,而这三种力量充斥

---

① 杨乃武与小白菜案中,杨乃武被认定为主犯,即杨乃武被认定提出犯意,购买砒霜等作案工具,实施杀人行为等,小白菜被认定的是从犯。但是,我们在量刑中,看到的却是颠倒的结果,即杨乃武斩立决,小白菜凌迟处死。这种从犯重判的现象中,透露出的信息是在封建礼教之下,小白菜参与谋杀亲夫被认为是最大逆不道之行为,必须遭受最重的刑罚之严惩。

② 金岳霖:《论道》,商务印书馆1987年版,第16页。

③ [美]丹尼斯·朗:《权力论》,陆震纶等译,中国社会科学出版社2001年版,第262页。

于上述四大案件之中，并在碰撞与博弈间直接影响着案件的进程和结果。让我们以刺马案为例，看一看这种力量的博弈：张汶祥是"道"的捍卫者，刺马的行为显得大义凛然，俨然是一副替天行道的意味，因此得到了民众的同情，也成为了民众心目中英雄的代名词；马新贻作为两江总督是"权"的代表，他可以以权谋私、以权谋命，做杀害义弟、夺弟之妻等被道义所不齿、为天道所谴责的事情。以慈禧太后、曾国藩为代表的清政府为了维护封建统治秩序，以"权"废"法"并掩盖事实真相，再次体现了"权"的巨大力量；而"法"在刺马案中沦为"道"与"权"夹缝中的牺牲品。一方面是张汶祥以"道"代"法"，通过私力救济去实现心中的正义，而将法律弃之不顾，甚至是做了为法律所明文禁止的刺杀行为。另一方面是在权力面前，法律显得如此苍白无力。可以想象，即使张汶祥诉诸法律途径，也显然无法扳倒作为朝廷大吏的马新贻，而清政府在处理该案时，考虑的显然主要不是查明事实真相、正确适用法律，而是为了维护封建统治颜面而故意扭曲真相。再让我们来看一看杨乃武与小白菜案。在该案中，杨乃武与小白菜是值得同情的被冤枉者，被民众所同情，在道义上占据了优势，这才会激起浙江士绅公愤并联名上书。但是这种"道"是脆弱的，还是无法抵挡"权"的压迫，以刘锡彤为代表的权力阶层上下疏通、官官相护，以至于纠错阻力重重，前后经历了八个不同衙门的审判并最终惊动统治阶级最高层。最终，虽然案件得到了昭雪，但却并非"法"发挥了关键性的作用，而是统治阶级高层的个人因素导致的结果，这里还是"权"在起作用。阻碍纠错的是"权"，最终纠错的还是"权"。

从"道"、"权"、"法"三种力量的关系来看，"道"本是"法"之基础，而"权"来自于"法"之授予。然而，在封建社会，显然并非这种关系。权力凌驾于法律之上，因为统治者制定了法律并按照自己的意愿在实施法律。统治者在公布法律时都会标榜自己制定的法律是符合公平、正义等天道的，但是封建专制统治的要求和谋取私利的欲望显然要高于这些抽象的标准，因此，为了维护封建特权的需要会使得"道"成为一种骗人和愚民的工具。在这样一种关系之下，我们便不难理解为什么晚清四大奇案中，虽然事实已经得到揭示而统治者却迟迟不肯纠错，虽然被冤枉者反复申诉却毫无效果，虽然被冤枉者博得了民众广泛同情却得不到法律的怜悯。于是，法律无法得到民众的广泛尊重与信仰，"强权即是公理"的观念却能大行其道并得到崇尚；于是，在人们遇到纠纷时宁可诉诸虚幻的道义之私力救济，也不愿意去寻求软弱的法律之支持；于是，到了衙门要找关系、花钱疏通成为中国古代诉讼的不破真理，"官本位"的思想更是在善良的中国普通民众心目中根深蒂固。

可想而知，在一个法律并非至上的社会中，法治是无法生根发芽的，冤案的发生具有必然性，悲剧会一再重演。从晚清四大奇案中，我们看到"道"、"权"与

"法"的博弈的结果是:法律被权力硬生生地撕裂,道义在人们心中的地位亦要高于法律,权力可以无情地抛弃道义,道义被权力肆意扭曲……这种结果使得规则不复存在,正义难以实现,法治更是一种奢谈!

四、偶然与必然:正当法律程序视野下的冤案

从晚清四大奇案中,我们看到了血淋淋的历史,更重要的是我们看到了冤案背后的一些东西。在任何社会都会存在冤错案件①,我们要想完全避免冤案是几乎不可能的,这受到诸如人类的认识能力等因素的限制。冤案的存在并不可怕,可怕的是冤案一再地重复,可怕的是无法揭示其规律并有效地遏制冤案的再次发生,可怕的是在冤案面前人们变得渐渐麻木。这显然是一种非理性的状态,这是与现代程序理性背道而驰的。哈贝马斯曾言:

> "过去的一个世纪比任何其他世纪都更使我们领教了存在中的非理性的恐怖……现代性,已经意识到自己有种种不确定性的现代性,更加依赖于一种程序性理性观念,换句话说,一种将自己也置于审理程序之下的理性观念。"②

哈贝马斯在反思历史的幕幕悲剧之后,发出了对程序理性的倚重之感慨,给我们以警示。在此,我们有必要站在理性的正当法律程序的视角来重新审视如何避免冤案的必然发生,而对于偶发性的冤案则应该抱一种更为宽容的态度。回顾历史并比照现在,我们可以发现正当法律程序的缺失是导致冤案必然发生的直接诱因,其中,尤其是以下几个方面值得我们特别关注:

(1)刑事诉讼理念的落后,特别是封建特权思想的存在,使得有罪推定、重实体轻程序、重打击轻保障等理念广泛存在。刑事诉讼理念是刑事立法和司法的先导,落后的刑事诉讼理念是阻碍正当法律程序确立的巨大障碍。在传统中国,在封建特权思想主导之下,维护封建统治是刑事追诉活动的最根本目的,那么就必然会以有罪推定、严酷刑罚为主要指导思想。在这种思想主导之下,所有的正当法律程序被视为揭示犯罪、惩罚犯罪的阻碍,而不择手段地追究犯罪

---

① 以向来以法治社会老大自居的美国为例,博卢的统计显示,从 1976 年到 1999 年,法院针对 80 多名死刑犯作出了无罪判决,并将他们从监狱无罪释放,这些被无罪释放的杀人犯占杀人犯总数 1.3%;埃克斯特曼做了类似的统计,他所得出的统计数据显示,从 1973 年到 2002 年,仅仅是杀人犯中,就有超过 100 多人被证明是受到了冤枉。参见 [美]布莱恩·福斯特:《司法错误论——性质、来源和救济》,刘静坤译,中国人民公安大学出版社 2007 年版,第 2 页。

② [德]哈贝马斯:《在事实与规范之间》(前言),童世骏译,三联书店 2003 年版,第 4 页。

的要求为刑讯逼供、非法取证、侵犯人权背书了合理性和合法性。这便使得错案的发生具有了必然性。在现今的中国,虽然无罪推定等理念已经逐渐被人们所接受,相应的法律规定也日益完善,但我们不得不承认事实上的有罪推定还广泛存在,"命案必破"等刑事政策亦留有显著的重打击、重实体结果的倾向。实践中,诸如"佘祥林案"、"杜培武案"等冤案多是"命案",急于破案并施以酷刑便成为破案压力之下的无奈选择,而无罪推定、被追诉人权利保障等现代刑事诉讼理念被抛在脑后,这便为错案埋下了深深的祸根。

(2)缺乏具有刚性的程序性规则,特别是缺乏以排除规则为代表的程序性制裁规则。刚性的程序性规则为刑事追诉活动限定了一个基本的范围,即在法定程序允许的范围内来追诉才是合法且有效的。在传统中国,不是没有程序性规则而是其刚性非常有限。比如关于死刑复核的程序,在杨乃武与小白菜案件中,知县判了死刑还要上报知府核定,然后上报巡抚衙门转呈刑部,批下来后才能最终定案。但是,这一系列的程序中,缺乏的是刚性的规则,诸如审查方式、时限、被告人的权利等都具有很大的随意性,以至于知县一路花钱疏通,使得数次的复核程序都成为一种摆设。相比之下,传统中国的实体性规则要严格得多,我们所熟悉的"杀人者死,伤人及盗抵罪"等规则便是严格的实体法规则。现代社会,刑事诉讼程序变得更加规范、严格,但是,我们可以看到我国刑事诉讼法对于程序的刚性规定还是可谓少之又少,程序违法很少有明确的制裁后果[1]。违反了程序没有刚性的程序性后果,非法取得的证据不被排除,显然会助长非法取证和违法办案,这只能是使得一部分具有侥幸心理的办案人员更加肆无忌惮地程序性违法,相应地,冤案也就很难得到有效的抑制。对此,我们必须有清醒的认识,绝不可小视,诚如有学者所言:"按照程序正义价值改革法律程序,这是程序提升其价值含量从而具有更大道德性的问题;而制裁那些程序性违法行为,这是刑事诉讼法得到实施、而不至于流于形式的问题。"[2]

(3)正当而有效的侦查手段之缺失,导致不择手段地取证成为一种必然的选择。人类的认识能力是有限的,刑事案件作为已经发生过的事件,真相要想得到完整地复原几乎是不可能完成的任务。这种认识能力的缺陷,使得侦破疑难案件始终是人类面临的一大难题。清末之时,虽然西方科技革命的成果已经有所传入中国,但是,总体来看,人们对于案件的认识能力还主要凭借最原始的方法,即坐堂问案以获得言词证据,而要想获得足够的言词证据,刑讯又成了最

---

[1] 我国刑事诉讼法只有两处明确规定了程序性制裁:其一是刑事诉讼法第91条关于一审程序违法、二审发回重审的规定;其二是最高人民法院和最高人民检察院的司法解释中关于非法言词证据排除的规定。

[2] 陈瑞华:《问题与主义之间》,中国人民大学出版社2003年版,第108页。

终的法宝。所以,从表象来看刑讯是冤案的直接诱因,但深究起来,调查取证、查明真相的手段的缺失才是倚重刑讯、滥用酷刑的根源。现代科技使得调查取证的方法大为改善,合理地采用指纹、DNA鉴定、监听、信息截留、心理测试等技术手段,收集科技证据和实物证据,摆脱对言词证据的过分依赖,走出"口供是证据之王"的误区,才能真正高效、准确地认定犯罪。

(4)举证责任制度的不完善。传统中国的举证责任被置于被告方,也就是说,被告人要承担证明自己有罪的责任。如杨乃武与小白菜案中,我们可以看到裁判者频频发出要求被告人自证其罪的命令。以下便是该案的一次庭审中,裁判者的数次发令:

> 刘县令:"杨乃武,我劝你还是把毒死葛小大的情由,好好招认,免得皮肉受苦,本县替你笔下超生"……
>
> 刘县令:"好,杨乃武竟在大堂之上,耀武扬威,目中无人,不给你些厉害知道,谅你也不肯就招"……
>
> 刘知县:"快给他上大刑,看他可再刁赖"……
>
> 刘知县:"杨乃武,瞧你不出,如此熬得疼痛,刁赖不招,今天倘再不招认,本县自有处置你的法则,快些招来"①……

这里,我们看到的是裁判者对被告人的利诱威逼,被告人的自我辩护被视为"刁赖",刑讯逼供以达到"自证其罪"的效果,则成为获得口供以证明有罪的主要手段。显然,"自证其罪"是与现代举证责任制度相左的,也违背了保障被追诉人人权的要求,而在程序法中缺乏一套理性、成熟的举证责任规则是导致刑讯和冤案的直接原因。合理地分配刑事案件中的举证责任,确立反对强迫自证其罪规则,应成为我们防止刑讯和冤案的必然要求,否则,被追诉人永远将是刑事诉讼中任人宰割的客体。

(5)没有建立理性而有序的再审纠错机制。冤案的发生难以完全避免,为了及时纠正冤案,再审纠错程序便具有极其重要的作用。传统中国一般是采用申诉的方法,期盼包公式清官的出现、寄希望于告御状来获得皇帝的恩泽,成为一种普遍的民众心理。由于缺乏有效、合理的再审纠错机制,使得传统中国在纠正冤案时往往有很大的偶然性,人为因素起着最主要的作用。当下,申诉制度经过演变仍然是现代中国的最主要的刑事纠错程序,一事不再理原则没有被立法所确认,而民众心中通过申诉、上访来纠错的心理仍然广泛存在。申诉、上

---

① 关于此次庭审的详情参见伍国庆主编:《晚清四大奇案》,岳麓书社1996年版,第600—605页。

访的大量存在使得政府和司法机关极为头痛，于是，有了所谓的"大接访"来集中处理案件与社会矛盾。这样一种做法的初衷是为了纠正冤错案件，给老百姓一个申冤、纠错的机会，但是由于其并非一个法定的常设纠错程序，带来的是运动式的纠错或者政治性的接待，无法形成一套高效而有序的再审纠错机制，更是无法使得冤案的纠正真正实现从偶然变成必然。

(6)尚未建成行之有效的遏制司法腐败和权钱交易的程序性机制。司法腐败和权钱交易在上述冤案中显露无遗，这在传统中国显然无法得到有效的治理。虽然历朝历代都会有严惩贪官污吏的机制，但囿于封建统治和人治社会的特点，总是难以摘除这一毒瘤。历史反复证明靠严惩、靠内部监督、靠自律都无法解决这一难题。而我们今天似乎还在想用历史证明是杯水车薪的办法来遏制司法腐败和权钱交易。司法腐败的一再重演、司法高官的前赴后继式的落马，让人心痛！这便要求我们必须建立适当的程序机制来遏制权力的滥用，这里既包括公权对公权的制衡，比如司法审查、检察监督等机制，更应当包括权利对权力的制约，比如程序公开、民众参与、媒体监督、当事人的参与和权利保障等机制的构建。

"前事不忘，后世之师。"历史是一本最好的教科书，晚清四大奇案展现给我们的便是一本鲜活的教材，一个个看似差异局然的冤案背后却埋藏着必然性的规律。"道"、"权"、"法"之间博弈的结果和正当法律程序的缺失，使得冤案成为一种必然。面对这些问题，我们今天真的已经解决或者已经有了很好的解决方案了嘛？历史总是有惊人的相似性，但是，前人犯过的错误并为此付出的代价，我们今天显然不应该再次为其埋单！

第二节　近年来中国的若干典型错案分析

一、导言

近年来，随着杜培武案件、佘祥林案件、赵作海案件等刑事错案的相继曝光，刑事司法体系的公正性越来越受到质疑。赵作海案曝光后，全国舆论一片哗然。因为没有人想到，"死者复活"这么荒谬的事情竟然会发生。此外，赵作海对遭受到的刑讯逼供的描述，也对侦查机关敲响了警钟。也因此，在2010年，《关于办理死刑案件审查判断证据若干问题的规定》和《关于办理刑事案件排除非法证据若干问题的规定》这两个证据规定得以颁布。诚然，在刑事司法中,刑事错案是无法避免的,"即使法律被仔细地遵守,过程被公正地引导,还是有可能达到错误的结果。"[1]错案是永远无法避免的,导致刑事错案的,有很多不确定的因素的存在。即便如此,但是对于一些因为人为因素导致的错案,我们仍然要尽可能地加以避免,从而尽可能地维护社会公正的底线。在我国,导致刑事错案的因素虽然看上去各有差异,但是从深层次的角度来看,还是可以看到导致刑事错案的一些共同因素的存在,比如刑讯逼供,比如刑事政策的影响,比如侦查人员对于法定程序的忽视和逾越等。"一个公民社会中的法律,在很大程度上依赖于这个社会愿意接受它的裁决"。[2] 当一个社会中的公民普遍不再相信法律之时,法律也就失去了它自身的生命力。错案的一再发生,使得在我国已经极为脆弱的司法的公信力变得更加岌岌可危。通过分析近年来中国的若干典型错案,也可以较为清晰地展示出目前中国司法实践中存在的一些缺陷与不足。

在本部分的研究中,笔者选取了近些年来中国发生的若干典型错案,通过对这些典型个案进行实证分析,从而探析这些典型错案背后的非理性的因素的存在。关于个案的选择,笔者采用如下标准:(1)近年来曝光的典型错案。这些错案在一定程度上反映了我国近年来普遍存在着的错案的形态;(2)有重大社会影响的错案。这些错案往往被很多社会大众所关注,有些错案还或多或少地推动了中国的法治进程;(3)对案件有较为详尽的报道和披露,这样就比较容易进行资料的收集从而对错案进行分析。[3] 基于此,本节选择了滕兴善案件、胥敬祥案件、北海四律师案件、吴昌龙案件等典型的刑事案件作为分析样本。限于篇幅,本节对于个案的分析,并非全面展开,而是主抓其特点展开讨论。

二、典型错案之分析

(一)吴昌龙案件

1.案情简介

案发前,吴昌龙是福清中福公司的一名司机。2001 年 6 月 24 日早晨,福清市纪委司机吴章雄接到一个传呼后赶到信访接待室门口,触动一个邮包后当场被炸死。2001 年 7 月 27 日晚,吴昌龙驾车去女友家的中途,被警察抓捕。9 月

---

① [美]约翰·罗尔斯:《正义论》,何怀宏等译,中国社会科学出版社 1988 年版,第 86 页。
② [美]迈克尔·桑德尔:《公正:该如何做才好?》,朱慧玲译,中信出版社 2012 年版,第 191 页。
③ 本节选取的案件信息基本上来自于百度、新浪、网易等网站;代理律师的博客以及案件的判决书,在下文不再注明。

18 日,警方获得了第一份由吴昌龙签字画押的有罪记录。2002 年 1 月,此案由福清市公安局移送至福清市检察院审查起诉。同年 3 月,因证据不足,福州市检察院两次将案卷退回福清市公安机关,要求补充侦查。2002 年 7 月 22 日,福州市检察院审查起诉到福州市中院。2002 年 11 月 28 日一审第一次开庭。2004 年 11 月 29 日,福州市中院第二次开庭审理。同年 12 月 1 日,一审判处吴昌龙死刑,缓期两年执行。2004 年一审宣判后,吴昌龙等不服判决提起上诉。2005 年 12 月 31 日,福建省高级人民法院将该案发回重审,裁定书中称,"原判事实不清,证据不足,本案在爆炸物的来源、种类及爆炸装置的制作、运送等方面,被告人的供述前后不一,各被告人供述之间,以及供述与查获的物证之间也存在诸多矛盾,需要进一步调查核实。"

2006 年 10 月,福州中院再次作出判决,判处吴昌龙死刑,缓期两年执行。判决下达后,仍然不服,同年 10 月再次上诉至福建省高院,但案件已经过去近 5 年,直至 2011 年 4 月再次开庭,但仍未有判决。2012 年 11 月,张培鸿律师阅读案卷材料后决定替吴昌龙辩护,找到福建省高院,对方收下材料,后来却答复不能变更辩护人。2012 年底,张培鸿公开致信王岐山。2013 年,案子又转到律师杨金柱和李金星手中。2013 年 1 月 25 日,二人穿上律师袍,提着 5 块红薯走进了福建省高院,送给该案合议庭 5 名法官,这个特殊的"礼物"通过微博传播引起轰动,两人终于得以会见吴昌龙。2013 年 2 月 8 日,吴昌龙被释放,得以回家。2013 年 5 月 3 日,吴昌龙被判无罪。

2. 案件分析

(1)对法定程序的违反

在中国的司法语境下,刑事错案的发生在一定程度上都是由于对法定程序的违背。但是在吴昌龙案件中,司法人员对于法定程序的违反现象尤为严重。在这一案件中司法人员对于法定程序的违反主要体现在以下几个方面:

第一,刑讯逼供的存在。刑讯逼供在中国似乎已经成为了炮制冤假错案的必备武器。在曝光的赵作海案、杜培武案以及佘祥林案等错案中均存在着不同程度上的刑讯逼供。在吴昌龙案件中也是如此。在吴昌龙案件中,侦查机关几乎没有除了被告人供述之外的其他证据。对于侦查人员的刑讯逼供,吴昌龙在《一个死囚的控诉》中进行了描述:"他们每天都将我铐在窗户上,不让我睡觉,我困得再没办法睁开眼睛,他们就打我耳光,或用脚踢我,几天下来,我的脚都肿得很大,腰也站酸痛快断似的,但他们还是不让我坐,有时连小便都不让我去,我被他们折磨得痛苦不堪。"从 7 月 27 日到 9 月 18 日,吴昌龙熬到 53 天,实在受不了,"咬"出正在与姐姐吴华英闹离婚的姐夫杜捷生。杜捷生被抓后,又交代出了给自己装货的江西籍铲车司机谈敏华,以及曾帮自己开过车的王小刚。目前,我国的刑事诉讼法规定了非法证据排除规则以及确立了侦查人员出庭作证的制度。这些制度的确立,在一定程度上,可以合理地期待司法实践中刑讯逼供的现象会有所缓解。这些制度的落实,可以避免很多的刑事错案。

第二,律师会见权未得到保障。我国刑事诉讼法第 37 条规定:辩护律师可以同在押的犯罪嫌疑人、被告人会见和通信。辩护律师持律师执业证书、律师事务所证明和委托书或者法律援助公函要求会见在押的犯罪嫌疑人、被告人的,看守所应当及时安排会见,至迟不得超过四十八小时。此外,律师法第 33 条规定:辩护律师会见犯罪嫌疑人、被告人时不被监听。但在吴昌龙案件中,辩护律师的会见权以及会见时不被监听的权利均未得到相应的保障。2001 年 11 月 14 日,马义良律师第一次会见吴昌龙时,"已经是冬天,他还穿着短袖,整个人脸色发青。我按照程序跟他交代相关事项,要他实事求是讲真话。他一开口,声音就很哽咽,话都说不出来。专案组的吴承奋和另一个警察一左一右站在两边。吴昌龙给我出示他的伤痕,清晰可见,吴承奋就马上过来制止,不让他再说话。"吴承奋强行关掉了马义良的录音笔。11 月底陈晖再去会见,被拒绝了,马义良再去,同样不让会见。在本案中,律师会见权以及会见时不被监听的权利未得到保障,使得刑事案件中被告人的权利得到了极大的损害,也间接地导致了这一错案的发生。

第三,对无罪证据的忽视。侦查机关为了侦破案件,往往过分地关注犯罪嫌疑人有罪的证据,忽视犯罪嫌疑人无罪的证据,甚至对于有些明显的证据犯罪嫌疑人无罪的证据都加以忽视。这种司法观念的存在,导致了更多的错案的发生。在吴昌龙案中,即为如此。2010 年 7 月 31 日被害人吴章雄的妻子王惠珠向福清市政府递交揭发材料。这些材料披露"6·24 爆炸案"发生前,吴章雄接到的 BP 机传呼,是吴章雄单位领导林惠全的电话号码。同时王惠珠还披露,案发后,林惠全从公安局拿回了吴章雄的 BP 机,扣着不还给家属,并要求王惠珠不要说出此事,承诺照顾家属,为其安排工作。这一证据,可以在相当大的程度上证明凶手可能另有其人。可是却被侦查机关有意忽视,对其置之不理。在本案中另外一个明显的错误在于,吴昌龙连炸药是什么样子都不懂,根本不可能无师自通成爆炸装置高手,并炸死被害人。此外,吴昌龙并无杀人的动机。而这些证据,侦查机关完全不关注。

第四,未及时变更强制措施。吴昌龙 12 年来一共被羁押过 5 个看守所,在最后一个看守所被羁押了 7 年。吴昌龙案自 2006 年上诉至福建省高院二审,福建高院 7 年没有宣判。《中华人民共和国刑事诉讼法》第 96 条规定:犯罪嫌疑人、被告人被羁押的案件,不能在本法规定的侦查羁押、审查起诉、一审、二审期限内办结的,对犯罪嫌疑人、被告人应当予以释放;需要继续查证、审理的,对犯罪嫌疑人、被告人可以取保候审或者监视居住。此外,最高人民法院关于适用《中华人民共和国刑事诉讼法》的解释第 134 条第 2 款第 3 项规定:当案件不能在法律规定的期限内审结的,人民法院应当变更强制措施或者予以释放。在吴昌龙案中,案件未能在法律规定的期限内审完。但是,吴昌龙却一直被羁押,未能取保候审或是监视居住。很难想象,如果不是"送红薯"事件的发生,吴昌龙还会被羁押多久。

独立于实体正义,程序正义有其自身的价值。程序是"通过直观的公正来间接地支持结果的妥当性"。[①] 正义要以看得见的方式实现。公正是刑事案件的核心。在吴昌龙案件中,刑讯逼供的存在、律师会见权未得到保障、对无罪证据的忽视以及未及时变更强制措施都是未遵守法定程序的体现。但是,在我国的司法语境下,未遵守法定程序的背后,必然有着另外一种运作的力量的存在。这就可以解释为什么在 2005 年 12 月 31 日,福建省高级人民法院以事实不清、证据不足将该案发回重审之后,2006 年 10 月,福州中院会依据同样的证据再次作出判决。当吴昌龙在 2006 年 10 月再次上诉至福建省高院后,近 5 年之后,高院才开庭。违反法定程序背后的权力博弈,也许才是导致吴昌龙这一错案的罪魁祸首。

(2)律师与法官的博弈

律师与法官的关系一般情况下有三种:律师与法官作为法律职业共同体的成员,有共生关系;律师和法官在真相发掘过程中有合作关系;在依法审判过程中有监督关系,通过律师的介入可以形成对国家权力的制约机制。在我国,依照法律的规定,检察机关作为国家的公诉机关,承担收集被告人有罪或者无罪,罪重或者罪轻的证据,但是检察机关仍然以追诉犯罪作为主要目的。而法官,出于各种因素的考虑,未能确保其中立的地位。在这种情况之下,辩护律师只能孤军作战。在某种意义上,律师处于与法官以及检察官对立的位置上。依照刑事诉讼法的规定,面对司法的不公,在体制内的救济措施主要是申请再审以及申请检察院的抗诉。

人都是理性自利的。对于律师而言,在这些措施都无望的情况之下,律师只能依靠网络的力量。一方面,这可以表明其对于当事人的负责的态度;另一方面,其也是在为自己做宣传。于是就有了这样戏剧性的一幕:2013 年 1 月 25 日,两位律师穿上律师袍,提着 5 块红薯走进了福建省高院,送给该案合议庭 5 名法官。这个特殊的"礼物"通过微博传播引起轰动,两人终于得以会见吴昌龙。也就是说,最终,吴昌龙能被释放,在很大程度上,是因为两位律师的行为

---

① 孙笑侠:《程序的法理》,商务印书馆 2005 年版,第 25 页。

艺术引起了较大的宣传效应,在微博的影响以及舆论的压力下,福建省高院不得不改变对于吴昌龙的强制措施。通过微博引起公众的注意,从而给予领导层相应的压力,似乎成了错案的无辜者诉说冤屈的最好的方式。"在我国,媒体监督产生的作用,很大程度上不是因为司法机关畏惧媒体的报道,而是媒体报道引起了领导层的关注,领导层可能因此而作出批示或政法委出面协调,最终导致司法遵从。"①这种做法,对于辩护律师而言,是其手上的最后一张王牌,其唯一的选择就是紧紧地抓住这一根救命稻草,如果足够幸运,当然可以达到相应的目的,使得其当事人的权利得到维护,也可以使得自己名扬天下。而对于法官而言,当太多的媒体报道导致民众的关注,在和谐司法的背景下,领导层也不愿意因为某一个案而导致社会的不和谐,影响其仕途。因此领导层也会对办案法官施加一定的压力,法官当然也会听从其领导的建议,于是双赢的局面就产生了。

当然,这也有可能导致的是一个双输的局面。面对不公与法院的违法行为,律师以及被害人通过微博等形式进行宣传,进行呼吁。如果一些案件没有吸引到足够多的人的关注,并未形成一桩公案。那么,律师的这种行为,一方面,其会导致法院以及法官的声誉受损,因此在更大的程度上损害了司法在民众心目中的权威;另一方面,因为其的行为导致法院及法官的声誉受损,因此在量刑时,面对着法官的自由裁量权,法官不会在可能的范围内对被告人从轻处罚,那么这就会导致当事人的权利仍然得不到有效的救济。只是,很幸运,在这个案件中,律师赢了。

(二)赵新建案件

1.案情简介

赵新建,安徽省亳州市农民。1998 年 8 月 7 日,安徽省亳州市华佗镇邢庄村 17 岁少女邢某某被杀害。亳州谯城警方及当地派出所接警后,立即赶到现场调查取证。据警方当时现场勘查笔录、现场勘查的录像反映,邢某某死在凌晨 1 点前后,在案发现场的邢某某床上有件不属于邢家的蓝底带竖白条 T 恤衫和一双塑料拖鞋。此外,警方还在现场提取了一些毛发。法医尸检报告证明,邢某某系被他人钝器作用颈部致机械性窒息死亡。更为恶劣的是,邢某某不仅被杀还被奸尸。这在观念朴素的农村引起极大震动,给邢某某的亲属带来了巨大的伤害和痛苦。此后不久,邢某某的母亲精神失常,离家出走。

由于案发现场发现多件不是死者家的物品,警方将这些物品看成重要物

---

① 胡铭:《转型社会刑事司法中的媒体要素》,《政法论坛》2011 年第 1 期。

证,进行重点排查。村民们很快认出,案发现场所留的 T 恤衫是同村村民赵新建的。事发当日一早,赵新建便被带到谯城公安分局城北乡派出所接受询问。赵新建说,他根本不知道自己的衣服是怎么到了邢某某家的,不过,当天晚上除了邢某某家"进了贼",自己家和其他家也都"进了贼",衣服和拖鞋可能是贼杀了人后,慌忙中留下的。所以,天一亮,派出所要求村里的年轻人去辨认,他也去了。

审讯一直持续了三四天时间。赵新建说,"实在坚持不下去了,就承认了。"赵新建的口供有明显的编造痕迹。1999 年 9 月 17 日,市公安局向市检察院提请逮捕赵新建。9 月 28 日,检察机关以事实不清、证据不足为由不批准逮捕赵新建。10 月 3 日,赵新建被释放。1999 年 5 月,赵新建再次关进看守所,2000年 1 月 15 日,赵新建正式被捕。2001 年 7 月 31 日,市中院判处赵新建死刑。同年 10 月 17 日,省高院以事实不清、证据不足为由撤销原判,发回重审。原审中院再次判处赵新建死刑。2002 年他又一次向省高院提起上诉,该案被发回重审。2004 年 4 月 12 日,原审中院判处赵新建死刑,缓期两年执行。直到杀人真凶被捕,赵新建的冤情才得以昭雪。2006 年 6 月 23 日,亳州市谯城区公安分局发出释放通知书,将赵新建以没有犯罪事实为由释放。

2. 案件分析

(1)同态复仇与无罪推定

在刑事案件中,犯罪行为往往给被害人及其家属带来不可磨灭的伤害。在这一案件中,在邢某死后不久,其母亲就精神失常,离家出走。因此,从观念上来说,被害人及其家属往往希望被告人受到应有的处罚,以此来平复内心的创伤。当公检法机关的行为未能满足其朴素的愿望时,其往往做出一些极端的行为,在无形之中给予公检法机关以压力。在赵新建案件中,当 1998 年赵新建被释放之后,邢某的奶奶曾经两次到北京、数次到合肥告状,省政府、公安厅、法院、检察院她都一一去告。2002 年当案子被发回重审之后,邢某的奶奶依旧四处告状,其还一度站在法院门口,拉出标语喊冤,扬言不判赵新建死刑她就要吊死在法院。"被害人在刑事公诉中所处的地位很像民事诉讼中的'有当事人地位的第三人'——虽然不能独立地发动一场诉讼,却作为与诉讼结果有着直接利害关系的一方,以当事人的身份行使诉讼权利,影响裁判的制作过程。"[1]在赵新建案件中,因为赵新建的犯罪前科以及在现场发现的他的 T 恤,使得被害人的家属认定赵新建就是杀害自己亲人的凶手,因此作出了一连串偏激的举动,从而导致了这一错案的发生。在另一方面,这也是同态复仇的典型体现。一个

---

[1]　陈瑞华:《量刑程序中的理论问题》,北京大学出版社 2011 年版,第 70 页。

人是否支持同态复仇,往往取决于其在纠纷中所处的位置。"如果只是作为第三方,他们就大谈和平、忍耐、容忍;但是如果他们扮演受害人的角色,那么他们的主张就是血。"①邢某的奶奶处于受害者家属的位置,并且又处于偏僻的农村,在农村,有些观念就更为朴素。因此,邢某的奶奶要求同态复仇的思想,也是可以理解的。

但是在另一方面,需要考虑的因素是对被告人权利的保障。被告人虽然对他人造成了伤害,但是面对着强大的国家机器时,其仍然是处于弱者的地位。也因此,在刑事诉讼案件中,为了保护被告人的权益,一直以来实行的是无罪推定原则。但是无论如何,在刑事诉讼中,无罪推定原则往往是一种妥协的结果,这往往也是一个价值权衡的结果。"这个原则意味着从方法和过程中已尽了最大努力仍不能确定实体时,假定某个结果合乎正义是一种不得已的必要妥协。"②在赵新建案件中,疑点有很多:首先,当办案人员问赵新建杀人后怎么回家的,赵新建说是翻墙回家的,而赵新建在先前的口供中又说是自己开门进去的;证人证言证实犯罪嫌疑人的身高为 1.6 米左右,不是本庄人,而赵新建身高在 1.7 米以上,是本庄人而且与证人熟识;此外,从现场提取的毛发血型为 O型,而赵新建为 A 型。面对如此的案情与证据,1998 年 9 月 28 日,检察机关以事实不清、证据不足为由不批准逮捕赵新建,并且于 10 月 3 日释放赵新建,是一种理性的选择。刑事案件的定罪标准要求达到排除合理怀疑的地步,显然,本案的证据锁链无法达到排除合理怀疑的程度,因此,检察机关最终不批准逮捕赵新建的行为也是符合无罪推定以及疑罪从无的原则的行为。

只是面对着锲而不舍的被害人的上访之时,公检法动摇了。当"屠弱"的司法体系碰到扭曲的"民意",此时,似乎已经不能从法律的视野来衡量了。司法的不独立,司法的不自信,必然导致的是司法体制下的牺牲品。至于具体是谁会被牺牲,也许并不取决于事实,而更大的程度上,是取决于野蛮的程度。亳州中院一位办案人员说的话,或许是对当前部分司法机关"不得已"屈从于"民意"直言不讳表达:"面对被害人家属的压力,司法机关不敢随意放掉自己最初抓获的犯罪嫌疑人,哪怕是证据不足的犯罪嫌疑人。而且,一次次发回重审,当事人家人三天两头来闹,你说怎么办,只能哪边闹得凶往哪边靠一点。"③在赵新建案件中,显然是被害人的家属闹得比较凶,因此,很自然地,法院的天平更多的是靠向了被害人家属的那一侧。

对被害人的家属而言,其内心只是想惩罚真正的凶手,然而,却在无意之

① ［美］威廉・伊恩・米勒:《以眼还眼》,郑文龙、廖溢爱译,浙江人民出版社 2009 年版,第 24 页。
② ［日］谷口安平:《程序的正义与诉讼》,王亚新、刘荣军译,中国政法大学出版社 2002 年版,第 3 页。
③ 魏文彪:《安徽亳州赵新建案:冤案新标本》,《检察日报》2006 年 11 月 8 日。

中,荒废了一个无辜者的青春。不知道当被害人的家属知道真相之后,内心又会有怎么的波澜。在这类的案件面前,所有的人,都是输家。

(2)领导的介入与真相的再现

面对着司法的错误,有很多方式可以对其进行纠正。最好的方式当然就是司法体系自身的纠错能力。只是在赵新建案件中,明显地看到了公检法系统自身纠错能力的缺失。亳州市中院院长杨德龙认为,他们"中院的人并不是傻子",这么简单的一个案子,反反复复审了三次,两次被省高院发回重审,两次重组合议庭,问题就出在证据不足、罪定不准上。"定他有疑点,不定他,排除不了他的嫌疑,还有受害人家属,判死缓邢吕氏都要跳楼。"再说,当初抓到赵新建的时候,"公安机关立功受奖、敲锣打鼓说这个案子破了"。亳州市一位资深的律师也透露,"我认为公、检、法都存在问题,他们把改变其他几个部门的决定看得跟天似的,一旦改变,都怕担责任。""这是体制的弊端。"也就是说,在我国,司法体系纠错能力的缺失归根到底是因为公检法一家的司法观念的影响。谁也不愿得罪谁,谁也不愿改变谁。因此,在这一和谐的司法观念的指引下,司法机关内部早就已经形成了一种均衡状态,自成体系。

一个均衡的存在往往需要有多种因素加以支撑。当一种均衡不理想之时,就要看是否有其他的资源可以将其扭转。如果没有,那么这种均衡仍将会持续。在我国司法自身缺乏纠错能力的现状之下,领导的干预,或许也是导致真相再现的一种比较好的方式。在赵新建案件侦办和审理期间,他的家人虽多次上访喊冤;赵新建被判死刑缓期两年执行,被害人的家人不能接受,也在上访。邢某某被害案件成为安徽省挂牌上访案件。此案引起当时刚担任亳州市公安局局长的祁述志关注。他亲自调取赵新建案卷进行审查,发现证据存在重大问题。他要求不惜一切代价,抓捕李某某归案。2004年8月20日,追捕小组最终在山东黄河故道的茅草房内将李某某抓捕归案。2004年9月14日,李某某交代了作案的全过程。这时,邢某某被杀案的本来面目才得到还原。也就是说,在赵新建案件中,亳州市公安局局长祁述志的关注以及要求不惜一切代价,抓捕李某某归案,是属于扭转公检法系统的这一均衡的其他资源。若不是这一因素的介入,也许赵新建就会在冰冷的铁窗之内度过余生。当这一种因素介入之后,此前的均衡终于被打破,也因此,赵新建得以重见天日。

在我国的司法体制下,领导介入司法似乎早就成为了一种潜规则。每次提到领导干预司法,似乎总是会联想到一些负面的信息。根据《公安机关办理刑事案件程序规定(2012修订)》第7条的规定:公安机关进行刑事诉讼,应当建立、完善和严格执行办案责任制度、执法过错责任追究制度等内部执法监督制度。在刑事诉讼中,上级公安机关发现下级公安机关作出的决定或者办理的案件有错误的,有权予以撤销或者变更,也可以指令下级公安机关予以纠正。下级公安机关对上级公安机关的决定必须执行,如果认为有错误,可以在执行的同时向上级公安机关报告。只是现实中,这种通过领导介入司法并且使得错案最终得以纠正的概率,毕竟只是偶然性事件。

(三)北海四律师案件

1.案情简介

2009 年 11 月 14 日,**两群醉酒的年轻人在北海街头发生冲突。**五天后,参与冲突的青年黄焕海的尸体在北部湾海边被发现。与其发生冲突的裴金德等四人被指控殴打受害人黄某致死并抛尸入海。2010 年 9 月,北海百举鸣律师事务所的杨在新律师接受被告人杨炳棋家属委托,担任杨炳棋的辩护人。会见中,杨炳棋表示,自己在案发当晚,不仅没有殴打被害人,还曾经帮助被害人黄焕海的同伴去寻找他。会见结束时,杨炳棋提到自己曾被刑讯逼供。几天后,杨在新前往钦州市调查取证。在法庭上,杨在新申请三名女证人出庭作证,并出示了证人的证词,证实裴金德等人无作案时间。四位被告也全部当庭翻供,推翻原供述中劫持黄焕海到码头并将其殴打致死随后抛尸入海的情节,且多人指出警方审讯时存在刑讯逼供,杨炳棋还说口供"不得看"。

庭审结束后,检方认为三名证人的证言明显与查明的事实不符,有作伪证的嫌疑,提出延期审理案件,并对案件进行补充侦查。北海市公安局分别于2011 年 2 月 2 日和 3 月 7 日将出庭作证的宋启玲、杨炳燕及潘凤和进行刑事拘留,后逮捕宋启玲。北海警方称,三名证人已承认作伪证,裴金德等四位被告亦承认了翻供系受杨在新等律师的教唆。6 月 14 日,北海市公安局以违反刑法第306 条即"教唆伪证罪"对杨在新、杨忠汉、罗思方、梁武诚四位律师实施拘传。同日,对杨在新、杨忠汉刑事拘留,对罗思方、梁武诚两人实施监视居住。

次日,杨金柱律师在微博上披露案情。2011 年 6 月 16 日,北海 4 位律师被捕后的第三天,杨金柱在微博上公布组织"律师团"提供法律援助的消息。之后,李金星、陈光武、杨学林、魏汝久、周泽、朱明勇、张凯等来自全国的二十多位律师参加了杨金柱发起组建的"北海律师团",赴北海提供法律援助。而在微博上,各地律师也是声援不断。6 月 26 日,外地律师团成员到达北海。在全国律师界、舆论界的强烈反弹下,为了减轻压力,北海警方释放了除杨在新外的另外三名律师,杨在新则以"妨害作证罪"被批准逮捕。7 月 4 日,裴金德伤害案的四位被告人家属签署委托书,正式委托各位外地律师进行辩护,为即将到来的开庭做准备。至此,"北海律师团"正式介入北海裴金德故意伤害案。

2013 年 2 月 6 日下午,北海市中级人民法院就裴金德故意伤害案开庭宣判:五人伤害致人死亡抛尸大海的指控事实不成立,无伤害罪,裴贵、杨炳棋等人被判决寻衅滋事罪;裴金德无罪释放。在北海中院宣判"杀人抛尸案"嫌犯"故意伤害罪"不成立的同时,已被取保在家的杨在新也接到通知,前往当地公安机关办理了解除取保候审手续。之后,杨在新表示,当地警方明确对其"不应当追究刑事责任",已决定撤销此案。这意味着,被"妨害作证"的杨在新已彻底恢复自由。

2.案件分析

(1)为什么北海四律师案引起那么大的反响

北海四律师案一经发生后,就引起了极大的社会反响。各地律师纷纷对北海四律师案进行关注,并通过微博的形式不断地呼吁和转发。一些刑事诉讼法的学者,如陈光中、卞建林和顾永忠就组织了一次"三人谈",对北海律师案进行深入的分析。① 北海四律师案为何会在中国的司法体系下产生如此大的社会影响,主要有以下几个方面的原因:

北海四律师案是在李庄案后不久发生的。李庄案之后,中国律师的命运便受到广泛关注,特别是刑辩律师。在 2011 年 6 月 14 日,在北京律师李庄刑满释放后 3 天,广西律师杨在新等 4 人被北海市警方抓捕。北海四律师案激发中国众多律界精英组成律师团,奔赴北海,展开了一场律师界的"北海会战"。律师团体在社会上有一定的话语权。根据相关的资料显示,目前在我国,律师人数已经接近 23 万。② 律师的人数虽然不多,但是律师却拥有一定的话语权。此外,律师的背后,还拥有一大批法学教授。而教授的呼吁,往往在一定程度上可以得到更多人的关注。在刑事法庭上,面对着强大的国家公权力机关,被告人显然是属于弱势群体。此时,刑事辩护律师是作为被告人最后的希望。法律不仅仅只是有一个向后看的功能,更主要的是其具有一个向前看的功能。如果辩护人因为替犯罪嫌疑人辩护而受到一定的报复陷害,那么长此以往,刑事辩护律师也将不复存在。那么最终,受到损害的,仍然是被告人自身的利益。

法庭审判程序的明显不公。在法庭开庭审理之前,任何人都推定是无罪的。"在终局结果确定之前,整个刑事诉讼还是处于'发现'真相的'不确定'阶段,此种不确定状态越加突显'确定的诉讼规则'之重要性:被告最后可能被发现是无辜的,诉讼规则可以保护其免于受到任何的不正或过度的侵犯;纵使最

---

① 参见刑事法制网:《广西北海四律师案"三人谈"》,http://www.criminallawbnu.cn/criminal/Info/showpage.asp? pkID=31439,最后访问时间:2013 年 6 月 3 日。

② 参见法制网:《我国律师人数已近 23 万》,http://www.legaldaily.com.cn/index/content/2012-12/16/content_4058446.htm? node=20908,最后访问时间:2013 年 3 月 24 日。

后被判定为有罪的被告,诉讼规则也保障其实现应有的主体地位及辩护权利。"①但是在北海四律师案中,刑事审判程序的价值被公开地践踏。在法庭上,杨在新申请三名女证人出庭作证,并出示了证人的证词,证实裴金德等人无作案时间。四位被告也全部当庭翻供,且多人指出警方审讯时存在刑讯逼供。这是被告人行使自己辩护权利的体现。但也因此,检方认为三名证人的证言明显与查明的事实不符,有作伪证的嫌疑,这也直接导致了四名律师的被捕。

(2)律师与当事人之间的关系探析

在北海四律师案中,杨在新等律师被认定是"教唆伪证罪"的原因之一就是裴金德等四位被告承认了翻供系受杨在新等律师的教唆。正如当时李庄获罪,最主要的证据就是其当事人,即龚刚模指认李庄教唆其伪证。这一类的案件反映出来的另外一个问题就是:律师与其当事人之间,到底应该维持一种什么样的关系?

在刑事案件中,律师作为被告人的辩护人,一方面,根据《律师法》第31条的规定,是为了维护被告人的合法权利。即律师担任辩护人的,应当根据事实和法律,提出犯罪嫌疑人、被告人无罪、罪轻或者减轻、免除其刑事责任的材料和意见,维护犯罪嫌疑人、被告人的诉讼权利和其他合法权益。此外,面对被告人的未公之于世的其他犯罪行为,律师有义务对其进行保密。如《律师法》第38条规定:律师应当保守在执业活动中知悉的国家秘密、商业秘密,不得泄露当事人的隐私。律师对在执业活动中知悉的委托人和其他人不愿泄露的有关情况和信息,应当予以保密。但是,委托人或者其他人准备或者正在实施危害国家安全、公共安全以及严重危害他人人身安全的犯罪事实和信息除外。法律以此种关系,试图建立起被告人对于律师的信任,从而使得刑事辩护活动可以更有效地进行。

关于被告人对律师的关系而言,一方面,被告人有权委托律师对其进行辩护;同时,被告人也有权拒绝已经委托的律师为其继续辩护。此外,根据刑事诉讼法第32条的规定,被告人还可以自行辩护。也就是说,在被告人与辩护律师之间的关系中,被告人本身更占有优势。刑法第68条规定:犯罪分子有揭发他人犯罪行为,查证属实的,或者提供重要线索,从而得以侦破其他案件等立功表现的,可以从轻或者减轻处罚;有重大立功表现的,可以减轻或者免除处罚。辩护律师对于被告人而言,在一定程度上是属于可有可无、甚至是属于可以替换的角色,那么当被告人为了寻求自己的利益,即追求立功从而减轻自己的刑罚时,刑事辩护律师就出于相对危险的境地。而且,对于被告人改变自己的口供的行为,法律也不会过于追究其刑事责任,因为被告人受到不自证己罪的原则

---

① 林钰雄:《刑事诉讼法(上册 总论篇)》,中国台湾地区元照出版有限公司 2010 年版,第 10 页。

的保护。那么在这种情况之下,确定证明责任分配就显得极为重要。我国虽然规定了一些证据的证明力问题,但是"无论何种证据,一个或多个证据的证明力,都取决于非常复杂的考量。科学只能指出一种证据尤其特殊风险和特殊优势。"①虽然无从确定证明力大小的具体问题,但是仍然可以断定,在这些案件中,单凭被告人单方面的供述,不足以认定辩护律师的妨害作证罪。被告人的供述必须与相应的证据种类相结合,足以形成证据锁链时,才能认定辩护律师的罪名。否则,当刑事辩护真的成为"雷区"之时,到最后,损害的,仍然是绝大多数被告人的权益。

(3)律师妨害作证罪

我国刑法第306条规定:在刑事诉讼中,辩护人、诉讼代理人毁灭、伪造证据,帮助当事人毁灭、伪造证据,威胁、引诱证人违背事实改变证言或者作伪证的,处三年以下有期徒刑或者拘役;情节严重的,处三年以上七年以下有期徒刑。这个条文就是律师妨害作证罪的由来。律师妨害作证罪这一罪名,自从其出现以来,便饱受诟病。有学者指出,"结合李庄案可以发现,这个罪名的认定几乎已经形成了这样一个基本模式:犯罪嫌疑人、被告人口供认罪→律师介入→犯罪嫌疑人、被告人翻供→律师妨害作证(或伪造证据)"。② 在北海四律师案中,这一模式也是显而易见的。

实践中,也出现过不少律师妨害证据罪的案例,但其中不少已经被证明是属于错案。全国律师协会曾对23个律师伪证罪的案例进行了统计分析,结果表明,其中11个案件涉嫌的律师被无罪释放或撤案,错案率近50%。新刑法实施后,律师执业中涉及"伪造证据罪"、"妨害证据罪"的案件占全部律师维权案件总量的80%。据司法部属下的《法制日报》公布的统计数据,1997—2002年间,至少有500名律师被"滥抓、滥拘、滥捕、滥诉、滥判",其中80%由司法机关"送进监狱","绝大部分(占80%)又最终宣判无罪"。③ 这一现象,无疑又使得已经极为脆弱的刑事律师辩护领域更加的雪上加霜。比如说,根据调研显示,全国刑事案件律师参与的比例不足30%,有的省甚至仅为12%。全国律师已超过22万人,但2010年人均办理刑事案件不足3件,有些省甚至不到1件,且其中还包括法律援助案件。这与我国法治社会建设的进程不相适应。④

从刑法第306条的规定中,至少可以解读出以下两种信息:(1)辩护人、诉

---

① [美]特伦斯·安德森、戴维·舒姆等:《证据分析》,张保生等译,中国人民大学出版社2012年版,第302—303页。

② 孙万怀:《从李庄案看辩护人伪造证据、妨害作证罪的认定》,《法学》2010年第4期。

③ 剑伐:《中国律师业:在"冰"与"火"之间》,《北京周报》2004年10月18日。

④ 参见中国网络电视台:《于宁:刑事案件辩护率不足30%,应划定强制指定辩护范围》,http://news.cntv.cn/china/20120311/109199.shtml,最后访问时间:2013年3月24日。

讼代理人提供、出示、引用的证人证言或者其他证据失实,不是有意伪造的,不属于伪造证据。(2)证据只是指实物证据,被害人陈述、被告人供述不属于证人证言。在北海四律师案中,侦查机关认定四律师教唆伪证罪的主要依据就在于三名证人已承认作伪证,裴金德等四位被告亦承认了翻供系受杨在新等律师的教唆。杨在新等律师并非是故意伪造证据,其查看案卷材料以及会见证人等行为,仅仅是在履行律师的调查取证权,仅仅是因为觉得案件事实不清,证据有疑问,为了防止被告人被错误地定罪而忠实地履行一个辩护律师应有的职责。

此外,刑事诉讼法第 42 条规定:辩护人或者其他任何人,不得帮助犯罪嫌疑人、被告人隐匿、毁灭、伪造证据或者串供,不得威胁、引诱证人作伪证以及进行其他干扰司法机关诉讼活动的行为。违反前款规定的,应当依法追究法律责任,辩护人涉嫌犯罪的,应当由办理辩护人所承办案件的侦查机关以外的侦查机关办理。辩护人是律师的,应当及时通知其所在的律师事务所或者所属的律师协会。这一条款以"进行其他干扰司法机关诉讼活动的行为"为兜底条款扩大了刑法第 306 条的规定,后果令人担忧。律师妨害作证罪的存废之争仍在继续。为了防止打击报复,刑事诉讼法出台了异地侦查机关办理案件的规定。但是实践中,这一规定是否能对律师起到实质性的保护作用,仍然拭目以待。

(四)滕兴善案件

1. 案情简介

滕兴善是湖南麻阳县高村镇马兰村农民,1948 年 9 月 25 日出生。1987 年 4 月 27 日早晨,麻阳县城的锦江河边被人发现了一条人腿和被肢解的 6 块女性尸块。麻阳县城出了如此恶性案件,使警方立即成立了"4·27 特大杀人碎尸案"专案组,调动一半的警力扑在这个案子上。上级公安机关要求限期破案,但几个月过去,案子未破,使得警方心急火燎。1987 年 12 月 6 日,滕兴善在自己的肉铺里被警方带走。1988 年 10 月 26 日,滕兴善被检察机关提起公诉。1988 年 12 月 13 日,湖南省怀化地区(今怀化市)中级人民法院〔1988〕刑一初字第 49 号《刑事判决书》一审判处滕兴善死刑。该刑事判决书对案情有生动的描述:"1987 年 4 月下旬的一天晚上,被告人滕兴善与与其有暧昧关系的贵州籍女青年石小荣在其家奸宿后,发现丢失现金,怀疑系石盗走,便追赶石至马兰洲上,将石抓住,石呼救挣扎,被告人将石活活捂死。尔后用刀和小斧头等工具将石的尸体肢解成 6 块,分别抛入锦江河中灭迹……"

1989 年 1 月 19 日,湖南省高级人民法院作出了〔1989〕刑一终字第 1 号刑事裁定书,裁定驳回滕的上诉,维持原判。1989 年 1 月 28 日,滕兴善被押赴刑场执行枪决。临刑前,执行人员问他还有什么遗言,滕兴善大声说:"我没有杀人！我是冤枉的！"

1993 年,被害人石小荣突然回到了贵州老家。她告诉大家,1987 年她被人贩子从麻阳拐卖给了山东鱼潭县农民赵洁友为妻,1992 年在为赵生育一双儿女后才与老家亲属联系上。她辗转向滕的家人表示,自己确实不认识滕兴善,更谈不上与他有"暧昧关系"。她还明确要求当地法院撤销当年关于她与滕兴善"有暧昧关系"且已被滕"杀害"的错误判决,并给予名誉损害赔偿,但这一切如石沉大海。

2005 年,湖南省高级人民法院刑事判决书〔2005〕湘高法刑再字第 15 号判决如下:一、撤销本院〔1989〕刑一终字第 1 号刑事裁定和湖南省原怀化地区中级人民法院〔1988〕刑一初字第 49 号刑事判决;二、宣告原审被告人滕兴善无罪。2005年 11 月 9 日湖南省高级人民法院与赔偿请求人滕燕、滕辉就国家赔偿事宜达成《赔偿协议书》,与麻阳苗族自治县人民政府达成一次性经济补偿协议书,滕燕、滕辉姐弟俩获得国家赔偿、补偿款 666660 元。滕兴善案至此落下帷幕。

2. 案件分析

(1)刑事政策与错案

"刑事政策就是社会整体据以组织对犯罪现象的反应的方法的总和,因而是不同社会控制形式的理论与实践"。[①] 德国法学家莱波尔德坦言:"我们不能将法学与法律政策视为对立的两面。"[②]民事诉讼领域如此,刑事诉讼领域亦是如此;在德国的语境下如此,在我国的语境下,更是如此。在我国,"历史地看,我国是先有政策而后才有法律,党的政策先于而且其地位明显高于法律,法律为政策而存在并始终是实现政治目的的政策性工具,法律始终没有取得独立于政治的地位。"[③]《最高人民法院关于贯彻宽严相济刑事政策的若干意见》中规定:宽严相济刑事政策是我国的基本刑事政策,贯穿于刑事立法、刑事司法和刑罚执行的全过程,是惩办与宽大相结合政策在新时期的继承、发展和完善,是司法机关惩罚犯罪,预防犯罪,保护人民,保障人权,正确实施国家法律的指南。在我国,刑事政策一直在我国刑事司法中发挥着极为独特的作用。此外,"坦白从宽、抗拒从严"一直以来也都是我国的刑事政策,《最高人民检察院关于在严厉打击刑事犯罪斗争中具体应用法律的若干问题的答复》中明确规定:坦白从宽,抗拒从严,是我们党的一贯政策。在这次严厉打击刑事犯罪的斗争中,仍要坚持按照犯罪分子的不同表现,区别对待。

---

① 〔法〕米海伊尔·戴尔玛斯-马蒂:《刑事政策的主要体系》,卢建平译,法律出版社 2000 年版,第 1 页。

② 〔德〕迪特尔·莱波尔德:《德国民事诉讼法 50 年:一个亲历者的回眸》,吴泽勇译,《司法》2009年第 4 辑。

③ 曲新久:《刑事政策的权力分析》,中国政法大学出版社 2002 年版,第 26 页。

滕兴善案发生在 1987 年,当时适逢第一次严打。1983 年颁布的《全国人民代表大会常务委员会关于严惩严重危害社会治安的犯罪分子的决定》规定:对于故意伤害他人身体,致人重伤或者死亡,情节恶劣的,或者对检举、揭发、拘捕犯罪分子和制止犯罪行为的国家工作人员和公民行凶伤害的,可以在刑法规定的最高刑以上处刑,直至判处死刑。此外,1983 年颁布的《全国人民代表大会常务委员会关于迅速审判严重危害社会治安的犯罪分子的程序的决定》中规定:对杀人、强奸、抢劫、爆炸和其他严重危害公共安全应当判处死刑的犯罪分子,主要犯罪事实清楚,证据确凿,民愤极大的,应当迅速及时审判,可以不受刑事诉讼法第一百一十条规定的关于起诉书副本送达被告人期限以及各项传票、通知书送达期限的限制。从这些法律规定中可以明显地看出在严打的历史时期下对于打击犯罪的强烈欲望以及对于被告人人权保护的漠视。滕兴善案中,当被害人遇害之后,警方立即成立了"4.27 特大杀人碎尸案"专案组,调动一半的警力扑在这个案子上。上级公安机关要求限期破案,但几个月过去,案子未破,使得警方心急火燎。警方根据肢解尸体的手法较为专业从而将嫌疑人的范围锁定在医生和屠夫身上。而滕兴善最终被抓,仅仅是因为他是一个屠夫而且他曾经到过广场旅社嫖娼。

在"严打"以及"命案必破"等刑事政策下的冤案数量,数不胜数。如根据最高人民法院工作报告显示,1986 年全国判处 5 年以上有期徒刑、无期徒刑直至死刑(包括死缓)的占 39.65％,而 1990 年判处五年以上有期徒刑、无期徒刑和死刑(包括死缓)的,占判处人犯总数的 34.24％。[①] 刑罚的明显加重,是严打的刑事政策的体现。在增加的 5.41％比例中,错案的数目令人担忧。

(2)举证责任的分配

"证明是通过证据在事实裁判者或法庭心中建立对某一事实的必需信念的过程。"[②]证明的一般原理是"谁主张谁举证"。在刑事诉讼中,由检察院承担被告人有罪或无罪,罪重或者罪轻的证明责任。而被告人的作用就在于提出证据来削弱检察官提出的证据的证明能力。"证明责任规范的本质和价值就在于,在重要的事实主张的真实性不能被认定的情况下,它告诉法官应当作出判决的内容。"[③]在民事诉讼中,当事实出于真伪不明的状态之时,由举证的一方承担败诉的风险。而在刑事诉讼中,当事实出于真伪不明的状态之时,实行疑罪从无

[①]　参见最高人民法院网站:http://www.court.gov.cn/qwfb/gzbg/201003/t20100311_2662.htm 最后访问时间:2013 年 3 月 25 日。

[②]　何家弘:《外国证据法》,法律出版社 2003 年版,第 196 页。

[③]　［德］莱奥·罗森贝克:《证明责任论——以德国民法典和民事诉讼法典为基础撰写》,庄敬华译,中国法制出版社 2002 年版,第 2—3 页。

的原则。也就是说,由检察院承担败诉的风险。对此,《布莱克法律词典》也有解释,其认为证明责任包括说服责任和提出证据的责任。在刑事案件中,所有的犯罪要素必须由控诉方证明到排除合理怀疑的程度。确立一项事实的责任,指说服事实裁判者事实的存在比不存在更有可能。[①] 但是在现实中,往往相反。

在滕兴善案件中,当时认定滕兴善杀人的证据主要有:(1)通过辽宁省铁岭市公安局 213 研究所颅相重合鉴定,并经石小荣的大姐石敦花、五姐石桂仙分别辨认证实,塑刻后的石膏像照片人像与其妹石小荣的相貌相符。(2)滕兴善作有罪供诉时,供认曾与广场旅社的女服务员"小杨"嫖宿;其交代的杀人分尸部位、特征与尸检报告亦基本一致。(3)根据滕兴善的交代,公安机关从其弟滕兴平家高柜上提取小斧头一把。检验发现该斧柄上附着毛发一根,经广州中山医科大学法医物证检验,鉴定毛发为人发,血型为"A"型,与死者毛发血型一致。(4)提取的小腹头经过痕迹比对鉴定,该斧在实验样本上形成的砍痕与四周肱骨上遗留的钝器砍痕吻合一致。

但当时,滕兴善的辩护人提出了该案中的几大疑点:(1)滕兴善供述说自己是把被害人捂死的,而尸检报告却说"死者颧骨骨折";(2)滕兴善交代作案工具一直放在弟弟家楼上,再也没有动过;而对斧头的鉴定书记载"从斧头上提取的可疑斑迹未见有人血";(3)被告人的家属凭借死者牙齿稀这一点即认定死者就是本案被害人;而后对死者颅骨的鉴定书则写明:颅骨的某些部位与石小荣的照片不相符;(4)滕兴善供述的抛尸现场是在河流的下侧,而死者却是在河流的上游被发现的。

辩护人的辩护意见,无疑削弱了检察机关提交的第(1)及第(3)项证据的证明力。检察机关如果仍然要对被告人提起公诉,其必须再提出可以证明被告人有罪的证据或者提出可以削弱被告人提出的证据的证明力的证据,从而形成新一轮的证据的交锋。而此时,如果检察机关提出的证据的证明标准可以达到排除合理怀疑的地步,那么被告人就可以定罪。

只是在滕兴善案中,被告人的辩护律师所提出的所有的辩护意见,都被冷漠地忽视。滕兴善冤死,一方面,如上所述,这是特定严打的产物。另一方面,也是因为当时的法律保护人权的观念的缺失。每个时代都有每个时代特定的局限,更多的时候,以史为鉴,汲取教训,才能更好地前行。

(五)胥敬祥案件

1.案情简介

胥敬祥,河南省周口市鹿邑县阎胥庄农民,因"抢劫、盗窃"蒙冤入狱长达 13

---

① Black's Law Dictionary. Abridged sixth edition by the publisher's editorial staff. p135.

年,2005 年被无罪释放。1991 年春节,河南省周口市鹿邑县杨湖口乡发生了 10 多起入室抢劫案。由于歹徒均为乘夜色蒙面作案,被害者根本提供不了有价值的线索,侦破工作一度陷入了僵局。1992 年 3 月,卫国良在同胥敬祥喝酒时,发现他穿着一件绿色的毛背心,毛背心左肩上有一处编织错了的树叶。卫国良也有一件绿色的毛背心,左肩上也有一处织错了的树叶。他已还给了为他纺织背心的妻妹梁秀阁。而梁秀阁恰恰就是这 10 多起抢劫案的受害者之一。

接到报案后,鹿邑县公安局刑警队于 4 月 1 日将胥敬祥刑事拘留。而后,胥敬祥招供了。他承认与梁小龙及梁小龙带来的青龙、黑龙、绿龙等人,先后 8 次蒙面入室实施了抢劫。而且,从讯问笔录上看,他对每个人的长相特征,都说得一清二楚。4 月 13 日,胥敬祥被鹿邑县检察院批准逮捕。1992 年年底,警方从山东抓获了胥敬祥供出的同案犯梁小龙。但是,他否认与胥敬祥一起抢劫,更不知道所谓的青龙、黑龙和绿龙是何等人物,并称案发时自己在山东济宁打工。梁的辩解经查证属实,暴露了胥敬祥的供述存在漏洞。但是,在经过长达 3 年之久、7 次补充侦查之后,1996 年 12 月,鹿邑县检察院以胥敬祥涉嫌抢劫罪、盗窃罪,向县法院提起了公诉。

1997 年 2 月 28 日,鹿邑县法院庭审时,胥敬祥再次鸣冤,胥的辩护律师也当庭指出案件的司法程序严重违法,超期羁押被告人近 5 年时间,可至今犯罪同伙不能确认。7 天后,法院一审判决认定胥敬祥构成抢劫、盗窃罪,判处其有期徒刑十六年。随后,他被送到河南省第一监狱服刑。而后,胥敬祥一案的全部卷宗材料被调到了省检察院。2001 年 3 月,河南省检察院经过 3 次检委会讨论后,认为必须还案件以本来面目,于是指令周口市检察院对胥敬祥案向周口中级法院提出抗诉。5 月 27 日,周口市检察院向周口市中级法院提出抗诉,认为有关证据自相矛盾,胥敬祥案一审判决实属错判。不久,周口市中级法院指令鹿邑县法院重新审理。2002 年 4 月 16 日,鹿邑县法院审理后裁定,维持原判决。胥敬祥提起了上诉。此时,河南省检察院也迅速通知周口市检察院再次抗诉。然而,2003 年 3 月 25 日,周口市中级法院对此案作出二审裁定,维持了原判决。2004 年 6 月 16 日,河南省高级法院对胥敬祥一案公开开庭审理。2005 年 3 月 15 日,被关押 13 年后,胥敬祥走出了监狱。

2.案件分析

(1)先定后审

在胥敬祥一案中,法院先定后审的现象是极为明显的。当判决书下达时,胥敬祥苦苦地哀求法官,希望法官可以看自己的答辩状。而法官却对他说:"胥敬祥,我也知道你遭受了不公。你都被关了这么多年了,难道你还不知道胳膊拧不过大腿?其中的利害关系你也明白,上诉也无济于事!有关部门研究了,就这么判你。"①法官这一番耐人寻味的话,在一定的程度上也解释了胥敬祥案的真相与体制内人的无奈。在我国,先定后审这一现象的存在,已经严重地损害了刑事审判程序的价值。"所谓刑事审判程序价值,既是指一项刑事审判程序在具体运转过程中所要实现的价值目标,又是人们据以评价和判断一项刑事审判程序是否正当、合理的价值标准。"②先定后审的存在,也是导致近年来错案不断发生、不断被曝光的原因之一。

我国刑事诉讼法第 3 条规定:对刑事案件的侦查、拘留、执行逮捕、预审,由公安机关负责。检察、批准逮捕、检察机关直接受理的案件的侦查、提起公诉,由人民检察院负责。审判由人民法院负责。除法律特别规定的以外,其他任何机关、团体和个人都无权行使这些权力。与此同时,刑事诉讼法第七条规定:人民法院、人民检察院和公安机关进行刑事诉讼,应当分工负责,互相配合,互相制约,以保证准确有效地执行法律。也就是说,在我国,公检法三家是互相配合和互相制约的关系。但是在现实中,往往是互相配合占了主要地位,互相制约却居于次要地位。这就更加在实践中造成公检法联合追诉犯罪嫌疑人的现象,也因此,犯罪嫌疑人的权利无法得到充分的保障。

胥敬祥案一共延续了 13 年。从 1992 年起,鹿邑县公安就将胥敬祥案移送县检察院审查起诉。但是,鹿邑县检察院一共五次将案件退回鹿邑县公安局补充侦查。从 1992 年到 1996 年,4 年多时间里,一共有 7 次补充侦查。这在某种程度上,反映了公安与检察院之间的制衡关系。检察院作为国家的法律监督机关,实现了自己的职能。但是之后,有关部门就召开了协调会,从而确定了案件的刑期。胥敬祥的律师提出了在案件中的很多疑点:如胥敬祥遭到了刑讯逼供;被害人的陈述与被告人的供述未能一致;犯罪的赃物、凶器都无法得到确认……但是在先定后审的情况之下,庭审都仅仅是一场表演而已。在这种情况之下,任何的辩护都已经是枉然的。法院最终判处胥敬祥有期徒刑 15 年。

每个人都是潜在的刑事被告人,也都是潜在的刑事被害人。身处的地位与结构往往决定了思考问题的角度。对于刑事被告人而言,先定后审的带有表演性质的庭审,无疑剥夺了自己最为重要的权利。而对于被害人而言,错误的被告人无法抚平其内心的创伤。先定后审的现象的存在,无疑是一个双输的局面。存在不一定是合理的,但是存在一定是有原因的。先定后审现象的存在,在某种程度上,只是为了服务于维稳的大局以及提高业绩的需求。

(2)诬告陷害

面对着一些明显的错案,司法体制内有良心的人,在有些时候,甚至会招来

---

① 王佳:《追寻正义:法治视野下的刑事错案》,中国人民公安大学出版社 2011 年版,第 135—136 页。
② 陈瑞华:《程序正义理论》,中国法制出版社 2010 年版,第 138 页。

一些飞来横祸。这主要有两个可能性:来自被害人及其亲属或者是来自体制内的不同的力量。在我国的司法体制下,当案件已经被确定之后,如果在体制内仍然有人对于案件提出不同的看法时,往往还会导致对其的打击报复。这也可以解释为在体系中的人为了维护体系内的均衡而采取的一种防御措施。

在胥敬祥案件中的一个插曲,也就是最终决定胥敬祥命运被改变的人物之一,就是当时在鹿邑县公安局预审股任职的二级警督李传贵。李传贵在详细审阅了全部 151 页材料后,发现这些证据根本无法认定有关犯罪事实。慎重起见,李传贵向局领导提议,案件暂时不能移送。但在 1993 年 7 月,县公安局收到一封举报信。举报信称,县公安局负责预审胥敬祥的李传贵,在接受了胥敬祥老婆送的 5000 元现金后,故意抽调胥敬祥的材料,隐匿犯罪证据。鹿邑县检察院经过侦查,批准逮捕李传贵,并以李传贵涉嫌徇私舞弊罪提起公诉。此后,鹿邑县法院宣判李传贵无罪。1997 年 11 月 10 日,河南省人民检察院周口地区分院提请省检察院按照审判监督程序向省高级人民法院对李传贵案提起抗诉。

我国刑事第 308 条规定了打击报复证人罪。其规定:对证人进行打击报复的,处三年以下有期徒刑或者拘役;情节严重的,处三年以上七年以下有期徒刑。但是却未规定打击报复侦查人员的行为。在这一案件中,可以用诬告陷害罪来处理。我国刑法第 243 条规定了诬告陷害罪。其规定捏造事实诬告陷害他人,意图使他人受刑事追究,情节严重的,处三年以下有期徒刑、拘役或者管制;造成严重后果的,处三年以上十年以下有期徒刑。国家机关工作人员犯前款罪的,从重处罚。

人都是理性自利的。首先,对于被害人一方而言,被害人及其家属的主要目的就是使得被告人受到应有的刑事制裁以此来平复自己内心的创伤。因此,当李传贵审阅全部材料后,发现这些证据根本无法认定有关犯罪事实并建议案件暂时不起诉时,无疑挑动了被害人及其家属的神经。在司法并非十分公正的中国,首先的反应就是相应的办案人员收取了一定的好处费。因此,其就决定对李传贵进行举报。而诚如前所述,司法并非公正的中国,办案人员收取当事人费用的现象是极为常见的,也就是说,李传贵的确有一些职务犯罪行为也是极为可能的。如果真的可以使得李传贵身陷囹圄,那么他必然就无暇顾及胥敬祥的案子。而如果李传贵没有类似的行为,至少可以在一段时间内使得李传贵无暇分身。而对于被害人所需要承担的责任而言,却极为有限。因为举报失实的情况,并不少见。因此,对于被告人及其家属而言,这种做法,百利而无一害。

其次,如果是体制内的其他人员所为的行为,对其而言,一方面,如果李传贵真的有一些职务上违法的行为,那么至少可以分散李传贵的精力,使其不再关注于胥敬祥这一案件,也可以使得自己多年来的辛苦的劳动成果可以得到尊重,得到实现。另一方面,李传贵作为二级警督,对于他所拥有的这个职务,在体制内,有些人也必定是虎视眈眈的。也就是说,李传贵有可能受到同事的报复陷害。而且,被害人通常对于案件的进展情况,没有那么充分的了解,而同为体制内的人员,对于体制内的其他人员的相应举动,更有充分了解的可能性。此外,如果确实属于举报失实,那么其自身也基本不会受到牵连。而如果有其他领导的授意,那么其的行为更是基本上不用付出代价了,其行为成本基本为零。因此,何乐而不为?

(六)张高平、张辉案件

1.案情简介

张高平、张辉是安徽歙县七川村人,2003 年以前从事长途货物运输。2003 年 5 月 18 日,张高平和张辉像往常一样给卡车装好电缆,准备运往上海。这一天在20:00左右,叔侄俩在半路通过熟人介绍,捎带了一个姑娘。凌晨十二点,叔侄俩和姑娘把车停在临安沧化镇吃夜宵。凌晨 1 点 30 分,到达杭州西站。被害人借用张高平的电话给其姐姐男朋友打电话,其姐姐男朋友要求其先打车到三桥附近。之后,张高平叔侄俩将被害人在艮秋立交桥放下。在凌晨 5 点 30 分左右达到上海。2003 年 5 月 19 日上午 8 点,杭州市西湖区留下镇留泗路东穆坞村路段水沟内发现一具女尸。女孩赤身裸体,喉部有被掐的痕迹,并且受过性侵。2003 年 5 月 23 日深夜,张高平和张辉作为犯罪嫌疑人被逮捕。之后,两人在看守所外接受讯问。5 月 28 日,侄子承认杀人。5 月 29 日、5 月 30 日,叔侄俩分别被送至看守所。叔叔张高平在 6 月 18 日承认杀人。

2004 年 4 月 21 日,杭州市中级人民法院以强奸罪判处张辉死刑,张高平无期徒刑。2004 年 10 月 19 日,浙江省高级人民法院二审分别改判张辉死刑、缓期二年执行,张高平有期徒刑十五年。随后,二人被送往新疆服刑。在服刑期间,张高平一直为自己的案子申诉,他的申诉书足足可以装满一麻袋。2011 年 5 月,张高平再次向石河子市检察院监所科申诉,称自己遭"陷害"。2011 年,在朱明勇和新疆石河子市检察院监所科一位检察官的共同努力下,浙江省政法委复查该案,浙江高院立案重审。在复查过程中,遇害女孩指甲中的男性 DNA 也找到了主人——杭州另一起强奸杀人案的罪犯勾海峰。此人早在 2005 年就已被执行枪决。

2012 年 2 月 27 日,浙江省高级人民法院对该案立案复查后,另行组成合议庭调阅案卷、查看审讯录像,调查核实有关证据。2012 年 7 月,复查合议庭专程前往该案被害人安徽老家进行调查,8月前往新疆库尔勒监狱、石河子监狱分别提审了张辉、张高平,并于 2013 年 1 月前往新疆将张辉、张高平押回杭州。

2013 年 2 月 6 日,经浙江省高级人民法院审判委员会讨论认为,有新的证据证明原判决确有错误,决定进行再审。新的证据来自该案被害人身上提取的混合 DNA,经过物证鉴定,该混合 DNA 与张辉、张高平均不符合。2013 年 3 月 26 日,浙江高院依法对张辉、张高平强奸再审案公开宣判,撤销原审判决,宣告张辉、张高平无罪。

2.案件分析

导致张辉张高平冤案的原因很多,如刑讯逼供等问题是中国式错案中的普遍存在的问题,对此前文已经有了较多论述。在此,我们仅就该案中两个较为特殊的方面展开讨论。

(1)狱侦耳目

在这个案件中,侦查人员初步的疑点和线索在于:①被害人胃内有半消化的食物,经过鉴定,可以推断被害人的进食时间与死亡时间大概是相隔 2 个小时左右,也就是说,被害人是在凌晨 2 点左右遇害。②张高平叔侄俩对于时间的讲述并不清晰,他们推测大概是在凌晨 2 点 30 分左右与被害人分开。③公安推断凶手有交通工具。6 月 23 日,侦查机关从被害人的指甲里拿出泥垢,进行鉴定,排除是由死者和被告人的 DNA 混合而成。当时,警方并未重视这一无罪证据,而是运用补强证据,即叔侄俩指认现场的录影带、侦查模拟实验以及袁连芳的证人证言作为旁证。在这一案件中,同监室犯人袁连芳指控张辉的"证言",是被告人张辉的供述之外,唯一直指张辉杀人的证言。

狱侦耳目在司法实践中的运用,早已经成为了公开的秘密。"浙江省政法系统 2006 年的会议纪要显示,利用'狱侦耳目'侦破刑事案件,已是政法系统内部认可的做法。该纪要规定,狱侦耳目必须有一定文化素质和社会阅历、有较好的心理素质和口头表达能力、知晓或初通国家的有关法律法规等。""根据杭州市政法界人士介绍,杭州区域内的 9 处监狱、13 个看守所和 3 个劳教所中,拱墅区看守所的狱内侦查工作一直先进,'在全浙江也很有名'。拱墅区看守所内,类似袁连芳的办案耳目,最多时有五六个人。"[①]1991 年公安部和财政部制定的《关于印发〈公安业务费开支范围和管理办法的规定〉的通知》第 5 条规定了特情耳目费,特情耳目费主要包括:(1)特情活动费:特情、耳目(含狱侦耳目)为我进行工作时所需的交际、职业掩护、交通、奖励和其他活动费。(2)特情招待费:招待特情、耳目用餐、烟茶、文娱等活动费和礼品费,接待境外联络工作对象所需的费用。(3)特情补助费:特情、耳目为我工作伤亡的医疗费、丧葬费、抚恤费、慰问费,以及生活困难补助费。1996 年公安部和财政部制定的《看守所经

---

① 刘长:《狱侦耳目》,《南方周末》2011 年 12 月 9 日。

费开支范围和管理办法的规定》第 21 条规定："按照公安部、财政部《关于印发〈公安业务费开支范围和管理办法的规定〉的通知》规定,看守所狱侦耳目和预审办案等所需要的费用仍在公安业务费中列支。"也就是说,狱侦耳目在司法实践中的存在,也有其法律的依据和渊源。

从对狱侦耳目的定位来看,如果其属于侦查人员,那么根据刑事诉讼法第 28 条的规定:当其与案件有利害关系时,应当回避。在有狱侦耳目存在的案件中,狱侦耳目通过获得被告人的有罪供述可以获得减刑。因此,其与案件有着一定的利害关系,其应当回避。此外,若狱侦耳目的证言属于证人证言的一种,那么无疑,这属于传闻证据的一种。美国联邦证据规则第 801 条规定,所谓传闻证据,是指在审判外所作的用于在法庭上证明所断定事项之真实性的陈述或叙述性动作。"排除传闻的理由一是法庭外未经宣誓的陈述通常不可靠;二是陈述者未在法庭上经受交叉询问,因此其陈述中的漏洞未能被发现;三是陪审团可能对传闻给予过高的评价。"[①]此外,狱侦耳目若属于证人证言,那么其也是属于有利害关系人的证人证言。在这种情况之下,有必要对于证言的证明力进行一定的限制。

狱侦耳目的存在,一方面,无疑可以帮助侦查机关减少侦查的成本,但是另一方面,狱侦耳目通过对被告人的暴力行为而获得的被告人的供述,无疑增加了冤假错案的可能性。将狱侦耳目的行为作为侦查机关的非法侦查行为,从而对其加以排除,在目前的情况之下,是一个比较好的选择。

(2)侦查实验

"侦查实验,是侦查部门为了确定案件中的某种事实与现象在现实中能否发生或怎样发生,运用科学技术方法,模拟案件原有条件将其加以再现的一种侦查措施。"[②]在我国,侦查实验的笔录属于证据形式的一种。我国刑事诉讼法第 133 条规定:为了查明案情,在必要的时候,经公安机关负责人批准,可以进行侦查实验。侦查实验的情况应当写成笔录,由参加实验的人签名或者盖章。侦查实验,禁止一切足以造成危险、侮辱人格或者有伤风化的行为。

在本案中,当面对着 DNA 不符这一无罪证据之时,侦查机关选择的是运用补强证据。其中的一项就是侦查模拟实验。警方根据犯罪的路线,即先从杭州西站到留下镇留泗路东穆坞村路段,抛尸后再到西溪路丢弃被害人的身份证,而后再上高速,然后在第二天早上 5 点 30 分左右到达上海。这一过程下来,犯罪嫌疑人作案的时间只有 10 分钟。可是当时侦查机关的结论就是,用 10 分钟的时间犯罪然后抛尸,就已经足够了。这一结论,略显粗糙,也显得有些荒谬。

---

① 易延友:《证据法的体系与精神—以英美法为特别参照》,北京大学出版社 2010 年版,第 223 页。
② 程小白、翟丰:《新编侦查学》,中国人民大学出版社 2005 年版,第 161 页。

首先,张高平与张辉叔侄俩是安徽人,其对于杭州的路线并非如侦查人员那般熟悉与了解。侦查人员根据被害人的尸体发现的地方以及被害人的背包发现的地方进行串联,从而人为地选择了一条最有可能的想象中的犯罪路线,从而进行侦查实验。侦查实验的目的在于确定案件中的某种事实与现象在现实中能否发生或怎样发生,其面对的是待定的空白的事实,而并非是在脑海中已经有预设的事实。而侦查人员的目的很明确,更多的是将侦查实验尽可能地作为补强证据,从而可以对犯罪嫌疑人进行定罪。

其次,侦查人员忽视了对电子眼的使用。根据相关的资料显示,在 2003年,针孔探头已经在杭州泛滥。① 也就是说,侦查人员完全可以通过调取当时各个路口的录像进行查看,以确定当时是否有张高平叔侄俩的车辆经过,从而进一步地确定张高平和张辉叔侄俩是否有犯罪的可能性。但是,有意或者无意,侦查人员却并未采取这样的行动,而是想当然地运用了这些所谓的侦查实验笔录,忽视了对客观证据的运用,从而导致了错案的发生。

最后,即便是在侦查人员所设计的路线之下,留给张高平和张辉叔侄俩的犯罪时间,也就只有 10 分钟。在 10 分钟之内,两个被告人要将被害人强奸、要将被害人掐死、还要找好抛尸的地点将被害人抛尸。与此同时,叔侄俩还要顾及周围是否有别的人看见。在杀人之后,无疑是高度紧张,那么在高度紧张的状况之下,还要有条不紊地处理这些事情,这也未免真的是太高估张高平和张辉叔侄俩的能力了。

最终,面对着这些虚弱的证据,检察院综合平衡后,决定起诉。杭州市中级人民法院的法官做过调查后,经过审判委员会的讨论,仍然决定定罪。荒谬的侦查实验的背后,无疑是因为有罪推定观念的深入人心以及侦查机关对于破案的急切愿望。只是很不幸,张高平和张辉成为了牺牲品。

第三节　国外典型错案分析

再让我们将视角转向国外的典型刑事错案,从中一窥以美国为代表的西方国家错案的特点及其原因。

---

① 参见杭州网:《"针孔探头"已侵入到杭州私处》,http://www. hangzhou. com. cn/20030101/ca205557. htm,最后访问时间:2013 年 4 月 5 日。

一、迈克尔·埃文斯案

案情:1977年4月库克县巡回法院对迈克尔·埃文斯和保罗·泰利涉嫌杀害芝加哥南萨吉诺9岁女孩丽莎·卡伯莎一案进行了审判,经一名主要的证人Judith Januszewski指证,陪审团最后裁定被告人埃文斯和泰利犯杀人、绑架、强奸、性侵等罪,巴巴罗法官判决被告犯杀人罪徒刑200到400年,绑架罪徒刑75到150年,强奸罪徒刑75到150年和性侵罪徒刑50到100年。埃文斯不服,上诉到伊利诺伊州上诉法院。上诉法院驳回了上诉,维持了原判①。

该案主要涉及三个问题。

1.证据是否足以排除合理怀疑,证明上诉人有罪

上诉法院认为:只有在证据非常的不可能以至于对定罪造成了合理怀疑的情况下,审查法院才会打扰陪审团对定罪的思考。② 如果证人是可信的并且被告人被给予了积极辨认,那么一个证人证言对判决有罪是充分的。③

在该案中,积极辨认是指辨认时,证人在一个合理的距离和充足的光线下有足够的时间观察犯罪嫌疑人。④ 如果辨认是可疑和模糊的,就不能形成有约束力的有罪判决。⑤ 上诉法院审查后认为证人已对被告人进行积极的辨认。具体包括:

证人Mrs Januszewski称案发时自己离被告人12~15英尺远,在街灯灯光下观察了被告人和受害人之间10~15秒钟的纠缠,并且注视了被告人5~10秒钟。警察在侦查中采用了类似的距离⑥和仅仅几秒钟的辨认⑦。

由于与被告人埃文斯成为邻居11到12年,并且此前已经见过很多次等因素加强了证人对被告人的辨认度。⑧ 被告人埃文斯认为有合理的理由怀疑是证人延迟告知警察而使自己被判决有罪,并且根据People v. Roe⑨案的判决支持自己的主张。在Roe案中,受害人在案件发生后告诉了警察其中一个攻击者的

---

① 80 Ill. App. 3d 444, 399 N. E. 2d 1333, 35 Ill. Dec. 805.

② People v. Manion (1977), 67 Ill. 2d 564, 578, 10 Ill. Dec. 547, 367 N. E. 2d 1313, cert. denied (1978), 435 U. S. 937, 98 S. Ct. 1513, 55 L. Ed. 2d 533.

③ People v. Manion ;People v. Stringer (1972), 52 Ill. 2d 564, 569, 289 N. E. 2d 631.

④ People v. McGee (1st Dist. 1976), 38 Ill. App. 3d 889, 893, 350 N. E. 2d 13.

⑤ People v. Clarke (1971), 50 Ill. 2d 104, 110, 277 N. E. 2d 866.

⑥ People v. Fabian (1st Dist. 1976), 42 Ill. App. 3d 934, 1 Ill. Dec. 700, 356 N. E. 2d 982.

⑦ People v. Manion, supra ; People v. Bennett (1st Dist. 1973), 9 Ill. App. 3d 1021, 293 N. E. 2d 687; People v. Williams (1st Dist. 1975), 25 Ill. App. 3d 604, 323 N. E. 2d 499 (abst.).

⑧ People v. Morris (1st Dist. 1978), 65 Ill. App. 3d 155, 161, 22 Ill. Dec. 63, 382 N. E. 2d 383.

⑨ People v. Roe (1st Dist. 1965), 63 Ill. App. 2d 452, 211 N. E. 2d 552.

名字并在 16 天后指认了被告人,其中他知道名字的人也是攻击者。法院奇怪地发现虽然受害人知道被告人的名字,但受害人在警察第一次询问时并没有提供该情况,也没有说明延迟揭露被告人姓名的原因。上诉法院认为本案中证人则是因为害怕才延迟揭露。因为在案发后,被告人埃文斯多次到证人办公室威胁不能将任何信息告知警察,而且证人在家时也为埃文斯从她家边上离开而困扰。因害怕导致的辨认迟延仅仅影响证人辨认的证明力。[①]

2. 检察官在最后辩述阶段的评论是否使被告人没有受到公平审判

被告人埃文斯提交了新审判的书面动议但没有对他所主张的检察官在最后辩述阶段的评论使其没有受到公平审判作出特别评论,辩护律师也没有提及在审判过程中出现损害性评论并动议新审判。

(1)书面动议新审判的问题

1963 年美国刑事程序法典第 116-1 节规定应在判决作出后 30 日内提交新审判的书面动议并且提出特别的理由。若在新审判的书面动议中未将错误特定化,上诉法院就不审查该问题。[②] 这条规定的目的在于给予审判法院纠正当事人所诉称的错误的机会,以消除不必要的审查和撤销,给予审查法院以审判法院判决的利益。[③] 在本案中,所谓的特定错误已引起审判法院的注意并作出了规定。对于被告潜在的实质性损害,审判法院在自由裁量范围内,放松了豁免规则并针对问题本身予以了考虑。[④] 被告埃文斯在书面的后审判动议没有特别提出检察官的评论问题,上诉法院对该问题就不作考虑。

(2)检察官在最后辩述中提出埃文斯有犯罪记录但事实上并没有任何证据证明是否使其未能得到公平审判

根据伊利诺伊州的规定:对于辩护律师在辩论中激起的检察官回应,被告人不能主张受到了损害。[⑤]即使检察官的陈述中还包含了其他不适当的内容也不能提出这种主张。[⑥] 但检察官带有严重偏见的言论实际上剥夺了对被告人的公平审判时,这个规则不能适用。[⑦] 此外,检察官在没有受到被告方的挑衅时适

---

① People v. Orr (3rd Dist. 1977), 45 Ill. App. 3d 660, 665, 4 Ill. Dec. 285, 359 N. E. 2d 1237.

② People v. Rowe (1st Dist. 1977), 45 Ill. App. 3d 1040, 1044, 4 Ill. Dec. 500, 360 N. E. 2d 436;People v. Virgin (1st Dist. 1973), 9 Ill. App. 3d 902, 906, 293 N. E. 2d 349.

③ People v. Irwin (1965), 32 Ill. 2d 441, 443-44, 207 N. E. 2d 76.

④ People v. Gray (1st Dist. 1977), 47 Ill. App. 3d 1026, 1032, 8 Ill. Dec. 263, 365 N. E. 2d 501.

⑤ People v. Lewis (1962), 25 Ill. 2d 442, 446, 185 N. E. 2d 254; People v. Rodriguez (1st Dist. 1978), 58 Ill. App. 3d 562, 568, 16 Ill. Dec. 129, 374 N. E. 2d 904; People v. Reyes (1st Dist. 1970), 131 Ill. App. 2d 134, 140, 266 N. E. 2d 539.

⑥ People v. Woodley (1st Dist. 1965), 57 Ill. App. 2d 380, 388, 206 N. E. 2d 743).

⑦ People v. Bolton (3rd Dist. 1976), 35 Ill. App. 3d 965, 973, 343 N. E. 2d 190.

用暗示性评价也是不适当的。① 只有对被告人造成实质性的损害②,或者成为有罪判决的实质性因素时③,不适当的评论才构成可撤销的错误。这通常需要通过假设如果没有不适当的评论陪审团是否会作出相反的裁决这种测试来确定。④

被告人埃文斯根据 People v. Patterson⑤案和 People v. Dukes⑥案提出检察官的评论构成可撤销的错误。埃文斯提出假如没有检察官最后辩述时的评论,同时如果陪审团得到忽略评论的告诫,陪审团不一定会做出有罪判决。

上诉法院认为 Patterson 案和 Dukes 案指出没有证据地评论被告人有犯罪前科是不适当和存在损害的。本案检察官在最后辩述中提示被告人的过去经历表明他是某种类型的犯罪实施者,但事实上并不存在证据的行为确实是不适当的,但这种由被告律师所引起的提示并没有严重到未能给予被告人埃文斯公平审判的程度。

上诉法院将本案与情况更为类似的 People v. Reyes 案进行了对比。在 Reyes 案中,被告律师在最后辩述阶段表示法庭陈述并未表明被告人曾犯何罪。检察官以法庭陈述禁止介绍任何被告人的犯罪记录为由加以反驳。在上诉中,被告人称检察官不适当地暗示其有犯罪记录。确认被告有罪的法院认为由于被告人的言语激起了检察官的回应,所以他不能主张受到损害。Reyes 案与本案的不同在于,法院在前一案件中接受了对检察官陈述的反对并指示陪审团忽视该评价,而本案被告律师的反对并没有被接受。上诉法院认为虽然迅速地接受对检察官陈述的反对并指示陪审团忽视评价通常被认为足以纠正任何的偏见,⑦但没有采取这样的行动并不会就导致案件被撤销,而是必须根据个案情况确定。⑧ 上诉法院综合考虑了审判法院在最后辩述之前适当地告诫了陪审团并且指导他们忽视未基于证据的双方陈述;被告人受到了证人的积极指认,而且被告人埃文斯还曾威胁证人等因素,认为不能得出如果没有检察官的评价将会产生其他判决结果的结论。

---

① People v. Hasting (3rd Dist. 1978), 56 Ill. App. 3d 724, 14 Ill. Dec. 506, 372 N. E. 2d 702; People v. Reyes, supra.

② People v. Nilsson (1970), 44 Ill. 2d 244, 248, 255 N. E. 2d 432, cert. denied, 398 U. S. 954, 26 L. Ed. 2d 296, 90 S. Ct. 1881.

③ People v. Clark (1972), 52 Ill. 2d 374, 390, 288 N. E. 2d 363.

④ People v. Naujokas (1962), 25 Ill. 2d 32, 38, 182 N. E. 2d 700.

⑤ People v. Patterson (1st Dist. 1976), 44 Ill. App. 3d 894, 3 Ill. Dec. 479, 358 N. E. 2d 1164.

⑥ People v. Dukes(1957), 12 Ill. 2d 334, 146 N. E. 2d 14.

⑦ People v. Baptist (1979), 76 Ill. 2d 19, 30, 27 Ill. Dec. 792, 389 N. E. 2d 1200 and cases cited therein.

⑧ People v. Baptist at 29, 27 Ill. Dec. 792, 389 N. E. 2d 1200.

3.在陪审团两次表示处于僵局中之后,审判法院指导陪审员继续深思熟虑,拒绝同意审判无效的动议是否错误

陪审团从 1977 年 4 月 26 日下午 2 点开始考虑,但直到晚上 7 点也没得出结论。在被隔离了一个晚上之后,第二天上午 10 点开始继续考虑,到 11:45,陪审团向法院表示处于僵局之中,询问该如何处理。法院答复继续考虑。下午3:45,法院再次收到陪审团表示不能达成一致意见的信息。对此,两被告人的辩护律师均提议审判无效,法院拒绝了动议并要求继续考虑。下午 4:45,陪审团询问如果他们对被告人的绑架定罪是否意味着他们也必须对其他的指控定罪。两被告人辩护律师再次动议审判无效,但法院再次拒绝了动议并告知肯定的答案。至晚上 6:10,陪审团作出了裁定。

被告人认为法院以要求陪审团继续考虑的指导来代替类似在 People v. Prim[1] 案中所采用的僵局指导是不合宪地强制陪审团作出裁定,并且提供了女陪审团长的证词。在书面证词中,女陪审团长表示他们有被隔离至直到作出裁定的压力,包括她在内的少数几个陪审员曾投被告人无罪票,但最后都屈服而作出了有罪认定。

上诉法院认为案件中允许继续思考的合理时间由审判法院自由裁量,只有在自由裁量权被明显滥用时,才不能产生效果。[2] 通过将案件与 Daily 案、Bravos 案和 Alexander 案比较后,上诉法院认为不能得出审判法院滥用了自由裁量权的结论。

在 Daily 案中,经过 61 至 62 个小时的考虑,陪审团团长告知法官他们不能达成一致的裁定并且在此前 2 或者 3 个小时的投票中,这个结果也没有变化。法官指导他们再进一步考虑,此后不久,陪审团达成裁决。高等法院注意到案件审判花费了四天时间,31 个证人提供了相互冲突的证据,审判法院正确地适用了自由裁量权指导陪审团继续考虑。

在 Bravos 案件中,陪审团考虑了 8 个小时后晚上休息,在第二天早上继续考虑了 1 个小时后,陪审团团长宣称处于完全的僵局之中。法官要求继续考虑并拒绝审判无效的动议。6 个小时后,陪审团作出了裁决。

在 Alexander 案中,经过 2 天的审判和 4 个小时的考虑,陪审团通知法院他们不能达成裁决。审判法官拒绝给予解开僵局的指导或叫他们出来解决问题

---

① People v. Prim (1972), 53 Ill. 2d 62, 289 N. E. 2d 601, cert. denied, 412 U. S. 918, 93 S. Ct. 2731, 37 L. Ed. 2d 144.

② People v. Daily (1968), 41 Ill. 2d 116, 121, 242 N. E. 2d 170, cert. denied, 395 U. S. 966, 89 S. Ct. 2112, 23 L. Ed. 2d 752.; People v. Bravos (1st Dist. 1969), 114 Ill. App. 2d 298, 314, 252 N. E. 2d 776, cert. denied, 397 U. S. 919, 90 S. Ct. 927, 25 L. Ed. 2d 100; People v. Alexander (1st Dist. 1973), 15 Ill. App. 3d 607, 613, 305 N. E. 2d 61.

而是指示他们继续考虑。11 至 12 个小时以后,陪审团通知法院他们还是不能达成裁决,其中一个陪审员表示继续考虑也没有任何好处。法官将他们隔离过夜。第二天上午,再经过 1 到 2 个小时的考虑,陪审团达成了裁决。上诉法院对被告人诉称的所谓强迫裁决未予支持并认为审判法院适当地行使了自由裁量权。

在本案中,审判跨越了 71 到 72 天,每个被告人各被指控了 5 项罪名。交给陪审团每个被告人 10 个表格共 20 个表格。他们必须考虑复杂的重罪杀人和责任问题。在达成裁决之前考虑了 12 个小时,在第二次被告知继续考虑后他们再考虑了超过 1 个小时才达成裁决。

此外,依据 People v. Preston①案,上诉法院认为,审判法院不接受与被告人后审判动议一起提交的妇女陪审团长的书面证词是适当的。在 Preston 案中,被告人在判决已经做出并且陪审团解散之后才提交后审判动议,该动议中包含了他从一位陪审员那儿所取得的调查证词。在该证词中,陪审员称在其他陪审团成员相信被告人犯所指控的杀人和抢劫罪时,她认为被告人没有犯任何一种罪。她最后同意在其他陪审团成员对抢劫指控做无罪裁决的条件下,签署对杀人的有罪判决。最高法院认为言词或一个陪审员的书面证言是为了表明陪审团对案件相关证据问题所做的私下调查,可以被采信,但如果是为了说明陪审团达成裁决的动机、方式或过程,则不能被采信。本案陪审团已作出裁决并已经逐一问过陪审员“是否为你的裁决”这一问题。所递交的书面证词是在陪审团解散后才取得,这属于单方面提出证据,仅仅描述了女陪审团长或其他处于少数的陪审员作出裁决的方式和动机,未涉及任何外在影响。因此审判法院拒绝考虑被告人在提交后审判动议时一起提交的女陪审团长的书面证言是适当的。

具有讽刺意味的是,在被判决有罪入狱 27 年之后,通过 DNA 检测,埃文斯和另一被告人泰利均被证明不是在 Lisa Cabassa 身上遗留精子的人,案子最终被撤销。州检察官拒绝再次指控他们,地方长官罗德·布拉戈耶维奇向埃文斯和泰利道歉。埃文斯根据伊利诺伊州的法律规定得到了一定数额的赔偿②。但埃文斯认为是警察要求 Januszewski 对他进行辨认和作证的行为以及其他的不正当行为剥夺了他所享有的正当程序权利。2004 年,埃文斯根据美国法典第 42 篇第 1983 节对警察提起损害赔偿的民事诉讼。然而,陪审团作出了免于警察赔偿的裁定,科尔法官据此作出了判决。埃文斯在 2006 年提起上诉。诉讼

---

① People v. Preston (1979), 76 Ill. 2d 274, 29 Ill. Dec. 96, 391 N. E. 2d 359.

② 705 Ill. Comp. Stat. 505/8,据此,埃文斯得到的赔偿是 161,000 美元。

期间,被告警察们要求有限豁免[①]进行即席判决[②]被拒绝。联邦上诉法院第七巡回法院根据多数法官的意见最后驳回了埃文斯的赔偿要求,维持了县法院作出的不予赔偿的判决。[③] 但威廉姆斯法官持不同意见。

被告警察援引和撤销第五修正案特权的主要过程及地方法院的处理如下:

2004 年,埃文斯起诉警察,后者则根据一个特别检察官正在进行的针对他们警察局辖区在 Cabassa 案发前后这段时间所发生的警察滥用职权问题的调查主张保护令。司法官 Schenkier 承认 Cabassa 案可能就在特别检察官调查[④]范围之内,同意警察们在 2005 年 1 月 31 日(调查中期阶段)之前决定参加调查还是主张特权。Dignan,DiGiacomo,Hill,Katalinic,McKenna,Leracz,Ryan,and Swick("5A 官员")在 1 月都选择主张特权,拒绝作证。

2005 年 11 月 22 日,在事实证据开示结束之后全部证据开示结束之前,Katalinic 改变主意撤销了特权,并在随后递交了一份修改过的回答和许多修改过的针对证据调查的回应。在 2006 年 1 月 13 日递交的最后审前命令上,被告将 Katalinic 列为"预备"证人。

---

① 有限豁免原则由 Harlow v. Fitzgerald, 457 U. S. 800, 818, 102 S. Ct. 2727, 73 L. Ed. 2d 396 (1982). 案确认:只要政府官员的自由裁量行为没有明显侵犯正常人能合理预见的宪法或法律权利,就可以不承担民事损害赔偿责任。

② Evans v. Katalinic, 445 F. 3d 953 (7th Cir. 2006). 在该判决中,美国上诉法院第七巡回法庭对地区法院查明的事实加以确认,并重点反驳了警察被告,即上诉人所提出的禁止反言原则适用的问题。上诉人提出:埃文斯以警察强迫证人 Januszewski 指证目睹 1974 年 1 月 14 日的犯罪行为由对他们提起损害赔偿,但在第一次审判,即最后对埃文斯判决有罪的 1975 年的审判中,埃文斯提出禁止证人 Januszewski 作证的动议已被拒绝,所以,该问题已经被决定,根据禁止反言原则埃文斯不得就该问题提起诉讼。然而,第七巡回法庭认为:(1)没有任何内容显示在法院拒绝埃文斯提出的禁止证人 Januszewski 作证的动议时也决定了损害赔偿的问题——拒绝动议没有对当事人以后的权利和救济加以禁止,也没有任何文字记录表明当时是如何辩论或者法庭是如何思考的;(2)因为新证据的发现(即 DNA 检测),包含拒绝动议内容的有罪判决被撤销,伊利诺伊州的道歉还了埃文斯的清白,而且犯罪记录也被撤销了;(3)Januszewski 就本案在地方法院的证言还提供了有关被告行为的新证据,这些证据在埃文斯提出禁止证人 Januszewski 作证的动议时是未被掌握的(这些新证据包括 Januszewski 称在其数周坚持不知道凶手的名字后,警察将其带回警察局,从早上到深夜将其关在一个满是蟑螂等爬虫并且没有卫生间的房间里,并且威胁说他们有能力让她开口说话;警察主动向 Januszewski 提起埃文斯的名字,并且询问在她见过的人中间有没有埃文斯。此外,警察不仅没有接受 Januszewski 的丈夫 Harry 所提出的妻子有撒谎和欺诈的历史,可信度存在疑问和视力较差的问题,还在审判当日将它关押起来,以避免他向检察官透露这些内容);(4)禁止反言作为一项衡平原则,允许埃文斯提起索赔才是符合公平的。

③ Evans v. City of Chicago, 513 F. 3d 735 C. A. 7 (Ill.), 2008.

④ 2002 年,库克县巡回法院任命一位特别检察官就 1973 年至 2002 年 Jon Burge 领导的芝加哥市警察局 2 号和 3 号辖区的警察可能实施折磨、预审、阻碍司法、合谋阻碍司法和其他行为进行调查。(Cabassa 案在该调查所涉的时间和地区内发生,但不在 Burge 的领导之下。)调查期间,特别检察官传唤了40 名芝加哥警察,包括本案的三位被告(Dignan, Hill, and Katalinic)在特别大陪审团前作证。许多警察主张特权拒绝作证。2006 年 4 月,特别检察官完成了调查。

1 月 18 日（预定审判日之前 12 天），其他 5A 官员要求如果特别检察官的报告并不会导致他们自证其罪，他们要求享有和 Katalinic 类似的待遇。本案此后因为官员提起有限豁免的上诉一直搁置到 5 月 1 日。

5 月 16 日，5A 官员更新作证请求，坚持特别检察官即将发布的报告将导致他们重新评估自己的处境，如果他们决定作证的话，他们愿意回答调查并且宣誓作证，并且给予埃文斯额外时间处理此事。埃文斯反对这种动议，认为这种救济实际上就完全排除了他从证据开示上所能得到的利益。

5 月 19 日，地区法官大卫·科尔拒绝了 5A 官员的请求，认为他们作了一个算计过的决定，应该受这种决定的约束。但是，尽管有这种意见，科尔法官还是作出保留，允许当事人对这个问题加以讨论。

6 月 2 日，科尔法官再次讨论了该问题，选择支持 5A 官员。科尔法官规定 Katalinic 已经及时提出了请求，如果他能在 10 天之内回答所有的书面调查和宣誓作证的话，就能作证。至于其他 5A 法官，因为他们没有及时采取行动，因此存在损害，但如果他们能达到与 Katalinic 相同条件的话，则可以作证。埃文斯要求，因为特别检察官的报告仍然没有发布（虽然已在近期完成），如果 5A 官员决定作证，他们必须解释做出决定的理由。同时要求获得对官员的辩护进行反驳的机会。科尔法官答复埃文斯的辩护律师可以进行任何反驳，但程序还是按预定时间表进行。

6 月 5 日，埃文斯提出要约对同意不作证的警察免于惩罚性赔偿。Dignan 接受了埃文斯的条件①，其他的警察则选择作证，并在 7 月 8 日之前提交了书面调查和新证词。

7 月 6 日，埃文斯提交动议要求 5A 官员或者被确认存在过失或者受他们先前特权主张的约束，5A 官员则提交了交叉动议，要求禁止提及任何他们先前的特权主张。7 月 11 日，就在开场陈述之前，科尔法官作出了拒绝埃文斯的要求但同意 5A 官员要求的简短裁定。因此，埃文斯的辩护律师被禁止在审判时对 5A 官员先前的特权发表任何言论。同一天，科尔法官指导陪审团可以就 Dignan 拒绝回答问题和出庭的情况做出不利推断。

本案主要分歧在于被告警察们对宪法第五修正案不得强迫自证其罪特权的援引和撤销所产生的法律效果以及审判法院法官对沉默可否作为证据的处理是否构成滥用自由裁量权。

---

① Dignan 后来极力主张撤销特权利并且作证，但科尔法官没有同意。

1. 审判法院对 Dignan 援引特权拒绝回答的处理是否属于自由裁量权,有无构成滥用

在民事案件中,法庭可以对证人援引第五修正案拒绝回答作出不利推断,寻求从这种不利推断中获益的一方当事人往往希望将这种利益最大化和使这种时刻戏剧化。例如埃文斯将 Dignan 作为证人,陪审团可以对其宣誓和拒绝回答一系列问题的情况予以观察①就是出于获益的考虑。埃文斯认为根据 Baxter v. Palmigiano② 案,他有权要求 Dignan 出庭接受关于特权的询问。法官多数意见认为在 Baxter 案中,最高法院确认"第五修正案并没有禁止对民事案件的当事人在拒绝回答有关可以提供证明的证据时作出不利推断"。③ 因此对在民事案件中援引第五修正案拒绝回答的证人可以作出不利推断,但不是必须作出不利推断。科尔法官指导陪审团可以根据 Dignan 拒绝回答案件作出对其不利的推断,虽然缺乏戏剧化,但并不存在如 Doe v. Smith④ 案所确立的明显滥用自由裁量权,因此不能撤销法官的决定。

2. 审判法院处理埃文斯主张的指导建议、裁定形式、拒绝对芝加哥市政府义务的特别询问是否构成滥用自由裁量权

埃文斯提出的指导建议、裁定形式和特别询问涉及一个事先约定,该约定规定"市政府在案件事实认定者发现政府雇员侵犯了原告在第一份修改过的诉状中诉称的宪法性权利时接受判决",这相当于市政府撤销了自己基于 Monell v. New York City Department of Social Services 案确立的在没有证据表明是由于政府政策或习惯导致侵犯原告的宪法性权利时不必承担损害赔偿责任的权利。⑤指导建议相当于要求陪审团查明埃文斯的权利是否被芝加哥市政府的任何雇员(而非仅限于被指明的被告)侵犯。科尔法官因为这些用语可能导致陪审团产生迷惑和超出了陪审团的责任范围加以拒绝:"陪审团仅仅考虑被指明的被告的行为,无需对未被指明的其他雇员作出裁定,而且也不能对未被指明的其他雇员作出裁定。"但科尔法官采纳了合谋指导的建议,认为如果"至少有一个被告自愿地并且和至少另外一个人合作侵犯埃文斯的权利",则芝加哥市应承担责任。

上诉法院也认为,因为埃文斯在第一份修改过的诉状中并没有指出不知名

---

① 证人回答的范围可以从"因为我的回答可能会使我自证其罪,我拒绝回答"到普通的"在得到我的辩护律师的意见之前,我拒绝回答"。

② Baxter v. Palmigiano, 425 U. S. 308, 96 S. Ct. 1551, 47 L. Ed. 2d 810 (1976).

③ Id. at 318, 96 S. Ct. 1551.

④ Doe v. Smith, 470 F. 3d 331, 341 (7th Cir. 2006).

⑤ 436 U. S. 658, 694, 98 S. Ct. 2018, 56 L. Ed. 2d 611 (1978).

的官员①的名字或者将死亡官员的财产作为赔偿财产提起索赔,要求陪审团"单独地"对"其他"政府雇员作出判决是不恰当的。任何由指明的被告和"其他人"实施的行为均已被共谋指导所包括。陪审团的裁定意味着没有人——知名的,不知名的,活着的或死去的人——和任何指明的被告共谋侵犯埃文斯的权利。

埃文斯最后引用 Kunz v. City of Chicago② 案和 Bond v. Utreras③ 案支持自己的主张。但法官多数意见认为这些案件与本案存在区别。Kunz 案④中,在发现被提议的规定中没有包含"其他不知名的芝加哥警察官员"时,Kunz 递交了修改过的诉状,明确说明将他们作为被告,政府也相应地修改了它的规定。相反,埃文斯修改过的诉状中并没有表明将不知名的官员作为被告。Bond 案中,Bond 反对市政府的提议,市政府同意扩大范围。本案中,虽然埃文斯最初反对规定,但并没有要求修改并且最终将其作为提议予以接受。因此,科尔法官没有采纳埃文斯提议的指导并不构成滥用自由裁量权。

3. 审判法院同意 5A 官员撤回第五修正案特权并且作证,将先前的沉默排除在证据之外,给埃文斯造成损害,但已经通过特殊裁决予以弥补

在审判前 5 天,科尔法官规定尽管由于 5A 官员主张特权而没有参加任何的证据开示,但如果能够达到所要求的条件,仍可以作证。这些条件是"必须在星期三之前作出表示,回答所有未完成的证据调查,并且在 10 天之内出现在作证宣誓上"。法官多数意见认为 5A 官员达到了法官提出的三个条件。⑤ 在审判开始之前,科尔法官同意了 5A 官员将他们先前的沉默排除在证据之外的要求,同时拒绝了埃文斯提出的对被告的恶意进行调查制裁的请求。埃文斯则坚持认为 5A 官员在重新作证中明确承认在运用第五修正案特权时,并没有以善意为基础。

在 United States v. 4003-4005 5th Ave.⑥案中,审判法院认为"只要审判庭考虑了相关的因素和采取中立行为给予诉讼当事人一方有效的修正案利益和满足另一方当事人的需要,就不能对法庭在自由裁量中的行为予以苛责。"Harris v. City of Chicago⑦ 中对证据排除,包括特权证据的排除,也适用同样

---

① 埃文斯在第一份诉状中包含了"不知名的"一词,但他在第一份修改过的诉状中以 Ryan 和 Swich 代替了该词。

② Kunz v. City of Chicago, No. 01 C 1753, 2001 WL 34666877 (N. D. Ill. filed Mar. 12, 2001).

③ Bond v. Utreras, No. 04 C 2617 (N. D. Ill. filed Apr. 2, 2004).

④ 本案埃文斯的其中一个辩护律师也是 Kunz 案的辩护律师。

⑤ 对于持不同意见的法官所称的重新作证没有顺利进行,法官的多数意见相信科尔法官处在一个评价当事人动机的更好位置,因此尊重他关于官员最终符合了条件的结论。

⑥ United States v. 4003-4005 5th Ave., Brooklyn, NY, 55 F. 3d 78, 85 (2d Cir. 1995).

⑦ Harris v. City of Chicago, 266 F. 3d 750, 755 (7th Cir. 2001).

的标准。在被告逃避了所有的调查之后,审判法院将先前的沉默排除在证据之外构成滥用自由裁量权,并且其对所诉的证据开示的滥用处理也适用同样的条件①。

根据联邦民事诉讼规则第 37 节(B)(2)(C)的规定,审判法院有义务处理案件或者对拒绝按照证据开示令行事的一方当事人作出不履行法庭命令的判决。然而,这种严厉的制裁要求不服从的一方存在"故意、恶意或过失"的情况,在其他情况下则属于法庭自由裁量的范围。②

法官多数意见认为,警察并没有视司法程序为游戏,考虑到特别检察官的调查,被告警察们善意地运用了第五修正案。科尔法官没有滥用自由裁量权。这些判断是根据下列证据作出的:

(1)被告关于援引第五修正案的证言。

三个官员(Hill, Katalinic, and McKenna)表示是在特别检察官联系他们后,他们咨询了律师意见才作出的决定。没有咨询律师意见的 Ryan 则表示特别检察官调查的案件非常广泛,他不知道自己能否成为调查对象。McKenna也表示曾听埃文斯的其中一位辩护律师(或至少该辩护律师在场)表示如果他回答了对 Cabassa 案件的调查,在他回答其他调查时会被免除主张特权的权利。③

(2)Katalinic 在重新作证中的回答。

问:"使你相信真实回答 Cabassa 案件的调查会使你自证其罪的事实基础是什么,先生?"

证人:"我不明白这个问题,很抱歉。"

问:"有没有什么善意的基础使你相信,如果你真实地回答了自己在 Cabassa 案件中的行为,会使你自证其罪?"

证人:"我在该案中并没做错什么。"

问:"你知道如果你真实地加以作证的话,将会有什么事实导致你自证其罪吗?"

证人:"我在该案中没做错任何事,没有。"

(3)科尔法官既允许 5A 官员作证又将他们先前的沉默排除在证据之外与 Harris v. City of Chicago. 案件中的决定一致。

在 Harris 案中,原告根据美国法典第 1983 节提起诉讼,认为逮捕他的官员,Alex Ramos,和芝加哥市政府存在违反联邦和州法律的恶意指控。在证据

①　Johnson v. J. B. Hunt Transp., Inc., 280 F. 3d 1125, 1130-31 (7th Cir. 2002).

②　Poulosv. Naas Foods, Inc., 959 F. 2d 69, 75 (7th Cir. 1992).

③　埃文斯最终取消了对 DiGiacomo and Swick 的起诉,所以并没有考虑他们的证言。

开示期间，Alex Ramos 援引第五修正案特权，拒绝回答任何问题。但在审判阶段，Ramos 回答了所有的提问，同时他先前所有的沉默都被排除在证据之外。陪审团作出裁定并拒绝了新审判动议，Harris 上诉，辩称 Ramos 逃避了所有的证据开示程序。上诉法院撤销了原判决并要求进行新审判。这是因为 Ramos 直到审判前才放弃了第五修正案特权，其先前沉默的证据价值非常高，而且比损害效果的证明力还要强。① 允许排除 Ramos 先前沉默的证据等同于允许 Ramos 逃避所有的证据开示。② Ramos 必须受其先前的特权主张约束或者允许 Harris 对先前沉默加以控告。③

在本案中，除了 Katalinic 之外，其他的 5A 官员均未及时采取行动，官员迟到的请求存在损害。但在允许 5A 官员作证的同时，科尔法官并没有允许埃文斯对 5A 官员先前的沉默提起控告，而是作出了一个特殊的 Harris 裁决：官员回答所有的调查请求并在审判前重新提交证词。

对于科尔法官的特殊裁决，法官多数意见认为可以从两种途径考察：(1)错误适用法律，在没有时间限制的裁决作出后拒绝将先前沉默作为证据直接与 Harris 规则相矛盾；(2)自由裁量的裁定，通过提供 Harris 案件中所没有的救济尝试弥补不充分的证据开示造成的损害。科尔法官允许当事人提供信息并且随之作出特殊的 Harris 裁决的行为表明是进行自由裁量。④ 这种自由裁量尝试弥补损害，并且是合理的。理由有二：

第一，5A 官员撤销特权时，审判还没有开始，他们有时间对所有证据调查提供修改过的答案并且重新作证，构成额外的证据开示。在 Harris 案中，被告没有试着修改或补充回答询问，递交任何文件或者在审判之前撤销特权。⑤ 在审判中原告被迫在没有从证据开示中得到任何利益的情况下询问被告，这对他应对审判的策略构成严重妨碍。⑥ 在特权撤销后，没有机会进行额外证据开示的救济是不充分的。但如果额外的证据开示减轻了没有及时要求作证所造成的损害，不再允许一方当事人逃避所有的证据开示，地方法院可以将先前的沉默排除在证据之外。科尔法官通过裁定额外调查，提供了减轻官员最终决定作证所带来的损害的救济。授予这种救济的同时将先前沉默排除在证据之外属于自由裁量。

---

① Harris, 266 F. 3d at 755.

② Id. at 754.

③ Id. at 754.

④ Cf. Carr v. O'Leary, 167 F. 3d 1124, 1127 (7th Cir. 1999)；如果没有依据表明法官是在实施自由裁量，自由裁量的裁定是…不受支持的。

⑤ 266 F. 3d at 753-54.

⑥ Id. at 755.

第二,审判开始前 5 周重新作证已经足以弥补损害。当科尔法官裁定允许官员作证时,埃文斯并没有要求诉讼延期,而是仅仅要求官员解释改变心意的原因以便可以从中找到反驳依据,表明埃文斯着力寻求能获得更多时间进行事实发现和专家证言的新审判。埃文斯在科尔法官作出裁定后递交了几份寻求对官员的约束、禁止和官员存在的过错而不是希望获得更多的时间进行调查的动议。埃文斯提交动议的原因在于:①希望能够根据 Harris 规则对官员先前的沉默提起控告。②认为主张更多时间是没有用的。法官多数意见认为,对于第一个原因,科尔法官没有作出裁定,不能判断法庭是否已经审查了埃文斯所希望的内容。同时,司法官 Schenkier 表示这属于开放性问题,由此可以假设埃文斯已经注意到科尔法官可能并不允许对官员先前的沉默进行提问。对于第二个原因,法官多数意见认为,科尔法官在程序刚开始时表示将同意双方意思表示一致的延期动议,和审判结束前因为时间冲突和强烈希望能够坚持事先约定的时间表拒绝诉讼延期的要求,并不意味着科尔法官也会拒绝埃文斯提出的额外调查,不将审判延期,因此埃文斯没有提出额外调查的后果由其自己承担。

但威廉姆斯法官认为民事诉讼的当事人在证据开示阶段援引第五修正案的特权主张不能被迫自证其罪但在审判前夕又撤销了特权,是战术性运用特权的行为。对于在最后时刻撤销特权的当事人在审判之前的最后忙乱时刻留出了进行证据开示的足够时间,地区法院必须考虑是否应该禁止该当事人作证或者允许对其提起控告? 还是应该对一直援引特权保持沉默因而根本逃避了所有的证据开示,但在审判前撤销特权的当事人进行制裁? 威廉姆斯法官认为这种情形,法庭必须采取手段"达到公平的平衡和对双方当事人都提供救济",也就是说,"兼顾一方当事人从第五修正案中获益和对方当事人的需求。"[1]如果发现司法体系已经被不公平地游戏,法院应该阻止当事人撤销特权或者要求在审判时作证,或者允许对方当事人对先前的沉默提出控告。[2] 但这些决定都没有给对方当事人加诸责任,要求其通过提出诉讼延期来减轻因为一方当事人撤销特权所遭受的损害。对于法官多数意见认为的 Harris 案涉及的情况不是适合制裁的情形之一———而是唯一适合制裁的情形,实际上属于没有考虑证据开示时间的紧迫性;忽视了它给先前沉默的当事人带来的战术优势;没有顾及对对方当事人的审判准备造成的损害;这些都给对方当事人造成严重破坏并产生根本性不公平的审判。

虽然法官多数意见也认为采用排除合理怀疑的证据要求,通过司法体系将罪犯和无辜的人区分开来,并不总是能够完美无缺地发挥作用。有时候,无辜

---

① United States v. 4003-4005 5th Ave., 55 F. 3d 78, 84-85 (2d Cir. 1995).

② Harris v. City of Chicago, 266 F. 3d 750, 754 (7th Cir. 2001).

的人被判决有罪。① 但在本案中,法官多数意见仍然维持审判法院的判决,并不认为是警察的不当行为导致了埃文斯被错误地判决有罪。

但威廉姆斯法官认为,法官多数的这种判决使被告有效地逃避了证据开示,在陪审团前隐瞒了整件事情。被告行为是一种灵巧的手法,使人们相信迟到撤销特权一方所造成的损害由对方当事人承担,而不是进行撤销的一方。这构成不良规则——它鼓励投机取巧,与证据开示及时和公平的目标相违背。

此外,威廉姆斯法官特别对被告迟到撤销特权的行为对埃文斯造成的损害进行了衡量。埃文斯受到损害最重要的两个部分涉及 20 世纪 70 年代的精子检测和他最主要的证人。

关于 20 世纪 70 年代的精子检测。其中一个被告在审判前 5 天提供的证词中第一次披露 20 世纪 70 年代进行的精子检测已经将埃文斯排除在外。虽然埃文斯在 2002 年通过精子检测被确认为无罪,但其他被告仍然力图使这个被揭露的真相显得不可信,辩称“最可能的错误是认为已经进行检测”;主张那个年代的精子检测是“不可信的”。

埃文斯最主要的证人,弗兰克·莱弗蒂,2006 年已处于癌症晚期。莱弗蒂原为 2 号地区警察,他在录像中承认的 2 号地区存在警察滥用职权的证言成了审判焦点。但因为健康问题,这个录像证词是在被告警察提供证词之前录制的。莱弗蒂的健康状况——在 2006 年夏天,此时被告已经撤销特权并且已经提供证词——太差不能再录一个证词,这就意味着,在陪审团听到的证言中,莱弗蒂并没有任何关于被告他们在证词中所主张的内容,因此给陪审团留下了对这些证词无需进行任何反驳的印象。

对于法官多数认为被告已符合作证的三个条件。② 威廉姆斯法官则认为官员在 10 天内宣誓作证,现身提供证词并且无需再次作证,才真正符合条件。但事实上官员将提供证词推迟到审判前的最后一天。在审判法院要求重新作证后不久,埃文斯提议再委托一位律师,弗林特·泰勒,帮助他能够在这么短的时间内完成这个非常紧迫的任务。被告反对泰勒参加,称他将对官员构成烦扰和威胁,并且离开进行重新作证的地方。司法官在几天后拒绝了被告的意见并将他增加为辩护律师。因此是被告造成这种最后一分钟提供证词的局面。但最后一分钟提供的证词并没有纠正埃文斯受到的损害。

威廉姆斯法官分析了埃文斯没有要求诉讼延期的关键原因。认为是由于

---

① 2007 年 11 月 25 日,纽约时报报道,根据一项广泛的全国性研究,在 1989 年以来,通过 DNA 检测,206 个被判决有罪的人(其中 205 个是男性)被确认为无罪,其中的 53 个,和本案中的埃文斯先生一样,被指控犯杀人罪。

② See Op. at 742.

弗兰克莱弗蒂的健康状况,诉讼延期并不能减轻损害。因为莱弗蒂濒临死亡,没有更长的时间可用来答复被告造成的最后一分钟的调查。对于法官多数认为如果埃文斯第一天审判提出诉讼延期,地方法院会予以接受的判断,威廉姆斯法官也持不同的看法。他认为,审判已经开始,陪审团已经选任完毕并且开场陈述即将开始,而且,在 2006 年 1 月这个最初的审判日期产生争议后,地方法官非常清楚地表示不会再将程序往回推。① 此外,地区法官此前至少拒绝了四个延期审判的动议,包括审判前一个月的动议和审判前一天的动议。法官不止一次的告知辩护律师不要再申请延期:"不,先生,不要再浪费纸张递交延期申请,延期不会发生。"在审判前一个月和埃文斯的辩护律师讨论审判时间安排事宜时,审判法官说:"你可以提交任何反驳,但我们仍然根据事先安排的时间表进行。"在 2006 年 5 月最后一次审前会议上,法官说:"差不多接下来的一年里,我都没有时间再处理这个案件,因为还有很多其他的事情,所以我不会再给予延期。"埃文斯提出延期的话,当然能得到一个更好的诉讼记录,即使该延期请求被断然拒绝,但法律并不需要这种无用的行为。如果延期动议明显会被拒绝,递交动议失败的一方并不能得到豁免。②

另外,申请延期与否对埃文斯来说是一个进退两难的问题,或者在一种非常不利的状况下按审判时间表继续进行诉讼,或者要求延期至另一年的某一天——被告先前已经通过一个中间性上诉将案件延期过一次。③

威廉姆斯法官同时认为,陪审团没有机会考虑埃文斯提供的控告警察渎职的实质性证据和听到对被告主张第五修正案权利的询问。埃文斯递交的用来证明警察渎职的实质性证据包括被告一再地威胁和强迫他们唯一的证人对他进行指认;将证人的丈夫锁在房间里不让其告诉检察官有关证人的视力和可信度问题;谎称证人在杀人案发生后数周内报告自己受到埃文斯的威胁;对不止一个的邻居男孩进行生殖检测以迫使他们暗示埃文斯(而且至少有一个男孩做了这种暗示)为犯罪嫌疑人。法官多数认为陪审团作为事实审判者已经考虑过该问题,并且认为警察无需为此承担责任。法官多数意见同时认为陪审团听取对被告主张特权问题的询问当然对埃文斯有帮助,但能在多大程度上提供帮助则存在疑问。认为陪审团知道 Dignan 主张了特权,但仍然免除对他处罚,那么

---

① 法官多数认为审判法官仅仅因为时间冲突而拒绝延期的动议,这是不正确的。仅举二例:被告在审判前一日的紧急延期动议中提出,公众关注度和特别检察官即将发布的调查报告将导致不能选出公平的陪审团;另外被告在 2005 年 11 月递交的延期动议中要求给予更多的时间可以在证据开示上行事。

② See United States v. Dellinger, 472 F. 2d 340, 371-72 (7th Cir. 1972); cf. United States v. Fish, 34 F. 3d 488, 495 (7th Cir. 1994); Moody v. Polk, 408 F. 3d 141, 151 (4th Cir. 2005).

③ See Evans v. Katalinic, 445 F. 3d 953, 955-56 (7th Cir. 2006).该案将被告的两个诉讼理由描述为"荒唐"、"太可笑,不值得评论"。

对其他官员先前援引权利的情况进行询问,由官员们和他们的律师进行作证,披露其他官员的沉默,结果也同 Dignan 一样无需承担责任。但威廉姆斯法官认为 7 个芝加哥警察沉默这一证据如果被披露的话,所产生的冲击力不会等于 1 加 6,7 个的合力大大超过 1 的 7 倍。陪审团可能就不会拒绝认为警察的不当行为是使埃文斯遭受错误的有罪判决的原因。

当然,法官们一致同意埃文斯先生的遭遇——被错误判决并在监狱中度过了他人生中最重要的大部分时间——是一个史诗般的悲剧。

二、沃尔特·D. 史密斯案

1986 年 1 月 31 日,沃尔特·D. 史密斯,被指控犯两个强奸、绑架、加重盗窃和抢劫,该案发生于 1984 年 9 月 4 日,受害人为 Julie Bavender;犯两个强奸、绑架、加重盗窃和抢劫,该案发生于 1985 年 5 月 16 日,受害人为 Linda Lutz;犯三个强奸、绑架、加重盗窃,该案发生于 1985 年 5 月 31 日,受害人为 Cherryl Wurthmann。

三位受害妇女对犯罪嫌疑人的描述基本相同:黑人男性,短发有胡子,肌肉强壮。Cherryl Wurthmann 还描述攻击者在 T 恤下面系了根腰带。

哥伦布警察局 Chester DeLong 作证称,在对沃尔特·D. 史密斯搜查时发现其衣服下系了腰带。James Straight 警探称在 Cherryl Wurthmann 被强奸后他出警并收集了她的陈述。数周后,他在抢劫小队办公室听到 DeLong 警探说沃尔特·D. 史密斯衣服下有根腰带,想起 Cherryl Wurthmann 报告的攻击者在 T 恤下系根腰带的情况。Straight 警探也熟悉 Linda Lutz 和 Julie Bavender 的强奸案并且知道 Linda Lutz 帮助制作嫌疑犯的图像。因此,当沃尔特·D. 史密斯向德隆警探递交个人简历时,Straight 警探和他交谈,得知他参加了健美比赛,并在 Scandinavian 健康疗养中心健身。

1985 年 7 月 25 日,Straight 警探拿了许多照片去 Cherryl Wurthmann 的住处,当向她提起 Scandinavian 健康疗养中心时,她变得非常情绪化。看到史密斯照片时,非常的不安。

1985 年 10 月 20 日,史密斯和 Straight 警探谈到了毒品和对他生活的影响。他坦承因为毒品自己在性方面表现并不好,有许多问题。

James Bellard 在法庭上为史密斯作证,描述其为短发、稍微有点胡子,并称上诉人在 1984 年 9 月或 1985 年 5 月或 6 月并没有胡子,只在 1981 年和 1982 年时有胡子,并且有一段时期有中等长度的头发。

史密斯自我辩护称 20 世纪 80 年代在 Scandinavian 健康疗养中心兼职,但

1985 年 5 月、6 月或 7 月并没有在疗养中心或它的停车场呆过。那段时间没有以后也不会再在 Scandinavian 训练，因为那儿没有他所需要的设备。在 1984 年晚些时候，因为染上了可卡因，未能参加健美比赛，并且可卡因使其没有任何性的念头。1984 年 9 月他的体重为 173 英镑并且是特殊做过的长卷发、没留胡子，在比赛前两周，他剪掉了所有的身体毛发。在列队辨认时期，因为皮肤敏感不能使用没有剃须粉的剃刀才留的胡子。史密斯也称 1984 年 9 月 4 日，和女朋友待在她的房间里，但对 1985 年 5 月 16 日或 31 日没有任何印象。1985 年 7 月 18 日是唯一在衣服下系腰带的一天，为了佩戴手枪才系的。

陪审团认定史密斯对 Cherryl Wurthmann 和 Linda Lutz 实施了十个犯罪行为。史密斯提起了包含 9 项诉讼理由的上诉，同时又通过律师提出 2 项诉讼理由。但除对其中一个诉讼理由建议上诉人提起后审判动议外，上诉法院对其他诉讼理由均不予支持。①

在第一个上诉理由中，上诉人认为自己被拒绝了初步听证的所有利益，因此宪法性权利受到侵犯。但上诉法院认为上诉人在富兰克林县大陪审团前被指控犯 7 个强奸、3 个绑架、3 个加重盗窃和 2 个加重抢劫。根据 State v. Morris ②和 McSpadden v. Ohio ③案的判决意见，一旦大陪审团对一个指控作出认定，上诉人就没有初步听证的宪法性权利。

上诉的第二个理由是没有得到有效的律师援助。主要依据有辩护律师没有赞同提交在 1985 年 5 月 4 日拍摄的剃了全部毛发的照片这一最好的证据；没有会见能对 Straight 警探的证言作出相反证明的上诉人列队辨认时的律师；没有传唤任何能够证明他不在现场的证人；即使上诉人建议提交不在现场的证言，但律师也没有根据修正法典第 2945 节第 58 条和刑事规则 12.1 提交动议；没有提交调查动议；没有在审判时隔离证人，致使所有的证人改变了证词；没有询问陪审团种族偏见的问题。

Strickland v. Washington④案确立了因为不起作用的律师援助而撤销有罪判决的条件。⑤ 第一，被告人必须证明律师的表现有缺陷。即证明律师犯了严重的错误以至于未能实现给被告人提供第六修正案所要求"律师"担保的目的。

---

① Ohio App. ,1988. State v. Smith, Not Reported in N. E. 2d, 1988 WL 79080 (Ohio App. 10 Dist.).

② State v. Morris (1975), 42 Ohio St. 2d 307, certiorari denied, McSpadden v. Ohio (1976), 423 U. S. 1049.

③ McSpadden v. Ohio (1976), 423 U. S. 1049.

④ Strickland v. Washington (1984), 466 U. S. 668.

⑤ Also see State v. Brooks (1986), 25 Ohio St. 3d 144, certiorari denied, Brooks v. Ohio (1987), 107 S. Ct. 1330.

第二,被告人必须证明有缺陷的履职给辩护造成了损害。这就要求证明律师的严重错误使被告人未能得到公平的、结果可信的审判。[1] State v. Smith[2]对这两个条件也加以确认。据此,上诉法院认为本案中上诉人对不起作用的律师援助承担举证责任。[3] 虽然上诉人特别指出了律师履职缺陷,但上诉法院认为这些所谓的错误没有一个是有价值的。辩护律师使用图片、向陪审团成员提问和没有传唤证明被告人不在现场的证人等都是战术上的决定,上诉人未能证明错误的战术决定严重到了损害辩护的程度。关于律师没有会见上诉人列队辨认时的律师问题,上诉法院认为列队辨认是正确进行的,没有任何记录表明如果会见了列队辨认时的律师会给审判带来不同的结果。

关于不在现场的证词,上诉人是如此作证的:

"问:你知道自己 1984 年 9 月 4 日在哪儿吗?"

"答:1984 年 9 月 4 日,我和女朋友待在她的房间里。"

"问:你怎么如此确定?"

"答:她是一个舞蹈编舞,为我编排摆造型的动作,当时我们正在为竞赛进行高强度的准备。"

"问:你对自己在 1985 年 5 月 16 日和 31 日的行为有印象吗?"

"答:没有。"[4]

上诉法院认为这些证言证明了上诉人不在所指控的 9 月强奸案现场,这一强奸案件他被判无罪。但是上诉人没有提供自己不在两个 5 月强奸案现场的证据。关于调查动议,上诉法院认定,与上诉人主张的相反,他的律师递交了披露 1986 年 5 月 8 日证据的要求。最后,关于隔离证人,上诉人律师提出动议要求在动议听审时隔离证人。另外,证人均证实他们在整个审判过程中没有相互联系。

将 Strickland 案确立的两个条件与本案律师的这些行为对照,上诉法院认为辩护律师的行为并没有缺陷也不存在损害,上诉人未能证明他的律师援助不起作用。

依据 State v. Tomblin[5]案,上诉人提出自己的第三个诉讼主张,认为检察官没有向律师提供有关简历的真实陈述,侵犯其第五、第六和第十四修正案下的权利。

---

① Id. at 687.

② State v. Smith (1985),17 Ohio St. 3d 98.

③ State v. Smith (1981),3 Ohio App. 3d 115.

④ Tr. 367-368.

⑤ State v. Tomblin(1981),3 Ohio App. 3d 17.

根据刑事规则第 16 条（B）（1）（a）（i）的规定,若递交了任何书面或录音调查动议,检方律师有责任毫不迟疑地允许调查。在 Tomblin 案中,上诉人递交了调查动议。检察官提交了保护令动议并被批准,由此拒绝了上诉人直接获得录音陈述。法院认为,根据刑事规则第 16 条（B）（1）（a）（i）规定,当上诉人递交了动议,检方律师有责任允许调查,检察机关没有允许调查,妨碍了被告人了解证人的立场和进行机智应对。

本案上诉人提出在他和 DeLong 警探制作简历时,Straight 警探得知上诉人在 Scandinavian 健康疗养中心工作,但这一信息检察官并没有向辩护律师开示。上诉法院审查记录后认为:本案辩护律师,根据刑事规则第 16 条（A）递交了披露证据的要求,要求获得所有被告人有权得知的信息、检查结果和复印件。检察官在法庭上表示满足了上诉人所有的调查要求,记录也并没有显示相反内容。

对于史密斯提出的提供给他的复印件并不是最好的证据,资料被改过了的问题,由于这些资料并没有作为证据在审判时展示,上诉法院因此认为并不存在哪些是可采纳的最好的证据问题。

史密斯的第四个诉讼理由是审判法院允许适用有关医生、技术员证言的约定对他造成损害。审判中,当事人约定已对 Julie Bavender,Cherryl Wurthmann and Linda Lutz 进行医学检查,已经取得检查的幻灯片和从受害人那儿提取的精子拭子已交给哥伦布警察局。当事人也约定,检查之后的每张幻灯片都显示了精子。

史密斯称有一个担保要求从他那儿提取血液和唾液;但这个担保并没有记录在案。史密斯同时认为所有的测试和检查结果都没有向法院披露,也没有披露他的血液、唾液和精子与从涉案的受害人身上提取的样本的检测结果以及两者的比较。但这些信息与案件密切相关,或者能证明他无罪。

上诉法院发现约定仅仅显示受害人在夜里被实施了性交,这支持了她们被强奸的说法。由于记录中没有任何有关上诉人血液、唾液和精子样本的证据,所进行的测试可能表明也可能不能表明上诉人是强奸犯,建议上诉人可以对此提起后有罪判决救济动议。但由于记录中没有证据表明为什么当事人选择不提交受害人、上诉人的血液和唾液测试证据和两者之间对比,或者是否做过这样的测试和对比。上诉人的第四个诉讼理由未被接受。但日后两次 DNA 检测证明,史密斯的 DNA 和遗留在两名受害妇女身上的精子的 DNA 并不相同。史密斯并非对受害人实施强奸的罪犯,这也直接导致了对史密斯强奸罪的撤销。详见后文。

上诉人的第五个诉讼理由是审判法院错误地否决了他要求禁止指认的动

议,并且特别指出 Straight 警探给 Cherryl Wurthmann 看组照的方式是极具暗示性的,受害人在列队辨认中选出自己是因为在组照中看到了自己并且记住了的缘故。

在 Neil v. Biggers①中,法院认为庭外辨认是否可以作为可接受的证言,以及在一个倾向性的庭外辨认之后立即进行庭内辨认是否可接受,标准在于是否存在……不可挽回的实质性错误辨认的可能。如果可能的错误辨认侵犯了被告人的正当程序权利,暗示增加了错误辨认的可能性,则是不允许的。联邦最高法院在 Biggers 案中进一步提出,在所有的环境要素中,即使对抗程序具有倾向性,在决定辨认是否可信,评价错误辨认的可能性时考虑整体情境下的各个要素。在 Manson v. Brathwaite ②案中,法院重申了在 Biggers 案中所确立的因素并且在结论中提出:"在决定辨认证词是否可接受时,关键在于可靠性"。因此,虽然辨认程序具有倾向性,只要辨认本身是可靠的,就是可接受的。③

本案给 Cherryl Wurthmann 看的照片都是黑人男性,体型和大小相似,短发,有不同样式的胡子。列队辨认中的男性也都有着相似的高度和身材,全部是褐色短发,有胡子。上诉法院认为出示照片和列队辨认的方式是正确的。因为程序并没有出现不必要的暗示性,法院也无需决定组照和列队辨认是否存在不必要地暗示性或诱导性造成无可挽回的错误指认,以至于剥夺了上诉人的正当法律程序。三位妇女都能详细描述攻击者,这些描述并没有随着时间的流逝而改变。Cherryl Wurthmann 能从组照中挑出上诉人的照片,所有妇女都能从列队辨认中指出上诉人。辨认是可信的,不存在无可挽回的实质性错误辨认的可能。

上诉人在第六个诉讼理由中认为 Straight 警探关于列队辨认程序的证词属于传闻证据,应在审判时予以反对。由于未予反对,根据刑事规则第 52 条(B)规定属于明显错误。

在 State v. Bayless ④和 Bayless v. Ohio⑤案中,法院认为在刑事案件中,如果导致被告人有罪判决的证据并没有合理的可能性,错误采信证据是有害的。另外,在 Bayless v. Ohio 案中,法院认为如果排除错误采纳的证据,剩余证据仍构成被告人有罪的压倒性证据,则这个错误对排除合理怀疑是无害的。

---

① Neil v. Biggers (1972), 409 U. S. 188.

② Manson v. Brathwaite (1977), 432 U. S. 98, 114.

③ Also see State v. Moody (1978), 55 Ohio St. 2d 64, and State v. Merrill (1984), 22 Ohio App. 3d 119.

④ State v. Bayless (1976), 48 Ohio St. 2d 73.

⑤ Bayless v. Ohio (1978), 438 U. S. 911.

在 State v. Bock① 案中,法院认为要构成明显错误,从记录上看不仅错误已被采纳,而且如果没有这种错误,将出现另外的审判结果。

上诉法院审查发现 Straight 警探关于列队辨认时所发生情况的证词并不会合理地导致上诉人被判有罪。三个受害人对列队辨认程序的作证以及 Straight 警探有关他在列队辨认时观察到的内容和列队辨认所采用的程序等证言并不构成传闻证据,错误采纳 Straight 警探的证言对排除合理怀疑是无害的。

上诉人在第七个诉讼理由中提出,根据刑事规则 16(B)(1)(e),当被告人提出动议,法院应当命令检察官书面提供所有他们准备在审判时传唤的所有证人的名单和地址。在 State v. Watters② 案中,法院认为被告人受到了检方没有披露的证据的损害,因为记录表明这些证据对被告人辩护准备是有益的。但在本案中,自己未能得到所诉称的受害人的新地址,辩护准备受到损害。

上诉法院审查后认为上诉人并没有因为不知道 Linda Lutz 的新地址受到损害。记录表明指控方遵守了上诉人在调查阶段提出的所有要求,检察官并没有遗漏向被告律师提供实质性材料。

第八个上诉理由指出审判法院错误地允许检察官介绍被告人先前的罪行以指控他作为证人的可信度。同时,上诉人通过律师提出的第一个诉讼理由是审判法院错误地允许检察官询问上诉人是否真实地回答了警察的一个无关指控。上诉法院合并考虑了这两个理由。

本案上诉人在直接询问时是这样作证的:

"问:沃尔特,你有犯罪记录吗?"

"答:在抢劫之前,没有。"

"问:你曾经犯过罪吗?"

"答:有。"

"问:是什么?"

"答:加重抢劫。"

……

"问:你认罪了吗?"

"答:是的。"

"问:你为何认罪?"

"答:因为我有罪。"

上诉法院因此认为是上诉人自己将此前的犯罪带进证据,并在直接询问阶

---

① State v. Bock (1984),16 Ohio App. 3d 146.

② State v. Watters (1985),27 Ohio App. 3d 186.

段引起问题的。根据证据规则 609（A）规定："为对证人的可信度加以攻击，从证人那儿套出来的有关他先前犯罪的证据将被采纳。"因此检察官在交叉询问时可以质疑上诉人的可信度。检察官的问题是对真相的检验，即使询问的问题与案件无关，也不构成损害。

在第九个诉讼理由中，上诉人提出检察官最后辩述中的评价构成明显错误，使上诉人未能得到公平的审判，要求撤销对他的有罪判决。

在 State v. Nevius①案中，法院认为检察官在辩述中的不正确评价，如果是极端的以至于阻止了公平审判，应该立刻加以反驳，其他情况下的评价都不能被断言为不正确。在 State v. Smith②案中，法院表示需要检测检察官在最后辩述中行为是否属于不正确的评价，如果是，则需要检测是否损害了被告人的实质性权利。③ 在 State v. Maurer④案中，法院表示检察官在最后辩述中享有宽泛的自由，他们不当行为所产生的影响应该根据整个案件进行衡量。

上诉法院认为最后辩述阶段的陈述并不是出示给法院的证据，而是各方对被采纳的和没有被采纳的证据的总结，本案检察官关于上诉人可信度的评价因此没有达到明显错误这一层面。⑤

在通过律师提出的第二个诉讼理由中，上诉人称没有实质性的可信证据支持对他的有罪判决。在刑事案件中，由事实审查者根据充分的证据作出有罪裁定，在案件审判中没有发生损害时，审查法院是不能撤销有罪裁定的。⑥ 决定证人的可信度是事实审查者的责任，根据提交给审判庭的证据，经过合理思考并不能得出不同的结论，法院就不能撤销判决。⑦

为考虑这个诉讼理由，上诉法院审查了记录以决定是否存在能够排除合理怀疑对上诉人作出令正常人信服的有罪判决的实质性证据⑧。如前所述，任何不一致、矛盾和证词的可信度问题均由陪审团决定。⑨ 法院发现证人向陪审团提交了能使陪审团对上诉人定罪的实质性证据。

综上，上诉法院维持审判法院的判决，即史密斯违反修正法典第 2907 节第

---

① State v. Nevius (1947), 147 Ohio St. 263, certiorari denied, Nevius v. Ohio (1947), 331 U. S. 839.

② State v. Smith (1984), 14 Ohio St. 3d 13.

③ Also see United States v. Dorr (C. A. 5, 1981), 636 F. 2d 117.

④ State v. Maurer (1984), 15 Ohio St. 3d 239, certiorari denied, Maurer v. Ohio (1985), 472 U. S. 1012.

⑤ see, for example, State v. Rahman (1986), 23 Ohio St. 3d 146.

⑥ State v. DeHass (1967), 10 Ohio St. 2d 230.

⑦ State v. Antill (1964), 176 Ohio St. 61.

⑧ State v. Eley (1978), 56 Ohio St. 2d 169.

⑨ Antill, supra.

2 条①犯 5 个强奸罪,违反修正法典第 2905 节第 1 条②犯 2 个绑架罪,违反修正法典第 2911 节第 11 条③犯 2 个加重盗窃罪和违反修正法典第 2911 节第 2 条④犯 1 个抢劫罪。1986 年 12 月 19 日,史密斯这些罪行被宣判,对于其中的强奸罪,被判处监禁 78 至 190 年。

被定罪判刑后,史密斯一再要求通过 DNA 检测证明自己没有犯所指控的强奸罪。经过各种努力,史密斯最后获得了两次 DNA 检测,检测结果都和遗留在两名受害妇女身上精子的 DNA 不同。

1996 年 11 月 7 日,富兰克林县普通法院刑事分庭作出决定,给予史密斯新审判。次日,法院作成了要求富兰克林县检察官取消指控史密斯所有与强奸罪有关的"撤回诉讼"文书。11 月 20 日俄亥俄州成人假释管理机构举行听证会评估对史密斯抢劫罪判决的假释,并于 12 月 6 日准予为期一年的假释。史密斯实际监禁期自 1986 年 1 月 27 日至 1996 年 12 月 6 日,将近 10 年 10 个月。

1997 年 6 月 26 日史密斯以俄亥俄州为被告向索赔法院提出控告,要求对自己被错误地判决犯强奸罪所受到的监禁给予损害赔偿。

索赔法院在 1998 年 12 月 3 日和 4 日进行了审判,采信列 31 个物证。包括史密斯自己在内的 4 个证人为史密斯作证。Max Kravitz,首都大学法学院刑法教授,作证认为如果史密斯只有被指控的加重抢劫罪,就应该被假释。John F. Burke,经济学博士,对史密斯因为强奸罪被错误监禁已丧失的收入和将来可能丧失的收入提供证词。研究局俄亥俄州修复矫正部领导 Wayne Van Dine 提供了关于与史密斯,除强奸罪外,类似情况的犯人被监禁的平均时长的证词。

1999 年 4 月 19 日,索赔法院作出给予史密斯 21,517.44 美元赔偿的决定,用于赔偿史密斯因与强奸罪刑事程序有关的律师费和其他花费,由于史密斯同时被判决抢劫罪而服刑,无权就监禁得到赔偿。具体理由是:史密斯在 1986 年 1 月开始的监禁是执行抢劫指控判处的 6 至 25 年的监禁,与其强奸罪错误判决无关。不管史密斯的专家证人证词如何可信,作为法律问题,法院并不认为史密斯应该在 1996 年 12 月 6 日前被释放。根据假释听证会的裁定,史密斯在 1996 年 12 月 6 日已被释放,因此史密斯此前受到的监禁是正确的。

史密斯不服,提起上诉,提出普通法院已根据修正法典第 2743 节第 48 条(A)款将其确定为被错误监禁的人,索赔法院应该根据其没有做过但却被监禁的时间长度来计算赔偿数额。

---

①　R.C. 2907.02.
②　R.C. 2905.01.
③　R.C. 2911.11.
④　R.C. 2911.02.

根据 State ex rel. Tubbs Jones v. Suster①案的判决,俄亥俄州修正法典对因错误监禁而对州提起损害赔偿的人提供了两步程序:第一步,根据修正法典第 2305 节第 2 条由普通法院对错误监禁作出事实认定;第二步,根据修正法典第 2305 节第 2 条由索赔法院决定损害赔偿。如果普通法院认定了事实,一方就可以根据修正法典第 2743 节第 48 条(B)款和(D)款对州政府提起金钱赔偿的民事诉讼。② 这种诉讼请求必须在普通法院认定错误监禁事实后两年内向索赔法院提出。③ 修正法典第 2743 节第 48 条(E)(2)(b)则规定,受到错误监禁的人每年可以得到 25,000 美元的赔偿,从被定罪监禁之日起算,不足一年部分按实际所占的年度比例乘以每年 25,000 美元赔偿计算。

上诉法院认定强奸罪明显影响了史密斯的假释资格。在强奸罪被撤销之前,其最早可能获得假释资格的日期是 1997 年 10 月 1 日。但如果没有强奸罪,假释资格的最早日期是 1990 年 2 月 13 日。另外,史密斯在 1996 年 12 月 6 日获得假释,距离强奸罪被撤销仅仅 28 天。因此,审判庭认定"作为法律问题"史密斯没有资格获得损害赔偿是错误的。对此需要解决两个问题:(1)史密斯是否因为强奸罪受到更长时间的监禁;(2)被多监禁了多长时间。

史密斯辩称根据修正法典第 2743 节第 48 条(E)(2)(a)规定,很容易确定赔偿的数额,因为"证据和专家证人在审判庭上提供的无可争议的证词表明其应该在 1990 年 2 月 13 日被释放,但因为所指控的强奸罪而一直被错误关押"。但上诉法院认为这种主张不正确的,对证据的重新审查表明史密斯是否应该被释放是一个事实问题。

例如,Kravitz 教授表示:根据计算,史密斯因为第一个加重抢劫指控被监禁了 11 年 1 个月 20 天(其中包括 90 天的拘留)。如果没有强奸罪,他应该在 4 年半至 6 年内被释放。但由于 1986 年的不公正判决,史密斯被多关押了 7 年 7 个月 20 天到 5 年 1 个月 20 天。Kravitz 教授还表示:未能发现任何客观因素使史密斯没有假释资格或者使他人在第一次考虑假释时犹豫着不愿释放史密斯。

Steve Van Dine 表示:很难确切地计算一个特定的罪犯在监狱中待多长时间,释放与否由假释裁决委员会自由裁量。在进行听证并作出决定之前,任何关于监禁时间的说法都只是猜测;统计资料表明有 26.8% 的与史密斯有着类似有罪判决和犯罪背景的罪犯在获得第一次假释机会时就被释放,他们被定为加重抢劫的平均刑期为 6.66 年。但在进行了第一次假释听证仍未被释放的,平均 13 至 24 个月后才有机会再进行第二次假释听证。

---

① State ex rel. Tubbs Jones v. Suster (1998), 84 Ohio St. 3d 70, 72, 701 N. E. 2d 1002.

② R. C. 2743. 48(B) and (D).

③ R. C. 2743. 18(H).

根据 Nevins v. Ohio Dept. of Trans. ①案,一个案件中,决定是否给予补偿或损害赔偿和给予多少损害赔偿是事实审判者的专有职权。本案中,根据修正法典第 2743 节第 11 条的规定,对于史密斯在索赔法院对州政府提起的诉讼,审判法官是事实审判者,由审判法官决定史密斯是否有权获得损害赔偿以及能够获得多少赔偿。考虑到在发现史密斯的 DNA 和强奸实施者的 DNA 不一致后,史密斯在非常短的时间内就被假释这一事实,认定史密斯因为强奸罪致使其以加重抢劫罪之名被监禁了更长的时间属于事实问题的证据非常充分。如果索赔法院对事实认定违反证据的明显证明力,上诉法院可以不必维持原审法院的认定。② 同时本案中,由于索赔法院是根据修正法典第 2743 节第 48 条(E)(2)(b)的规定将损害赔偿“作为法律问题”而不是事实问题,决定不给予史密斯损害赔偿,上诉法院于是将案子发回索赔法院重审,③要求根据证据确定三个问题:(1)史密斯是否因为强奸罪而被监禁了更长的时间;(2)因为强奸罪被多监禁了多长时间;(3)史密斯的损害赔偿数额与修正法典第 2743 节第 48 条(E)(2)(b)提供的指导数额是否一致。

根据修正法典第 2743 节第 48 条(E)(2)(c)和(F)(2)规定,受到错误监禁的个人可以要求赔偿任何“工资、薪金或其他因为受到逮捕、指控、有罪判决和错误监禁而直接遭受的收入损失”及根据修正法典第 2743 节第 48 条,要求赔偿针对错误监禁向索赔法院提起民事行动所支出的律师费,上诉法院要求重审法院一并考虑史密斯所提出的这两个诉讼请求。

三、尼古拉斯·叶里斯案

1982 年 7 月 1 日,宾夕法尼亚州特拉华郡普通法院叶里斯案陪审团认定尼古拉斯·叶里斯在 1981 年 12 月 15 日对被害人 Linda Craig,一个 31 岁的大型购物中心售货员,实施的行为构成了抢劫、强奸、绑架和一级谋杀罪。法院根据宾夕法尼亚州法典第 42 篇第 9711 节对谋杀罪进行了独立的宣判听证后判决叶里斯死刑。叶里斯不服,向宾夕法尼亚州最高法院提起了上诉。但州最高法院驳回了上诉,维持原判。

法院认为血型等科学证据证明叶里斯与受害人的强奸案有关,叶里斯向驻监官员、警探、同监犯人等的叙述构成自证其罪的证据,同时结合受害人同事的证言,这些证据已经完全能够支持陪审团作出的有罪认定。根据超越合理怀疑

---

① Nevins v. Ohio Dept. of Trans. (Dec. 22, 1998), Franklin App. No. 98AP-141, unreported.

② Gersper v. Ohio Dept. of Hwy. Safety (1994), 95 Ohio App. 3d 1, 5, 641 N. E. 2d 1113.

③ Smith v. State, Not Reported in N. E. 2d, 2000 WL 329024, Ohio App. 10 Dist. , 2000.

原则,证明叶里斯有罪的证据非常充分。这些证据具体包括:

1. 被告人的血型。根据专家对遗留在被害人身上的精液的分析,实施强奸者应为 AB 型或 B 型血,叶里斯的血型为 B。

2. 受害人同事的证言。受害人同事 Natalie Barr 证明案发前一周,叶里斯数次在受害人负责销售的柜台附近逗留,一再询问同一种商品的价格。另一同事 Franklin Kaminski 则证明受害人曾说起有人奇怪地盯着她和恐吓她。Franklin Kaminski 通过辨认认定叶里斯就是那个人。同事们还证实案发三天后,叶里斯到受害人曾工作过的柜台透露了一个关于犯罪的细节:听说受害人被强奸了。但在那时,任何犯罪细节均未向公众透露,受害人被强奸的事实并未被公众知晓。

3. 驻监官员和警探的证词。案发一个月后,叶里斯因为其他指控被羁押在监狱,期间向监狱官员和警探陈述了许多内容:1982 年 1 月 12 日,他告诉驻监行为矫正官员 Sergeant Murphy 和监狱看守自己知道是谁谋杀了受害人。这些类似的内容后来还告诉了专程来到监狱的警探。2 月 1 日,叶里斯告诉驻监行为矫正官员自己和一个同伴从购物中心诱拐了受害人,自己强奸了她,同伴将她戳死。

4. 同监犯人 Charles Cataleno 的证言。同监犯人 Charles Cataleno 证明叶里斯多次询问关于谋杀罪的法律问题,对购物中心销售员被杀一事非常的情绪化,说:"如果再次给予机会,我不会杀了她。"还说:"他们在她的阴道发现了我的血",并问这些是否足以证明有罪。

5. 检察官提供的有关叶里斯前女友的证据。受害人与叶里斯的前女友长得非常相像,而叶里斯与其前女友在案发前几周刚产生激烈冲突并导致分手。

叶里斯针对一审中的证言采信、给予陪审团指导和律师未能提供有效服务和死刑量刑等方面提出了多个诉讼理由,州最高法院逐一进行了审查并予以驳回。

(一)对证言的质疑

叶里斯提出一审审理时,作为检方证人的警探在提供关于叶里斯向其作出自证其罪陈述的证言之前未被隔离,而是被允许听取证人 Charles Cataleno 关于叶里斯在羁押期间言论的证言。但这种情形可能对警探造成影响,使警探形成与证人 Charles Cataleno 一致的证言。

州最高法院审查了审判记录上警探 Martin 关于叶里斯向其所作的罪行陈述的大量证言,认为警探在审判庭上的证言和其此前宣誓的证言一致,没有实质性的证据表明警探为了与 Cataleno 证言一致而修改或可能修改了自己的证言。而且,一审法官拒绝叶里斯提出的将警探隔离防止其虚构证言属于自由裁量的行为。

叶里斯另一个诉讼理由是 Theresa Kulp 的证言存在严重偏见,根本不具有证明价值。Kulp 是叶里斯的女友,但他们在谋杀案发生之前已经分手。州最高法院认为:由于受害人与 Kulp 长得非常相像,这可以证明叶里斯的谋杀动机,即将受害人作为 Kulp 的替代者加以攻击和杀害。审判法院有权衡量证据的证明价值和证据的偏见效果,这并未构成滥用自由裁量权,因此 Kulp 可以作为检方证人。

叶里斯对 Franklin Kaminski 的辨认证言提出异议,认为他在审判庭上的辨认是在初步听证时不合法地进行的一对一辨认的基础上作出的,当时被告人戴着手铐,也没有律师在场。叶里斯依据 Commonwealth v. Bogan① 指出 Kaminski 在初步听证时并没有进行积极的辨认,并且由于律师不知道举行了听证而没有参加辨认也没有机会对证人进行交叉询问。州最高法院则认为即使假设 Kaminski 在初步听证时的辨认是不可接受的,但这并不意味着此后进行的法庭上的辨认也应被禁止。只要 Kaminski 在法庭上的辨认是基于自己在购物中心时对叶里斯的观察独立作出的,辨认就是可接受的。案发前一天叶里斯在购物中心呆呆地看着受害人,因此 Kaminski 有较长时间在明亮的灯光下近距离地观察叶里斯。Kaminski 觉得叶里斯看人方式如此地与众不同,就像要把人看透一样,因此很不容易忘记。随后某一天,他协助警察制成了犯罪嫌疑人的合成图像,后来还在许多图像中将叶里斯辨认了出来。当看到叶里斯本人,非常肯定他就是在购物中心盯着受害人的人。因此州最高法院认为,Kaminski 的辨认与 Bogan 案中证人的辨认非常类似,即证人对犯罪嫌疑人有长时间、清楚并直接观察。Bogan 案认可基于这种观察而进行的庭内辨认。Kaminski 的辨认与 Bogan 案中另一证言未被认可的证人的辨认则明显不同,该另一证人仅仅在行为人实施犯罪时从侧面瞥了一眼,此后不久也不能辨认出行为人。

叶里斯认为他已经认可了受害人死亡的原因,专家的意见是不必要的,并且专家关于强奸可能是在受害人死亡后实施的意见没有充分的基础,除了引起陪审团成员的情绪外别无作用,因此不应该被采信。州最高法院根据 Commonwealth v. Stanley② 案认为,检方可以采用任何适当的证据证明案件,并且无需接受被指控者提出的条件。法院进一步认为叶里斯没有指出医学证言的哪些特定部分可能具有煽动性,而且医学证言明显表明了谋杀罪和强奸罪的相关因素。

① Commonwealth v. Bogan, 482 Pa. 151, 393 A. 2d 424 (1978).
② Commonwealth v. Stanley, 498 Pa. 326, 336, 446 A. 2d 583, 588 (1982).

（二）检察官在最后辨述阶段的陈述是否适当

叶里斯提出检察官在最后辨述阶段作了许多不适当的陈述。首先,检察官的某些陈述不能得到记录在案的证据的支持。例如法庭记录表明:检察官在最后陈述时称叶里斯威胁要杀掉前女友或对警探说要把女友的头拧下来,这受到了被告人辩护律师的反对,律师提醒法庭边栏规则规定这类的威胁言论不能当作证据采信。虽然法院当庭拒绝了这种反对但在次日纠正了这一错误并且指导陪审团叶里斯的女友并没有作证称受到死亡威胁。对此,州最高法院认为虽然检察官在最后陈述中存在错误,但由于法院次日对陪审团的指导中纠正了这一错误,因此,不能向叶里斯提供其所要求的新审判。其次,叶里斯认为检察官将其描述为"动物"。州最高法院审查了法庭记录,发现检察官当时的陈述为:"他抓住她,强迫她进入汽车,把她带到其他地方强奸了她并且戳伤了她,最后就像你遗弃动物一样把她遗弃在森林边上的一个教堂停车场",认定检察官的这些描述是指受害人尸体被遗弃的状态就像某些人们处置动物的尸体一样,而不是将叶里斯描述为动物。最后,叶里斯认为检察官通过一些陈述给叶里斯加诸了提供证人的责任。检察官的陈述为:"他和好朋友 Karen Palmer 及其家人谈论。他们在这儿吗? 他们作为你的证人出现了吗?"州最高法院认为,虽然叶里斯自己作证称 1981 年 12 月 18 日和好朋友 Karen Palmer 待在一起而没有去购物中心,但另一个证人 Natalie Barr 证明叶里斯那一天在购物中心询问谋杀的相关情况,因此,检察官的评论并没有不适当,评论仅仅指出叶里斯没有提供那个能够证实自己证言的证人。①

（三）关于审判法院对陪审团的指导

叶里斯认为审判法院对陪审团的指导存在若干错误。首先,在陪审团评议阶段,法院错误地通知陪审团可以适用一级、二级或三级谋杀。州最高法院认为,虽然存在这样的通知,但根据叶里斯的要求,法院也指导陪审团不必对定罪级别过多地加以考虑。1978 年死刑条例并没有像以前的死刑条例那样规定给予陪审团各级谋杀刑罚的指导,但也没有禁止给予这样的指导。同时,对陪审团各种谋杀罪刑罚的指导并不存在不适当的损害,告知刑罚的严厉性反而能提醒陪审团谨慎定罪。其次,叶里斯认为审判法院没有指导陪审团必须证明存在"道德上的确定性"才能定罪。州最高法院认为,Commonwealth v. Banks② 并没有要求必须这样做。第三,叶里斯提出没有给予陪审团关于过失杀人的指导

---

① See Commonwealth v. Wright, 444 Pa. 536, 282 A. 2d 323 (1971).

② Commonwealth v. Banks, 454 Pa. 401, 412, 311 A. 2d 576, 581 (1973).

是错误的。州最高法院则认为,根据 Commonwealth v. Williams①和 Common-
wealth v. White② 案,关于过失杀人的指导只有在过失杀人成为案件审判过程
中的议题并且审判证据合理地表明会做出这样的裁决时才是有必要的。本案
并没有证据表明将会把杀人行为裁决为过失杀人,叶里斯也没有提出过失杀人
的议题,而是提出自己没有杀害受害人,因此,没有必要给予陪审团过失杀人的
指导。第四,叶里斯提出给予陪审团的指导——一个致命的武器被有意识地用
于攻击身体的某一致命部位时,可以推断存在杀人的特别意图——是错误的,
因为如果存在表明相反推断的情况时就不能作出前述的推断。州法院则认为
在本案中,叶里斯绑架、强奸和反复的戳伤受害人的事实表明并不存在可能作
出相反推断的情况。第五,叶里斯提出审判法院没有告知陪审团检方证人
Charles Cateleno 能从本案中得到利益。审判法院是这样告知的:"在评议裁决
时应该考虑证人是否坦白或公平地作证,或者有没有偏好或偏见,同时应考虑
证人有没有从案件裁决结果中得益或遭到损失"。由于被告人在本案中也作为
证人,审判法院指导陪审团在考虑被告人证言时,也应同样遵循关于任何证人
证言的一般指导,不能仅仅因为其是被告人就不相信他的证言。但是由于审判
结果对被告人有重要的利益,在考虑影响可信度的各种事实和环境时,应该将
被告人的这种利益考虑在内,并衡量他的证言的证明力。州最高法院认为这些
指导清楚地表明所有证人都是基于他们的偏好或偏见得以衡量,因此,不支持
叶里斯的这一诉讼理由。最后,叶里斯提出没有给予陪审团应当谨慎地接受辨
认证言的指导。Commonwealth v. Kloiber③ 案指出:当有好机会进行积极辨
认,证人也作了肯定的辨认,该辨认的证明力就不应该被先前不成功的辨认所
减损。但是,即使是在交叉询问之后,辨认证言也不能不谨慎地予以接受。本
案中,两个证人证明叶里斯在案发之前和之后均在购物中心出现过。与受害人
同柜台的 Natalie Barr 证明在谋杀和强奸案发后不久,叶里斯就对自己说起过
案件某些情况。在法庭上,Natalie Bar 肯定地辨认出叶里斯就是和自己交谈的
人,虽然在初步听证时,她辨认出了叶里斯但并不肯定。另一证人,Kaminski,
辨认出叶里斯就是在购物中心盯着受害人而让她害怕的人。与 Natalie Barr 类
似,Kaminski 在法庭上肯定地辨认出叶里斯,虽然在初步听证分辨照片时,他有
点怀疑,因为照片上的叶里斯和购物中心的那个人长得不一样。但这两个证人
都不存在不能辨认出叶里斯的情况,因此无需给予陪审团应当谨慎地接受辨认
证言的指导。

---

① Commonwealth v. Williams, 490 Pa. 187, 190, 415 A. 2d 403, 404 (1980).
② Commonwealth v. White, 490 Pa. 179, 185, 415 A. 2d 399, 402 (1980).
③ Commonwealth v. Kloiber 378 Pa. 412, 424, 106 A. 2d 820, 826 (1954).

(四)关于律师是否提供了有效援助

叶里斯提出律师在审判时未能提供有效援助。首先,在陪审员资格审查时,律师没有询问潜在的陪审员对本案受害人是年轻母亲的看法。州最高法院认为并没有类似的案例说明这类询问与案件的相关性或重要性,也没有证据表明这类询问属于陪审员资格审查的范围。① 律师在陪审员资格审查时采取的行为并不存在缺陷。其次,叶里斯提出审判时律师没有利用医学专家帮助准备辩护,这剥夺了他对检察官提供的与强奸有关的精液和男性分泌物状况的科学证言的"关键性评估"。州最高法院认为叶里斯并未证明医学专家能够提供有利于辩护的特别事实或意见,审判记录表明辩护律师对检方医学专家证人进行了有知识内涵的、彻底的、维护被告人利益的交叉询问,对检方的科学证据进行了实质性的调查,因此是叶里斯自己未能满足法律所要求的证明辩护律师针对检方科学证据所采取的行为可能损害其权利的义务。② 最后,叶里斯提出律师没有向审判法院要求给叶里斯免费提供精神病学专家的检查并使其在量刑时作证。但州最高法院认为,在叶里斯接受审判的 1982 年,宾夕法尼亚州还没有制订为被告人提供免费的由法院任命的专家援助的法律。③ 虽然三年后联邦最高法院规定,贫困被告人在极其有限的情况下可以获得免费的精神病学专家的援助。因此不能因为律师未能预测法律的修改而认为没有提供有效的法律服务。

(五)关于死刑量刑问题

叶里斯提出本案依据间接证据作出一级谋杀定罪,根据宣判法规,间接证据本身构成减轻处罚的情节,在这种情况下,不能判处死刑。最高法院认为,根据宾夕法尼亚州法典第 42 篇第 9711 节(e)列举的可以减轻处罚的情形,本案的情况并不在其中。

叶里斯提出在本案陪审团认定被告人犯绑架、强奸、抢劫和一级谋杀罪十一分钟后就开始量刑程序,陪审员没有休息时间转换自己情绪,这将导致他们倾向于认可死刑。州最高法院认为并没有规则要求在定罪和量刑两阶段进行的过程中给予陪审团休息时间,根据宾夕法尼亚州法典第 42 篇第 9711 节(h)

---

① See Commonwealth v. England, 474 Pa. 1, 7, 375 A. 2d 1292, 1295 (1977).;陪审员资格审查范围限于对陪审员是否具有资格以及是否对被指控的人有罪或无罪形成了自己的意见;和 Commonwealth v. Drew, 500 Pa. 585, 589, 459 A. 2d 318, 320 (1983).;在陪审员资格审查时并不需要查明潜在陪审员对将在审判时得以披露的事实当下的印象或态度。

② See Commonwealth v. Clemmons, 505 Pa. 356, 362, 479 A. 2d 955, 958 (1984).;被告人有义务证明辩护律师的行为可能导致损害。

③ See Commonwealth v. Box, 481 Pa. 62, 391 A. 2d 1316 (1978).

(3)(i)规定,适当的处罚决定不应该是激情、偏见或任何其他任意因素作用的结果,在实践中也很少有陪审员需要给予休息和转换思绪的时间。本案量刑程序开始于下午5:36,晚上9:40结束,并不存在任何操之过急的情况。

叶里斯提出量刑所依据的宾夕法尼亚州法典第42篇第9711节本身违法了宪法对正当程序的要求,因为它没有包含给予死刑案件被告人正式通知的条款。州最高法院认为,在适当案件中,犯一级谋杀罪的被告人会给予可能判处死刑的法定通知,[①]而且,如果案件非常明显地存在法定加重情节,辩护律师必须将案件作为死刑案件对待,更何况本案辩护律师在审前两周已经得到检方将该案诉诸死刑案件的通知。

叶里斯认为在死刑听证阶段辩护律师没有提供精神病学专家的证言以寻求减轻处罚的情节。州最高法院审核记录发现辩护律师在量刑听证时提供了叶里斯和其母亲的证言,这些证言表明叶里斯有精神和心理问题病史。在定罪阶段,被告方通过各种证言说明叶里斯存在使用药物、精神不正常和自杀倾向,并且在1987年1月进行证据听证已经给予叶里斯这方面的救济,因此没有必要再寻求精神病学专家的证言。

在驳回了叶里斯所有诉讼请求的基础上,州最高法院于1988年10月作出维持一审对叶里斯谋杀罪的判决。[②] 叶里斯仍然不服,提出后判决救济请求,但特拉华郡普通法院拒绝了这一请求,[③]宾夕法尼亚州最高法院也以已经超过请求时间为由驳回针对后救济请求的上诉。[④] 在多次DNA的检查及检查无果后,2003年4月对在受害人车上发现的手套进行PCR提高型DNA检测,结果表明叶里斯并不是常戴那手套的人,PCR提高型DNA检测也表明受害人衣服上残留的精液并不是叶里斯的,而是来自于另外两个尚不知晓的人,其中一人为常戴那手套的人,而且对受害人指甲残留物质进行PCR提高型DNA检测也表明遗留物质来自于戴手套的人。根据这些新证据,特拉华州普通法院于2003年9月3日撤销了对叶里斯的定罪,地区检察官办公室于12月9日撤销了对叶里斯的所有指控,叶里斯于2004年1月16日被释放。[⑤]

四、对案件的总体分析

通过对迈克尔·埃文斯案、沃尔特·D.史密斯案和尼古拉斯·叶里斯案的

---

① 参见宾夕法尼亚州法典第42篇第9711节(a)。

② 519 Pa. 571,549 A. 2d 513.

③ Capital No. 690/1982.

④ Commonwealth v. Yarris, 557 Pa. 12, 731 A. 2d 581.

⑤ Yarris v. County of Delaware,465 F. 3d 129.

分别分析,可以提炼出导致这些案件发展成错案并得以纠正的一些相同因素,在此基础上可以发现美国刑事司法体系本身所蕴含的导致错案发生的原因并提出若干改进的方向。

1. DNA 检测是确认三案被告人没有犯所指控罪行的关键

在被有罪判决 27 年之后,迈克尔·埃文斯通过 DNA 检测被证明根本就没实施被指控的犯罪行为,从而恢复了清白。尼古拉斯·叶里斯则是在被判决死刑 21 年后通过 DNA 检测被从死亡线上拉了回来。同样,沃尔特·D. 史密斯在被判决和监禁多年后,亦通过 DNA 检测证明自己并没有实施强奸。

早期 DNA 技术发展并不成熟,一些案件中并没有使用 DNA 检测技术或者虽然进行了 DNA 检测结果错误,但仍然发生了错案。例如,在上述迈克尔·埃文斯针对 5A 官员提起损害赔偿的民事诉讼案件中,被告 5A 官员就辩称 1970 年代的精子检测是"不可信的"。在尼古拉斯·叶里斯案中,叶里斯在被判决死刑后共进行了 4 次 DNA 检测[①],但前三次检测都没有结论,直至 2003 年 4 月采用了新发明的 PRC 提高型 DNA 检测才得以被证明并非实施犯罪行为的人。这说明随着 DNA 技术的发展,精确的 DNA 检测能够使检测结果更为准确,许多案件的被告人也因此恢复自由身。

1996 年美国司法研究所 DNA 委员会出版了《陪审员定罪,高科技释放:定罪后通过 DNA 证据证明清白的案例研究》,报道了 28 位囚犯通过 DNA 测试无罪释放的情况。司法研究所根据此项研究发布了《定罪后 DNA 检测:操作要求的建议》。美国各州以此为蓝本,相继制定了定罪后 DNA 测试相关实体法和程序法规则。内容涵盖 DNA 检测申请资格限制、申请时间限制、案件类型限制、驳回申请后的救济和受理申请的标准等诸方面。这些规定随着实践不断地进行调整和完善。[②] 2004 年 10 月 30 日,《无辜者保护法》开始实施。该法赋予联邦囚犯在申请 DNA 检测程序、法律代理和政府赔偿三方面的权利,同时联邦政府为各州提供"激励资金援助"鼓励各州建立定罪后 DNA 检测项目。

此外,民间组织推动下的"无辜者计划"早在 20 世纪 90 年代,就采用 DNA 等技术手段检讨司法实践中的冤错案件,给被错误判刑和监禁的人提供援助,检验刑事司法的精确性和检讨刑事司法的体制性问题。目前,这一计划在全美提供广泛的服务并引起了公众的广泛注意。

2. 目击证人的证言是导致被告人有罪判决的最主要证据

根据弗吉尼亚无辜者委员会的研究,导致错案因素主要有 9 个。首当其冲

---

① 四次检测时间分别为:1988 年 3 月、1989 年 11 月、1992 年 9 月和 2003 年 4 月。详见 Yarris v. County of Delaware,465 F. 3d 129.

② 王金姣、吴丹:《刑事错案救济机制研究——以美国为鉴》,《研究生法学》2012 年第 5 期。

的是目击证人错误的辨认。① 目击证人的辨认可以分为两种：估计型变量和系统变量。② 刑事司法系统无法控制估计型变量，但可以控制系统变量。系统变量主要围绕列队辨认程序。③ 列队辨认有两种形式：证人同时观察所有辨认对象的同时列队辨认和证人一次只观察一个辨认对象的相继列队辨认。

美国联邦最高法院关于目击证人辨认的正当程序主要是通过 1972 年的 Neil v. Biggers 案和 1977 年 Manson v. Brathwaite 案④确立的。前述审理史密斯案的上诉法院也正是根据这些规定确认对史密斯的辨认不存在暗示性。在 Biggers 案中，法院认为被告人首先必须被告知列队辨认存在暗示性，如果已告知，法院则在"整体情况"下考虑庭内辨认是否仍具有独立的可靠性，而不管调查阶段的暗示方式。最高法院提出衡量"整体情境"的因素包括：(1)证人在犯罪时观察罪犯的机会；(2)证人的注意程度；(3)证人先前对罪犯描述的精确程度；(4)证人在辨认时对罪犯的确信程度；(5)犯罪发生和辨认的间隔时间。在 Manson v. Brathwaite 案中，法院再次确认了 Biggers 案中所确认的因素，并且认为暗示性辨认在整体情境因素的检测下，不存在造成不可修改的错误辨认的实质可能性。因此，在"整体情境"下，如果刑事被告人在正当程序条款下对目击证人的辨认加以反驳，就必须证明：(1)执行法律的官员在不必要的暗示情况下适用辨认程序；(2)所使用的程序导致错误辨认。⑤ 法院则必须根据 Biggers/Manson 因素审查辨认的庭内辨认的独立可靠性，以判断辨认程序是否具有暗示性。

但是目击证人所提供的证据并不一定可靠。自 1989 年以来，美国已经有超过 200 人通过 DNA 检测被证明无罪。⑥在经 DNA 检测无罪的案件中，超过

① Jon B. Gould, The Innocence Comission: Preventing Wrongful Conviction and Restoring the Criminal Justice System, NewYork University Press, 2007, pp. 77-78. 其余 8 个原因包括：(1)暗示性的目击证人辨认程序；(2)部分警察和检察官的"聚焦性思维"(tunnel vision)；(3)警察和检察官未能披露证明无罪的材料；(4)警察对智障嫌疑人的讯问；(5)"过时的"法庭科学；(6)被告辩护律师未能提供有效的帮助；(7)被错误指控的被告人"不一致的陈述"；(8)无法得到有罪判决的充分救济。

② See Wells & Olson, supra note 3, at 279.

③ Calvin TerBeek: a call for precedential heads: why the supreme court's eyewitness identification jurisprudence is anachronistic and out-of-step with the empirical reality, law and psychology review, spring 2007, p. 23.

④ Neil v. Biggers, 409 U. S. 188(1972); Manson v. Brathwaite, 432 U. S. 98(1977).

⑤ Stovall v. Denno, 388 U. S. 293, 302(1967); Neil v. Biggers, 409U. S. 188, 196-99(1972).

⑥ Innocenceproject. org, News and Information: Fact Sheets, http:// www. innocenceproject. org/Content/351. php, (last visited: 3/16/2009). 同时前述迈克尔·埃文斯案(Evans v. City of Chicago, 513 F. 3d 735 C. A. 7 (Ill.), 2008.)判决书也确认，2007 年 11 月 25 日，纽约时报报道，根据一项广泛的全国性研究，在 1989 年以来，通过 DNA 检测，206 个被判决有罪的人被确认为无罪。

75％的案件都是因为目击证人的错误辨认。[①] 在 1989 年至 2003 年最终被确认无罪的强奸案中,目击证人的错误辨认比例则高达 88％。[②] 目击证人的错误辨认已成为了引起错案的最主要原因。在迈克尔·埃文斯案中,最主要的证人是下班回家路上目睹了被告人和受害人之间纠缠的 Mrs. Januszewski;沃尔特·D. 史密斯案件中则是三个受害妇女。但两个被告人最后无罪释放的事实都证明目击证人的证言并不一定可靠。

为减少目击证人错误辨认所引发的错案,美国各州在实践中也采取一些对策。例如实施双盲辨认减少辨认的暗示性。双盲辨认是指在列队辨认中,不仅辨认人不知道谁是犯罪嫌疑人,而且负责实施列队辨认的具体执行官员也不知道谁是犯罪嫌疑人。在这种情况下,辨认人就无法从实施者那儿得到任何的暗示。威斯康星大学法学院的 Jessica M. McNamara 则提出制订脸部拼图法指南指导刑事调查。

脸部拼图法,即根据证人描述制作犯罪嫌疑人的画像,在刑事调查中使用这种技术在美国已经有几十年的历史,但晚近研究结果表明不仅目前制作脸部拼图的方法不可信,还影响到了相继列队辨认的效果。[③] 许多列队辨认是由 6 个人组成,这意味着每个人都差不多有 17％被选中的概率。另外,刑事司法体系中法律执行者、检察官、被告人的辩护律师和法官等各方参与者倾向于证实的证据而忽视不确定的证据,脸部拼图法对真正罪犯的描述不够精确和对目击证人记忆的干扰等都增加了错误辨认的风险。[④] McNamara 因此提出制订并且执行脸部拼图法指南以减少错误辨认。指南内容具体包括:①面部拼图法应该是警察最后可以求助的调查工具;②如果有两个或两个以上的目击证人,制作面部拼图和对列队辨认进行观察应各自分开进行,以保证辨认结果的完整性;③如果制作好了面部拼图,根据合理怀疑标准应将所有与图像相似的人安排在同一个辨认的队列中。[⑤]

3.检察官对错案的影响

检察官对保证正义承担广泛的义务。联邦最高法院在 Berger v. United

① See Understand the Causes: Eyewitness Misidentification, http://www.innocenceproject.org/understand/Eyewitness-Misidentification.php (last visited:3/16/2009).

② Gross et al., supra note 32, at 544.

③ Jessica M. McNamara,Sketchy Eyewitness-identification Procedures:a Proposal to Draw up Legal Guidelines for the Use of Facial Composites in Criminal Investigations,Wisconsin Law Review,2009.

④ Findley &.Scott,supra note 29,at 292-93.

⑤ Jessica M. McNamara,Sketchy Eyewitness-identification Procedures:a Proposal to Draw up Legal Guidelines for the Use of Facial Composites in Criminal Investigations,Wisconsin Law Review,2009.

States[①]一案中明确指出:检察官代表的不是争议的普通当事方,而是代表国家承担公正统治的义务,因此其在刑事检察中的利益并不在于赢得案件,而是保证正义得以实施。基于此,检察官有义务向被告方律师提供可能被用以减损检方证人可信度的信息,例如先前不一致的陈述等,即使这样做有可以增加检察官证明被告人有罪的难度;应该揭示可能通过不合宪的手段取得的证据;应该向被告方律师提供为促使证人作证而对其进行豁免的信息,尽管这可能会降低证人的可信度。[②]

美国刑事司法体系向来注重程序正义,而非结果。但随着现代美国人改变对待犯罪的态度,人们要求健康的刑事司法体系应该惩罚所有它能够惩罚的罪犯。[③] 检察官被赋予更多的工具来回应民众的诉求。但由于司法资源没有相应的增加,检察官面临着一个进退两难的局面:因为超负荷司法系统已经无力公正处理而拒绝对更多的案件提起指控,还是回应社会持续增加的重罚诉求,不管能否使每个案件都得到正义。然而检察官办公室文化往往无法顾及道德义务,它促进了检察官对案件的有罪认定心理,甚至将促进有罪判决作为首要目标;降低了人性化对待被指控罪犯的标准;缺乏程序保护足够的尊重,认为被告方律师妨碍了程序而非程序的必要组成部分。[④] 这些因素都促使了检察官将更多的案件交给了资源有限的司法体系,错案也就不可避免地发生。

4.证据开示制度与错案

根据诉讼的"真实论"理念,审判的目的应当是针对案件的实质作出公正的裁决,一切有关审判的事实必须展示于法庭,因而审判前的全面证据开示成为必不可少的条件。通常认为证据开示有三个目的,一是确认对立当事人之间的争议点即诉讼的焦点;二是得到与案件有关且为诉讼准备所必要的证据信息;三是获取在正式审理中可能难以取得的相关信息。[⑤] 证据开示过程由法官主持。具体程序是:首先,法官说明证据开示的基本要求,包括全部开示证据在内的对等原则、有限原则;和证据开示的后果,即未向对方展示的证据在正式不得在证据调查中出示。其次,按照先控诉后辩护的自然顺序,由检方先向辩护方开示自己掌握的证据。最后,在检方向辩护方开示证据后,再由辩护方将证据以同样的方式向检方展示。

---

① 295 U. S. 78(1935).

② See Giglio v. United States, 405 U. S, 150(1972).

③ Erik Luna, The Overcriminalization Phenomenon, 54 Am. U. L. Rew. 703(2005).

④ Jonathan A. Rapping, Who's Guarding the Henhouse? How the American Prosecutor Came to Devour Those He is Sworn to Protect, Washburn Law Journal, 2012.

⑤ 冀祥德:《证据开示·沉默权·辩诉交易关系论—兼评中国司法改革若干问题》,《政法论坛》2006 年第 3 期。

"简克斯法"、《联邦刑事诉讼规则》和《联邦证据规则》规定了检方和辩方互相向对方开示的证据范围与例外以及法院在证据开示方面的保护权和制裁权。例如,《联邦刑事诉讼规则》第 2 条第 4 项规定,依照检察官的裁量,检察官可于提审时或于提审后尽可能快地将其意欲在审理中使用的具体证据告知被告人,以便被告对这些证据提出异议。也就是说,从范围看控方对于证据开示负有主要责任。[①] 当然,被告人也可以在提审时或提审后要求检察官将其欲在法庭审理时作为主要证据的任何证据向其告知。在提审时或提审后正式审判前,被告人也应当依法向检察官开示证据。1963 年联邦最高法院在布雷迪诉马里兰州案中依据联邦宪法的正当程序与公正程序条款指出,控方在辩方提出请求的情况下隐瞒在定罪或量刑上有利于被告人的证据,是违反正当程序的。这也说明控方的开示义务已经上升到保障被告人宪法权利的高度。然而,错案频发的事实要求控方应进一步扩大证据开示的范围,实行"公开文件"的证据开示制度,将所有非特权性材料均向被告方开示。[②] 当然,在现有的条件下,展示所有非特权性材料是存在困难的。但联邦最高法院任命的政策咨询委员会 2002 年在整合过去三十年的理论与实践的基础上,提出了《联邦审判规则》修改草案,在第 6 条项下增设 h 款,设定了检察官对重要无罪证据开示义务。主要包括检察官必须向陪审团开示其掌控的重要无罪证据和撤销指控申请等。重要无罪证据的认定标准为能够直接推翻被告人的罪行或者可能推翻基于合理依据作出的推论。[③]

5. 对贫困被告人的有效援助与错案

沃尔特·D. 史密斯在上诉中曾提出自己在初审时未能得到有效的律师帮助,尼古拉斯·叶里斯在上诉的诉讼理由中同样包含律师未能提供有效服务。虽然这些诉讼理由没有得到上诉法院的支持,但再一次向我们揭示了律师的有效帮助对当事人的意义。正如联邦最高法院在 1932 年指出:在刑事程序的每个步骤中,被指控的人缺乏律师的指导,对其来说审判是没有意义的。[④]

一项研究(Wice 1978)预测,3/4 的刑事被告人属于贫困被告人。为这些贫困被告人提供辩护律师最常见的形式有法院指定律师制度、公设辩护人制度和

---

① 孙长永:《美国刑事诉讼中的证据开示》,《诉讼法论丛》第 3 卷,法律出版社 1999 年版,第 237 页。

② Locke E. Bowman, Lemonade out of Lemons: Can Wrongful Convictions Lead to Criminal Justice Reform?, Journal of Criminal Law and Criminology, Summer 2008.

③ 郭林将:《美国刑事无罪证据开示制度"十字"发展现象介评——以检察官与陪审团为视角》,《理论与改革》2009 年第 1 期。

④ Powell v. Alabama, 287 U. S. 45, 69(1932).

签约辩护制度。① 法院指定律师制度只有在指定富有经验的律师并给予合理的补偿时才能运作得很好。

一方面，富有经验的律师需要处理的案件数量往往非常之多。1973 年，为保证对遭遇刑事案件的贫困当事人的有效帮助，全国刑事司法标准和目标顾问委员会（NAC）提出了公设辩护人每年负责处理案例的最高数量：重罪案件不超过 150 个，轻罪案件 400 个，未成年人案件 200 个或上诉案件 25 个。② 但在实践中，公设辩护人实际负责的案件远远超过这一限额。例如明尼苏达州 2003 年的一份报告表明公设辩护人每年处理案件平均超过 900 个。③ 面对数量众多的案件，律师根本没有时间对贫困当事人提供有效帮助。

另一方面，如果不补偿，将导致不尽力的代理和低标准的服务。为支撑失败的穷困辩护服务制度，一些缺乏经验的律师被没有补偿的指定提供服务，作为紧急情况的权宜之计。但这显然和设立这项制度的初衷是背道而驰的，辩护律师不能仅作为一种形式存在，还应该提供实质有效的服务，因此通过给予被指派的辩护人一定的补偿来挽救和改善这一制度。

刑事错案与刑事司法活动相伴而生，刑事错案在世界各国普遍存在是一个客观事实。法国著名律师勒内·弗洛里奥所著《错案》一书，用生动的案例说明了法庭如何被被告人欺骗，被证人欺骗，被书证欺骗，鉴定错误如何导致了错案等。④ 美国密西根大学教授 Samuel R. Gross 等研究人员在一份关于刑事错案的研究报告中同样强调了证人的错误辨认、证人伪证和由于警察非法讯问导致的被告人的错误供述对于错案形成的原因作用。⑤ 但综观错案发生的各种原因，可以发现，美国的刑事错案更多的是在正当刑事法律程序基础上发生，这种基于制度本身和人类认知的局限而产生的错案，也只有随着制度的改革和人类认知的不断进步才可能得以改善。

---

① 爱伦·豪切斯泰勒·斯黛丽等：《美国刑事法院诉讼程序》，陈卫东等译，中国人民大学出版社 2002 年版，第 231 页。

② Am. Bar Ass'n Standing Comm. On Legal Aid and Indigent Defendants, Ten Principles of a Public Defense Delivery System 5, n.19(2002), Available at http://www.sado.org/fees/tenprinciples-booklets.pdf.（last visited:3/16/2009）.

③ Backus & Marcus, supra note3, at 1055.

④ 参见[法]勒内·弗洛里奥《错案》，赵淑美、张洪竹译，法律出版社 2013 年版，《目录》与《引言》部分。

⑤ Samuel R. Gross, Kristen Jacoby, Daniel J Matheson, Nicholas Montgomery & Sujata Patil, Exonerations In The United States 1989 Through 2003,in the Journal of Criminal Law and Criminology, Vol195, No12, p.1542-5441.

第八章　结论:以新刑诉法实施
为契机遏制中国式错案

从佘祥林案到赵作海案,再到张氏叔侄案,一系列的错案让我们一次又一次地震撼、愤怒乃至痛心疾首。从这些形态各异又让人感觉似曾相识的错案中,我们可以看到中国式错案的大体轮廓。"没有任何刑事司法系统被认为可以是完美的,对于司法管辖区非常重要的是:保障它们的法律、政策和实践的目的是减少错判无辜的风险,增加证实有罪之人的可能性"① 2013 年 1 月 1 日开始实施的新刑事诉讼法,向世人展示了我国完善正当法律程序、遏制刑事错案的决心和行动,让我们迎来了治理中国式错案的新契机。

第一节　作为一种常态的中国式错案

当我们无数次被错案所震惊之后,当网络世界中诸多义愤填膺式的批评之后,当至上而下地反复学习、总结之后,我们看到错案已经成为一种常态与我们的刑事司法相伴相随。错案有千姿百态,但拨开表象的迷雾,中国式错案的背后却总是有着这样那样的共性,并呈现出若干中国式司法迷信。

中国式司法迷信之一:严禁刑讯逼供以及威胁、引诱、欺骗,就可以遏制错案。已经发现的重大冤错案件中,几乎都可以看到刑讯逼供等非法取证的行为。赵作海案中的刑讯逼供 33 天,杜培武案中的当庭出示血衣,这样的例子俯拾皆是。然而,我国刑事诉讼法早已经规定了"严禁刑讯逼供和以威胁、引诱、欺骗以及其他非法方法收集证据",却难见明确的效果。就好比我们规定"严禁杀人"、"严禁卖淫嫖娼"、"严禁赌博"一样,恐怕口号式效果要大大超过实际的

---

① Paul Giannelli, Myrna Raeder ed., Achieving Justice: Freeing the Innocent, Convicting the Guilty, ABA, 2006, p. 1.

效用。刑讯逼供和威胁、引诱、欺骗本身并非完全是一个层面的问题,这在我国非法证据排除规则对这两者的差异性对待中可见一斑。种种错案,更是一再表明刑讯逼供一直没有真正被严禁,而威胁、引诱、欺骗更是被作为侦查的必要手段被广泛采用。

中国式司法迷信之二:"命案必破"加上指标考核是破案的法宝。这种理念的背后是试图通过给侦查人员加压,实现高破案率,以维护社会秩序和实现稳定。然而,"必破"这样100%的要求本身便违反客观规律,侦查人员在高压下,特别是命案等严重犯罪的破案压力,以及不断提高的考核指标,为了完成任务、获得嘉奖、职务晋升,便很容易铤而走险采用非常规手段,许多错案中的刑讯逼供等非法取证行为便是在这种压力之下被采用了。实际上,侦查人员并不愿意采用刑讯逼供等非法取证方法,毕竟是要承担风险的,而且我国的司法实践中,刑讯逼供等非法取证行为在近年来实际上已经明显减少,但重大个案中为了破案压力而采用的极端方法仍然是错案的主要原因之一。

中国式司法迷信之三:办成"铁案"就可以避免错案。所谓"铁案"并非一个法律概念,也不是一个证据学上的概念,更多的是带有刑事政策或政治色彩的词汇,其却是我国刑事司法实践中追求的最高目标。从其本质来看,"铁案"就是"永不翻案",这既可能是证据确凿、事实清楚的公正裁判,也可能是不留下任何翻案机会的错误判决。后者,比如故意将 DNA 材料灭失、编造虚假证据、隐匿无罪证据等,以使得案件真相无法昭雪。以浙江的张氏叔侄冤案为例,我们需要庆幸的是侦查机关并没有试图把案件做成"铁案",虽然侦查人员完全有机会将 DNA 证据等销毁、将案件的疑点完全掩埋。而相比之下,河北的聂树斌案则至今没有一个定论。

中国式司法迷信之四:通过自我监督与法律监督就可以发现并纠正错案。加强监督一直是我国应对刑事错案的一贯思路,其中重点又有二:其一是加强内部的自我监督。通过内部自查、上级对下级的检查等途径,使得公安机关、检察机关和法院都在努力发现自身的问题。在程序设计上,比较典型的是公安机关、检察机关和法院都有非法证据排除的责任,并都设计了相关的程序。然而,自我监督真的能够发挥作用吗?有多少错案是自我监督查出来的呢?特别是面对重大错案,自我监督就好比自己打自己的嘴巴,涉及刑讯逼供等非法取证,自己排除非法证据同样很难实现。其二是加强检察监督。检察机关作为国家法定的行使法律监督权力的机关,被赋予众望。此次刑事诉讼法的再修改,普遍反映了加强检察监督的精神。然而,赵作海案、佘祥林案和张氏叔侄案都不是检察监督查出来的。检察机关由于其自身带有的追诉倾向,在公安机关面前又相对弱势,且谁来监督监督者的难题一直无法破解,使得我们显然不能过分夸大检察监督的作用。

中国式司法迷信之五：严厉的责任追究才能对办案人员形成足够的威慑力。错案责任追究制一直被我们视为对付刑事错案的法宝，严惩办错案的警察、检察官乃至法官也被视为一种天然的民意。前有佘祥林案的办案警察在自缢前墓碑上血书"我冤枉"，后有张氏叔侄案中的所谓女神探成为民众的众矢之的。通过所谓的严厉追责真的能起到作用吗？恐怕并非如此。中国古代的责任追究比今天更为严厉，但却未能很好地解决错案问题。杨乃武小白菜案件中，办案官员成为纠错的巨大阻力，便是一例。我们需要不断反思我国的错案责任追究制，理性地对待追责，否则，责任追究不仅不能阻却错案，反而会成为纠错的最大阻力，并且伤害到司法独立。

中国式司法迷信之六：刑事错案国家赔偿的标准越低越好，范围越广越好。我国的国家赔偿法被戏称为"国家不赔偿法"，虽然近年来连续修改，但仍然广为诟病。不是国家没钱赔，而是公安司法机关不愿意赔，以至于为了不赔，对刑事纠错设置重重障碍。对于刑事错案的赔偿，则现在有赔偿金额不断攀升之势。赵作海获得了 65 万的国家赔偿，张氏叔侄案则赔了 221 万余元。实践中，关于国家赔偿的差异较大，讨价还价成了潜规则，体现出的是法律细节的缺失，是司法权威的不足。需要注意的是，国家赔偿的标准是否应等同于刑事错案的认定标准，是值得研究的。两者的划一，在一定程度上可能会加大错案认定的难度，而纠错的目的显然要高于赔偿的目的。也正是如此，截止 2011 年，美国的无辜者行动，已经纠正的 271 起错判中仅有 50% 的当事人获得了赔偿。① 因为在美国法中，错判证明标准要低于国家赔偿的标准。

中国式司法迷信之七：提高办案人员的素质是关键。在提出应对错案的对策时，我们首先想到的往往是提高办案人员的素质。甚至，常常有学者用大量的数据来证明，我国公安司法工作人员的学历、水平还不高，因此错案难以避免。提高素质当然很重要，但所谓提高素质真的就能解决问题了吗？如果素质决定错案的发生，那么我们就很难解释为什么经济条件较好、公安司法工作人员的素质也被认为较高的东部沿海地区或者是大都市，仍然会和中西部落后地区一样发生错案。显然，近年来我国公安司法工作人员的学历、素质在不断提高，但这是不够的，离开了制度和规则层面的约束，哪怕是高素质的办案人员同样会犯错误。

中国式司法迷信之八：学习、反思、总结经验就能防止错案的再次发生。每次发生重大的错案，公安司法机关自上而下就会进行一系列的学习、总结，但痛

---

① 参见何家弘：《认定错判与决定赔偿的标准不同》，《法制日报》2013 年 5 月 9 日。

定思痛之后，类似的案件却再次发生。例如赵作海案就是佘祥林案的翻版。我们在佘祥林案、赵作海案等重大错案发生后，所进行的学习与总结不可谓不深刻，但错案问题却并没有因此就得到解决。这表明很多错误的观念，并非通过学习就是可以改变的，缺乏法律和制度层面的改革，学习与反思很容易沦为一种形式。

第二节　遏制错案：刑事政策与法律修改之间

2012年刑事诉讼法的修改，为我们遏制中国式错案提供了极佳的契机。针对刑讯逼供、非法取证、有罪推定等直接导致错案发生的关键性问题，实际上，我们已经有了较为清晰的认识，也正因此在这一轮刑事诉讼法的修改过程中，我们提出了非法证据排除、反对强迫自证其罪、律师权利保障等一系列的措施，这些措施让我们看到了遏制中国式错案的新希望。然而，法律的修改显然还只是第一步，仅仅表明我们对于方向有了一定的认识，而后续的法律实施才是重点和难点。

法律修改的背后，我们可以看到，尽全力来避免所谓冤假错案，在我国的刑事司法语境中所具有的道德上的崇高性，以此作为修法的理由，往往比许多西方所谓经典的理论或成功的经验，更能够被决策者和立法部门所接受。这背后反映出的是我国传统上的实事求是、追求真相的政策导向，也是体现民意甚至是维持社会稳定的政治需要。"有错必纠"在中国的语境中，天然具有正当性，虽然在法律层面来看，这尚为一个有争议的概念，至少从法的安定性角度出发，有错未必都要纠正。换言之，我国之所以对刑事错案问题高度重视，在此次刑事诉讼法修改过程中也成为重点治理的一个焦点问题，很多时候并非是正当法律程序抑或是被追诉人人权保障之价值驱动，而是政治层面的刑事政策发挥了至关重要的推动作用。所以，我们可以说，在当前我国治理刑事错案的过程中，政策层面的作用在一定程度上要大于法律层面的作用，或者说是试图遏制错案的刑事政策推动了刑事诉讼法的相关修改。

然而，刑事政策在助推刑事诉讼法修改的同时，自身又有着诸多与现行法律相矛盾的地方，甚至是阻碍了法律的完善。如犯罪嫌疑人、被告人"如实回答"的义务，被学者们普遍认为是与反对强迫自证其罪规则相矛盾并呼吁予以废止，却被我国现行刑事政策所力撑。因为"如实回答"义务与实事求是、追求真相的目的是相一致的，且与"坦白从宽、抗拒从严"的刑事政策一脉相承。

更重要的是，我国部分传统的刑事政策已经成为刑事诉讼法实施并有效治理刑事错案的障碍,甚至成为刑讯逼供的诱因。① 比较典型的便是"命案必破"和层层加码、年年提高的考核指标。诚然,破案率非常重要,特别是在以职权主义为主要特征的大陆法系传统的国家,"说'破案率是刑事司法的致命关键'并非夸张"。②但将破案率作为一种刚性指标,做成让人生畏的"破案 GDP",与办案人员的考核、奖励、晋升直接捆绑在一起,在特定条件下,显然会成为逼着办案人员非法取证甚至不择手段地破案的助推器。血淋淋的错案给了我们无数惨痛的教训,是到了调整相关刑事政策的时候。只有通过废止"命案必破"以及重大刑事案件破案率的指标性限制,才能从根本上阻却非法取证的动力。没有了对"命案必破"和畸高的考核指标的盲目崇拜,公安司法机关便能够以平常心对待抓获犯罪人、查明事实真相这一刑事司法的基本目标,同时,反对强迫自证其罪的特权、非法证据排除、证人作证豁免等可能是不利发现真相的程序性设计,才能在司法实践中真正落地生根,并且开出程序正义的花朵。我们需要谨记,"在一个尊重个人尊严的社会,追求真实不可能成为绝对化的价值,有时候可能需要服从其他价值,尽管服从其他价值可能有时会扭曲真实。"③

第三节　通过正当法律程序防治中国式错案

说到底,正当法律程序是防治中国式错案的根本路径。而新刑事诉讼法的实施,使得我们在通往正当法律程序的道路上又迈出了结实的一步。在面对一个又一个错案的时候,我们无需苦思冥想治理的良策,我们也无需组织众多的学习、反思会议,我们更不需要执著于义愤填膺地试图将公安司法机关中的所谓少数"害群之马"绳之以法、以儆效尤。我们只需要认真对待新刑事诉讼法所确立的正当法律程序,通过程序本身来规范刑事司法的过程,那么,中国式错案也许便能自然消减。其中的重点又在于如下方面:

首先,刑讯逼供等非法取证行为必须有程序上的后果,而严格执行非法证据排除规则,是其中的关键。2010 年两个刑事证据规则已经确立了非法证据排除制度,新刑事诉讼法再次郑重宣示:采用刑讯逼供等非法方法收集的犯罪嫌疑人、被告人供述和采用暴力、威胁等非法方法收集的证人证言、被害人陈述,应当予以排除。同时确立了有限的非法实物证据排除规则。然而,实践中,我

---

① 参见胡铭:《刑事政策视野下的刑讯问题》,《环球法律评论》2007 年第 2 期。

② [日]大谷实:《刑事政策学》,黎宏译,法律出版社 2000 年版,第 168 页。

③ [美]虞平,郭志媛编译:《争鸣与思辨:刑事诉讼模式经典论文选译》,北京大学出版社 2013 年版,第 352 页。

们鲜见非法证据排除的现实案例,即使偶有排除,也往往只是影响到量刑,几乎未见因为非法证据排除而被宣告无罪的案例。虽然,我们规定了公安、检察和法院三家在刑事诉讼的全程中有排除非法证据的义务,但现实中对于刑讯逼供获得口供的排除都举步维艰,更很难奢望非法实物证据的排除了。

其次,反对强迫自证其罪应成为被追诉人的一项特权,使得被追诉人具有防御错案的能力。新刑事诉讼法所规定的反对强迫自证其罪规则,虽然和联合国《公民权利和政治权利国际公约》所确立的规则有所差异,但其是我国第一次郑重地将该原则作出宣示。立法的初衷是通过确立反对强迫自证其罪原则,来遏制刑讯逼供,并进而遏制错案。但这还是不够的,我们只有将该原则视为被追诉人的一项特权,才能使得被追诉人具有抵御非法审讯的能力。同时,看守所的中立性、讯问的全程录音录像、捕后羁押必要性审查机制等相关制度的同步完善,才能使得该特权真正得到实现。

再次,科技证据与专家辅助人的引入,为查明真相提供了强力支持。新刑事诉讼法对鉴定意见和电子证据做出了新的规定。我们看到的是破除对"鉴定结论"的迷信,回归其"意见"的本质,通过鉴定人出庭并接受交叉询问来改变鉴定意见书面审主义,而专家辅助人的出庭更是使得对鉴定意见的审查和对鉴定人的交叉询问实质化。试想张氏叔侄案的 DNA 鉴定人如果能够出庭,也许案件的结果就会不同了。同时,电子证据的引入,因应了信息化时代的传播模式,使得我们对言词证据的依赖程度下降。总体来看,通过高科技手段,改变传统的由供到证据的取证模式,提升查明真相的能力,是改变口供中心主义、笔录中心主义的重要路径。

最后也是最重要的一点,保障律师的辩护权是被追诉人获得有效法律帮助的核心,也是实现平衡刑事诉讼中的控辩结构的关键所在。被追诉人面对强大的国家机器,如果没有律师的有效帮助,则只能是作为被动的客体。新刑事诉讼法将律师辩护提前到了侦查阶段,扩大了法律援助的范围,进一步落实了律师法规定的律师的会见权、阅卷权、调查取证权等权利。然而,新律师法实施的艰难再次告诉我们,仅仅有纸面的法是不够的,更重要的是要有行动中的法。公安司法机关如何对待律师,将直接影响到被追诉人的权利保障,究竟是将律师看做是帮助公安司法机关查明真相的法律职业人,还是将律师看做是钻法律漏洞、帮助坏人的法匠,将直接影响到律师在刑事诉讼中能否有效行使其职能。如果法律规定的律师会见权、阅卷权等系列权利无法实现,如果律师在刑事辩护中自身都没有安全感,那么被追诉人的权利保障、真相的发现以及错案的纠正,便只能完全寄希望于办案人员的良知与素质了。

第四节　结　语

错案本身并不可怕,可怕的是我们错误对待错案的观念与态度,更可怕的是我们错误对待法律和司法的观念与态度。一切针对错案的制度改革与法律完善,也许并不需要我们去刻意设计,只要我们能够认真对待错案,认真对待法律,也许改革的路径将自然天成。就如美国俄亥俄州前检察总长吉姆·佩特罗曾总结的:"终生从政的经历告诉我,作为一个国家,在错误观念没有得到改变之前来修正我们的制度是非常艰难的。然而,改变了相关的错误观念后,我们能够大幅减少冤案,并在这一过程中创造一个更加安全的国家。"①

---

① ［美］吉姆·佩特罗,南希·佩特罗:《冤案何以发生:导致冤假错案的八大司法迷信》,苑宁宁等译,北京大学出版社 2012 年版,扉页。

附　录　"错案与新刑诉法实施"
学术研讨会会议综述

　　2013 年 5 月 18 日,由浙江大学光华法学院主办,诉讼法研究中心和刑法研究所联合承办的"错案与新刑诉法实施"学术研讨会在杭州召开。来自美国伊利诺伊大学、清华大学、中国政法大学、华东政法大学、上海交通大学、南京大学、厦门大学、苏州大学、浙江大学等国内外著名法学院校的教授学者和来自最高人民检察院、浙江省人民检察院、浙江省高级人民法院、浙江省法学会和著名律师事务所的实务工作者出席了会议。会议主要包括四个议题:(1)司法纠错比较研究;(2)刑事错案实证研究;(3)证据制度与刑事错案;(4)如何通过贯彻新刑诉法来防止错案、纠正错案。会议主要包括三个单元,前三个单元分别对应前三个议题,同时在每一个单元中融合如何通过贯彻新刑诉法来防止错案、纠正错案这一议题。

第一单元　司法纠错比较研究

　　第一单元由浙江大学的兰荣杰老师主持。中国政法大学的顾永忠教授、美国伊利诺伊大学的 David. M. Williams 教授和华东政法大学的张栋副教授依次作了主题发言,杭州师范大学的李安教授、南京大学的秦宗文副教授和浙江省人民检察院的李忠强副主任进行与谈。

　　顾永忠教授认为,张氏叔侄冤案的原因主要有三个方面:首先是侦查思维的问题,主要表现在有罪推定观念的根深蒂固;对讯问目的的不明以及侦查人员在本案中不具备基本的侦查意识。其次是侦查职能的问题,看守所的职能需要重新思考和定位,在实践中,需要弱化看守所的刑事执行职能。第三个原因在于违法办案的问题。在张氏叔侄案中,存在刑讯逼供问题,只是其严重程度尚未完全揭露。冤假错案是无法避免的,以美国洗冤联盟行动为参照,在美国也存在着数量不少的冤案。但是美国的冤案更多的是在合法程序之内发生。在美国,检察官过大的权力会导致冤案的发生,因此量刑指南的建立就显得尤为必要。在美国,还有一种特殊形式的冤案是陪审团冤案。从中美两国的实践中可以发现,无论是程序合法抑或是程序违法,都会导致冤案的发生。如何发现、纠正这两种不同情形下的冤案,就是一个值得我们思考的问题。

David. M. Williams 教授认为,在美国也存在冤案。案件情况常常很复杂,对于证据问题经常难以评价,但是裁判却不得不做出。在一些案件中,虽然嫌疑人有罪,但是由于没有足够的证据,所以不能定罪。在美国的司法体制下,纠正错案主要有三种方式:首先是上诉程序。在这个程序中,主要是确定案件事实以及确定在案件审理过程中是否有不当行为的发生。第二个是定罪后的制度。在上诉程序中,如果有新的证据能够证明被告人无罪,那么最高院的法官可以将案件发回重审。第三种方式是赦免制度。赦免包括全部赦免和部分赦免。如果属于部分赦免,那么说明被告人确实犯罪了,但是不用去监狱因为制度是错误的。如果是完全赦免的话,可以得到国家赔偿。虽然美国有这些制度,但是这些制度并非是没有缺陷的。在过去的 20 年中,美国的一个城市发生了 85 起错案,原因主要在于无效的律师辩护。此外,证人的伪证、被告人错误的自白以及警察的不当行为(如刑讯逼供)也是导致刑事错案的原因。DNA 技术和证人证言在防止错案方面有着重要的作用。虽然美国检察官的权力过大可能会导致刑事错案的发生,但是,法律准则所规定的道德伦理责任与职业责任指引着检察官的行为。巨大的进步已经体现在科学技术的发展、传统检察官的改变以及由此引发的对于案件的影响上了。

张栋副教授认为,在与其他国家的司法制度进行比较研究时,必须将制度放在完整的体系中才能了解其背后深刻的原因。如仅有被告人口供,在美国即可定罪,这是因为在美国有沉默权和不得强迫自证其罪的制度。在这一背景下,被告人的口供就相对可信。在我国,证人难作证,证人证言可信度也很低,我国的着力点应当放在证据排除这一方面。此外,在证据规则的次序问题上,排除规则最晚出现。在刑事诉讼中的"排除合理怀疑"这一标准具体应该如何实施也是一个问题。我国司法体系中很多零件体系不够,冤案是在体系不完整的背景下发生的,理解冤案,要从系统性的角度出发。为了在死刑案件中杜绝冤案的发生,我国确立了更高的证明标准,但是步骤和环节要具有可操作性。在这一方面,俄罗斯从多数决到绝对多数决的转变,就给我们提供了一个较好的例证。

在与谈环节,李安教授指出,从社会科学的角度来看,有罪与无罪之间,一共有4种组合。从"有罪"到"有罪",称为"击中";从"有罪"到"无辜",称为"漏报";从"无辜"到"有罪",称为"虚报";从"无辜"到"无辜",称为"正确否定"。但是是否有罪,这一界限是模糊的。漏报和虚报的存在,需要一种最佳的证明标准。若提高证明标准,无辜者不会被错误定罪,但是,若一味提高,会导致边际效益的降低,大量罪犯被放纵。在中国,目前需要做的,并非仅仅是批判,而是思考如何减少错案的发生。秦宗文副教授指出,错案的发生,从大的环境而言,是因为思维惯性的存在。维稳时期,更强调打击型的思维模式。目前在司法改革中对司法公正的强调,会改变这一思维惯性。但是在实践中不可对警察过于苛求,警察的角色应当与检察官和法官的角色有所区分。警察处于执法的第一线,更需要做的是对犯罪的抑制,而法官和检察官更需要扮演的是消极的守门员的角色。关于陪审制度,在美国由于陪审团的错误而导致的冤案并不少见。我国如果要设立陪审制度,吸收专业人士会是更好的选择。李忠强副主任认为,持不同理念办案会得出不同的审查结论。通过对张氏叔侄案的纠错和反思,会推动诉讼制度的改善和理念的提升。司法实践中,需要正确处理疑罪从有(从轻)与疑罪从无的关系问题,尽管我们奉行疑罪从无的原则,但受各方面因素影响,对于一些重大疑罪却还是实行了从轻处理。此外,更重要的是要在观念上和体制上支持法院、检察院依法独立公正地行使审判权、检察权。

第二单元　刑事错案实证研究

第二单元由杭州师范大学的李安教授主持。最高人民检察院渎职侵权检察厅副厅长、清华大学法学院张建伟教授、浙江大学的李华副教授和苏州大学的刘磊副教授依次作了主题发言,浙江工商大学的吴高庆教授、浙江大学的叶良芳副教授、浙江省高名律师事务所陈纪纲主任和浙江工业大学的张曙副教授进行与谈。

张建伟教授认为中国式错案的模式是"嫌疑＋刑讯＝错案",在中国,刑讯逼供是造成刑事错案的主要原因。在美国,错案的主要原因是目击证人的指认错误以及警察和检察官的不当行为;在法国和日本,很少有错案发生是因为刑讯逼供的存在。中国错案的发生基本上都有刑讯逼供的存在,这是因为我国口供中心主义的存在。此外,我国还实行高度密闭主义,在讯问时,对律师也不公开。《证据规定》出台的一个原因是2007年死刑复核权收归最高人民法院,最高人民法院希望各级法院在断案时可以尽量减少错案的发生。从口供主义的角度出发,张建伟教授讲述了我国对美国一些制度存在的误解:美国第五修正案就规定了不得自证其罪的原则,米兰达规则仅仅是规定了告知沉默权;自白任意性规则重在言词证据而非实物证据。在我国,不得自证其罪原则是处于悬空的状态。此外,进入公众视野的错案均是死刑案件,但是还有很多的案件并未进入公众的视野。在实践中,"司法人质现象"正在蔓延,需要警惕。

李华副教授作为张氏叔侄案中张辉的辩护人,对张氏叔侄案进行了深入的剖析。在这一案件中,公安机关在确定嫌疑人之后,就着手突破嫌疑人的口供。公安机关确定犯罪嫌疑人主要是通过以下的一些证据:(1)被害人的死亡时间与张氏叔侄陈述的与被害人分开的时间相对吻合;(2)证人证言:被害人的亲属证明被害人曾在凌晨 1 点 31 分用嫌疑人的手机打过电话,而后手机关机;(3)嫌疑人在案发之后,曾经洗过车,被认为是为了冲洗犯罪证据。此外,张辉十几次的有罪供述更是强化了公安机关的信心从而导致公安机关对其他无罪证据的忽视,如虽然 DNA 检测显示有第三者男性的 DNA,但是此时口供已经被突破,因此其未获得重视。在此案中并未穷尽一切的手段,而补强证据也倾向于有罪的方向。狱侦耳目袁连芳是唯一的除被告人以外的直接证据。法官审理时依赖于书面材料,一审法官主张无罪,只是最终在各方的压力之下,不得不将叔侄俩定罪。

刘磊副教授认为,在我国,死刑废除会是一个趋势,因为死刑错误的成本太高。造成冤案的原因不仅仅是在于经济因素的影响,还有思想观念和体制的关系。在张氏叔侄案中,侦查机关的错误在于:首先,张氏叔侄与被害人是属于熟人,被害人上了叔侄俩的车也是不少人目睹的事实,若张氏叔侄作案,是否太容易将自己暴露?其次,叔叔作为侄子强奸的帮助犯,这一可能性又有多大?第三,业绩考核的压力,也逼得侦查机关不得不这么做。纸本上的法不同于行动中的法的原因就在于制度性障碍的存在,如在我国过度地依赖书面审。强调纠错,可能会导致司法成本变高,如何权衡并加以取舍,就是一个值得思考的问题。在设计制度时,要善于寻找突破点,要贯彻人权条款。以检察机关的考核设置为例,其可能导致连锁性的反应,因此更需要全方面地设计制度。

在与谈环节,吴高庆教授认为张氏叔侄案的发生反映了司法实践中公检法三者之间的关系。具体表现在三个方面:(1)侦查中心主义,诉审职能弱化;(2)侦检关系不清,检察监督流于形式;(3)控审不分,审判不够独立和权威。叶良芳副教授认为,在美国,导致刑事错案有八大司法迷信,在我国,主要的司法迷信是"命案必破"。立案—破案—结案模式的存在,使得司法实践中案结事了,而且也存在含糊了结的情形。张氏叔侄案还反映出在有些时候侦查人员对于科技证据的极度轻视。此外,三机关并未履行好各自的职责。陈纪纲主任认为,错案追究会打击一部分侦查人员的积极性。很多时候,惯犯的心理防线很难突破,因此若不采取不正当的措施很难破案。律师在实践中,越来越倾向于少办刑事案件。此外,冤案也会导致犯罪率的上升,因为有些无辜的被告人在出狱后会选择报复社会。律师地位的上升在一定程度上可以减少错案的发生。张曙副教授认为,错案的存在是客观的,有偶然因素和制度性因素的原因。错案与可以纠正的程度也是相关的,同时要注意错案与司法责任的分离。具体措施包括:完善录音录像制度;录制人员与侦查人员的分离;重大案件审查起诉阶段也要录音录像;同监犯的证言要进行审查和运用非法证据排除规则。

第三单元 证据制度与刑事错案

第三单元由浙江工商大学的吴高庆教授主持。浙江省人民检察院的应建廷处长、上海交通大学的林喜芬副教授、厦门大学的吴洪淇老师依次作了主题发言,浙江省法学会的牛太升副会长、浙江省高级人民法院的陈增宝副庭长和浙江大学的兰荣杰老师进行与谈。

应建廷处长认为,在制定如何防止错案的应对措施时,要处理和平衡好司法效率与防止错案两者之间的关系。在张氏叔侄案中,无罪证据得不到重视的一个原因是我国印证证明模式在运用上的偏差。我国司法实践中注重口供的运用,在张氏叔侄案中,印证口供的证据主要有现场勘查笔录和侦查模拟实验。对于 DNA 证据,公安机关进行了大量的排除但最终却无所获。为了消除口供印证证明模式的弊端,需要证据审查模式的转型。这一改革从 2011 年起在浙江省人民检察院的努力下已经开始,改革以对证据的客观性审查为核心,转变证据审查模式。在处理死刑案件时,为了确保死刑案件的质量,需要更多地注重现场笔录的客观性问题,弱化被告人口供和突出实物证据的作用。

林喜芬副教授认为在司法实践中分析错案主要有两种模式:一是通过对典型个案的分析,从而得出某些制度性的问题,这属于静态分析,也是法学经常使用的方法;第二种是通过对个案细节的关注,分析办案者当时的行动逻辑,这是一种动态的分析,这也是社会学和人类学常用的分析方式。在分析错案时,有两种不同的倾向,一种认为错案的发生说明需要加强制度建设和加强权利话语保障;另一种倾向于将错案的原因归结于物质条件。张氏叔侄案的发生,体现了这两种倾向之间的张力。错案的发生,需要对侦查人员进行同情式的理解。侦查人员的目标是为了破案;侦查人员的思维模式很多时候是启发式的,张辉的犯罪前科及其脸上被抓伤的痕迹很容易导致侦查人员的误解;侦查人员的固有的行动逻辑,在有限的时间、有限的资源以及命案必破的压力下,其不得已而为之。但是侦查人员也存在着不足之处,如在必罚性理念下对 DNA 证据的无视;其次,其办案方式也具有一定的粗糙性。此外,若从证据学的角度进行分析,从关联性角度来看,DNA 比对也仅仅只是证明勾海峰与被害人有过接触而已。

吴洪淇老师认为,错案的发生,归根到底是因为证据的原因。在张氏叔侄案中,证据审查方面出现的问题主要在于:(1)证据应当排除却未排除,比如辨认笔录出现问题却未对其进行排除;(2)证据不应当排除却排除,比如对于DNA 的鉴定意见;(3)个体证据审查标准不清楚,比如对于线人证据、辨认笔录应当如何审查的标准并不明确;(4)从证据的综合审查来看,张氏叔侄案中DNA 证据被排除是因为印证模式的存在。高法解释第 184 条将综合审查提前到了审前程序中。此外,实践中还存在一些错误的倾向,如对间接证据的轻视,过于注重口供等直接证据,过于倾向控方所提出的证据。检察官、法官服从政法委的协调也是导致刑事错案的一个司法体制上的原因。

在与谈环节,牛太升副会长认为,对错案的纠正是不容易的,需要理论界和实务界的共同努力;纠正错案,需要推动司法制度和司法队伍的建设。其提出了实践中存在着的 4 个优先和需要建立的 4 个平衡:(1)刑事优先,这导致刑事司法的负担重,需要刑事、民事和行政案件平衡;(2)定罪优先,对有罪材料的过度重视,需要对有罪材料和无罪材料重视程度的平衡;(3)口供优先,需要言词和实物证据的平衡;(4)维持优先,这对及时纠错有阻碍作用,维持与纠正要平衡。陈增宝副庭长认为,错案原因很复杂,公检法的原因各不相同。一方面要注重从源头上防止错案,二是要强化现行案件办理过程的错误发现机制和纠正机制。实务中已经达成的共识有几点:(1)要正视证据形成中人的因素,承认人性的弱点;(2)降低对被告人口供、证人证言等主观性证据依赖,依靠科技等手段提升客观性证据在查办案件中的地位;(3)强化客观性证据地位的同时,要注重对客观性证据收集、保存、流转等的程序性审查,防止证据失真;(4)要突出法庭中心地位,构建以法庭审理为中心的证据收集、审查和补查制度。兰荣杰老师认为,不能用事后诸葛亮的态度去评价这些刑事错案。(1)若设身处地,仅看案卷,会有多少人认为张氏叔侄不是凶手?(2)若认为其是凶手,是否已经达到排除合理怀疑的地步?(3)是否已经达到印证证明标准?张辉的前科、洗车的行为、关机的时间、时间的巧合、认罪的供述等一系列的证据都对张氏叔侄不利。当时很难作无罪的判断,如何避免再犯是需要考虑的问题。具体而言,关于证据证明能力的审查,是一种对证据整体性的评价,属于常识性的审查,其最终的结果仅仅是形成一种趋势。要建立对单个证据的审查规则,要保证进入法庭的证据,不会受到其他因素的影响。

　　此外,与会的专家学者和参加此次会议的法学院本科生、研究生和博士生之间进行了良好的互动,针对一些错案的具体问题展开了讨论。胡铭教授最后作闭幕小结,对此次会议进行归纳。胡老师指出,错案问题是刑事司法中难以完全避免的顽疾,此次新刑诉法的实施为错案防治提供了很好契机,其中的关键在于:我们是否有勇气真正直面错案及其背后的问题;我们是否有勇气践行疑罪从无、勇敢地作出无罪判决;我们是否真的能够执行非法证据排除规则和反对强迫自证其罪;我们是否真的能够摆脱对口供的依赖,有效运用 DNA 等科技证据;我们是否真的能够切实保障被告人及其律师的辩护权。

　　会议在热烈的掌声中结束,但各位老师、同学们意犹未尽。错案的预防是一个永恒的话题,希望通过学术界与实务界的不断互动和努力,可以减少悲剧的发生。

参考文献

一、中文文献

1.［法］勒内·弗洛里奥.错案.赵淑美等译.北京:法律出版社,2013.

2.［美］吉姆·佩特罗,南希·佩特罗.冤案何以发生:导致冤假错案的八大司法迷信.苑宁宁等译.北京:北京大学出版社,2012.

3.［英］杰奎林·霍奇森.法国刑事司法——侦查与起诉的比较研究.张小玲等译.北京:中国政法大学出版社,2012.

4.［英］麦高伟,杰弗里·威尔逊.英国刑事司法程序.姚永吉等译.北京:法律出版社,2003 年.

5.［瑞士］萨默斯.公正审判:欧洲刑事诉讼传统与欧洲人权法院.朱奎彬,谢进杰译.北京:中国政法大学出版社,2012.

6.［美］米尔伊安·R.达玛什卡.司法和国家权力的多种面孔——比较视野下的法律程序.郑戈译.北京:中国政法大学出版社,2004.

7.［美］波斯纳.法官如何思考.苏力译.北京:北京大学出版社,2009.

8.［美］安东尼·唐斯.官僚制内幕.郭小聪等译.北京:中国人民大学出版社,2006.

9.［意］罗伯特·隆波里等.意大利法概要.薛军译.北京:中国法制出版社,2007.

10.［荷］塔克.荷兰刑事司法制度.何萍、朱丽芳译.上海:上海交通大学出版社,2010.

11.［美］埃尔曼.比较法律文化.高鸿钧等译.北京:生活·读书·新知三联书店,1990.

12.［意］切萨雷·贝卡里亚.论犯罪与刑罚.黄风译.北京:北京大学出版

社,2008.

13. [美]本杰明·卡多佐.司法的性质.苏力译.北京:商务印书馆,1998.

14. [法]皮埃尔·布迪厄等.实践与反思——反思社会学导引.李猛等译.北京:中央编译出版社,1998.

15. [美]道格拉斯·诺思.制度、制度变迁与经济绩效.杭行译.北京:生活·读书·新知三联书店,1994.

16. [美]唐·布莱克.社会学视野中的司法.郭星华译.北京:法律出版社,2002.

17. [法]米歇尔·福柯.规训与惩罚.刘北成等译.北京:生活·读书·新知三联书店,2003.

18. [美]安吉娜·J.戴维斯.专横的正义:美国检察官的权力.李昌林等译.北京:中国法制出版社,2012.

19. [美]阿瑟 S.奥布里等.刑事审讯.但彦铮等译.重庆:西南师范大学出版社,1998.

20. [美]理查德·A.波斯纳.证据法的经济分析.徐昕等译.北京:中国法制出版社,2001.

21. [美]约翰·W.斯特龙.麦考密克论证据.汤维建等译.北京:中国政法大学出版社,2004.

22. [美]史蒂芬·霍尔姆斯等.权利的成本——为什么自由依赖于税.毕竞悦译.北京大学出版社,2011.

23. [美]米尔吉安·R.达马斯卡.比较法视野中的证据制度.吴宏耀等译.北京:中国人民公安大学出版社,2006.

24. [美]彼得·G.伦斯特洛姆.美国法律辞典.贺卫方等译.北京:中国政法大学出版社,1998.

25. [美]伟恩·R.拉费弗等.刑事诉讼法.卞建林等译.北京:中国政法大学出版社,2003.

26. [法]贝尔纳·布洛克.法国刑事诉讼法(第 21 版)罗结珍译.北京:中国政法大学出版社,2009.

27. [日]田口守一.刑事诉讼法.刘笛等译.北京:法律出版社,2000.

28. [德]考夫曼.法律哲学.刘幸义等译.北京:法律出版社,2004.

29. [德]克劳思·罗科信.刑事诉讼法.吴丽琪译.北京:法律出版社,2003.

30. [美]肯尼斯.S.亚伯拉罕.侵权法重述—纲要.许传玺等译.北京:法律出版社,2006.

31. [日]大谷实.刑事政策学.黎宏译.北京:法律出版社,2000.

32. [美]布莱恩·福斯特.司法错误论——性质、来源和救济.刘静坤译.北京:

中国人民公安大学出版社,2007.

33.[德]哈贝马斯.在事实与规范之间.童世骏译.北京:生活·读书·新知三联书店,2003.

34.[美]约翰·罗尔斯.正义论.何怀宏等译.北京:中国社会科学出版社,1988.

35.[美]迈克尔·桑德尔.公正:该如何做是好?朱慧玲译.北京:中信出版社,2012.

36.[美]威廉·伊恩·米勒.以眼还眼.郑文龙等译.杭州:浙江人民出版社,2009.

37.[日]谷口安平.程序的正义与诉讼.王亚新等译.北京:中国政法大学出版社,2002.

38.[美]特伦斯·安德森等.证据分析.张保生等译.北京:中国人民大学出版社,2012.

39.[法]米海伊尔·戴尔玛斯-马蒂.刑事政策的主要体系.卢建平译.北京:法律出版社,2000.

40.[德]莱奥·罗森贝克.证明责任论——以德国民法典和民事诉讼法典为基础撰写.庄敬华译.北京:中国法制出版社,2002.

41.[美]爱伦·豪切斯泰勒·斯黛丽等.美国刑事法院诉讼程序.陈卫东等译.北京:中国人民大学出版社,2002.

42.[美]虞平等.争鸣与思辨:刑事诉讼模式经典论文选译.北京:北京大学出版社,2013.

43.[美]哈伯特·L.帕克.刑事裁判的界限.梁根林等译.北京:法律出版社,2008.

44.[英]麦高伟,崔永康.法律研究的方法.北京:中国法制出版社,2009.

45.[德]托马斯·魏根特.德国刑事诉讼程序.岳礼玲、温小洁.北京:中国政法大学出版社,2004.

46.陈光中.《中华人民共和国刑事诉讼法》修改条文释义与点评.北京:人民法院出版社,2012.

47.张卫平等.司法改革论评(第十一辑).厦门:厦门大学出版社,2010.

48.孙笑侠等.法律人之治——法律职业的中国思考.北京:中国政法大学出版社,2005.

49.孙笑侠.程序的法理.北京:商务印书馆,2005.

50.郎胜,熊选国.荷兰司法机构的初步考察和比较.北京:法律出版社,2003.

51.季卫东.正义思考的轨迹.北京:法律出版社,2008.

52. 张卫平. 琐话司法. 北京:清华大学出版社,2005.

53. 强世功. 权力的组织网络与法律的治理化——马锡五审判方式与中国法律的新传统. 北京:中国法制出版社,2001.

54. 贺卫方. 司法的理念与制度. 北京:中国政法大学出版社,1998.

55. 陈瑞华. 看得见的正义. 北京:中国法制出版社,2000.

56. 苏力. 法治及基本土资源. 北京:中国政法大学出版社,1996.

57. 梁慧星. 民法解释学. 北京:中国政法大学出版社,1995.

58. 陈光中. 21 世纪域外刑事诉讼立法最新发展. 北京:中国政法大学出版社,2004.

59. 凌斌. 法治的代价:法律经济学原理批判. 北京:法律出版社,2012.

60. 陈兴良. 刑事法判解. 北京:法律出版社,2001.

61. 周长军. 刑事裁量权论——在划一性与个别化之间. 北京:中国人民公安大学出版社,2005.

62. 王利明. 司法改革研究. 北京:法律出版社,2001.

63. 桑本谦. 理论法学的迷雾——以轰动案例为素材. 北京:法律出版社,2008.

64. 周长军. 刑事裁量权规制的实证研究. 北京:中国法制出版社,2011.

65. 陈瑞华等. 法律程序改革的突破与限度——2012 年刑事诉讼法修改评述. 北京:中国法制出版社,2012.

66. 陈新民. 德国公法学基础理论. 济南:山东人民出版社,2001.

67. 黄维智. 心证形成过程实证研究. 北京:中国检察出版社,2012.

68. 高宣扬. 布迪厄的社会理论. 上海:同济大学出版社,2004.

69. 王佳. 刑事辨认的原理与规制. 北京:北京大学出版社,2011.

70. 林钰雄. 严格证明与刑事证据. 北京:法律出版社,2008.

71. 刘品新. 刑事错案的原因与对策. 北京:中国法制出版社,2009.

72. 张丽云. 刑事错案与七种证据. 北京:中国法制出版社,2009.

73. 房保国. 被害人的刑事程序保护. 北京:法律出版社,2007.

74. 房保国. 刑事证据规则实证研究. 北京:中国人民大学出版社,2010.

75. 林钰雄. 刑事诉讼法. 北京:中国人民大学出版社,2005.

76. 郭欣阳. 刑事错案评析. 北京:中国人民公安大学出版社,2011.

77. 陈瑞华. 刑事证据法学. 北京:北京大学出版社,2012.

78. 龙宗智等. 中国刑事证据规则研究. 北京:中国检察出版社,2011.

79. 高鸿钧,张建伟. 冤案是怎样造成的(上、下). 清华法治论衡第 9 辑、第 10辑. 北京:清华大学出版社,2008.

80. 曲新久. 刑事政策的权力分析. 北京:中国政法大学出版社,2002.

81. 王佳.追寻正义:法治视野下的刑事错案. 北京:中国人民公安大学出版社,2011,

82. 樊崇义.诉讼原理(第 2 版).北京:法律出版社,2009,

83. 易延友.中国刑诉与中国社会. 北京:北京大学出版社,2010.

84. 甄贞.法律能还你清白吗?——美国刑事司法实证研究. 北京:法律出版社,2006.

85. 易延友.证据法的体系与精神——以英美法为特别对照.北京:北京大学出版社,2012.

86. 杨宇冠. 人权法. 北京:中国人民公安大学出版社,2003.

87. 陈光中.《公民权利和政治权利国际公约》批准和实施问题研究. 北京:中国法制出版社,2002.

88. 张毅.刑事诉讼中的禁止双重危险规则论. 北京:中国人民公安大学出版社,2004.

89. 陈光中.中国司法制度的基础理论问题研究. 北京:经济科学出版社,2010.

90. 陈光中.中德不起诉制度比较研究. 北京:中国检察出版社,2002.

91. 程荣斌.外国刑事诉讼法教程. 北京:中国人民大学出版社,2002.

92. 马贵翔、胡铭. 正当程序与刑事诉讼的现代化,北京:中国检察出版社,2007.

93. 胡铭.刑事申诉论. 北京:中国人民公安大学出版社,2005.

94. 王亚新. 对抗与判定——日本民事诉讼的基本结构. 北京:清华大学出版社,2002.

95. 林喆. 权利的法哲学——黑格尔法权哲学研究. 济南:山东人民出版社,1999.

96. 陈瑞华.刑事诉讼前沿问题(第三版). 北京:中国人民大学出版社,2011.

97. 高道蕴等.美国学者论中国法律传统. 北京:中国政法大学出版社,1994.

98. 张中秋.比较视野中的法律文化. 北京:法律出版社,2003.

99. 张建伟.法律/稻草人. 北京:北京大学出版社,2012.

100. 吴庚. 行政法之理论与实用. 北京:中国人民大学出版社,2005.

101. 奚晓明.《中华人民共和国侵权责任法》条文理解与适用. 北京:人民法院出版社,2010.

102. 杨立新.侵权行为法. 北京:中国法制出版社,2006.

103. 黄仁宇.万历十五年. 北京:生活·读书·新知三联书店,1997.

104. 金岳霖.论道. 北京:商务印书馆,1987.

105. 陈瑞华.问题与主义之间. 北京:中国人民大学出版社,2003.

106. 陈瑞华.量刑程序中的理论问题. 北京:北京大学出版社,2011.

107.左卫民等.中国刑事诉讼运行机制实证研究.北京:法律出版社,2007.

108.程小白,翟丰.新编侦查学.北京:中国人民大学出版社,2005.

109.曲新久.刑事政策的权力分析.北京:中国政法大学出版社,2002.

110.何家弘.外国证据法.北京:法律出版社,2003.

111.陈瑞华.程序正义理论.北京:中国法制出版社,2010.

112.王兆鹏.美国刑事诉讼法.北京:北京大学出版社,2005.

113.周愣伽.清末四大奇案.北京:群众出版社,1985.

114.伍国庆.晚清四大奇案.长沙:岳麓书社,1996.

115.胡铭.刑事司法的国民基础研究.杭州:浙江大学出版社,2007.

116.陈瑞华.刑事程序失灵问题的初步研究.中国法学,2007(6).

117.张卫平.坚守的意义.清华法学,2011(1).

118.陈永生.我国刑事误判问题透视——以 20 起震惊全国的刑事冤案为样本的分析.中国法学,2007(3).

119.严励.地方政法委"冤案协调会"的潜规则应该予以废除.法学,2010(6).

120.简乐伟.刑事审判权滥用规制初探.中国刑事法杂志,2012(1).

121.周长军.公诉权滥用论.法学家,2011(3).

122.左卫民等.后现代之法院形态:考察与反思.四川大学学报,2002(3).

123.陈端洪.法律程序价值观.中外法学,1997(6).

124.郭志祥.民初法官素养论略.法学研究,2004(3).

125.周叶中等.法律理性中的司法和法官主导下的法治——佘祥林案的检讨与启示.法学,2005(8).

126.彭小龙.司法场域中的非职业法官——一个初步的比较法社会学分析.法制与社会发展,2011(4).

127.陈学权.刑事错案的三重标准.法学杂志,2005(4).

128.陈瑞华.从"流水作业"走向"以司法裁判为中心".法学,1999(12).

129.姚建才.错案责任追究与司法行为控制.国家检察官学院学报,2005(5).

130.周长军.后赵作海时代的冤案防范——基于法社会学的分析.法学论坛,2010(4).

131.苏力.窦娥的悲剧——传统司法中的证据问题.中国社会科学,2005(2).

132.胡铭.刑事政策视野下的刑讯问题.环球法律评论,2007(2).

133.刘涛."政法冤案"的政治背景阐释.环球法律评论,2012(3).

134.林喜芬.我国刑事司法运行的宏观现状(1995—2005)——基于统计数据的实证分析.中国刑事法杂志,2011(2).

135.艾佳慧.中国法院绩效考评制度研究——"同构性"和"双轨制"的逻辑及其

问题.法制与社会发展,2008(5).

136. 陈永生.我国刑事误判问题透视.中国法学,2007(3).

137. 胡铭.刑事司法引入 ADR 机制:理念、困境与模式.政法论坛,2013(3).

138. 何家弘等.刑事错案中的证据问题——实证研究与经济分析.政法论坛,2008(2).

139. 左卫民等.刑事证人出庭率:一种基于实证研究的理论阐述.中国法学,2005(6).

140. 王亚新.民事诉讼中的证人出庭作证.中外法学,2005(2).

141. 易延友.证人出庭与刑事被告人对质权的保障.中国社会科学,2010(2).

142. 汪建成.中国刑事司法鉴定制度实证调研报告.中外法学,2010(2).

143. 刘建伟.论我国司法鉴定人出庭作证制度的完善.中国司法鉴定,2010(5).

144. 李禹等.2010 年度全国法医类、物证类、声响资料类司法鉴定情况统计分析.中国司法鉴定,2011(4).

145. 陈学权.刑事诉讼中 DNA 证据运用的实证分析——以北大法意数据库中的刑事裁判文书为对象.中国刑事法杂志,2009(4).

146. 缪德润.DNA 技术与亲子鉴定.法学杂志,1994(3).

147. 陈瑞华.程序性制裁制度的法理学分析.中国法学,2005(6).

148. 梁上上.利益的层次结构与利益衡量的展开——兼评加藤一郎的利益衡量论.法学研究,2002(1).

149. 刘品新.当代英美刑事错案的实证研究.国家检察官学院学报,2007(1).

150. 徐亚文.欧洲人权公约中的程序正义条款初探.法学评论,2003(5).

151. 陈端洪.法律程序价值论.中外法学,1997(6).

152. 黄维智.业务考评制度与刑事法治.社会科学研究,2006(2).

153. 林来梵等.论权利冲突的权利位阶—规范法学视角下的透析.浙江大学学报,2003(6).

154. 冯珏.汉德公式的解读与反思.中外法学,2008(4).

155. 陈光中等.国家刑事赔偿制度改革若干问题探讨.中国社会科学,2008(2).

156. 应松年等.国家赔偿若干理论与实践问题.中国法学,2005(1).

157. 张新宝.《侵权责任法》死亡赔偿制度解读.中国法学,2010(3).

158. 胡仕浩.国家赔偿法修改的新精神和新内容.人民司法,2010(23).

159. 张红.财产权损害的国家赔偿标准.国家检察官学院学报,2007(5).

160. 梁治平.法治:社会转型时期的制度建构——对中国法律现代化运动的一个内在观察.当代中国研究,2000(2).

161. 胡铭.法律现实主义与转型社会刑事司法,法学研究,2011(2).

162. 孙万怀. 从李庄案看辩护人伪造证据、妨害作证罪的认定. 法学,2010(4).

163. 冀祥德. 证据开示·沉默权·辩诉交易关系论——兼评中国司法改革若干问题. 政法论坛,2006(3).

二、外文文献

1. Richard A. Leo. Rethinking the Study of Miscarriages of Justice: Developing Criminology of Wrongful Conviction. 21 Journal of Contemporary Criminal Justice,2005.

2. Edwin Borchard. Convicting the Innocent: Sixty Five Actual Errors of Criminal Justice. Doubleday,1932.

3. Scott Christianson. Innocent: Inside Wrongful Conviction Cases. NYU Press,2004.

4. George C. Thomas III. The Supreme Court on Trial: How the American Justice System Sacrifices Innocent Defendants. University of Michigan press,2008.

5. Barry C. Scheck,Peter J. Neufeld. Toward the Formation of "Innocence Commission" in America. 86 Judicature 98,2002.

6. Brian L. Cutler,Steven D. Penrod. Mistaken Identification: The Eyewitness. Psychology and the Law,1995.

7. Stephen J. Cecile. Jeopardy in the Courtroom: A Scientific Analysis of Children's Testimony. American Psychological Assoc Order Dept,1999.

8. Louis Kaplow. The Value of Accuracy in Adjudication: An Economic Analysis. 23 Journal of Legal Studies 307,1994.

9. Henrik Lando. Does Wrongful Conviction Lower Deterrence? 35 J. Legal Stud. 327,2006.

10. Katherine J. Strandburg. Deterrence and the Conviction of the Innocent. 35 Conn. L. Rev. 1321,2003.

11. Richard A. Leo,Jon B. Gould. Studying Wrongful Convictions: Learning From Social Science. 7 Ohio St. J. Crim. L. 7,2009.

12. Samuel R. Gross et al. Exonerations in the United States 1989 through 2003. 95 J. Crim. L. & Criminology 523,2005.

13. Steven Lubet. Why the Dreyfus Affair Does and Doesn't Matter. 13 Green Bag 2d 329,2010.

14. Peter Zablotsky. Considering the libel Trial of mile Zola in Light of Contemporary Defamation Doctrine. 29 Touro L. Rev. 59,2012.

15. Keith A. Findley. The Pedagogy of Innocence: Reflections on the Role of Innocence Projects in Clinical Legal Education. 13 Clinical L. Rev. 231,2006.

16. Symposium. Wrongful Convictions: Causes and Cures ABA Policies Concerning Wrongful Convictions. 37 Sw. L. Rev. 789,2008.

17. Paul G. Cassell,Bret S. Hayman. Police interrogation in the 1990s: an empirical study of the effects of Miranda. 43 UCLA L. Rev. 839,1996.

18. J. R. Lucas. Philosophy. Cambridge Univ Press,1965.

19. Kathryn E. Bartolo. Payne v. Tennessee : The future role of victim statements of opinion in capital sentencing proceedings. 77 Iowa L. Rev. 1217,1991.

20. Jeremy A. Blumenthal. Affective forecasting and capital sentencing: reducing the effect of victim impact statement. 46 Am. Crim. L. Rev. 107,2009.

21. Amy. K. Phillips. Thou shalt not kill nice people,the problem of victim impact statement in capital sentencing. 35 Am. Crim. L. Rev. 93,1997.

22. Gary L. Wells,Donna M. Murray. What Can Psychology Say about the Neil v. Biggers Criteria for Judging Eyewitness Accuracy? 68 J. Applied Psychol. 347,1983.

23. Paul Giannelli. Achieving Justice: Freeing the Innocent,Convicting the Guilty. ΛBA,2006.

24. Joshua Dressler. Understanding criminal procedure. Matthew Bender,1997.

25. Learned Hand. Historical and Practical Considerations Regarding Expert Testimony. 15 Harv. L. Rev. 40,1901.

26. Thomas E. Baker. The Impropriety of Expert Witness Testimony on the Law. 40 U. Kan L. Rev. 325,1992.

27. Felice. J. Levine,June Louin Tapp. The psychology of criminal identification: the gap from wade to Kirby. 121 U. Pa. L. Rev. 1079,1973.

28. Kent Roach. Wrongful conviction: adversarial and inquisitorial themes. 35 N. C. J. Int'l L. & Com. Reg. 387,2010.

29. Keith A. Findley. Learning from our mistakes: a criminal justice commission to study wrongful convictions. 38 Cal. W. L. Rev. 333,2002.

30. Virginia G. Maurer. Compelling the Expert Witnesses: Fairness and Utility under the Federal Rules of Civil Procedure. Georgia law review 71,1984.

31. Carol Henderson Garcia. Expert Witness Malpractice: a Solution to the

Problem of the Negligent Expert Witness. 12 Miss. C. L. Rev. 39,1991.

32. Locke E. Bowman. Lemonade out of Lemons: Can Wrongful Convictions Lead to Criminal Justice Reform? Journal of Criminal Law and Criminology,2008.

33. Ellen Yankiver Suni. Introduction to the symposium on wrongful convictions: issues of science,evidence,and innocence. 70 UMKC L. Rev. 797,2001.

34. Arey Rattner. Convicted but innocent: wrongful conviction and the criminal justice system. Law and human behavior,1988.

35. Robert J. Ramsey,James Frank. Wrongful Conviction: Perceptions of Criminal Justice Professionals Regarding the Frequency of Wrongful Conviction and the Extent of System Error,53 Crime & Delinq. 436,2007.

36. Michael D. Risinger. Innocents Convicted: An Empirically Justified Factual Wrongful Conviction Rate. 97 J. Crim. L. & Criminology 768,2007.

37. Marvin Zalman,Brad Smith,Amy Kiger. Officials' Estimates of the Incidence of "Actual Innocence" Convictions. 25 Just. Q. 72,2008.

38. Samuel R. Gross,Kristen Jacoby,Daniel J. Matheson,Nicholas Montgomery,Sujata Patil. Symposium: Innocence in Capital Sentencing-exonerations in the United States 1989 through 2003. 95 J. Crim. L. & Criminology 523,2004.

39. Michael Naughton,Gabe Tan. The right to access DNA testing by alleged innocent victims of wrongful convictions in the United Kingdom. E. & P,2010.

40. Michael Naughton. Rethinking miscarriages of justice. Crim. Law,2008.

41. Lissa Griffin. The correction of wrongful conviction: a comparative perspective. 16 Am. U. Int'l L. Rev. 1241,2009.

42. James G. Bell,Kimberley A. Clow,Rosemary Ricciardelli. Causes of wrongful conviction: looking at student knowledge. Journal of criminal justice education,2008.

43. Barry Scheck,Peter Neufeld,Jim Dwyer. Actual Innocence: Five Days to Execution and Other Dispatches from the Wrongly Convicted. Random House,2000.

44. B. Gould. The Innocence Commission: Preventing Wrongful Conviction and Restoring the Criminal Justice System. New York University Press,2007.

45. Calvin TerBeek. A call for precedential heads: why the Supreme Court's eyewitness identification jurisprudence is anachronistic and out-of-step with

the empirical reality. Law and psychology review,2007.

46. Jonathan A. Rapping. Who's Guarding the Henhouse? How the American Prosecutor Came to Devour Those He is sworn to Protect. Washburn Law Journal,2012.

47. Michael J. Saks,Lauri Constantine,Michelle Dolezal et. al. Toward a model act for the prevention and remedy of erroneous convictions. 35 New Eng. L. Rev. 669,2001.

48. Erik Luna. The Over criminalization Phenomenon. 54 Am. U. L. Rew. 703,2005.

49. Jon B. Could,Richard A. Leo. One hundred years later: wrongful convictions after a century of research. 100J. Crim. L. &Criminology 825,2010.

50. Vathek Publishing. Confession-Canada and United Kingdom (England). E. & P. ,2005.

51. Vathek Publishing. Directing the jury about whether a confession was voluntary: Privy Council. E. & P. ,2007.

52. Jacqueline McMurtrie. The role of the social sciences in preventing wrongful convictions. 42 Am. Crim. L. Rev. 1271,2005.

53. Kirsten Kramar. Coroners' interested Advocacy: understanding wrongful accusations and convictions. Canadian Journal of Criminology and Criminal Justice,2006.

54. Lissa Griffin. Avoiding wrongful conviction: re-examing the 'wrong-person' defense. 39 Seton Hall L. Rev. 129,2009.

55. Michael Naughton,Gabe Tan. The right to access DNA testing by alleged innocent victims of wrongful convictions in the United Kingdom. E. & P. ,2010.

56. Michael Naughton,Gabe Tan. The need for caution in the use of DNA evidence to avoid convicting the innocent. E. & P. ,2011.

57. C. G. G. Aitken,F. Taroni. Fundamentals of statistical evidence: a primer for legal professionals. E. & P. ,2008.

58. Adam Wilson. Expert testimony in the dock. J. Crim. L. 2005.

59. Rob Warden. Illinois death penalty reform: how it happened, what it promises. 95 J. Crim. L. & Criminology 381,1973.

60. Anna Poole. Remedies in miscarriage of justice cases. S. L. T. 1998.

61. J. R. Spencer. acquitted: presumed innocent, or deemed lucky to have got away with it? C. L. J. ,2003.

62. Marika R. Athens, Alyssa A. Rower. Alaska's DNA Database: the statute, its problems, and proposed solutions. 20 Alaska L. Rev. 389, 2003.

63. Christine Jolls, Cass R. Sunstein, Richard Thaler. A behavioral approach to law and economics. 50 Stan. L. Rev. 1471, 1998.

64. Virginia G. Maurer. Compelling the Expert Witnesses: Fairness and Utility under the Federal Rules of Civil Procedure. 19 Ga. L. Rev. 71, 1984.

65. Felice. J. Levine, June Louin Tapp. The psychology of criminal identification: the gap from wade to Kirby. 121 U. Pa. L. Rev. 1079, 1973.

66. Jessica M. McNamara. Sketchy Eyewitness-identification Procedures: a Proposal to Draw up Legal Guidelines for the Use of Facial Composites in Criminal Investigations. Wisconsin Law Review, 2009.

索　引

后　记

　　"你若安好,便是晴天。"每个人对于他自己和家庭来说都是最重要的。对于每一个被冤枉的人,绝不仅仅是个人的清白与青春,每个错案毁掉的是一个家庭的生活与希望,毁掉的是多少人对法律的信仰、对政府的信任。而且这对我们每个人都并不遥远,因为任何人及其身边的人都可能成为错案的受害者。对于直面司法裁判的法律人,我们更是有责任去认真审视错案问题。本书的研究,还只是一种初步的思考,但这背后承载着的是我们认真对待错案的责任心,如果能为错案防治作出哪怕一丝一毫的贡献,便已不枉无数个夜晚的通宵达旦。

　　2012年刑事诉讼法的修改是我国法治进程中的一件大事。我们在欢喜雀跃之余,更多的是关心新刑事诉讼法到底能给我国的法治带来什么。法律现实主义者与社会学法学学者早已经指出"文本中的法律"和"现实中的法律"两者差异的重要性,同时亦呼吁应重视社会法律实施情况。我们希望通过了解刑事诉讼法修改和刑事司法改革是否带来社会福祉,是否助益公民权益保障,是否有利于错案的预防与治理,从而检验我国刑事司法体系和法律规定的科学性和合理性。

　　书稿虽然已经完成,但这却仅仅是我们关注错案和新刑事诉讼法实施的一个新的起点。在此,有必要向读者交代我们四位作者的分工:胡铭撰写了本书的第一章、第五章、第七章第一节、第八章、后记;张健(浙江大学法学院博士研究生)撰写了第二章、第三章;冯姣(浙江大学法学院博士研究生)撰写了第四章、第七章第二节;项雪平(浙江大学法学院博士研究生,杭州师范大学法学院副教授)撰写了第六章、第七章第三节。在此,我们由衷感谢中国政法大学顾永忠教授、清华大学张建伟教授、复旦大学马贵翔教授、浙江工商大学吴高庆教授、杭州师范大学李安教授等先生的指点和帮助;感谢浙江大学法学院各位同仁对本研究的大力支持,和大家在一起总是感觉特别温暖;感谢浙江大学出版社高效、认真的工作。

　　在本书写作的很长一段时间里，我们在中国式错案的迷宫中游荡，各种感悟常常觉得无法用文字来表达，本书的研究也许正因此而总觉得意犹未尽。在此，想起胡适之先生在《四十自述》中所言：

> 其实人生不是梦，也不是戏，是一件最严重的事实。
> 你种谷子，便有人充饥；
> 你种树，便有人砍柴，便有人乘凉；
> 你拆烂污，便有人遭瘟；
> 你放野火，便有人烧死。
> 你种瓜便得瓜种豆便得豆，种荆棘便得荆棘。
> ……

胡　铭

癸巳年仲夏于月轮山